全国高等院校金融学专业主干课“十二五”规划教材

金融经济学

李德荃　编著

对外经济贸易大学出版社
中国·北京

图书在版编目（CIP）数据

金融经济学 / 李德荃编著．—北京：对外经济贸易大学出版社，2011

全国高等院校金融学专业主干课“十二五”规划教材

ISBN 978-7-5663-0132-1

Ⅰ．①金… Ⅱ．①李… Ⅲ．①金融学－高等学校－教材 Ⅳ．①F830

中国版本图书馆 CIP 数据核字（2011）第 170362 号

金融经济学

李德荃 **编著**

责任编辑：朱 洋

对 外 经 济 贸 易 大 学 出 版 社

北京市朝阳区惠新东街 10 号 邮政编码：100029

邮购电话：010－64492338 发行部电话：010－64492342

网址：http://www.uibep.com E-mail：uibep@126.com

唐山市润丰印务有限公司印装 新华书店北京发行所发行

成品尺寸：185mm×230mm 21.75 印张 436 千字

2011 年 10 月北京第 1 版 2011 年 10 月第 1 次印刷

ISBN 978-7-5663-0132-1

印数：0 001－5 000 册 定价：40.00 元

前　言

按照传统理解，金融这个概念有广义和狭义之分。其中，广义地理解，金融乃货币流通、信用活动、甚或与之相联系的其他经济活动的总称。换句话说，广义的金融泛指一切与信用货币的发行、保管、兑换、结算、融通有关的经济活动，甚至包括金银的买卖。狭义地理解，“金”即“资金”，“融”即“融通”，金融意即资金的融通，或资金的互通有无。

在传统的市场经济条件下，以商业银行为主体的金融机构基本上承担了全社会资金融通的职能。所以，传统金融学的核心是货币银行学。

不过自二十世纪七十年代以来，在发达的市场经济体中，以商业银行为核心的间接融资方式在整个社会资金融通中的地位相对下降，而以券商为核心的直接融资方式日益重要。与此同时，为规避诸如汇率风险、利率风险之类的系统性风险，名目繁多的衍生金融工具陆续产生，相关交易日益繁荣。

金融工具种类的增多及其交易的繁荣，为人们的资产保值增值提供了越来越多的选择。人们已经可以在不同的市场间自由转换资产的存在形态。这就使得人们对投融资的理解发生了重大的转变。在许多投资者看来，资金的融通（无论是资金的融入抑或资金的融出）仅仅是投资者进行资源的跨时期安排的需要，或者是资产实物形态转换的结果。换句话说，如何在不确定的环境下，对资源进行跨时期的最优配置已经成为现代微观经济行为主体的基本决策目标，资金的融通只是实现这一目标的手段而已。

正是在这一背景下，金融问题就由单纯的资金融通问题拓展成资源的跨时期配置问题。由此，现代关于金融的定义是：在不确定性环境下，经由金融市场对资源进行跨期最优配置的行为。

当然，这里所谓的“资源”意即资产。严格说起来，它应该既包括实物资产，又包括金融资产。但在谈论金融这个词汇的时候，我们的着眼点通常仅限于金融资产的范畴。由此，也可以将金融定义为：在不确定性环境下，对金融资产进行跨期最优配置的行为。

金融定义的这种演变体现了金融学科由宏观向微观方向发展的趋势。

宏观金融学把以货币作为媒介的整个市场经济系统作为研究背景，主要探讨在资源已经获得有效利用的条件下，如何充分地配置（使用）资源。它把充分就业、经济增长、物价稳定和国际收支平衡作为国民经济实现良性循环的标志，着重于宏观货币经济模型的建立和实证研究，籍以提出有用的货币政策结论和建议。

微观金融理论主要以市场经济系统中的金融市场为背景，针对投资者、中介者和融资者等微观主体的行为展开分析与研究，把探求各微观经济行为主体的决策规律，确定金融资产均衡价格的形成机制作为学科理论的研究重点。在资源能够获得充分利用的条件下，怎样才能最有效率地配置资源，或者如何应对资源的非有效配置状态，解决金融市场失灵的问题是微观金融理论要回答的核心问题。

微观金融理论与宏观金融理论之间的关系可以类比于微观经济学与宏观经济学之间的关系。这并不奇怪，因为微观金融理论与宏观金融理论分别包含在微观经济学与宏观经济学当中。因此，正像微观经济理论可以称为价格理论一样，微观金融理论也可以称为金融资产的价格理论。

但是，微观经济学的历史要早于宏观经济学的历史。微观经济学实际上是对凯恩斯主义之前已有经济理论的概括称谓，而微观金融理论的历史则要晚于宏观金融理论的历史。金融理论的微观化是最近半个世纪金融经济学科发展的最新成果，也正是由于这个原因，微观金融理论又被称为现代金融经济理论。

金融经济学旨在将（微观）经济学的一般原理和方法应用于分析金融问题。一般来说，它首先要提出金融所涉及的基本经济问题，然后建立对这些问题进行分析的基本概念、理论框架和一般原理，进而在既定理论框架下，应用相关原理来构建解决具体金融问题的理论模型。这些概念、框架和原理通常涉及时间和风险、资源配置的优化、风险的禀性和测度、资产评估等。

作为金融专业本科阶段专业基础课程用书，本书不刻意追求所谓数理方法的原汁原味，而是力图向初学者阐述清楚与现代微观金融经济理论有关的基本概念、原理和方法，以作为学生进一步从事金融专业研究的基础。本书力图阐述清楚如下三个核心的问题：

（1）在不确定性条件下，经济主体实施跨期资源配置的决策方法。

（2）关于作为各个经济主体跨期资源配置决策结果的金融市场整体行为，亦即资产定价的方法。

（3）关于金融资产价格波动对经济主体资源配置决策的影响，亦即关于金融市场的作用和效率问题。

本书的结构大致可以划分为三个部分。在第一部分，本书给出了市场风险的定义及其测量方法；引入了期望效用函数的概念及其存在性定理；探讨了风险决策的基本逻辑；最终引入了均值—标准差分析框架。在第二部分，本书阐述了证券组合理论的基本内容；套利定价理论的基本思想；以及布莱克—舒尔斯的期权定价模型。在第三部分，本书介绍了金融资产定价的基本原理与方法（例如：净现值、投资收益率的计算等）。

本书适合作为财经类金融经济学课程的本科教材，也可作为经济学、管理学类学生的学习参考书，还可作为相关行业从业人员的工具书。

需要指出的是，本书的基本内容大多涉及相关学术界的既有成果，本书作者只是在学习和吸纳这些成果的实践中稍有感悟而已。本书的写作不同程度地参考了大量的文献，其中大多数文献已经罗列于书后，谨致衷心的谢意！

目　录

第一章

金融经济学概论

本章摘要

本章首先阐述了金融的含义、金融经济学的基本内容及其大致的结构，然后给出了金融经济学的产生及其衍化的大致过程，以作为后续各章节学习的逻辑起点。

关 键 词

金融　金融经济学　微观金融经济学

第一节　金融与金融经济学

一、金融的含义

按照传统理解，金融这个概念有广义和狭义之分。其中，广义地理解，金融乃货币流通、信用活动、甚或与之相联系的其他经济活动的总称。换句话说，广义的金融泛指一切与信用货币的发行、保管、兑换、结算、融通有关的经济活动，甚至包括金银的买卖。狭义地理解，“金”即“资金”，“融”即“融通”，金融，意即资金的融通，或资金的互通有无。

在传统的市场经济条件下，以商业银行为主体的金融机构基本上承担了全社会资金融通的职能。所以，传统金融学的核心是货币银行学。

不过自二十世纪七十年代以来，在发达的市场经济体中，以商业银行为核心的间接融资方式在整个社会资金融通中的地位相对下降，而以券商为核心的直接融资方式日益重要。与此同时，为规避诸如汇率风险、利率风险之类的系统性风险，名目繁多的衍生金融工具陆续产生，相关交易日益繁荣。

金融工具种类的增多及其交易的繁荣，为人们的资产保值增值提供了越来越多的选择。人们已经可以在不同的市场间自由转换资产的存在形态。这就使得人们对投融资的理解发生了重大的转变。在许多投资者看来，资金的融通（无论是资金的融入抑或资金的融出）仅仅是投资者进行资源的跨时期安排的需要，或者是资产实物形态转换的结果。换句话说，如何在不确定的环境下，对资源进行跨时期的最优配置已经成为现代微观经济行为主体的基本决策目标，资金的融通只是实现这一目标的手段而已。

正是在这一背景下，金融问题就由单纯的资金融通问题拓展成资源的跨时期配置问题。由此，现代关于金融的定义是：在不确定性环境下，经由金融市场对资源进行跨期最优配置的行为。

当然，这里所谓的“资源”意即资产。严格说起来，它应该既包括实物资产，也包括金融资产。但在谈论金融这个词汇的时候，我们的着眼点通常仅限于金融资产的范畴。就此，也可以将金融定义为：在不确定性环境下，对金融资产进行跨期最优配置的行为。

金融定义的这种演变体现了金融学科由宏观向微观方向发展的趋势。

二、宏观金融理论与微观金融理论

宏观金融学把以货币作为媒介的整个市场经济系统作为研究背景，主要探讨在资源已经获得有效利用的条件下，如何充分地配置（使用）资源。它把充分就业、经济增长、物价稳定和国际收支平衡作为国民经济实现良性循环的标志，着重于宏观货币经济模型的建立和实证研究，籍以提出有用的货币政策结论和建议。

微观金融理论主要以市场经济系统中的金融市场为背景，针对投资者、中介者和融资者等微观主体的行为展开分析与研究，把探求各微观经济行为主体的决策规律，确定金融资产均衡价格的形成机制作为学科理论的研究重点。研究在资源能够获得充分利用的条件下，怎样才能最有效率地配置资源，或者如何应对资源的非有效配置状态，解决金融市场失灵的问题是微观金融理论要回答的核心问题。

微观金融理论与宏观金融理论之间的关系可以类比于微观经济学与宏观经济学之间的关系。这并不奇怪，因为微观金融理论与宏观金融理论分别包含在微观经济学与宏观经济学当中。因此，正像微观经济理论可以称为价格理论一样，微观金融理论也可以称为金融资产的价格理论。

但是，微观经济学的历史要早于宏观经济学的历史。微观经济学实际上是对凯恩斯主义之前已有经济理论的概括称谓，而微观金融理论的历史则要晚于宏观金融理论的历史。金融理论的微观化是最近半个世纪金融经济学科发展的最新成果，也正是由于这个原因，微观金融理论又被称为现代金融经济理论。

金融学的基本结构（或者微观金融理论与宏观金融理论之间的关系），如图 1.1 所示。

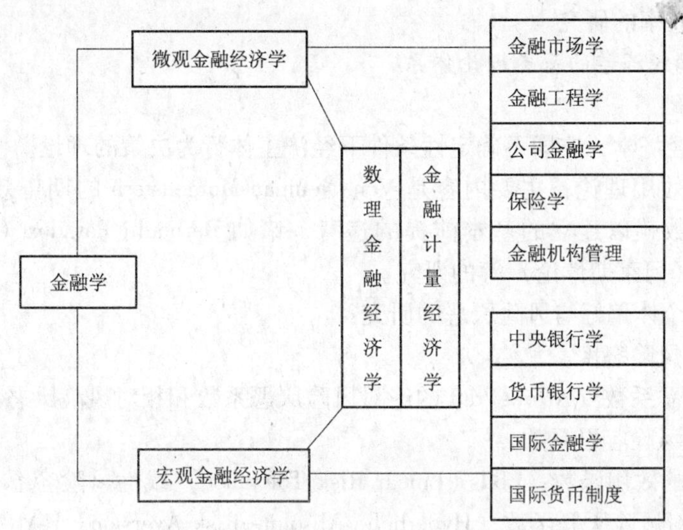

图 1.1　金融学的结构图

作为金融专业本科阶段的专业基础课程用书，本书主要阐述与现代微观金融经济理论有关的基本概念、原理和方法，以作为学生进一步从事金融专业研究的基础。

第二节　现代微观金融经济理论的基本演化过程

一、金融经济学的主要内容

金融经济学旨在将（微观）经济学的一般原理和方法应用于分析金融问题。一般来说，它首先要提出金融所涉及的基本经济问题，然后建立对这些问题进行分析的基本概念、理论框架和一般原理，进而在既定理论框架下，应用相关原理来构建解决具体金融问题的理论模型。这些概念、框架和原理通常涉及时间和风险、资源配置的优化、风险的禀性和测度、资产评估等。

（一）金融经济学研究的三个核心问题

1. 在不确定性条件下，经济主体实施跨期资源配置的决策方法。

2. 关于作为各个经济主体跨期资源配置决策结果的金融市场整体行为的研究，亦即资产定价方法的研究。

3. 关于金融资产价格波动对经济主体资源配置决策的影响的研究，亦即关于金融市场的作用和效率的研究。

（二）金融经济学的基本理论体系

1. 理论基础

不确定性经济学，亦即不确定性条件下经济主体行为决策的理论。

（1）期望效用理论：主要内容是 Von. Neuman-Morgenstern 的期望效用函数，以及对常规效用函数赖以建立的基本前提的违背，诸如 Bernoulli Paradox（贝努利悖论）、Allais Paradox（阿莱斯悖论）等的研究。

（2）关于个体偏好与风险厌恶的研究：

① 个体的风险态度。

② 风险厌恶系数（Arrow-Pratt 的绝对风险厌恶系数和相对风险厌恶系数）。

③ 个体的风险容忍系数。

（3）常用的效用函数：LRT（Linear Risk Tolerance）线性风险容忍系数效用函数，也称双曲线绝对风险厌恶函数（Hyperbolic Absolute Risk Aversion，HARA）。

2. 三大基础理论

（1）个体的投资决策及资产组合理论：证券组合理论。

（2）公司融资决策理论：MM（Modigliani Miller）定理。

（3）有效市场理论。

3. 资本市场均衡机制及定价法则

（1）均衡机制：供求均衡机制和套利均衡机制。

（2）定价法则（机制）：

① 供求均衡定价法则：在市场完全竞争的条件下，若给定交换经济、初始财富、经济主体的偏好和财富约束，则当每个投资者的预期效用达到最大，从而不再有动力通过资源配置的跨期调整来增加自己的效用时，整个市场也就达到了均衡，此时的资产价格就是均衡价格。供求均衡定价的经典模型：CAPM（Capital Asset Princing Model）。

② 套利均衡定价法则：通过市场上其他资产的价格来推断某一资产的价格，其前提条件是均衡的证券市场不应当存在套利的机会。

如果两种期限相同的证券能够在未来给投资者提供同样的收益，那么在到期之前的任何时间，两种证券的价格一定相等，即所谓的"一价定律"。

资产的复制是套利均衡定价的核心分析技术。

套利均衡定价的经典模型：OPT（Option Pricing Theory）、APT（Arbitrage Pricing Theory）、MM 定理。

4. 金融经济学中的金融市场与金融资产

（1）金融市场：对未来资源的要求权进行交易的场所。

在一个纯交换经济中，经济主体消费的时间偏好由两个决策过程构成：消费决策和投资决策。

消费决策决定经济主体对现货市场的消费商品的需求。投资决策决定经济主体应该怎样将当期资源的一部分转化为对未来时期商品市场消费的需求。因此，经济中需要一个将当期储蓄通过经济行为主体的投资决策来和未来的商品消费相联系的纽带。

在当期交易，但对未来时期的消费商品具有要求权的要求权证交易市场，就是所谓的金融资产（证券）的交易市场，其中，这里所谓的要求权证就是金融资产（证券）。因此，证券市场是对未来消费的需求的派生结果。

（2）金融资产：对未来消费品具有要求权的要求权证。

依据证券的收益中是否包含风险补偿或风险溢价，可分为货币资产和金融资产两大类。其中，无风险资产：货币证券以及由货币证券构成的资产组合；风险资产：其价值在未来面临不确性风险的资产。

实际上，经济主体投资决策的主要问题就是：在初期禀赋中如何决定风险资产和无风险资产的比例。

二、金融经济学的衍化历程

大致可以将金融经济学的衍化历程划分为四个阶段。

（一）20 世纪 50 年代以前

这是金融经济学的启蒙时期。主要包括：Crammer（1728）、Bernoulli（1738）对不确定性下的行为决策研究；Bachelier（1900）对股票价格随即过程的研究；Fisher（1930）的分离定理；Keynes（1936）的流动性偏好理论；Von Neumann-Morgenstern（1944）的期望效用理论。这些内容奠定了不确定环境下经济主体的偏好及效用函数的基本理论体系。

（二）20 世纪 50 ~ 60 年代

这是金融经济学逐步成熟的时代。

1. Markowitz（1952）的证券组合理论首次将个体投资决策中所面临的收益与风险简化为均值和方差这两个具体的数学概念，并给出了基于风险—收益平面的投资组合前沿。

2. Arrow 和 Debreu（1954）对一般经济均衡存在定理的证明。

3. Tobin（1958）的两基金分离定理（每一种有效证券组合都是一种无风险资产与另一特殊的风险资产的组合）为 CAPM 模型的建立奠定了基础。

4. Sharpe（1964）、Lintner（1965）和 Mossin（1966）的 CAPM 模型的提出为现代资产定价理论奠定了基础。

5. Modigliani 和 Miller（1958）首次应用套利均衡假设探讨了公司的财务政策是否会影响公司价值的问题，提出了著名的 MM 定理，开创了现代公司金融理论的先河，并奠定了资本市场套利均衡和套利定价分析方法的基础。

6. Debreu（1959）、Arrow（1964）将一般均衡模型推广至不确定性经济中，为金融理论的发展提供了灵活而统一的分析框架。

7. Samuelson（1965）、Fama（1965）提出 EMH 理论。

（三）20 世纪 70 年代

这是金融经济学的快速发展和形成时期。

1. Black-Scholes（1973）、Merton（1973）的期权定价理论奠定了现代衍生金融工具和公司债券定价的基础。

2. Ross（1976）的 APT 理论克服了 CAPM 的局限性。

3. Black（1972）的"0 - β CAPM"、Rubinstein（1974，1976）、Kraus 和 Litzenberger（1978）的离散时间 CAPM。

4. Merton（1969，1971，1973）的连续时间 CAPM（ICAPM）等极大地发展了 CAPM 理论。

5. Harrison 和 Kreps（1979）发展的证券定价鞅理论对 EMH 的检验产生了深刻的影响。

6. Grossman 和 Stiglitz（1980）提出的关于 EMH 的"悖论"将信息不对称问题引入经典金融理论的分析框架之中。

7. Jensen 和 Meckling（1976）、Mayers（1984）、Ross（1977）、Leland 和 Pyle（1977）等在代理理论和信息经济学框架下发展了公司金融理论。

（四）80 年代至今

这是现代金融经济理论的百家争鸣时期，其主要内容包括：

1. 利率的期限结构理论及其发展。

2. 金融契约理论和证券设计理论。

3. 金融中介理论（Bodies 的中介职能观、信息生产职能、流动性提供与风险管理职能、降低经济主体市场参与成本的职能）。

4. 资本市场理论（探讨 EMH 有效性的各种证券市场异象（Anomalies）的解释理论）。

5. 行为金融理论。

6. 法与金融。

7. 证券市场的微观结构理论。

三、金融经济学衍化综述

关于现代金融经济理论的产生，一般来说，新古典主义经济学是现代微观金融理论的基础。1874 年，在瑞士洛桑大学任教的法国经济学家瓦尔拉斯（L. Warlas，1834 ~ 1910）发表了《交换的数学原理》，首次提出了一般经济均衡理论的主要观点。1954 年，阿罗（K. J. Arrow，1921 ~ ）和德布鲁（G. Debreu，1921 ~ 2004）利用日本数学家角谷静夫（Kaku*tani* Shizuo，1911 ~ 2004）在 1941 年对荷兰数学家布劳维尔（L. E. J. Brouwer，1881 ~ 1966）提出的不动点定理的推广，最终完成了一般经济均衡价格体系的存在性证明。从此，瓦尔拉斯、阿罗、德布鲁的一般经济均衡体系构成了微观经济理论的基本分析框架，以至于任何不同于这一框架的经济逻辑都至少是不“正统”、非“范式”的，微观金融理论自然也不能例外。

理性的经济人假设仍然是微观金融理论对微观金融行为主体的基本假定。经济人根据效用大小或偏好顺序来选择自己的决策方案。因此，效用函数的存在性证明至关重要。针对金融市场的不确定性环境，1944 年，诺伊曼（J. von Neumann，1903 ~ 1957）和摩根斯坦（O. Morgenstern，1902 ~ 1977）提出了期望效用理论，论证了不确定环境下期望效用函数的存在性。他们用数学公理化的方法证明，一个决策者在不确定性环境下的最优选择，可以用求其关于未来各种可能状态下效用期望值的最大值来描述。期望效用理论构成了不确定性环境下决策逻辑的理论基础。

1953 年，阿罗发表了《证券在风险投资最优配置中的作用》一文。一般认为，这是现代金融经济学的第一篇论文。在这篇论文中，阿罗把证券理解为在不同状态下具有不同价值的特殊商品。在这一思想的基础上，德布鲁以拓展商品空间维数的方式把金融市场引入了一般经济均衡分析的基本框架。

不过，以拓展商品空间维数的方式把金融市场引入一般经济均衡分析框架的做法，隐含有每一种可能发生的状态都存在相应证券的假定。这相当于说，对于每一种可能的市场风险都存在一种保险方式，这显然有悖于经济的现实。

1952 年，马克维兹（H. M. Markowitz，1927 ~ ）提出了证券组合理论。在这一理论中，马克维兹把证券投资的收益率看做随机变量，然后将证券投资的收益定义为这个收益率的数学期望，将证券投资的风险定义为这个收益率的标准差，并将各证券的投资比例作为投资者的决策变量。这样一来，一个投资者应该怎样投资于各种证券的问题就被简化成一个具有明确的模型结构形式的数学规划问题。

在证券组合理论中，马克维兹最终引入以收益和风险为自变量的效用函数，从而把自己的证券组合理论纳入了通常的一般经济均衡分析框架。后来，夏普（W. F. Sharpe，1934 ~ ）等人进一步地假定所有的投资者都以这种效用函数作为决策的基础，从而导出了市场组合的有效性以及所谓的资本资产定价模型（CAPM）。1981 年，托宾（J. Tobin，1918 ~ 2002）在允许卖空的基础上，导出有效组合均由无风险证券与一个特殊的风险资产构成的结论，此即所谓的两基金分离定理。

几乎在同一个时期（从 1958 年起），米勒（M. H. Miller，1923 ~ 2000）和莫迪利阿尼（F. Modigliani，1918 ~ 2003）发表了一系列的论文，主要探讨企业的财务政策是否会影响企业价值的问题。他们的结论是：在一系列严格的假定下，企业的价值与其财务政策无关，这就是所谓的 MM 定理。他们的研究不但为公司理财这门新学科奠定了基础，而且首次明确提出了套利均衡的假设。

套利均衡与传统的一般经济均衡具有一定程度的相容性。已经实现一般均衡的金融市场一定不存在套利的机会，反过来说，存在套利机会的金融市场一定没有实现一般的均衡。不过，套利均衡的实现并不意味着一般经济均衡的必然实现。

直接从套利均衡的假定出发来对金融资产定价将大大简化分析，并使得分析框架的假定前提变得容易让人接受。从此，微观金融经济学逐步出现了不再把一般均衡假定作为分析的出发点，转而以套利均衡假定作为资产定价基础的倾向。不过，迄今为止，一般经济均衡理论仍然是唯一一个能够对经济整体作出描述、解析并提出预测的理论。

布莱克 - 舒尔斯期权定价理论就是以套利假定作为出发点展开理论研究的重要成果。布莱克（F. Black，1938 ~ 1995）和舒尔斯（M. S. Scholes，1941 ~ ）将证券组合的价格变化及其结构变动连续动态化，通过构造自我融资组合来合成特定的期权收益结构，获得瞬间无风险收益，从而得到一个反映期权价格与股票价格之间关系的偏微分方程，并由这个偏微分方程求得期权的定价公式。在布莱克 - 舒尔斯期权定价公式的基础上，默顿（R. C. Merton，1944 ~ ）进行了进一步的理论系统化和深化，其主要成果集中体现于 1990 年出版的《连续时间金融学》一书中。

以布莱克、舒尔斯、默顿理论为标志的连续时间金融模型的构建开启了连续时间金融方法论的新主流。实际上，早在 1900 年，法国人巴舍利耶（L. Bachelier，1870 ~ 1946）就使用布朗运动来刻画证券价格的随机波动。而 1944 年日本数学家伊藤清（K. Ito）提出的伊藤积分，以及他与列维（Levy）和维纳（N. Weiner）等人开创的随机微积分分析方法则使得连续时间微观金融研究的深入展开成为可能。20 世纪 70 年代，默顿和布里登（Breeden）使用贝尔曼（Bellman）的动态规划方法和随机微分技术获得了连续时间资源跨期配置的一般均衡模型，也即通常所谓的时际资产定价模型和消费资产定价模型，从而推广并兼容了早先的单一时期均值—方差模型。如同连续变量的微分学在瓦尔拉斯时代进入经济学一样，连续时间金融模型的引入使得经济学家可以通过随机分析更好地揭示金融市场随机性的本质。

1976 年，罗斯（S. A. Ross，1944 ~ ）提出套利定价理论以取代一般经济均衡假定下的资本资产定价模型。罗斯指出，套利假设等价于存在关于未来不确定状态的某种等价概率测度，使得每一种金融资产在该等价概率测度下的期望收益率都等于无风险证券的收益率。这一结论给出了套利定价的一般原理，被称为资产定价基本定理。与此同时，考克斯（J. C. Cox）提出了基于套利假定的风险中性定价方法。1979 年，罗斯与考克斯和鲁宾斯坦（M. Rubinstein）一起利用资产定价基本定理给出了布莱克 - 舒尔斯期权定价公式的一种简化证明，并由此得到了期权定价的离散模型。后来，哈里森（Harrison D.）、帕里斯卡（Paliska）和克瑞普（Kreps）等人证明，一个套利的均衡体系可以由等价鞅测度化来获得。这就使得 1938 年由多布（Doob）建立的鞅数学成为了金融分析的重要工具。

由套利假设得出的资产定价基本定理只能对完全市场中的金融资产唯一定价。1972 年，拉德纳（R. Radner）首先建立了不完全市场下的一般经济均衡模型。拉德纳指出，不需要无限种类和数量的金融资产就可以完成不确定环境下的资源跨期配置。1985 年，达菲（D. Duffe）和夏费尔（W. Schafer）指出，对于极大多数的不完全市场，均衡是存在的，但都不能达到资源的最优配置。达菲等人还证明，多次开放的市场和有限数目的证券可以创造出无限的世界状态。这不仅仅意味着动态一般均衡的存在，而且从理论上证明了资本市场存在的合理性及其对资源跨期有效配置的重要性。

在微观金融理论的实证方面，从 20 世纪 60 年代末开始，法玛（E. F. Fama，1939 ~）即着手进行市场有效性方面的研究。这方面的工作极具理论意义，因为市场的有效性体现了市场价格对相关信息的消化吸收能力。如果金融市场的价格变化能够通过布朗运动之类的市场有效性假设的检验，则说明该市场必定满足套利的假定。

阿克洛夫（G. A. Akerlof，1940 ~）、斯彭斯（A. M. Spence，1943 ~）和斯迪格利茨（J. E. Stiglitz，1943 ~）则对具有信息不对称性的市场进行了深入的研究。1980 年，斯迪格利茨与格罗斯曼（S. J. Grossman）提出一个与市场有效性相关的有趣问题：如果市场价格已经反映了所有相关的信息，则投资者就没有必要搜集这些信息；但是，如果所有的投资者都不去搜集相关的市场信息，那么市场价格怎么可能反映这些信息呢？这就是有名的格罗斯曼 - 斯迪格利茨悖论。许多人认为，将信息成本的概念以及掌握不同信息的交易者引入均衡分析框架是解决这一悖论的有效方法，而这就意味着对套利均衡传统分析框架的一种突破。

卡尼曼（D. Kahneman，1934 ~）和特维斯基（A. Tversky，1937 ~ 1996）等人把心理学研究方法引入经济科学，提出根据少数经验进行推理的小数定律，以及关于非期望效用最大决策的展望理论。他们的理论能够用于解释金融市场中广泛存在的短期异常行为现象，“行为金融学”应运而生。

马克维兹的证券组合理论和布莱克 - 舒尔斯的期权定价模型都假定证券的期望收益

率和方差在特定的时间段内是一个常数。于是，在实证分析中，通常把证券在一定时期内的每一天或每一周的收益率都看做同一个随机变量的样本，据以求得样本均值和标准差，这种做法显然不适用于金融市场剧烈波动的情景。针对金融市场剧烈波动的现实，恩格尔（R. F. Engle，1942 ~）提出了"自回归条件异方差"（Antoregressive Conditional Heteroskedasticity Model，ARCH）方法用以解决方差随时间变化的问题，而格朗杰（C. W. J. Granger，1934 ~）则提出了"协整"的方法。格朗杰认为，在数据随时间变化很不平稳的时候，不应该直接处理它的时间序列，而应设法找出有类似不平稳变化的数据之间的关系，也即所谓的协整关系。在使得一些有同类不平稳变化的数据的组合变为有平稳关系的数据以后，就可以使用常规的方法来处理了。

不对称信息以及行为金融等理论的提出并没有摧毁传统的均衡分析框架，实际上，它们之间存在着内在的逻辑联系。例如，尽管引入信息、行为、时变等概念以后的金融模型呈现出许多独特的特征，但有一个基本的法则却总是有效的，那就是线性定价法则，即一个资产组合的价值应该等于其组成部分的价值之和。这个法则比套利假定（即正线性定价法则）的要求低，也就是说，在线性定价法则成立的时候仍然可能存在套利的机会。可以证明，证券组合理论和资本资产定价模型与线性定价法则等价，MM定理也是线性定价法则下的结论，但布莱克－舒尔斯的期权定价模型仍然需要套利的假定，即需要正线性定价法则的成立。这样一来，任何未来价值不确定的金融资产的当前价值都等于其未来价值与一个随机折现因子的乘积的期望值，不同理论间的差别都可归结为如何确定这个随机折现因子而已。这就意味着，有可能在更高的层次上建立起能够包容信息经济学和行为金融学等金融经济理论最新发展的新框架。2001 年，科克伦（J. H. Cochrane）出版的《资产定价》一书在这个方面作出了有益的尝试。

复习思考题

1. 什么叫金融？
2. 简述金融经济学的基本内容或结构。
3. 简述微观金融经济理论的产生及其衍化过程。

第二章

确定性投资决策的基本逻辑

本章摘要

本章给出了确定性背景下的投资决策逻辑，以作为风险环境下投融资决策分析的逻辑基础。其中，投资与消费分离定理是本章的重点。

关 键 词

消费的边际时间偏好率　投资与消费的分离定理

第一节　无金融市场背景下的确定性投资决策

所谓确定性投资，指的是其未来的收益确知、可预测、不存在任何悬念的投资决策，亦即无风险投资决策。

一、单期投资—消费决策模型的基本假定

出于简便的考虑，这里我们假定决策者只考虑一个期间的决策问题，并假定这个期间恰好为一个年度，在这个年度里我们将只关注两个时间点：当前时刻 t_0 或者称为时刻 0（相当于年初）、期末时刻 t_1 或者称为时刻 1（相当于年底）。其中，仅在 t_0 时刻会发生一次与投资有关的决策，所有可供选择的投资项目都具有仅在 t_0 时刻发生现金流出，仅在 t_1 时刻发生现金流入的特点。因此，决策者需要考虑的是：到底应该怎样安排 t_0 时刻的消费和投资才能获得最大的效用。

显然，在这里我们把投资理解为对现期（t_0 时刻）消费的延迟，亦即将一部分本来可立即用于消费的资源（期初禀赋）推迟到在未来的某一时刻（t_1 时刻）再用

于消费。其原因就是这一部分资源在这一段时间（$t_0 - t_1$，又叫做投资期）内会有一个量上的增加，从而使得经济行为主体在整个跨期消费的过程中能够达到效用的最优。

假定未来不存在不确定性，亦即关于未来的状况是确知的、可预测的、不存在任何悬念。

我们暂且不引入金融市场，假设仅存在实业投资机会，即投资者必须使用生产要素（劳动、资本、土地和企业家才能等）通过创造商品或劳务来获得回报，不存在通过买卖金融资产获利的机会。

假定所有投资项目都是无限可分割的。或者换句话说，投资者有无穷个投资机会，投资者可以一个货币单位一个货币单位地选择投资机会。

假定所有投资项目现金流量的发生及其规模彼此相互独立。

假定投资者具有理性，他们在任何时期、任何情况下都喜欢更多的现金流入或更少的现金流出。企业的可支配资金要么作为股利分配给股东，要么把它留存在企业进行再投资。如果企业选择了某个投资项目，这就意味着，企业决定现在至少不支付一部分股利，而是将这部分资金用于投资以便将来获得更多的现金，那时便可以支付更多的股利。就股东来说，企业的投资意味着股东要放弃现在的一部分消费，但其将来的消费会有量上的增加。

二、股东消费的边际时间偏好率

所谓股东消费的边际时间偏好率（Marginal Rate of Consumption Substitution，MRS），即在保持效用水平不变的条件下，每减少一个货币单位的当前消费所必须增加的未来消费的数量。

令 MRS_{01} 为股东关于当前消费和一年之后消费的边际时间偏好率、ΔC_0 为当前消费的变动量、ΔC_1 为一年以后消费的变动量，则有当前与一年以后消费之间的边际时间偏好率 MRS_{01} 为：

$$\mathrm{MRS}_{01} = \frac{\Delta C_1}{\Delta C_0}$$

一般地说，股东消费的边际时间偏好率应该为负值，但为方便起见，我们通常取其绝对值。

如果假定股东有一个明确的跨期消费的连续型效用函数，例如，假定这个效用函数为 $U = U(C_0, C_1)$，其中，U 为股东在消费过程当中获得的效用，则可确定出相应的跨期消费的效用无差异函数。

效用无差异函数反映了在保持效用水平不变的条件下，当前消费和未来消费之间的替代关系，其几何的形式叫做效用无差异曲线。

令 $\overline{U}$ 为一个既定的效用水平，则效用无差异函数的解析形式为：

$$\overline{U} = U(C_0, C_1)$$

对该式求全微分，有：

$$\mathrm{d}\overline{U} = \frac{\partial U}{\partial C_0}\mathrm{d}C_0 + \frac{\partial U}{\partial C_1}\mathrm{d}C_1 ; 0 = \frac{\partial U}{\partial C_0}\mathrm{d}C_0 + \frac{\partial U}{\partial C_1}\mathrm{d}C_1$$

$$\frac{\mathrm{d}C_1}{\mathrm{d}C_0} = -\frac{\partial U/\partial C_0}{\partial U/\partial C_1}; \mathrm{MRS}_{01} = \left|\frac{\mathrm{d}C_1}{\mathrm{d}C_0}\right| = \frac{\partial U/\partial C_0}{\partial U/\partial C_1} = \frac{MU_{C_0}}{MU_{C_1}}$$

可见，股东在某一个消费状态下消费的边际时间偏好率，相当于股东效用无差异函数（曲线）在某一个点处切线斜率的绝对值。

在（C_0，C_1）平面直角坐标系中，股东跨期消费的效用无差异曲线具有下列几个特点：

（1）效用无差异曲线的斜率为负数。

即$\frac{\mathrm{d}C_1}{\mathrm{d}C_0} = -\frac{\partial U/\partial C_0}{\partial U/\partial C_1} < 0$

这是由于我们总是假定消费过程会产生正的效用。因此，为保持效用水平不变，增加当前的消费就必须减少未来的消费。

（2）效用无差异曲线凸向原点。

即$\frac{\mathrm{d}(\mathrm{d}C_1/\mathrm{d}C_0)}{\mathrm{d}C_0} > 0$

这是由于我们总是假定消费者具有凸偏好特性，及相较于在当前或期末极端的消费分布状态，消费者更喜欢相对均匀的跨时期消费资源的分配方式。实际上，正是由于消费的凸偏好特性，才有了所谓的当前（或未来）消费的边际效用递减规律。

（3）任意两条效用无差异曲线不能相交。

这是决策逻辑应该具有连贯性和一致性的必然要求。实际上，如果两条效用无差异曲线相交，则违背了消费量多多益善的假定。

（4）越靠近右上角的效用无差异曲线，所代表的效用水平越高。

这也是消费量多多益善假定的必然要求。

如图 2.1 所示，效用无差异曲线 $\overline{U}''$所代表的效用水平要高于效用无差异曲线 $\overline{U}'$所代表的效用水平，而效用无差异曲线 $\overline{U}'''$所代表的效用水平又高于效用无差异曲线 $\overline{U}''$所代表的效用水平。

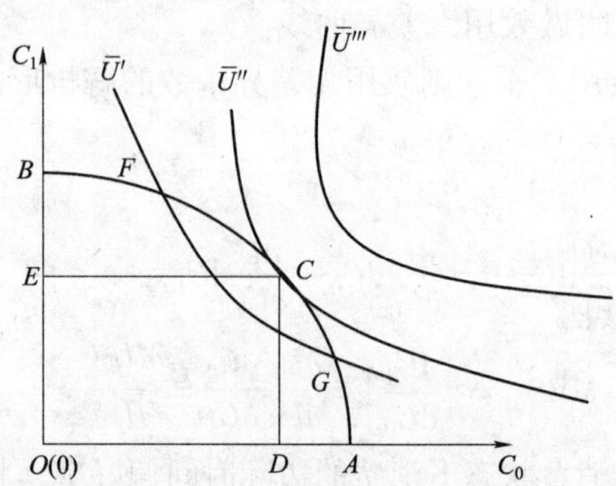

图 2.1　效用无差异曲线与实业投资机会曲线的关系图

三、实业投资机会曲线

如果我们将企业所有可能的实业投资机会按照收益率的高低由高到低排序，则有所谓的实业投资机会曲线，即图 2.1 中的曲线 *AB*。

在图 2.1 中，*OA* 为股东在当前的最大可用资源数量。如果股东将其完全用于投资，则一年后可增加的消费数量为 *OB*，*B* 点代表了这一种情景。如果该股东将这部分可用资源全部用于当前的消费，则其一年后将不存在实业投资收益，*A* 点代表的即是这一种情景。除了这两个极端的情景以外，在股东的实业投资机会曲线 *AB* 上，例如假定股东选择了 *C* 点，则该股东在当前的消费量为 *OD*、投资量为 *AD*，进而该股东在一年后的投资收益为 *OE*。也就是说，如果该股东的当期投资量为 *AD*，则其在 t_0 时刻和 t_1 时刻的消费量将分别为 *OD* 和 *OE*。

显然，投资机会曲线上任意一个点处切线斜率的绝对值相当于单位投资的毛收益率（净收益加本金的和再与本金之比率），我们用 $1+r_{\text{实业投资}}$ 来表示。

由于我们通常都是按照净收益率 r 的大小，由高到低依次选择实业投资机会，所以，实业投资机会曲线具有凹向原点的特征。

四、企业投资的均衡条件

如图 2.1 所示，如果企业的投资额大于 *AD*，例如位于 *F* 处，则企业投资的毛收益率小于股东消费的边际时间偏好率，这说明该企业的投资过多，这个时候股东的效用水平仅为 $\bar{U}'$。反过来，如果企业的投资额低于 *AD*，例如位于 *G* 处，则企业投资的毛收益率将大于股东消费的边际时间偏好率，这说明该企业的投资不足，这个时候股东的效用水平也为 $\bar{U}'$。

不难看出，只有股东的效用无差异曲线与企业的实业投资机会曲线相切，亦即在其切点 C 处，企业的投资额才会达到最优。因为这个切点位置的投资和消费是该股东在既定可用资源 OA 下所能够达到的最高效用水平，这个时候的效用水平为 $\overline{U}''$。

在图 2.1 中，$\overline{U}'''$所代表的效用水平尽管高于 $\overline{U}''$所代表的效用水平，但却超过了当前该消费者的既定可用资源所能够达到的效用水平，是不切合实际的。因此，该企业当前的最优投资数量为 AD。

由于在企业投资的均衡点 C 处，企业投资的毛收益率等于股东消费的边际时间偏好率。因此，我们说企业投资的均衡条件为：

$$\mathrm{MRS}_{01} = 1 + r_{\text{实业投资}}$$

当然，由于股东消费的边际时间偏好率只有股东自己才清楚，他人很难准确判定，所以上述分析仅适合于企业所有者即股东直接经营企业的情景。而在现代企业制度下，绝大部分股东并没有机会直接经营企业，企业便不可能准确地确定出股东消费的边际时间偏好率，这就妨碍了上述逻辑的实用性。因此，我们必须继续展开上述逻辑思路，以便更为切合实际。

第二节　引入金融市场背景下的确定性投资决策

一、金融投资机会曲线

现在，我们引入金融市场。假定金融市场完全竞争，且仅存在一个利率 $r_{\text{金融投资}}$，则有所谓的金融投资机会曲线，如图 2.2 中的直线 WH 所示。

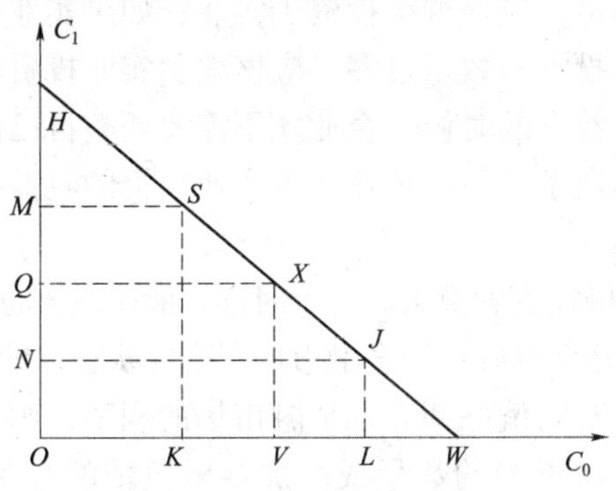

图 2.2　金融投资机会曲线

在图2.2中，金融投资机会曲线 WH 的斜率绝对值表示金融投资的毛收益率。假定股东在当前的可用资源数量为 OW，如果股东将其完全用于金融投资，即购买某种金融资产，则一年后可增加的消费数量为 OH，H 点代表了这一种情景。如果该股东将这部分可用资源全部用于当前的消费，则其一年后将不存在金融投资收益，W 点代表的即是这一种情景。

除了这两个极端的情景以外，在股东的金融投资机会曲线 HW 上，假定股东选择了 X 点，则该股东在当前的消费量为 OV、金融投资量为 VW，进而该股东在一年后的金融投资现金流入数量为 OQ。也就是说，如果假设该股东的初始禀赋为 OW，当前的金融投资量为 VW，则其当前的消费水平为 OV，未来的消费水平为 OQ。

也可以假定股东在当前的可用资源数量少于 OW，例如，假定该股东在当前的可用资源数量为 OV，在一年后的消费量为 OQ，即假定该股东最初处于 X 点处。

这时该股东可以购买金融资产，例如购买 VK 数量的金融资产，从而使得该股东由 X 点变动到 S 点。这个时候，他在当前的消费量减少为 OK，在一年以后的消费数量增加为 OM，其中 QM 数量为金融资产投资的收益。

当然，该股东也可以贷入资金以增加当前的消费。例如，他可以借入 VL 数量的资金，从而使得当前的消费数量增加为 OL，而一年之后的消费数量减少为 ON，其中 NQ 为一年之后的还本付息数量。

二、消费与投资分离定理

引入金融市场以后，我们就可以这样来阐述企业投资决策的逻辑：

首先，由企业作出实业投资的决策。企业应该将它的实业投资数量调整到实业投资的收益率等于金融投资收益率的状态。如果实业投资的收益率高于金融投资的收益率，则说明实业投资的数量不足，应该继续投资于实业；如果实业投资的收益率低于金融投资的收益率，则说明实业投资的数量过多，应该减少实业投资的数量。只有当实业投资的收益率等于金融投资收益率的时候，企业才不需要调整自己的实业投资数量。

因此，企业投资的均衡条件为：企业从事实业投资的收益率等于金融市场的投资收益率。亦即：$r_{实业投资}=r_{金融投资}$。

然后，由股东作出金融投资的决策。这个时候，股东应该将其金融资产或负债的结构调整到消费的边际时间偏好率恰好等于金融市场利率的状态，即：$\mathrm{MRS}_{01}=1+r_{金融投资}$。

如果股东消费的边际时间偏好率高于金融市场的利率，则说明该股东在当前的消费不足，这个时候，减少金融资产的数量或增加金融负债的数量可以增加股东的效用水平。例如，假定 $\mathrm{MRS}_{01}=4$，而 $1+r_{金融投资}=3$，这相当于图2.3中的 D 点。则说明对该股东来说，一个货币单位的当前消费相当于四个货币单位的未来消费。而在这个时候，每减少一个货币单位的当前消费，从而增加一个货币单位的金融资产，该股东在未来只能增加三个单位的可消费资源；或者说，该股东在当前每增加一个货币单位的金融负债，从而增加一个货币单位的当前消费，其在未来只需要减少三个单位的可消费资源。因此，这个消费者在当前每减少一个货币单位的金融资产或增加一个货币单位的金融负债，从而增加一个货币单位的当前消费，相当于在未来净增加了一个货币单位的消费所能带来的效用，从而净增加了该股东的总效用水平。就图 2.3 来说，这相当于从 D 点移动到 E 点，从而使得效用水平从 U_1 提高到 U_2。

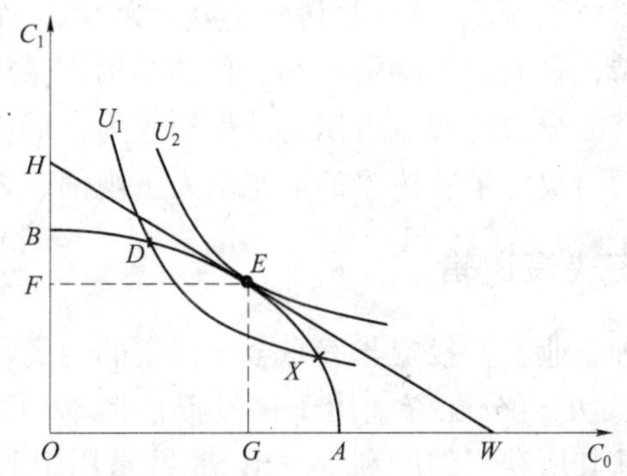

图 2.3 企业实业投资决策与股东金融决策的同时均衡

如果股东消费的边际时间偏好率低于金融市场的利率，则说明该股东在当前的消费过多，增加金融资产的数量或减少金融负债的数量可以增加股东的效用水平。例如，假定 $MRS_{01}=3$，而 $1+r_{金融投资}=4$，这相当于图 2.3 中的 X 点。则说明对该股东来说，一个货币单位的当前消费相当于三个货币单位的未来消费。而在这个时候，每减少一个货币单位的当前消费，从而增加一个货币单位的金融资产，该股东在未来将会增加四个单位的可消费资源；或者说，该股东在当前每增加一个货币单位的金融负债，从而增加一个货币单位的当前消费，其在未来需要减少四个单位的可消费资源。因此，这个消费者在当前每增加一个货币单位的金融资产或减少一个货币单位的金融负债，从而减少一个货币单位的当前消费，相当于在未来净增加了一个货币单位的消费所能带来的效用，从而净增加了该股东的总效用水平。就图 2.3 来说，这相当于从 X 点移动到 E 点，从而使得效用水平从 U_1 提高到 U_2。

可见，只有当股东消费的边际时间偏好率等于金融市场利率的时候，该股东的效用水平才能达到最高的状态。

如果在企业从事实业投资的收益率等于金融市场利率的同时，股东消费的边际时间偏好率也等于金融市场的利率，则企业从事实业投资的收益率也就间接地等于股东消费的边际时间偏好率，从而与我们引入金融市场之前关于企业投资的均衡条件相同。

因此，就企业来说，可以预先地假定股东消费的边际时间偏好率等于金融市场的利率。或者换句话说，企业可以不考虑股东的效用评价问题，只需要在实业投资和金融投资之间认真权衡，做到企业投资的收益最大即可。然后，由股东在当前消费和金融投资（负债）之间认真权衡，做出最佳的选择。通过企业和股东的这种分工合作，最终也能够实现股东效用的最大化，这就是所谓的企业投资与股东投资分离定理。

如图 2.3 所示，企业实业投资的均衡状态与股东金融投资的均衡状态重合于 *E* 点。这个时候，企业的实业投资数量为 *GA*、股利分配数量为 *OG*，而股东会将其所有的当期股利收入用于当前的消费，既有的金融资产和负债的结构将保持不变。

企业投资与股东投资的分离定理也可以简洁地描述为：最优的企业实业投资决策取决于客观的市场状况，而与决定消费决策的股东个人主观偏好无关。

三、股东的投融资决策逻辑

还可能存在这样一种企业实业投资与股东金融投资的均衡状态，如图 2.4 所示。这个时候，企业会将 *AS* 数量的可分配资金用于再投资，将 *OS* 数量的可分配资金用于红利分配。然后，股东会从其所获得的股利中拿出 *SK* 数量用于购买金融资产或减少金融负债的数量。这样一来，该股东当前的消费数量为 *OK*，而在下一年的消费数量为 *OG*。

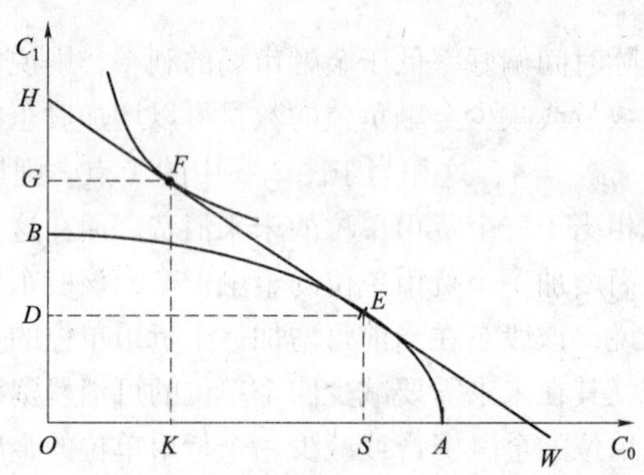

图 2.4 股东购买金融资产或减少金融负债的情景

企业实业投资与股东金融投资的均衡状态还可能如图 2.5 所示。这个时候，企业会将 *AS* 数量的可分配资金用于再投资，将 *OS* 数量的可分配资金用于红利分配。然后，股东会借入 *SK* 数量的金融负债用于当前的消费。这样一来，该股东当前的消费数量为 *OK*，而在下一年的消费数量将为 *OG*。

显然，由于在均衡状态下，企业从事实业投资的收益率等于金融市场利率。因此，

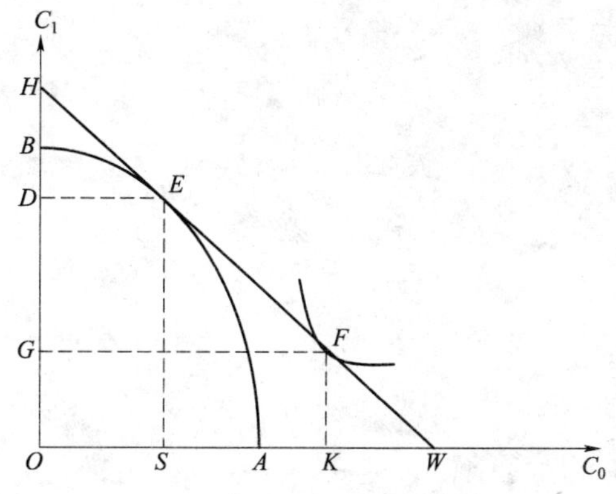

图 2.5　股东增加金融负债的情景

金融市场的利率就是企业投资的基准利率。也就是说，企业的投资收益率不能低于金融市场的利率。

复习思考题

1. 什么叫做消费的边际时间偏好率？
2. 假若不存在金融市场，则企业的最优实业投资决策应满足什么条件？
3. 如果引入金融市场，则企业的最优实业投资决策应该满足什么条件？
4. 简述消费与投资分离定理的基本内容。

第三章

资金的时间价值及其等值计算

本章摘要

利率是金融学的基础概念。本章首先阐述了资金时间价值的含义，然后给出了资金等值计算的方法，并指出了名义利率和实际利率之间的关系。

关 键 词

利率　资金的时间价值　资金的等值计算

第一节　资金的时间价值

一、为什么说资金具有时间价值

资金具有时间价值指的是资金随着时间的推移应该不断地增值，该增值额便是资金的时间价值的数量体现。

在投资决策中，资金具有时间价值是资金的本质属性。资金具有时间价值的原因可以从以下三个方面来理解：

首先，从生产过程来看，一笔资金无论是用于购置厂房、设备等固定资产，还是用于购买原材料、燃料动力等流动资产，都构成了生产过程中必不可少的要素组成部分。生产出的产值除了弥补生产中的活劳动消耗以及物化劳动消耗以外，还会有剩余。这从资金的运动过程来看，就表现为初始的资金投入经过生产过程产生了增值，如图 3.1 所示。

其次，从投资者的角度来看，可选择的投资机会、可用于投资的资金永远是短缺的。一笔资金有许多可选择的用途，当它被投资于某一特定用途的时候，也就丧失了在

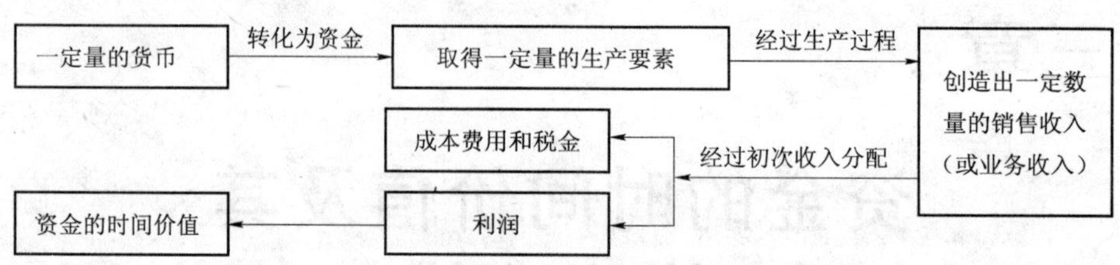

图 3.1 资金时间价值的形成

其他用途获得收益的机会。这个在其他场合本来能够获得，但却由于无法实现投资从而没有获得的收益，就叫做投资于某一特定项目的机会成本，也即投资于这个特定项目资金的时间价值。

在一般的场合，资金的使用具有机会成本与资金具有时间价值是两个互为等价的说法。

最后，本质性地理解，消费者更看重现时消费。由于一笔资金一旦用于投资，也就不能用于现时消费，所以资金的拥有者必须得到相应的补偿，否则他不可能选择投资的决策、这个补偿率即是资金的时间价值。

需要指出的是，上述三种关于资金具有时间价值的理解是等价的，它们分别从不同的角度阐述了资金具有时间价值的含义。

实际上，在现实生活中，我们可能都具备资金具有时间价值这种理念。例如，假定你有这样一个赚钱的机会：在一年之内确定无疑地可以获得 100 元的收入，而且对方允许你自己拿主意。是现在立即将这 100 块钱拿到手呢，还是等到一年以后再拿到手，你会怎样选择？

一般地说，你应该会选择立即拿到 100 元钱这个方案。因为这样做，你可以将这笔钱用在其他的途径，一年下来还可以额外地赚一部分收益。例如将其存入银行，一年下来可以稳赚一部分利息。如果你赞同这种观点，就说明尽管你可能不是一个理财专家，但你仍然具备资金具有时间价值的理念。

在这里，理财专家与一般人的区别是：理财专家能够将资金具有时间价值这种理念贯彻始终，能够自觉地使用这个概念。这体现在理财专家始终关注资金的等值计算问题。而一般人经常会忽略或者说无意识地抛弃这个概念，不能够将资金具有时间价值这种理念贯彻始终。这体现在一般人经常将不同时间点上的资金不加区分，直接混同计算。

二、资金时间价值的确定

（一）影响资金时间价值大小的因素

资金时间价值的大小取决于多方面的因素。主要有：

1. 无风险投资收益率。

2. 通货膨胀率，即为抵销货币贬值所应考虑的部分。

3. 风险贴水，即为补偿风险损失所应计入的部分，又叫做风险报酬率。

广义的无风险利率包括通货膨胀率。因此，一般地说，资金的时间价值率应该等于无风险利率加风险贴水率。

不难看出，我们所定义的资金时间价值率相当于资金的机会成本率，即将资金用于其他风险程度相似的投资机会的平均（均衡）收益率。它应该是理性投资者的最低期望收益率（又叫做基准利率）。

关于资金时间价值大小的这种理解明显不同于现实生活中我们的习惯做法。在现实生活中，我们通常将银行存款利率或购买国库券的收益率作为资金时间价值的度量，其仅相当于我们这里的无风险投资收益率。

例如，就上面那个例子来说，你可能会这样想：还是立即拿到这 100 元钱好，因为把它存入银行还可赚一年的利息呢！如前所述，你的这种思维方式说明你具备了资金具有时间价值的思想，但你仅将资金的时间价值率等同于无风险投资收益率。这是错误的，因为如果将这种思维方式应用于有风险资产（例如股票）价值的评估，就会严重高估有风险资产的价值。

在这里，由资金的时间价值所体现出来的资金增长额统称为资金的利息。

利息的大小不仅取决于资金的时间价值，而且还取决于本金的绝对数量。因此，出于可比的需要，我们通常计算的是单位资金的时间价值，并将单位资金的时间价值率统称为利率。它是单位时间（一般以一年为单位时间）的利息与资金本金额的比值，它反映了单位资金的时间价值。

（二）计算单位资金时间价值的基本方法

1. 单利法

单利法仅以本金为基数计算利息，即不论年限有多长，每年只按原始本金计息，而已取得的利息不再计息。

如果令第 n 期末的本利和为 F、资金在当前的价值为 P、每期的利率为 i，则依据单利法，有：$F=P(1+i\times n)$。

2. 复利法

用单利法计算货币的时间价值并不彻底，因为这种方法并没有考虑到利息的时间价值。因此，在投资决策中一般应采用复利法来计算资金的时间价值。

所谓复利法，不仅本金计息，而且先前时间的利息在后继的时间里也要考虑其时间价值计算利息，其计算过程如下表 3.1 所示。

表 3.1 复利率的实质

	计息期开始时的金额	本期获息额	期末本息和
1	P	Pi	$P(1+i)$
2	$P(1+i)$	$iP(1+i)$	$P(1+i)^2$
3	$P(1+i)^2$	$iP(1+i)^2$	$P(1+i)^3$
……	……	……	……
n	$P(1+i)^{n-1}$	$iP(1+i)^{n-1}$	$P(1+i)^n$

表 3.1 的计算过程可用公式表示为：$F=P(1+i)^n$。这一公式隐含有在最后一期末实际支付本息的假定，因此亦可称为整付本利和公式，可用函数符号表示为：$F=P(F/P,i,n)$。其中，$(F/P,i,n)$称为整付终值因子。

如果用 $F=P(1+i)^n$ 求解 P 的值，则有：$P=F(1+i)^{-n}$。称之为整付现值公式，其函数符号为 $P=F(P/F,i,n)$。其中，$(P/F,i,n)$称为整付现值因子。

例 3.1 某企业以 6% 的年利率向银行贷款 1 千万元，货款期为五年，以单利计算。问五年后企业应支付多少利息？

解： 根据单利法，$P=1\ 000$，$n=5$，$i=6\%$，因此企业五年后应支付的利息为：

$$Pni=1\ 000\times 5\times 6\%=300\text{（万元）}$$

例 3.2 在例 3.1 中，如果以复利计算，那么五年后企业应支付多少利息？

根据复利的定义，其计算过程如下表 3.2 所示。

表 3.2 复利率计算过程示意图

年份	年初欠额（本利和）	年末利息额	年末欠额（本利和）
1	1 000.00	1 000×0.06=60.00	1 000.00+60.00=1 060.00
2	1 060.00	1 060.00×0.06=63.60	1 060.00+63.60=1 123.60
3	1 123.60	1 123.60×0.06=67.42	1 123.60+67.42=1 191.02
4	1 191.02	1 191.02×0.06=71.46	1 191.02+71.46=1 262.48
5	1 262.48	1 262.48×0.06=75.46	1 262.48+75.75=1 338.23

因此，五年后企业应支付的利息为：

1 338.23 - 1 000 = 338.23（万元）

为体现资金具有时间价值，也即资金的使用具有机会成本这一思想，准确反映每一个时刻投资者手中真正拥有的可调配资源数量，在项目评估中，应该把投资项目作为一个独立的系统，用现金流量（而不是利润）这一概念来反映该项目在寿命周期内按收付实现制原则确认的流入和流出系统的货币运动。其中，按收付实现制原则确认的项目的货币收入称为现金流入，按收付实现制原则确认的货币支出称为现金流出。现金流入和现金统称为现金流量，现金流入量减现金流出量的差额称为净现金流量。如果现金流入量大于现金流出量，则净现金流量为正；反之，则净现金流量为负。这样，现金流入可用正数表示，现金流出可用负数表示。

为了能直观地反映拟建项目在建设年限和服务生产年限内现金流入与现金流出的情况，便于分析计算净现金流量，可以绘制现金流量图。

现金流量图即是在时间坐标轴上用带箭头的垂直线段形象地表示现金流发生的时间及其大小和方向，如图 3.2 所示。

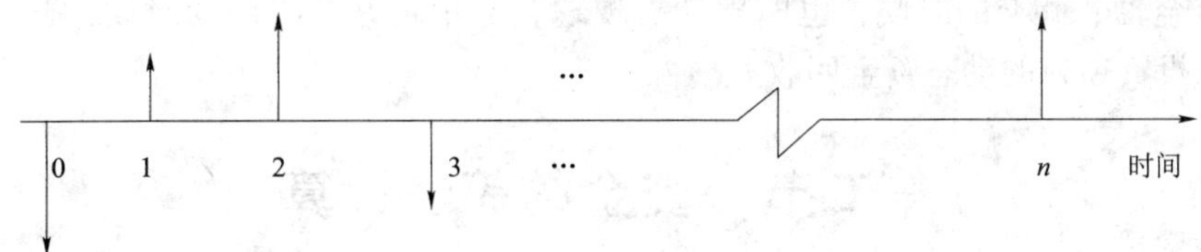

图 3.2　现金流量轴图

图中，横轴表示时间，垂直线的长度与现金流的大小成比例，箭头向下表示资金流出，即货币离开了拟建项目系统，是负的现金流量；箭头向上表示现金流入，即货币进入拟建项目系统，是正的现金流量。

对现金流量图再做以下几点说明：

（1）横轴上的刻度数取计息周期的期数。如果以年为计息周期，则时间轴上的刻度一般也应为年。

（2）为了计算方便，一般把分析期的起点定为零点。零点通常为第一次投资发生的时点。

（3）如果时间轴上的刻度单位为年，则“0”点表示第一年年初，“1”点表示第一年年末，同时又表示第二年年初，……，“n”点表示第 n 年年末。

（4）通常情况下，现金流入、现金流出均假设发生在年初或年末。例如，一般假设投资都发生于年初，年收入、年费用、年净收益、残值等都发生于年末，这个假设与实际情况是有差别的。任何一项资金收入或支出既可能发生于年初或年末，也可能发生于年内任何时间。但是，这个假设的误差对项目评估的结果通常影响不大，可以忽略不计。而有了这一假设，可为应用现金流量图带来很大的方便。

值得注意的是，每一幅现金流量图都反映了一定的立场。例如，一笔银行贷款的现金流量图，它可能是从借款人的立场绘制出来的，或者是从贷款人的立场绘制出来的。同样一笔金额的收支，借款人认为是现金流入，贷款人则认为是现金流出。因此，同一个投资项目，立场不同，所画出的现金流量图也会不同。

在项目评估中还经常用到累计现金流量曲线图，其横轴为时间轴、纵轴为资金轴，它将各年净现金流量的数值逐年累加，表示从项目投资开始到该年为止的期间内所有现金流量的代数和。累计现金流量曲线图可以从经济角度直观地反映项目总体的进展情况，特别是在累计现金流量线与横轴（资金轴）相交的时候，也即累计现金流量正好等于零的时候，其横轴的标度即是该投资项目的静态资金回收期。

如果能够计算出投资项目每一年的净现金流量的折现值，然后从期初开始将每一年的折现净现金流量累计加总，就可以得到所谓的累计折现现金流量曲线图。这条曲线与横轴（资金轴）相交的时候，也即累计折现现金流量正好等于零的时候，其横轴的标度即是该投资项目的动态资金回收期。

第二节　资金的等值计算

由于资金具有时间价值，不同时间的等额资金的价值并不相等。因此，只有同一个时间点上的资金才可以直接作加减乘除四则运算，不能把不同时间点上的资金直接作四则运算。而为了考察一个投资项目的效果，又必须将投资项目经营周期内不同时间点发生的费用和收益加以综合比较。为了解决这一问题，我们引进“资金等值”这一概念。

我们把在特定利率下，处在不同时点上，绝对数额不同，但价值却相等的若干个资金额称为等值资金。

利用等值概念，可以把一个时间点上的资金额等价变换为另一个时间点上的资金额，这一换算过程就叫做资金的等值计算。

那么，在考虑资金的时间价值的情况下，不同时间点上的资金怎样才算等价呢？

如上所述，资金的时间价值来源于资金的增值。如果在期初发生的投资额为 I_0，根据资金的机会成本率（或称时间价值率），至期末应该增值为 I_1，那么我们就有理由认为 I_0 和 I_1 互为等价。例如，我们就可以认为一个投资项目在期初投资（或收入）I_0 元，与在期末投资（或收入）I_1 元是等价的，没有什么区别。显然，I_1 的大小取决于资金本金额的大小、时间间隔的长短以及机会成本率的高低。

在各种资金等值的计算中，我们特别把在未来某一个时间点上的资金值，换算成与之等价的、现时期的资金值的计算，叫做“贴现”或“折现”。把与未来某一时间点上的资金等价的、现在时刻的资金值称为现值。把与现值等价的未来某一时间点上的资金值称为未来值或终值。

可见，资金的时间价值，或不同时间点上资金的等价换算，是通过一定的利率来进行的，这个利率一定要能准确地反映资金的时间价值（或机会成本）的大小。

一、等额系列复利等值计算公式

在项目评估中，我们经常遇到一系列支出或收入相同金额资金的情况，该相等的资金额称为年金。因此，所谓年金即是指连续 n 期的等额系列期末或期初资金收入或支出额，我们用 A 表示。

如果 A 是在 n 期中各期末的投资额，在 n 期末的总终值 F 显然就是各单项投资本利的总和，即：

$$\begin{aligned} F &= A(1+i)^{n-1} + A(1+i)^{n-2} + \cdots + A(1+I)^2 + A(1+i) + A \\ &= A[1 + (1+i) + (1+i)^2 + \cdots + (1+I)^{n-2} + (1+i)^{n-1}] \\ &= A \cdot \frac{1-(1+i)^n}{1-(1+i)} \\ &= A \cdot \frac{(1+i)^n - 1}{i} \end{aligned}$$

这就是等额系列复利终值计算公式，其函数符号为：$F = A[F/A, i, n]$。

其中，$(F/A,\ i,\ n)$ 称为等额年金终值因子。

例 3.3　某投资项目建成以后，从第 1 年至 42 年内预计每年末可得盈利 200 万元，每年按 8% 的利率计算，求第 42 年年末的盈利值是多少？

解：第 42 年末盈利总额 F 为：

$$F = 200 \times \left[\frac{(1+8\%)^{42} - 1}{8\%}\right] = 200 \times 304.24 = 60\ 848 \text{（万元）}$$

如果年利率 8% 相当于资金的机会成本率，则该投资项目在 42 年内每年盈利 200 万元，就相当于在第 42 年末一次性地赚得 60 848 万元。

如果已知每期期末等额的收入或支出额 A、利率 i、计息期数 n，要求把这些不同时间点上发生的等额值等价换算为以前某一时刻的值。例如现值 P，则只要在等额系列复利终值计算公式两边同乘以 $(1+I)^{-n}$ 即可：

$$F(1+i)^{-n} = A \cdot \left[\frac{(1+i)^n - 1}{i}\right](1+i)^{-n}$$

$$P = A \cdot \left[\frac{(1+i)^n - 1}{i(1+i)^n}\right]$$

这就是等额系列复利现值计算公式，其函数符号为：$P=A[P/A,i,n]$。

其中，$(P/A, i, n)$ 称为等额年金现值因子。

根据上例，第四十二年年末的盈利总额若换算为投产初始年年初的盈利总值，则为：

$$200\times\left[\frac{(1+8\%)^{42}-1}{8\%(1+8\%)^{42}}\right]=200\times 12=2\ 400\text{（万元）}$$

因此，如果年利率 8% 相当于资金的机会成本率，则该投资项目在第 42 年年末一次性地赚得 60 848 万元就相当于在第一年的年初一次性地赚得 2 400 万元。

在等额系列的复利等值计算过程当中，如果已知 F、n 和 I，欲求 A，则根据等额系列复利终值公式有：

$$A=F\cdot\left[\frac{i}{(1+i)^{n}-1}\right]$$

这个公式称为等额系列偿债基金公式，其函数符号为：$A=F\cdot[A/F,i,n]$。

其中，$(A/F, i, n)$ 称为偿债基金因子。

例 3.4 假定某企业 5 年后有 10 亿元的债务到期，现在准备在银行设立一笔偿债基金。问：在利率为 5% 的情况下，按复利计算，每年应等额储存的基金是多少？

解：

$$A=10\times\left[\frac{5\%}{(1+5\%)^{5}-1}\right]=1.8\text{（亿元）}$$

一般性地理解，如果年利率 5% 相当于资金的机会成本率，则 5 年后的 10 亿元资金就相当于这 5 年内每年年末的 1.8 亿元。

如果将 $F=P(1+I)^{n}$ 代入等额系列偿债基金公式，则有：

$$A=P\cdot\left[\frac{i(1+i)^{n}}{(1+i)^{n}-1}\right]$$

这个公式称为等额系列资金回收公式，其函数符号为：$A=P(A/P,i,n)$。

其中，$(A/P, i, n)$ 称为资金回收因子。

例 3.5 某企业拟购置一台设备，需一次投资 10 万元，该设备的使用寿命为 10 年，期末残值为零，如果该企业的期望投资收益率不低于 10%，则于此 10 年间每年至少应因购置该设备而增加多少利润或减少多少费用方属有利？

解： 本题需计算出一个“A”的临界值，只有当每年可能增加的利润或节约的费用不低于这一监界值时，买进这台设备才是有利可图的。

$$A=10\times\frac{10\%(1+10\%)}{(1+10\%)^{10}-1}=10\times 0.162\ 745=1.627\ 45\text{（万元）}$$

因此，每年至少应因购置该设备而增加利润或减少费用 1.627 45 万元才属有利。

一般性地理解，如果年利率 10% 相当于资金的机会成本率，则该设备目前的 10 万元投资就相当于在第 1 年到第 10 年的每年年末等额地支付 1.627 45 万元。

例 3.6　某厂为在五年后新建职工俱乐部计划每年从利润留成中提取 2 万元存入银行，如果存款的复利率为 7%，问该俱乐部预计的造价约为多少？

解： 由题意知：$A=2$ 万、$i=10\%$、$n=5$，则有：

$F=A(F/A,i,n)=2\times5.750\ 6=11.5$（万元）

所以该俱乐部预计的造价约为 11.5 万元。

例 3.7　如果某工程 1 年建成并投产，寿命 10 年，每年净收入为 2 万元，基准利率为 10%，可以在寿命期内把期初投资全部收回，问该工程期初投入的资金上限为多少？

解： 由题意知，$A=2$、$i=10\%$、$n=10$，则有：

$P=A(P/A,i,n)=2\times6.144=12.288$（万元）

所以该工程的期初投资应为 12.288 万元以内。

在本例中，如果已知期初投资为 12.288 万元，则在 10 年内要将其连本带利收回，每年的净收益应为：$A=P(A/P,i,n)=12.289\times0.162\ 57\approx2$（万元）。

例 3.8　预计某项目当年投资，当年投产，每年可得净收益 300 万元，希望在 7 年内连本带利偿还全部投资贷款。如果投资贷款额为 1 200 万元、年利率为 12%，问是否能如期偿还贷款。

解： 由题意知：$A=300$、$i=12\%$、$n=7$，则有：

$P=A(P/A、i、n)=300\times4.564=1\ 369.2$（万元）

显然，1 369.2 万元是为了保证在 7 年内偿还全部贷款所允许的最大投资贷款额。这个数要人于实际贷款额 1 200 万元，可见，能在 7 年内如期偿还 1 200 万的贷款。

例 3.9　某企业以 2 万元的价格购进一辆汽车，第十年末的残值为 1 万元，若利率为 10%，问汽车的年平均成本（即折旧值）为多少？

解： 由题意知：$P=2$、$F=1$、$i=10\%$，$n=10$，则有：

$P(A/P,i,n)-F(A/F,i,n)=2(A/P,0.1,10)-1\times(A/F,0.1,10)=2\ 628$（元）

因此，该汽车的年平均成本为 2 628 元。换句话说，该车辆每年的净收益不能低于 2 628 元，否则便不应该买入。

例 3.10　某钢铁企业引进 1.7 米轧机，其总投资为 38.9 亿元，基准投资收益率为 8%，该设备每年利润为 7.78 亿元，利润全部用作偿还投资，试求投资偿还年限。

解： 由 $P=A\cdot\dfrac{(1+i)^n-1}{i(1+i)^n}$ 可得

$A[(1+i)^n-1]=Pi(1+i)^n$

$$(1+i)^n = \frac{A}{-ip+A} = \left(1-\frac{Pi}{A}\right)^{-1}$$

两边取对数有：

$$n\lg(1+i) = -\lg\left(1-\frac{Pi}{A}\right)$$

$$n = -\lg\left(1-\frac{Pi}{A}\right)/\lg(1+i)$$

由题意知，$P=38.9$，$i=8\%$，$A=7.78$，代入上式有：$n=6.64$ 年，因此该设备的投资偿还期约为 7 年。值得注意的是，该计算过程隐含着每年利润 7.78 亿元的再投资收益率仍然为 8% 的假定。因此 8% 是基准利率这一条特别重要，因为它保证了上述假定的合理性。

例 3.11 欲购一设备，期初一次投资 100 000 元，使用期为 8 年，第 8 年末有残值 10 000 元，假定最低要求投资收益率为 8%，问每年至少应有多少等额净收益，该设备才值得购买。

解： $P=100\ 000$ 元，$i=8\%$，$n=8$，$F_{残}=10\ 000$ 元，则有：

$$P(A/P,8\%,8)-F_{残}(A/F,8\%,8)$$
$$=100\ 000\times0.174\ 01-1\ 000\times0.094\ 0=16\ 460.9\ (元)$$

因此，每年的等额净收益至少应为 16 460.9 元时，该设备才值得购买。

在实际生活中，年金至少可能存在如下三种类型：

（1）后付年金，即第一笔现金流量发生于第一年年末。我们前面所涉及到的年金绝大多数都属于这种类型。

（2）即付年金，即第一笔现金流量发生于第一年年初，也就是立即发生。

（3）延期年金，即第一笔现金流量发生于第二年年末，或者发生于更靠后的某一个时间，如表 3.3 所示。因此，在等值的计算过程中要注意其中的差别，不能随意地套用某一个计算公式。

例如，以表 3.3 为例，在基准利率为 16% 的时候，一个数量为 100 元，连续发生四年的后付年金现值为：

$$100(P/A,16\%,4)=279.82\ (元)$$

而相应的即付年金现值为：

$$100+100(P/A,16\%,3)=324.59\ (元)$$

相应的延期年金现值为：

$$100(P/A,16\%,4)(P/F,16\%,1)=241.22\ (元)$$

表 3.3　　年金相关计算举例

年　度	0	1	2	3	4	5
后付年金	0	100	100	100	100	0
即付年金	100	100	100	100	0	0
延期年金	0	0	100	100	100	100

例 3.12　现在有一笔 2 000 元的资金，假定基准利率为 8%。问：它相当于从第三年开始连续五年里的多少等额年金数量？

解：令该笔资金相当于从第三年开始连续五年里的 A，则有：

$$2\,000(F/P,8\%,3)(A/P,8\%,5)=2000\times1.259\,7\times0.250\,5=631.11\text{（元）}$$

因此，在 8% 的基准利率下，现在的 2 000 元相当于从第三年开始连续五年里的 631.11 元。

二、等差变额系列复利等值计算公式

所谓等差变额系列是指一个系列的收入或支出的资金的金额并不是一个常数，而是一个呈等差增减的数列。如果令第一期期末的资金支出或收入额为 A，第二期期末的资金支出或收入额为 $A+G$，第三期期末的资金支出或收入额为 $A+2G$，依此类推，则该等差变额系列为：

$$A,A+G,A+2G,A+3G,\cdots,A+(n-2)G,A+(n-1)G$$

该数列可以分解为两个数列的和：

$$[A,A,A,\cdots,A,A]+[0,G,2G,\cdots,(n-2)G,(n-1)G]$$

其中的第一个数列具有等额系列的特点。因此，我们可以分两步来求其等值公式，如下图 3.3 所示。

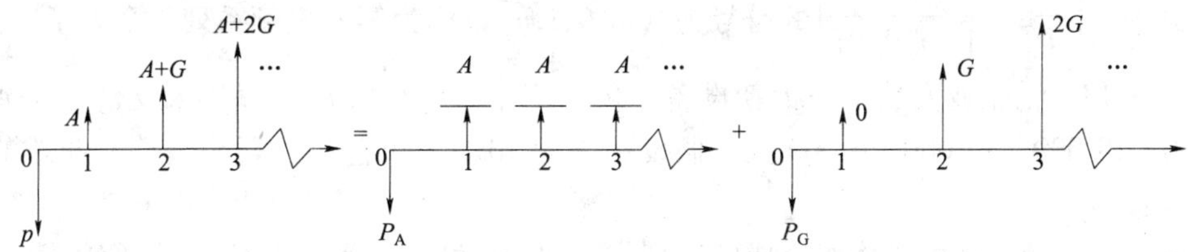

图 3.3　等差变额系列现金流

这样就能写出：

$$P=A(P/A,i,n)+G(P/G,i,n)$$

现在我们需推导出（$P/G,i,n$）的公式，为此可以把等差系列（$0,G,2G,3G,\cdots$）想象成为一系列的单独现金流，并利用整付终值公式有：

$$F_G = G(1+i)^{n-2} + 2G(1+I)^{n-3} + \cdots + (n-2)G(1+i) + (n-1)G$$

在上式两边同乘以（$1+i$），得：

$$(1+i)F_G = G[(1+i)^{n-1} + 2(\cdot 1+i)^{n-2} + \cdots + (n-2)(1+i)^2 + (n-1)(1+i)]$$

将上两式相减，得：

$$(1+i)F_G - F_G = G[(1+i)^{n-1} + (1+i)^{n-2}\cdots + (1+i)^2 + (1+i) + 1] - nG \text{ 即：}$$

$$iF_G = G \cdot \frac{1-(1+i)^n}{1-(1+i)} - nG$$

$$F_G = \frac{G}{i}\left[\frac{(1+i)^n - 1}{i} - n\right]$$

记其中 $F_G = \frac{1}{i}\left[\frac{(1+i)^n - 1}{i} - n\right]$的函数符号为（$F/G,i,n$），称为等差变额系列终值因子。

用 $(1+i)^{-n}$乘上式的两边，得：

$$P_G = G\left[\frac{(1+i)^n - 1}{i} - n\right]\left[\frac{1}{i(1+i)^n}\right]$$

其中，$\left[\frac{(1+i)^n - 1}{i} - n\right]\left[\frac{1}{i(1+i)^n}\right]$的函数符号为（$P/G,i,n$），称为等差变额系列现值因子。

用偿债基金因子$\frac{i}{(1+i)^n - 1}$同乘 $F_G = G(F/G,I,n)$ 的两边，得：

$$A_G = G\left[\frac{1}{i} - \frac{n}{(1+i)^n - 1}\right]$$

其中，$\left[\frac{1}{i} - \frac{n}{(1+i)^n - 1}\right]$的符号为（$A/G,i,n$），称为等差变额系列年金因子。

例 3.13 某企业安装了一批新设备，预计四年内的维修费（每年末支付）分别为 24 000、18 000、12 000、6 000 元，假设利率为 10%，问它的计划等值等额年维修费是多少？

解：这个题目中由维修费组成的数列具有递减的特点，不能直接套用由递增数列求得的等差化等额公式。我们可以首先找到一个等额数列，再找一个递增等差数列，使得两者的差等于本题中的维修费数列，如：

（24 000,24 000,24 000,24 000）-（0,6 000,12 000,18 000），所以计划等额年维修费 A 为：

$$A = 24\ 000 - G(A/G, 10\%, 4)$$
$$= 24\ 000 - 6\ 000(A/G, 10\%, 4)$$
$$= 2\ 400 - 6\ 000 \times 1.381 = 15\ 714 \text{（元）}$$

例 3.14　某机器设备年利润额第一年为 4 000 元，此后直到第十年逐年递增 500 元，若基准投资收益率为 15%，试计算该设备的年均利润。

解：设第一年的利润为 A_1，$A_1 = 4\ 000$ 元；A_2 为该设备的等差系列利润增额的等值年金，$G = 500$；A 为该设备的年平均利润。则有：

$$A_2 = G(A/G, i, n) = 500(A/G, 0.15, 10) = 500 \times 3.382 = 1\ 691 \text{（元）}$$
$$A = A_1 + A_2 = 400 + 1\ 691 = 5\ 691 \text{（元）}$$

所以该设备的年平均利润为 5 691 元。其含义是说，在基准利率为 15% 的假定下，该设备每年的上述盈利状况相当于年均赢利 5 691 元。

例 3.15　假设某汽车在今后五年内的维修费估算分别为 120、150、18、210、240 元，某人希望在银行存储足够的钱，以支付第一个五年期间的维修费。假设维修费在每年末支付，银行利率为 5%，他现在应存储多少钱？

解：由题意可知，由维修费组成的等差数列可以分成两部分：

$$(120, 150, 180, 210, 240) = (120, 120, 120, 120, 120) + (0, 30, 60, 90, 120)$$

其中的第一部分属等额系列、第二部分属等差变额系列，所以有：

$$P = A(P/A, 5\%, 5) + G(P/G, 5\%, 5)$$
$$= 120 \times 4.329 + 30 \times 8.237$$
$$= 766 \text{（元）}$$

即现在应存储 766 元钱。

例 3.16　某企业生产某种产品，2005 年初至 2012 年初每年预计的成本支付额在 40 000 元的基础上，按 1 000 元逐年递减，2005 年末至 2012 年末每年得盈利 22 000 元，并按 2 000 元逐年递增。假定基准利率为 7%，问 2005 年初的成本盈利比为多少？

解：首先求出成本支出的等值等额年金 A（期初的 4 万元除外）：

$$A_1 = (40\ 000 - 1\ 000) - 1\ 000(A/G, 0.07, 7)$$
$$= 39\ 000 - 1\ 000 \times 2.73 = 36\ 270 \text{（元）}$$

然后由 A_1 求出 2005 年初的成本总额 TC：

$$TC = 40\ 000 + 36\ 270(P/A, 0.07, 7)$$
$$= 40\ 000 + 36\ 270 \times 5.389\ 2 = 235\ 466 \text{（元）}$$

同理，可求出盈利的等值等额年金 A_2：

$$A_2 = 22\ 000 + 2\ 000(\mathrm{A/G}, 0.07, 8)$$
$$= 22\ 000 + 2\ 000 \times 3.146 = 28\ 292 \text{（元）}$$

然后由 A_2 求出 2005 年初的盈利总额 TR：

$$TR = 28\ 292 \times (P/A, 0.07, 8)$$

$$= 28\ 292 \times 5.971\ 2 = 168\ 937\ (元)$$

根据所求得的 2005 年初的总成本现值和 2005 年初的总盈利现值，可求得 2005 年初的成本盈利比为：

$$\frac{168\ 937}{235\ 466} \times 100\% = 71.8\%$$

三、不规则多次收款或付款转换等值等额年金的计算

这种转换的计算一般可有两种方法解决：

（1）把不规则的多次收款或付款先折算成现值，再由现值转换成等额年金。

令 $At(t = 1, 2, \cdots, n)$ 为第 t 期的现金流量，则有：

$$A = \sum_{t=0}^{n} \frac{At}{(1+i)^t}(A/P, i, n)$$

（2）把不规则的多次收款或付款先折算成终值，再由终值转换成等额年金，即：

$$A = \sum_{t=0}^{n} At(1+i)^{n-t}(A/F, i, n)$$

例 3.17 某企业购买一台设备，期初付 10 000 元，第一年年末付 20 000 元，第三年年末付 50 000 元，第四年年末付 5 000 元，第五年年末付 60 000 元，假定基准利率为 8%，问五年来每年所付的等值等额年金是多少？

解： 令等额年金为 A，则有：

$$A = \sum_{t=0}^{n} \frac{At}{(1+i)^t}(A/P, i, n)$$

$$= \left[10\ 000 + \frac{20\ 000}{(1+8\%)} + \frac{50\ 000}{(1+8\%)^3} + \frac{50\ 000}{(1+8\%)^4} + \frac{60\ 000}{(1+8\%)^5}\right] \times (A/P, 8\%, 5)$$

$$= 112\ 719 \times 0.250\ 46 = 29\ 231.6\ (元)$$

因此，五年来每年所付的等值年金为 29 231.6 元。

利用 $A = \sum_{t=0}^{n} At(1+i)^{n-t}(A/F, i, n)$ 也可以得出上述结论，两种方法在本质上是一致的。

第三节　名义利率和实际利率

一、实际利率的计算

在资金的等值计算中，利率的时间单位要与计息周期相吻合，否则不能利用上述复利公式。习惯上，利率的时间单位是年。如果不特别指明，我们总是把所提及的利率视作年利率。如果计息周期实际上就是年，那么这种一概而论的作法不会产生任何问题。但是计息周期并不总是以年为单位，例如可能以半年或一个季度作为计息的周期。在这种情况下就必须将年利率折算成半年的利率或季度的利率，这样就出现了不同计息周期的利率的换算问题。

我们通常把与计息周期相一致，从而能准确地反映该周期利息水平的利率，称为该周期的实际利率。与之相应地，通常将合同利率称为名义利率。显然，如果某利率的时间单位与其实际计息周期相吻合，那么这个利率必定是该周期的实际利率水平。

例如，假定某人年初在银行存款1 000元，年利率为12%，如果银行的计息周期实际上就是一年，则年末他可获利息12元。因此该人银行存款的实际年利率亦为12%，即该存款的实际利率与名义（合同）利率是相同的。

但是，如果银行改为每月实际计算复利息一次，那么该人年末可获得多少利息呢？

由于利率12%的时间单位与月复利的实际计息周期不一致，因此不能直接套用复利公式，必须先将年利率折算成月利率。习惯地，月利率为12% ÷12 =1%，因此该人年末可获利息为：$1\,000(1+1\%)^{12}-1\,000=127$（元），年实际利率为127/1 000 = 12.7%。与年实际利率12.7%相对应，我们把年利率12%称为年名义利率。显然，只有当实际计息周期与合同利率的时间单位不一致时，才会出现名义利率与实际利率的差别。

如果银行改为每月按单利计息一次，则该人年末可获利息：$1\,000(1+1\%\times12)-1\,000=1\,000(1+12\%)-1\,000=12$（元）。这时年实际利率等于年名义利率。因此，只有在复利的计算中才会出现名义利率和实际利率的不同。所谓实际利率与名义利率的差异，实质上是按复利计算的利息水平与按单利计算的利息水平的差异。因此，我们可以将年名义利率定义为每一计息周期的利率与每年的计息周期数的乘积，而年实际利率则为运用普通复利计算方法得到的年利率。

设名义利率为 r、一年中计息次数为 m，则一个计息周期的利率应为 r/m，一年后的本利和为：$F=P(1+r/m)^m$、利息额为 $P[(1+r/m)^m-1]$，所以年实际利率 i 为：$P[(1+r/m)^m-1]/P=(1+r/m)^m-1$。因此，名义利率 r 与实际利率 i 的换算公式为：

$$i=\left(1+\frac{r}{m}\right)^m-1$$

当 $m=1$，即计息周期等于名义利率的时间单位时，名义利率等于实际利率；当 $m>1$，即计息周期短于名义利率的时间单位时，实际利率大于名义利率。

例 3.18 某人年初在银行存款 500 元，假定银行按季计息，年利率 4%，那么三年末他能得到多少钱?

解: 由于一年有四个计息期，每期的利率便是 1%，连续三年共有 12 个息期，因此根据复利公式有:

$$F=P(F/P,i,n)=500(F/P,1\%,12)$$
$$=500\times1.127=563.5\ (\text{元})$$

例 3.19 假定某人存入银行 500 元，利率为 10%，复利计息期为半年，问：年末存款总额是多少。

解: 由题意知，半年的利率为 5%，一年的息期有两个，因此根据复利公式有:

$$F=500(F/P,i,n)=500(F/P,5\%,2)$$
$$=500\times1.102=551\ (\text{元})$$

例 3.20 假定某银行每季度计算一次利息，每季利息 3%，问其年名义利率和实际利率是多少?

解: 年名义利率即是年单利率，因此年名义利率为:

$$3\%\times4=12\%$$

年实际利率考虑了复利问题，根据公式有

$$(1+3\%)^4-1=(F/P,3\%,4)-1=12.6\%$$

例 3.21 某企业在年初向银行存款 10 000 元，3 年后再存款 50 000 元，5 年后又存款 80 000 元。假定利率为 10%，每半年复利一次，问 10 年末企业银行存款的总额是多少。

解: 由于年利率 10%，因此每半年的利率为 5%，由题意知，第一年初存款的计息期为 20 个，第四年初的计息期为 14 个，第六年初的计息期为 10 个，因此 10 年末企业的存款总额为:

$$10\ 000(F/P,5\%,20)+50\ 000(F/P,5\%,14)+80\ 000(F/P,5\%,10)$$
$$=10\ 000\times2.653+50\ 000\times1.98+80\ 000\times1.629$$
$$=255\ 850\ (\text{元})$$

这个题目还有另外一种解法，即首先求出年实际利率，然后据以求 10 年后的本利和。

年实际利率为:

$$\left(1+\frac{10\%}{2}\right)^2-1=(F/P,5\%,2)-1=10.2\%$$

因此，10 年后企业存款的总额为：

$$10\,000(F/P,10.2\%,10)+50\,000(F/P,10.2\%,7)+80\,000(F/P,10.21\%,5)$$

例 3.22　假定某人每半年存款 500 元，定期 7 年，利率为 8%，每季复利一次，问：在他最后一次存款后，可能得到的本利和是多少？

解：由题意知每季度的利率为 2%，因此每半年的实际利率为：

$$(1+2\%)^2-1=(\mathrm{F/P},2\%,2)=4\%$$

因此在他最后一次存款后，可能得到的本利和为：

$$500(F/A,i,n)=500(F/A,4\%,14)=9\,146\ (\text{元})$$

例 3.23　假定某人在年初存款 100 元，3 月初存款 200 元，5 月初存款 60 元，9 月初存款 70 元，10 月初存款 20 元，11 月初存款 300 元。假定银行每季复利一次，利率为 10%，在复利周期中间的存款不计息，问年末其存款总额是多少？

解：由题意可将每季度的存款汇总而视同季度末的存款，但季度初的存款应视同上一季度的存款。因此该人在第一个季度初存款 100 元，在以后的四个季度里分别存款 200、60、70 和 320 元。每季度的利率为 2.5 %，计息期数分别为 4、3、2、1、0。

所以该人年末存款总额为：

$$\begin{aligned}&100(F/P,2.5\%,4)+200(F/P,2.5\%,3)+60(F/P,2.5\%,2)+\\&70(F/P,2.5\%,1)+320\\&=100\times1.104+200\times1.077+60\times1.051+70\times1.025+320=780.61\ (\text{元})\end{aligned}$$

例 3.24　假定某人在 1 月底存款 100 元，3 月末存款 90 元，6 月末存款 80 元，7 月末存款 75 元，8 月末存款 80 元，11 月末存款 70 元，假定银行利率为 6%，半年复利一次，复利周期中的存款按单利计算，问该人年末的存款总额为多少。

解：首先应求得第一个计息期内的本利和：

$$\left[100+100\times\frac{5}{6}\times\frac{0.06}{2}\right]+\left[90+90\times\frac{3}{6}\times\frac{0.06}{2}\right]+80$$

$$=102.5+91.35+80=273.85\ (\text{元})$$

接着求出第二个计息期内的本利和：

$$\left[75+75\times\frac{5}{6}\times\frac{0.06}{2}\right]+\left[80+80\times\frac{4}{6}\times\frac{0.06}{2}\right]+\left[70+\frac{1}{6}\times\frac{0.06}{2}\times70\right]$$

$$=76.88+86.7+70.35=233.93\ (\text{元})$$

因此，该人年末的存款总额为：

$$273.85(F/P,0.03,1)+233.93$$

$=273.85\times1.03+233.93=516$（元）

例 3.25 假设某人每季存款 100 元，定期 8 年，利率为 8%，每半年复利一次，在复利周期内的利息按复利计算，问该人在 8 年末的存款总额是多少？

解：由于存款每半年复利一次，因此每半年的利率为 4%。这个 4% 应是每半年的实际利率，计息周期内的存款的利率水平应等值于这个标准。为此每季度的利率水平 i 应满足下列条件：

$$0.04=(1+i)^2-1$$

解之得：$i=0.0198$

因此，每季度存款 100 元，季度利率为 1.98%，计息期数为 $4\times8=32$ 时的期末终值为：$100(F/A,1.98\%,32)$。

二、连续复利的定义

上述分析表明，名义利率相同，计息周期越短，实际年利率就越高。如果一年之中计算利息 m 次，则 n 年后之本利和为：

$$F=P\left(1+\frac{r}{m}\right)^{mn}$$

令 $m=rk$，代入上式，则有：

$$F=P\left(1+\frac{r}{rk}\right)^{rkn}=P\left[\left(1+\frac{1}{k}\right)^{k}\right]^{rn}$$

当一年之中计息次数无限增多，即 $m\to\infty$ 时，则有 $K\to\infty$，因此有：

$$F=P\cdot\lim_{k\to\infty}\left[\left(1+\frac{1}{K}\right)^{k}\right]^{rn}=Pe^{rn}$$

由此，当 $m\to\infty$ 时，名义利率 r 与实际利率 i 的关系式可以进一步简化：

$$i=\left(1+\frac{r}{m}\right)^{m}-1=\left(1+\frac{r}{rk}\right)^{rk}-1$$

$$=\lim_{k\to\infty}\left[\left(1+\frac{1}{K}\right)^{K}\right]^{r}-1=e^{r}-1$$

上式表明，在连续计息时，实际利率 i 为（e^r-1）。r 越大，则 i 与 r 间的差别越大。

因此，可以将连续利率定义为满足下式的名义利率 r：

$$\lim_{m\to\infty}A\left(1+\frac{r}{m}\right)^{mn}=Ae^{rn}$$

表 3.4 表示提高复利频率所带来的效果。从表 3.4 可以看出：在一定的精确度下，连续复利（精确到小数点后两位）与每天计复利得到的效果一样。因此，通常可以认

为连续复利与每天计复利等价。

表 3.4 连续利率的性质

提高计复利的频率对 \$100 在一年年末终值的影响，利率为每年 10%	
复利频率	\$100 在一年年末的终值（取两位小数）
每一年（$m=1$）	110.00
每半年（$m=2$）	110.25
每季度（$m=4$）	110.38
每月（$m=12$）	110.47
每周（$m=52$）	110.51
每天（$m=365$）	110.52
连续复利	110.52

假设 R_1 是连续复利的利率，R_2 是与之等价的每年计 m 次复利的利率，则我们有：

$$e^{R_1 n}=\left(1+\frac{R_2}{m}\right)^{mn} \quad \text{或} \quad e^{R_1}=\left(1+\frac{R_2}{m}\right)^{m}$$

这意味着：

$$R_1=m\ln\left(1+\frac{R_2}{m}\right)$$

或 $$R_2=m(e^{R_1/m}-1)$$

通过上述两个公式，我们可以实现每年计 m 次复利的利率与连续复利之间的转换。

利率可以划分为即期利率和远期利率两种类型。所谓即期利率就是从现在算起的一定时期的利率，所谓远期利率就是从未来某个时刻算起的一定时期的利率。远期利率是由一系列即期利率决定的。

例如，如果 1 年期的即期利率为 10%，2 年期的即期利率为 10.5%，那么其隐含的第一年年末到第二年年末的远期利率就约等于 11%，这是因为：

$$(1+10\%)(1+11\%)\approx(1+10.5\%)^2$$

一般地说，如果现在时刻为 t，T 时刻到期的即期利率为 r，T^* 时刻（$T^*>T$）到期的即期利率为 r^*，则 t 时刻的 T^*-T 期间的远期利率 $\hat{r}$ 可以通过下式求得，如图 3.4 所示。

$$(1+r)^{T-t}(1+\hat{r})^{T^*-T}=(1+r^*)^{T^*-t}$$

当即期利率和远期利率均为连续复利时，即期利率和远期利率的关系可表示为：

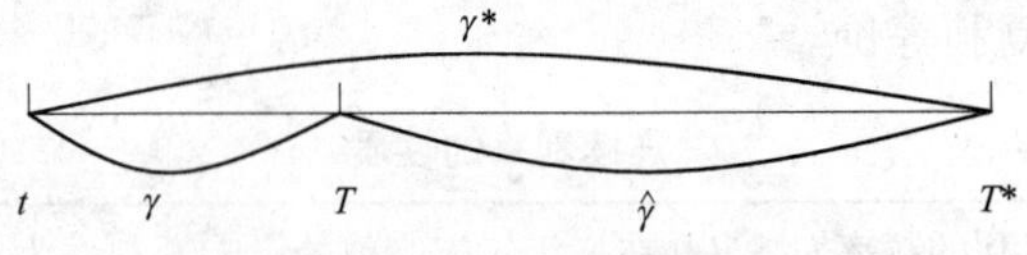

图 3.4 远期利率与即期利率的关系

$$e^{r(T-t)} \times e^{\hat{r}(T^*-T)} = e^{r^*(T^*-t)}$$

所以:

$$r(T-t) + \hat{r}(T^*-T) = r^*(T^*-t)$$

$$\hat{r} = \frac{r^*(T^*-t) - r(T-t)}{T^*-T}$$

例如，当 1 年期和 2 年期的连续复利年利率分别为 10% 和 10. 5 % 时，则由

$$e^{0.10} \times e^{0.11} = e^{0.105\times 2}$$

可知，第一年年末到第二年年末的连续复利远期年利率等于 11% 。

可见，连续利率具有易于处理的优点。这也正是连续利率实际上并不存在，但在理论上却普遍使用的原因。

具有正态分布的性质是连续利率的另一个优点。

假定某证券在一年当中每一天的价格分别为 S_0，$\hat{S}_1$，…，$\hat{S}_{365}$。其中，S_0 为常量，其余的 $\hat{S}_t$ 为未来的价格值。因此，在一年当中的第一天看来，其余的 $\hat{S}_t$ 是随机变量。则该证券在每一天的非连续收益率为:

$$1 + \frac{\hat{R}_t}{365} = \frac{\hat{S}_t}{\hat{S}_{t-1}}$$

再假定与之等价的连续收益率为$\frac{r_t}{365}$，则有:

$$1 + \frac{\hat{R}_t}{365} = \lim_{m\to\infty}\left(1 + \frac{r_t/365}{m}\right)^m = e^{r_t/365}$$

假定该证券在一个年度里的非连续收益率为 $\hat{R}$，与之等价的连续利率为 r，则有:

$$1 + \hat{R} = \lim_{m\to\infty}\left(1 + \frac{r}{m}\right)^m = e^r$$

不难看出，$1 + \hat{R} = \frac{\hat{S}_{365}}{S_0} = \frac{\hat{S}_1}{S_0}\cdot\frac{\hat{S}_2}{\hat{S}_1}\cdot\dots\cdot\frac{\hat{S}_{365}}{\hat{S}_{364}}$

$$= \left(1 + \frac{\hat{R}_1}{365}\right)\left(1 + \frac{\hat{R}_2}{365}\right)\cdots\left(1 + \frac{\hat{R}_{365}}{365}\right)$$

所以有:

$$r = \ln(1+\hat{R}) = \ln\left(1+\frac{\hat{R}_1}{365}\right) + \cdots + \ln\left(\frac{\hat{R}_{365}}{365}\right)$$
$$= \frac{1}{365}(r_1 + \cdots + r_{365})$$

一般化地，有：

$$r = \frac{1}{n}(r_1 + \cdots + r_n)$$

其中，n 为将 r 的计算期间等距离划分出来的小区间的个数，$r_i(i=1,2,\cdots,n)$ 为相应区间段的连续利率。

假定所有的 $r_i(i=1,2,\cdots,n)$ 独立同分布，并且证券价格的变动呈连续的状态，则由中心极限定律可知，r 将服从正态分布。

将时间段（t,T）划分为 $T-t$ 个小时间段，并假定在每一微小时间段内的连续收益率期望值为 u^*、方差为 δ^2。则在 $[t,T]$ 内，整个期间的连续利率 r 将满足正态分布，且其均值和方差分别将为 $u^*(T-t)$ 和 $\delta^2(T-t)$。

由于证券的价格与其相应的连续收益率存在对数的关系，即 $e^r = 1+\hat{R} = \frac{\hat{S}_{365}}{S_0}$，所以证券的价格作为随机变量将服从对数正态分布。

因此，根据对数正态分布的性质有：

$$E(\hat{S}_T) = S_t e^{(u^* + \frac{1}{2}\delta^2)(T-t)}$$

令 $u = u^* + \frac{1}{2}\delta^2$，则有：

$$E(\hat{s}_T) = S_t e^{u(T-t)}$$

及
$$\mathrm{var}(\hat{S}_T) = S_t^2 e^{2u(T-t)}\left[e^{\delta^2(T-t)} - 1\right]$$

还有其他一些结论也只有在连续利率下才能成立。

例如，通常所谓的费雪方程式：实际利率 = 名义利率 − 通货膨胀率，在连续利率下这个方程式可以很自然地获得：令一年期的名义连续利率为 $r_{名义}$，一年期的实际连续利率为 $r_{实际}$，一年期的连续通货膨胀率为 $r_{通胀}$，则有：$e^{r_{实际}} e^{r_{通胀}} = e^{r_{名义}}$，进而有：$r_{实际} + r_{通胀} = r_{名义}$。

但在非连续利率下有 $(1+r_{实际})(1+r_{通胀}) = (1+r_{名义})$，进而有 $r_{名义} = r_{实际} + r_{通胀} + r_{实际} \times r_{通胀}$。因此，在非连续利率下，实际利率只是大约地等于名义利率 − 通货膨胀率。

三、综合应用复利等值计算公式举例

前面分别介绍了几个常用的复利等值计算公式。但是，只有具有综合应用的能力，才能对建设项目进行技术经济分析，这需要通过大量的练习来掌握它们的本质内涵。

例 3.26 某厂生产的大型设备售价为 20 万元，但有些用户不能马上付清购货款，只能采用分期付款的办法，假设基准利率为 12%，问：

（1）若购买时用户先付一笔款，以后每年年末再等额付款 3 万元，4 年全部付完，则购买时应付多少款？

（2）若购买时用户先付 8 万元，以后 5 年中每年年末等额付款若干元，并在第六年年末再付 5 万元使货款全部付清，那么第一到第五年的每年年末应等额偿付多少元？

解：（1）以后偿付的贷款折算成现值再加上初始支付的货款应等于设备的价格，因此利用年金价值公式得：

$$20 = P + 3(P/A, 12\%, 4)$$

也即 $20 = P + 3 \times 3.039$

解得：$P = 10.889$（万元）

因此，购买时应付款 10.889（万元）。

（2）综合利用年金现值公式和现值公式得：

$$20 = 8 + A(P/A, 12\%, 5) + 5(P/F, 12\%, 6)$$

解得：$A = 2.626$（万元）

因此，每年应付款 2.626 万元。

例 3.27 某企业从银行贷款 100 万元，利率为 6%，还款期为五年。现有四种不同的还款方式：第一种是到第五年年末一次还清本利和；第二种是每年年末偿还所欠利息，本金到第五年年末一次还清；第三种是在每年年末等额偿还本息；第四种是每年年末偿还 20 万元的本金加上所欠利息。试分析各种还款方式下每年的债务情况。

解：其结果如下表 3.5 所示。

从财务上看，对于不同的还款方式，5 年来企业偿还银行的累计金额分别为：

第一种还款方式：133.82（万元）

第二种还款方式：6 + 6 + 6 + 6 + 106 = 130（万元）

表 3.5 利息计算举例

偿还方案 ①	年份 ②	年初所欠额 ③（万元）	本年利息 ④ = ③ × 6%	年末偿还利息 ⑤	年末偿还本金 ⑥	年末尚欠金额 ⑦ = ③ + ④ − ⑤ − ⑥
	1	100	6	0	0	106
	2	106	6.36	0	0	112.36
1	3	112.36	6.74	0	0	119.10
	4	119.10	7.75	0	0	126.25
	5	126.25	7.57	33.82	100	0

续表

偿还方案 ①	年份 ②	年初所欠额 ③（万元）	本年利息 ④＝③×6%	年末偿还利息 ⑤	年末偿还本金 ⑥	年末尚欠金额 ⑦＝③＋④－⑤－⑥
2	1	100	6	6	0	100
	2	100	6	6	0	100
	3	100	6	6	0	100
	4	100	6	6	0	100
	5	100	6	6	100	0
3	1	100	6	6	17.74	82.26
	2	82.26	4.94	4.94	18.80	63.46
	3	63.46	3.81	3.81	19.93	43.53
	4	43.53	2.61	2.61	21.13	22.40
	5	22.40	1.34	1.34	22.40	0
4	1	100	6	6	20	80
	2	80	4.8	4.8	20	60
	3	60	3.6	3.6	20	40
	4	40	2.4	2.4	20	20
	5	20	1.2	1.2	20	0

第三种还款方式：$23.74\times5=118.7$（万元）

第四种还款方式：$26.0+24.8+23.6+22.4+21.2=118$（万元）

那么从经济角度，企业决策者应选择哪一种还款方式最有利？如果不仔细分析，往往会认为偿还的累计金额最少的还款方式对企业最有利，这样就会得出“第四种偿还方式最优”的结论。但是，这一结论是不正确的。

因为根据等值的概念，如果假定基准投资收益率等于6%，则这四种偿还方式都是偿还现值为100万元的债务。在每个方案中发生于各时点的现金流量按利率6%折算到初始期并求和，其值一定等于100万元。因此，从等值的概念来看，当基准投资收益率等于6%的时候，这四种偿还本息方式的经济效果是一致的。

但是如果基准投资收益率不等于6%，例如：当基准投资收益率高于6%时，企业应将钱留在自己手中进行再投资，而不应过早地偿还债务。因此，企业采用债务到期整付本利和方式为优。整付本利和的偿还方式使企业在以后的几年中，能把按其他偿还方式应还给银行的钱投入到收益率更高的投资活动中去。当然，如果企业投资的基准收益率低于6%，则应尽快偿还债务。这时，采用第四种偿还方式最有利。

在这个案例中，也可以使用我们在后面将要介绍的净现值方法来评价这四种还款的优劣，即将每年的还款数量作为现金流出，将第一年年初从银行获得的款项作为现金流入，分别求每一种还款方式的净现值，净现值最大的还款方式最优。

复习思考题

1. 怎样理解资金具有时间价值？
2. 怎样理解单利率与复利率之间的差异？
3. 怎样理解名义利率与实际利率之间的差异？
4. 什么叫做连续利率？连续利率这个指标具有哪些优点？

第四章

净现值资产价值评估方法

本章摘要

净现值评估方法是资产评估以及投资项目评估的基本方法。本章详细地阐述了净现值方法的基本原理及其应用技巧。

关键词

净现值　永续年金　基准利率

第一节　净现值投资决策分析方法

投资项目评估的一般逻辑是这样的：

首先，应该确定各个方案的绝对经济效益，即通过项目本身的收益与费用的计算、比较和评价，从而抉择出可行的投资项目，剔除掉明显不合格的项目。

然后，应该比较项目间的相对经济效益，即仅就项目间的不同部分进行比较，计算出项目间的相对经济效益，从而确定项目间的优劣顺序。

相对经济效益的评估一般以一个可行的项目为基准，然后分析比较其他项目与基准项目相比较的区别在哪里，这种区别合理不合理、经济不经济，从而最终判断出哪一个项目相对较优。

按照项目间的关系不同，投资项目至少可分为独立型的项目和互斥型的项目两种类型。独立型项目的特点是，诸项目之间不具有排他性，在一定条件下（如资金充足），几个项目可以同时存在，其经济效益是可以相加的。互斥型项目的特点是，诸项目之间具有相互排斥不能并存的性质，在多项目中只能选择其中的一个。

一、净现值投资决策分析方法的基本原理

所谓净现值（Net Present Value，NPV），就是利用项目所期望的基准收益率，将各

年的净现金流量折算到建设初期（净现值），从而得到的历年净现值的代数和。其数学表达式为：

$$\mathrm{NPV} = \sum_{t=0}^{n} \frac{CIt - COt}{(1+i)^t} = \sum_{t=0}^{n} \frac{CF_t}{(1+i)^t}$$

式中：NPV 表示净现值；CIt 为第 t 年的现金流入；COt 为第 t 年的现金流出；$CF_t = CIt - COt$ 为第 t 年的净现金流量；i 为基准利率。

由资金等值计算原理可知，一个现金流量现值的大小取决于利率和计息期数的选择。因此，净现值分析法必须慎重考虑利率和项目的分析期限问题，所采用的利率应能体现资金的时间价值，即能体现市场的一般利率和风险程度等因素。

当 NPV = 0 时，表示项目实施后的投资收益率正好达到基准收益率的水平。这说明，该项目的经济效益处于一般的水平，还过得去。

当 NPV > 0 时，表示项目实施后的投资收益率高于基准收益率的水平。这说明，该项目的经济效益高于一般的水平，能够赚得超额利润，属于较好项目。

当 NPV < 0 时，表示项目实施后的投资收益率低于基准收益率的水平。这说明，该项目的经济效益低于一般（平均）的水平，是不可行的项目，不如转而投资于其他的项目。

因此，只有当 NPV≥0 时，方案才是可行的。

值得注意的是，净现值小于零的项目不一定就意味着没有利润。净现值方法强调的是尽管有收益、有利润，但是只要这些收益或利润没有达到平均的水平，这个项目仍然是不可行的。

例如，考虑这样一个投资项目，其在最初的投资额为 1 000 元，然后从第一年年末开始，连续四年年末可以获得的净现金流量（假定相当于包含折旧的利润）序列为：+100、+200、+200、+550，再假定基准利率为 8%。

如果不考虑资金的时间价值，则该项目在四年里累计可以获得利润 +50 元。这说明，投资于该项目的本钱还是可以收回来的。如果考虑资金的时间价值，则该项目投资四年的净现值为 -173 元。这说明，该项目的收益率低于平均的水平，为获得更高的收益，应该放弃该项目，转而投资于其他项目。

具体地说，在对该项目的评估过程中，净现值方法的逻辑是这样的：

如果我们将 1 000 元的本钱用于其他的投资机会，四年下来可以稳赚：

$$1\,000 \times (1+8\%)^4 = 1\,360.5 \text{（元）}$$

如果我们投资于该项目，并将该项目每年末的收入再投资于其他一般的投资机会，（其他一般投资机会的收益率即是基准利率，赚得基准利率是毫无疑义的事情，否则这个基准利率的选择便是不恰当的。）则四年下来的总收入数量为：

$$100 \times (1+8\%)^3 + 200 \times (1+8\%)^2 + 200 \times (1+8\%) + 550 = 1\ 125.25\ (元)$$

比较这两个结果，可以看出该投资项目是不可行的。因为与投资于其他项目相比较，投资于该项目，在四年后将少赚235.25元，这相当于在期初少赚了

$$235.25 \times (1+8\%)^{-4} = 172.94\ 元。$$

或者写为：

$$\begin{aligned} -[235.25 \times (1+8\%)^{-4}] &= -[1\ 360.50 \times (1+8\%)^{-4} - 1\ 125.25 \times (1+8\%)^{-4}] \\ &= 1\ 125.25 \times (1+8\%)^{-4} - 1\ 360.50 \times (1+8\%)^{-4} \\ &= 827.06 - 1\ 000 = -172.94\ (元) \end{aligned}$$

不难看出，上式的最后三步即是该项目净现值的计算过程。所以，净现值评估过程即是一个将所评估项目与其他投资机会的对比过程。它的基本理念是：只有那些收益率不低于其他一般投资机会的项目才是可行的投资项目。

因此，净现值是评价投资项目本身优劣的绝对经济效益指标，通过这个指标可以判断项目本身是否具有可行性。

不过，它也可以用于项目间的相对经济效益分析，也即可以用来比较两个项目的相对优劣。

相对经济效益是与绝对经济效益相比较而言的，它舍弃了方案间的相同部分，只计算不同部分的经济效益。相对经济效益评价方法可分两类：

一类是方案的产出相同，只比较方案的费用部分，以费用现值最小原则选择最优的投资方案。

所谓费用现值，就是把不同方案计算期内的年经营成本（即以收付实现制原则确定的成本或费用）按基准收益率换算为现值，再加上方案的总投资现值。费用现值越小，其方案的经济效益越好。其公式为：

$$PW = \sum_{t=0}^{n} (K_t + C_t)(P/F,i,t) - (K_L + W)(P/F,i,n)$$

式中：PW 为费用现值；K_t 为 t 年的投资总额；C_t 为年经营总成本（不包括折旧等）；K_L 为计算期末回收固定资产的残值；W 为计算期末回收的流动资金。

另一类是方案的目标和计算期相同，只是投资额和每年的经营成本与收益不同。这个时候，可只比较方案的差额部分，即依投资额大小顺序由小到大逐个比较，以差额投资部分的净现值最大原则选择最优的方案。

所谓差额净现值是指被比较的两个方案净现金流量差额的现值之和，即首先将投资额较大的项目的每期净现金流量减投资额较小的项目的相应各期净现金流量，然后对所得出的净现金流量差额求现值和。在较低投资额的方案净现值大于等于零的情况下，若差额净现值大于等于零，则选用投资大的方案；若差额净现值小于零，则选用投资小的

方案。其计算公式为：

$$\Delta \mathrm{NPV} = \sum_{t=0}^{n} \frac{\Delta CF_t}{(1+i)^t}$$

式中：ΔNPV 为两个方案的差额净现值（投资额较大的项目减投资额较小的项目）；ΔCF_t为第 t 年两个方案的差额净现金流量。

当被比较的两个方案的投资为期初一次性投资，年现金流量为等额系列收支时，差额净现值的公式为：

$$\Delta \mathrm{NPV} = -\Delta K + \Delta R(P/A, i, n)$$

式中：ΔK 为两个方案的期初投资差额（投资额较大的项目减投资额较小的项目）；ΔR 为两个方案每期的净现金流量差额（投资额较大的项目减投资额较小的项目）。

假定有两个方案 A 和 B，A 的投资额大于 B 的投资额。显然有：

$$\Delta \mathrm{NPV} = \sum \frac{\Delta CF_t}{(1+i)^t} = \sum \frac{CF_t^A}{(1+i)^t} - \sum \frac{CF_t^B}{(1+i)^t} = \mathrm{NPV}_A - \mathrm{NPV}_B$$

由于当 ΔNPV≥0 时，$\mathrm{NPV}_A \geq \mathrm{NPV}_B$，所以，在两个方案间比较时，可直接选择净现值最大的方案。

在实际操作中，很多人使用“现值收益成本比率”这个指标来评估投资项目。所谓现值收益成本比率，即是投资项目的“现金流入现值和”与“现金流出现值和”的比率，即为：

$$\frac{B}{C} = \frac{\sum_{t=0}^{n} CI_t (1+i)^{-t}}{\sum_{t=0}^{n} CO_t (1+i)^{-t}}$$

如果这个比率大于等于 1，则说明这个投资项目是可行的；如果这个比率小于 1，则说明这个投资项目是不可行的。显然，这个方法与净现值方法等价。

例 4.1 某企业准备购置新设备以降低成本，有两种设备可供选择，购置费用均为 1 000 元，使用期均为五年，均无残值。A 设备预期每年可以节约费用 300 元，B 设备第一年可节约费用 400 元，但以后逐年递减 50 元，假定基准利率为 7%。问该企业购买哪种设备较好？

解：由于两种设备的购置费用相同，因此最优的选择应是购买能使收益现值最大的设备。

设备 A 所节省费用的现值为：

$$300(P/A, 7\%, 5) = 300 \times 4.1 = 1\ 230 \text{（元）}$$

设备 B 所节省费用的现值为：

$$400(P/A,7\%,5)-50(P/G,7\%,5)$$
$$=400\times4.1-50\times7.647=1\ 257.65\text{（元）}$$

尽管5年中两种设备均能累计节省费用300×5=1 500元，但是由于设备B所节省费用的现值较大，因此应购买B设备。显然，从资金的时间价值考虑，选择B的原因是由于B能加快资金的回笼。

例4.2　某企业准备购买两种设备中的一种。这两种设备的使用寿命均为6年，A设备的价格为2 000元，平均年收益为450元，期末残值为100元；B设备的价格为3 000，平均年收益为600元，期末残值为700元。假设基准利率为8%，问：该选择哪一种?

解：由于两种设备的费用和收益都不相同，因此可以采用收益现值与费用现值的差，即净现值的指标。

A设备的净现值为：

$$450(P/A,8\%,6)+100(P/F,8\%,6)-2\ 000$$
$$=450\times4.623+100\times0.603\ 2-2\ 000=143\text{（元）}>0$$

B设备的净现值为：

$$600(P/A,8\%,6)+700(P/F,8\%,6)-3\ 000$$
$$=600\times4.623+700\times0.603\ 2-3\ 000=215\text{（元）}>0$$

由于B设备的净现值大于A设备的净现值，所以应选择购买B设备。

如果各个待选投资项目的期限不相同，则需要将各个互斥方案的不同经济寿命期化为相同的分析期。有两种处理分析周期的办法比较常用：

（1）以各方案寿命的最小公倍数作为分析的共同周期；（2）以各方案中的最长或最短寿命作为分析的共同周期。

例4.3　某企业有两种机器设备可供选择。A种设备的购置费用为11 000元，年维修费用为3 500元，使用期限为6年，期末残值为1 000元。B种设备的购置费为18 000元，年维修费为3 100元，期末残值为2 000元，使用期限为9年。假设贴现率为15%，问：应选择哪一种设备?

解：由于两种设备的使用年限分别为6年和9年，最小公倍数为18年，因此可以将项目评估的分析周期定为18年。由于这两种设备的生产能力相同，因此应选择费用总值最小的设备。

在18年的分析期里，这两种设备都面临着更新的问题，需要合理确定更新的费用以及更新以后的现金流量。我们这里简单地假定更新费用以及更新以后的现金流量保持目前的水平不变。

A种设备的费用现值为：

$11\ 000+11\ 000(P/F,15\%,6)+11\ 000(P/F,15\%,12)+3\ 500(P/A,15\%,18)-$
$1\ 000(P/F,15\%,6)-1\ 000(P/F,15\%,12)-1\ 000(P/F,15\%,18)$
$=11\ 000+11\ 000\times0.432\ 3+11\ 000\times0.186\ 9+3\ 500\times6.128-1\ 000\times$
$0.432\ 3-1\ 000\times0.186\ 9-1\ 000\times0.080\ 8=37\ 831\ 995$（元）

B 种设备的费用现值为：

$18\ 000+18\ 000(P/F,15\%,9)+3\ 100(P/A,15\%,18)-2\ 000(P/F,15\%,9)-$
$2\ 000(P/F,15\%,18)=18\ 000+18\ 000\times0.284\ 26+3\ 100\times6.127\ 97-2\ 000\times$
$0.284\ 26-2\ 000\times0.808\ 1=39\ 926\ 667$（元）

因为 A 设备的费用现值小于 B 设备的费用现值，所以应选择 A 种设备。

例 4.4 根据上例的资料，试用最长或最短的寿命法进行评估。

解：如果采用最长寿命法，就是以方案中的最长寿命即 B 方案的 9 年作为项目分析的共同周期。这时，A 方案需重置一次，但存在对第 9 年 A 机器的残值估价问题。

如果采用最短寿命法，就应以 A 设备的使用期限作为项目分析的共同周期，即 6 年。此时，B 设备不需要重置，但需要提前三年终止使用，其在第 6 年年末也存在一个残值估价问题。

我们采用最短寿命法评估本项目。假设经过分析认为，B 设备在第六年年末的市场价值为 8 500 元，则有 B 设备的费用总额的现值为：

$18\ 000+3\ 100(PA,15\%,6)-8\ 500(P/F,15\%,6)$
$=18\ 000+3\ 100\times3.784\ 48-8\ 500\times0.432\ 31=26\ 057\ 253$（元）

A 设备的费用总额的现值为：

$11\ 000+3\ 500(P/A,15\%,6)-1\ 000(P/F,15\%,6)$
$=11\ 000+3\ 500\times3.784\ 48-1\ 000\times0.432\ 31=2\ 381\ 337$（元）

由于 B 设备的费用现值大于 A 设备的费用现值，所以应该选择 A 设备。

需要指出的是，在投资项目评估的实践中，评估期限的选择不能机械地套用上述方法，要根据需要灵活地确定合理的分析期。例如，在本例中，也可以项目业主需要使用该设备的年限作为选择分析周期的根据。

项目的经济寿命越长，其未来的不确定性越突出，风险性也就越大。因此，我们可以通过调整风险贴现率的方法，使得经济寿命不同的各个方案间具有可比性。也就是说，对经济寿命较长的方案，可在寿命最短的方案的贴现率基础上，附加一定的风险贴水。这样，寿命不同的方案，在不化为相同分析周期的条件下，也可以进行方案间的比较。

应该指出的是，附有风险贴水的较高的贴现率只适用于寿命较长的方案中超过其他方案的年份，在与其他方案相同的年份里，贴现率也应该相同。例如，在上例中较高的贴现率只适用于 B 设备的后三年。

在投资实践中，许多投资项目的服务年限可以近似地看做无限长，如修筑公路、筑坝等永久性工程项目。在这种情况下，项目评估的分析周期也应该无限长。

令某投资项目的期限为 n 年，在这 n 年里，每 m 年为一个周期（$n>m$），每个周期末的现金流量为 F；在这 m 年内，与 F 等价的等额年金为 A；假定基准利率为 i，则有：

$$A=F(A/F,i,m)$$

进而有：

$$P=A(P/A,i,mn)$$

由于上式中的 $n\to\infty$，因此有：

$$\begin{aligned}P&=\lim_{n\to\infty}(P/A,i,mn)\\&=A\cdot\lim_{n\to\infty}\frac{(1+i)^{mn}-1}{i\ (1+i)^{mn}}\\&=A\cdot\lim_{n\to\infty}\left[\frac{1}{i}-\frac{1}{i\ (1+i)^{mn}}\right]\\&=A\cdot\frac{1}{i}\end{aligned}$$

即有 $P=\frac{A}{i}$，满足这个公式的 A 被称为永续年金。

这个公式很常见。例如，如果令 A 为某股票每年年末的预计股息（红利）分配量，i 为市场利率，则该股票的市场价值就是该股票每年年末的预计股息（红利）数量与市场利率之比。

当该项目的现金流量发生在每个周期的期初时，我们也能得出相同的结论。

令每一个周期期初的现金流量为 P_0。则有：

$$A=P_0(A/P,i,m)=P_0\cdot\frac{i(1+i)^m}{(1+i)^m-1}$$

进而有：

$$P=A\cdot\lim_{n\to\infty}(P/A,i,mn)=A\cdot\lim_{n\to\infty}\frac{(1+i)^{mn}-1}{i(1+i)^{mn}}=\frac{A}{i}$$

如果该项目的永续年金流量本来就发生在每一年的年末，则可直接套用上式求得现值，即有 $P=\frac{A}{1+i}+\frac{A}{(1+i)^2}+\cdots=\frac{A}{i}$。

如果该项目的永续年金流量发生在每一年的年初，则有该永续年金的现值为：

$$P=A+\frac{A}{1+i}+\frac{A}{(1+i)^2}+\cdots=A\left(1+\frac{1}{1+i}+\frac{1}{(1+i)^2}+\cdots\right)$$

$$= \frac{(1+i)A}{i} = A + \frac{A}{i}$$

如果该项目的永续年金流量发生在每 n 年（$n \geqslant 2$）的年末，则有该永续年金的现值为：

$$P = \frac{A}{i}(P/F, i, n)$$

由于永续年金没有到期日，所以也就没有所谓的终值。

永续年金的一个著名例子是英国政府发行的一种无到期日的国债，它最早产生于拿破仑战争时期。当时的英国政府由于没有足够的资金偿还即将到期的国债，于是便发行这种无限期的国债，其面额为 100 英镑、年利率为 2.5%，高于当时的市场利率，但永不偿还本金。

假定当前的市场利率为 1%，根据上述计算公式，我们可以知道这种债券的当前市场价值为（2.5% ×100）/1% =250 英镑。

例 4.5 某城市有两个供水公共工程投资方案。第一个方案是在附近的流域修建水库，期初投资为 300 万元，每年的维护费为 2.5 万元，可永久使用。第二个方案是在市区打井，并建造输水系统，估计需打井 10 口，每口井的期初投资为 4.5 万元，每口井的平均寿命为五年，每口井每年的维修费为 0.5 万元。假定基准利率为 5%，问哪一种方案较好？

解： 第二个方案的期初总投资为：4.5 ×10 =45 万元，每年的总费用为 0.5 ×10 =5 万元。

由于项目寿命只有五年，因此每五年必须重置投资。这里简单地假定重置费用保持不变，则第二种方案的资本化费用为：

$$[45(A/P, 5\%, 5) + 5]/5\% = (45 \times 0.230\,98 + 5)/0.05$$
$$= 307\,882 \text{（万元）}$$

第一种方案的资本化费用为：

$$300 + \frac{2.5}{0.05} = 350 \text{（万元）}$$

由于第二种方案的资本化费用小于第一种方案的资本化费用，所以打井方案优于修建水库方案。

二、基准利率的确定

基准利率又称作最低期望收益率或目标收益率，是决策者对投资项目所占用资金的时间价值（或机会成本）的估量。

基准利率的高低对项目的选择具有决定性的影响。下表 4.1 列出了两个互相排斥方案 A 与 B 的净现金流量及其在基准利率分别为 10% 和 20% 情况下的净现值。

表 4.1　　基准利率对项目可行性的影响

方案 \ 现金流量	0	1	2	3	4	5	NPV(10%)	NPV(20%)
A	-230	100	100	100	50	50	83.91	24.81
B	-100	30	30	60	60	60	75.40	33.58

由表 4.1 可知，在基准利率 i 分别为 10% 和 20% 时，两方案的净现值均大于零，因此都是可行的。但根据净现值越大越好的原则，当 $i=10\%$ 时，$NPV_A > NPV_B$，故方案 A 优于方案 B；而当 $i=20\%$ 时，$NPV_B > NPV_A$，则方案 B 又优于方案 A。这说明，所谓投资项目的优劣顺序不是无条件的，取决于评价的标准，而基准利率就是评价投资项目优劣的最基本判据。

根据我们在前面所阐述的原理，不难理解，在基准利率为 20% 的条件下，A 方案之所以会由优变劣，就在于 A 方案较 B 方案所追加的 130 元投资的效益不理想。这部分追加投资的收益率小于基准利率 20%，或者说 $\Delta NPV_{A-B} < 0$。而在基准利率为 10% 的时候，A 方案优于 B 方案的原因同样是由于追加投资的效益较好，因为这部分追加投资的收益率大于基准利率 10%，或者说 $\Delta NPV_{A-B} > 0$。

可见，净现值的大小（或投资项目的优劣）对基准利率的选择相当敏感。当基准利率发生变化时，同样是按净现值最大的原则选择方案，其结论可能前后相悖。因此，恰当地确定基准利率是合理准确地运用净现值方法的关键。

在确定基准利率的时候应该重点考虑如下几个方面的因素：

（一）筹资的成本和费用

筹资的成本是投资项目在筹资过程中所发生的借贷资金利息或优先股息等的总和。借贷资金利息的支付是法定义务，优先股股息的支付尽管不具有强制性，但它的违约会严重影响企业的信誉。筹资费用是在筹资过程中所发生的例如发行费用、宣传费用等开支。

筹资成本费用的大小取决于资金来源的构成及其利率的高低。项目的最低期望收益率不能低于资金的成本费用率。假定以资金的成本费用率作为评价投资项目的基准利率，则当投资项目的净现值等于零时，说明该投资项目的收益刚好足够支付所筹措资金的成本和费用。如果投资项目的净现值小于零，则说明该项目的收益甚至连支付所筹措资金的成本和费用都不够。

（二）无风险利率

在我国，典型的无风险利率是国债投资收益率和银行存款利率等。不难理解，项目的最低期望收益率不能低于无风险利率。否则，不如将自己的钱存入银行或买入国债，至少可以赚得省心省力，不用劳神评估项目。

（三）风险报酬率

在整个投资项目的周期内，投资决策在前，实际建设和生产经营在后。而在未来的项目建设期和生产经营期内，经济环境可能发生难以预料的变动，从而使得投资项目实际发生的现金流入和支出与原先的预期发生不利的变化。因此，投资项目发生不利变化的可能性会给投资决策带来风险，这也是难以避免的。为了补偿可能发生的损失，就要考虑一个适当的风险报酬率。

投资项目的风险报酬率就是投资项目的收益率当中超过无风险利率的那一部分。纯理论地说，风险报酬率是促使投资者投资于风险项目，而不是购买国债或银行存单的最低补偿。

不同的投资项目具有不同的风险程度。一般来说，资金密集型项目的风险要高于劳动密集型项目的风险；资产专用性强的项目的风险要高于资产通用性强的项目的风险；以降低生产成本为目的项目的风险要低于以扩大产量、扩大市场份额为目的项目的风险。

风险报酬率的高低应该与风险的程度正相关。否则，具有较高风险程度的投资项目便可能无人问津。从某种意义上说，正是不同水平的风险报酬率才将资金吸引到了不同风险程度的各个行业。

具体地说，有两个思路可以用于合理确定投资项目的风险报酬率。一个是，投资项目的最低期望收益率（即是无风险利率加风险报酬率的和）不能低于相同性质（类型）的其他项目或者相同行业的一般水平，否则便意味着我们的竞争力低于同行的平均水平。另一个是，投资项目的最低期望收益率不能低于风险程度相似的所有其他项目的一般水平，或者说不能低于风险程度相似的任何行业的一般水平，否则便意味着我们的投资根本就是选错了行业。理论上，第二种思路要更为恰当些，但就实际操作来说，第一种思路可能更为可行。

总之，一般地说，投资项目的最低期望收益率不能低于无风险利率加上合理的风险贴水率。

（四）通货膨胀率

未来很可能发生通货膨胀，为使所选项目的收益率不低于实际期望的水平，就应在实际最低期望收益率水平上再加上通货膨胀的影响。

因此，项目的最低期望收益率不能低于无风险利率加通货膨胀率再加上合理的风险贴水率。我们通常所谓的资金时间价值率或机会成本率就等于这个时候的最低期望收益率。

如前所述，通常，无风险利率中已经包含了通货膨胀的因素。这个时候就要注意不能再重复计算通货膨胀率了。

在完全竞争、信息对称和充分的条件下，如果假定单个投资者可以同时投资于所有的行业，即投资者的资产组合可以最大限度地分散，则当市场实现均衡了的时候，投资项目的基准利率应该相当于相同系统性风险程度下的一般（平均）投资收益率。

三、不同风险程度的投资项目之间的评估

如前所述，基准利率的确定应该考虑到所评估项目的风险程度。但到目前为止，我们都是采用同一个基准利率来计算不同投资项目的净现值，然后再根据净现值的大小来评价项目间的相对优劣。这里隐含着所有投资项目的风险程度都相同的假定。

如果项目间的风险程度明显不相同，则应采用不同的基准利率。即以不同的基准利率分别计算各个投资项目的净现值，然后再根据所计算出来的净现值大小来评价项目间孰优孰劣。

例如，假定某企业正在考虑是否购买一块标价为 1 000 万元的土地。关于土地的使用有两种设想：一个是搞房地产开发项目，另一个是建造并经营一个游乐场。这两个规划项目预计每年会发生的净现金流量，如表 4.2 所示。

表 4.2　　土地开发项目举例

年　度	0	1	2	3	4	5	6
房地产开发项目（万元）	-1 000	-1 500	+600	+800	+400	+400	+400
游乐场项目（万元）	-1 000	-700	+50	+100	+200	+250	+1 900

由于房地产廾发项目预计六年后便可全部了结，因此本项目评估的分析期就取定为六年。考虑到游乐场项目的经营期要远远超过六年的分析期，因此需要估价该游乐场在第六年的市场价值，设定评估价值为 1 900 万元。

再假定与房地产开发项目风险程度相似的一般投资机会的收益率为 10%，与游乐场项目风险程度相似的一般投资机会的收益率为 15%。则应该以基准利率 10% 来计算房地产开发项目的净现值，以基准利率 15% 来计算游乐场项目的净现值，然后从中选择出净现值较大的那个规划方案。

如果所选择出来的那个规划项目的净现值刚好等于零，则说明这块土地的价值也就是 1 000 万元；如果所选择出来的那个规划项目的净现值明显大丁零，则说明对该公司

来说，这块土地的价值要超过1 000万元。在上述两种情况下，公司都可考虑买入该土地。但是，如果所选择出来的那个规划项目的净现值明显小于零，则说明这块土地的价值要低于1 000万元，该公司就应该放弃购买这块土地的念头。

这两个投资项目的寿命期明显不同，为了确立两个项目间的可比性，在这里我们采用了就短不就长的方法，将两个项目间的评估分析期统一确定为六年。不过，正如我们已经指出的，也可以采用就长不就短的方法。例如，可以将期限较长的那个娱乐场项目的寿命期作为两个项目的评估分析期。这个时候就要考虑那个较短期项目在到达寿命期以后的处理问题，即它的再投资问题。我们在前面总是假定对那个较短期项目进行简单重复地再投资，借以延长期限，直到评估分析期结束为止。

不过，在就长不就短的方法下，那个较短期项目到期以后所回笼的资金到底应该怎样处理，不能主观随意地确定，而最终要取决于实际的可能性。例如，如果决策者认为这笔回笼资金只能用于其他的一般项目，则应以基准利率作为较短期项目的再投资收益率。这个时候，从较短期项目的寿命期结束日开始一直到评估分析期结束为止，在这段时间里，那个较短期项目所回笼资金用于再投资项目的净现值应该正好为零。因此，在这种假定下，相当于可以不考虑两个项目的寿命期不同的问题，直接将它们的净现值拿来比较。

四、净现值最大准则与最佳投资规模

最佳投资规模就是能够使得股东财富（或者说股东效用）达到最大的投资规模，也就是能够使得企业价值达到最大的投资规模。

假定某项目初始投资的现值为I_p，第一年到第n年的各年净现金流量为CF_t。一般地说，CF_t是投资规模I_p的函数，即$CF_t = CF_t(I_p)$。则有：

$$\text{NPV} = -I_P + CF_t(P/F,i,t)$$

不难看出，NPV的大小及其变动与企业的规模经济状况正相关。如果企业正处于规模报酬递增的阶段，则随着投资的增加，NPV很可能会以递增的速度增长；如果企业正处于规模报酬递减的阶段，则随着投资的增加，NPV很可能会以递减的速度增长。

为求NPV的极大值，对上式关于投资额I_p求一次导数，有：

$$d(\text{NPV})/dI_p = 0$$

即：$$\frac{d\left[\sum_{t=1}^{n} CF_t(P/F,i,t)\right]}{dI_p} = 1$$

$$\sum_{t=1}^{n} d(CF_t)(P/F,i,t) = dI_p$$

这是使得 NPV 达到最大值的一阶条件。

再对 $d(\mathrm{NPV})/dI_p$ 求一次导数（也即对 NPV 求二次导数），并令其小于等于零。即有：

$$\frac{d^2(\mathrm{NPV})}{d(I^P)^2} \leqslant 0$$

这是使得 NPV 达到最大值的二阶条件。

因此，期初投资的边际增量 dI_P 与其所带来的边际现金流量的净现值之和相等，是企业的投资规模达到最佳状态的必要条件。

如果令与期初投资的边际增量 dI_P 相对应的边际产量为 dQ，则有：

$$\frac{\sum_{t=1}^{n} d(CF_t)(P/F,i,t)}{dQ} = \frac{dI_p}{dQ}$$

因此，也可以说该企业的投资规模达到最佳的必要条件是：企业生产的边际成本等于边际收益。

值得注意的是，使用其他类型的效率指标不一定能确定出最佳的投资规模。下面我们以净现值率（NPV_P）为例予以说明：

令 $\mathrm{NPV}_P = \dfrac{-I_p + CF_t(P/F,i,t)}{I_p}$

则为求得上式的最大值，我们对其关于 I_p 求导，并令之为零，有：

$$\frac{-1 + d[\sum CF_t(P/F,i,t)]/dI_p}{I_p} - \frac{-I_p + \sum CF_t(P/F,i,t)}{I_p^2} = 0$$

故有：

$$\frac{d[\sum_{t=1}^{n} CF_t(P/F,i,t)]}{dI_p} = \frac{\sum_{t=1}^{n} CF_t(P/F,i,t)}{I_p}$$

这是使得净现值率（NPV_P）达到最大值的必要条件。

显然，上式等号的左侧不一定等于 1。所以，以净现值率最大作为确定最优投资规模的标准，一般不同于以净现值最大作为确定最优投资规模的标准，除非 $\sum_{t=1}^{n} CF_t(P/F,i,t) = I_p$。

如果假定随着投资规模的扩大，企业的规模报酬会先后经历规模报酬递增和规模报酬递减的过程，则 $P = \sum_{t=1}^{n} CF_t(P/F,i,t)$ 将为三次幂的增函数，如图 4.1 所示。

根据净现值最大法所选择的最优投资规模点在 A 处，而根据净现值率最大法所选

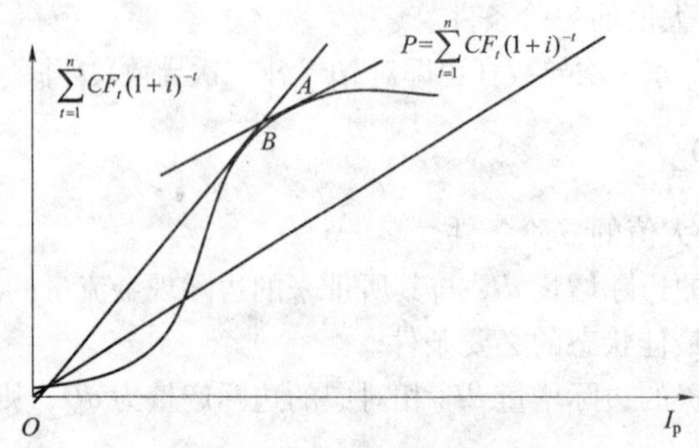

图 4.1 净现值最大与净现值率最大比较

择的最优投资规模点在 B 处。

显然，B 点并不能代表最优的投资规模，因为从 B 点将投资的规模扩大到 A 点，净现金流入会进一步地增加，企业价值进而股东的效用会随之进一步地提高。所以，采用净现值率最大准则评估投资项目会使得投资规模偏小。

利用第二章中引入的单时期消费－投资模型，我们可以更清楚地阐述净现值评估方法的合理性，如图 4.2 所示。假定某企业当前可用于投资的总资源数量为 OA，实业投资机会曲线为 AEB，金融投资机会曲线为 GEF。

根据我们在第二章中所得出的结论，企业的均衡投资量（即最优的投资规模）应该满足的条件是：实业投资的收益率等于金融市场的利率。因此，实业投资的基准利率就应该等于金融市场的利率。在净现值法下，所有投资项目的 NPV 都应该大于等于零。因此，企业应该将其总的投资规模控制在最后一个单位投资额的 $NPV=0$ 的水平处。这就意味着，当该企业的投资规模已经达到最优的时候，其最后一个单位货币的投资收益率应该正好等于金融市场的利率。如图 4.2 所示，该企业的最优投资规模位于 E 点的位置。这个时候的最优投资量为 AD，这个数量的总投资在期末所导致的现金流入数量为 OC，而该现金流入数量的现值为 DF。因此，最优投资规模下所有投资项目的净现值为 AF。

如第二章所述，只有在 AD 这个投资规模下，企业股东的效用才会达到最大。无论是投资规模低于 AD 的水平，例如 W 点处所代表的投资水平，还是投资规模高于 AD 的水平，例如 H 点处所代表的投资水平，都会导致股东效用水平的下降。而从图 4.2 中很容易地看出，也只有在 AD 这个投资规模下，净现值才能达到最大，例如 W 和 H 点处的净现值 AX 都要小于最优投资规模下的净现值 AF。因此，追求投资项目的净现值最大与追求股东效用最大这个最终的投资目标是等价的。

一个投资项目的净现值实质上也就是由于该项目的实施所导致的股东财富的变动数

量，这就是我们把净现值评估方法作为投资项目评估的最基本方法的最有力根据。

如果我们将 *OA* 看做企业当前的清算价值量，则将其中的 *AD* 数量用于投资，可以最大限度地增加企业价值，即使得企业的当前价值由 *OA* 所表示的水平最大限度地扩张到 *OF* 所代表的水平。因此，采用净现值评估方法可以最大程度地增加企业的价值。追求企业价值最大与追求投资项目净现值的最大也是等价的。一个投资项目的净现值也就是由于该项目的实施所导致的企业价值的变动数量。因此，净现值评估方法也是资产评估的最基本方法。

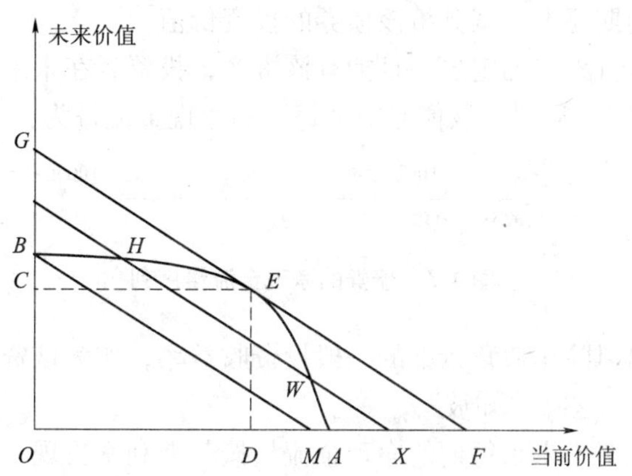

图 4.2　净现值最大与企业价值最大的一致性

从图 4.2 还可以看出，对企业来说，投资不足要优于投资过度。因为尽管投资不足，但企业价值仍然增加了，这说明已有投资的效果是不错的。例如，*W* 点处所代表的投资水平过低，但企业价值仍然增加了 *AX* 数量。但是，如果投资过度，则可能使得企业价值不增反减。例如，*B* 点处所代表的投资水平就处于过度的状态，这个时候的企业价值较完全不投资的情景净减少了 *AM* 的数量。因此，决策能力差的企业，其投资决策往往会很保守，这应该说是一个理性的做法。宁缺勿滥是一个很好的信条。

第二节　折现值资产定价方法

如前所述，在净现值投资决策分析方法中，假如投资项目的净现值等于零，则说明该项目的实施对于企业价值的增进毫无贡献。换句话说，在这个时候，项目的投入与项目的产出相等。

这就意味着，假若我们已知项目产出的折现价值，则项目投入的折现价值不能高于项目产出的折现价值。可见，资产的价值不能高于该资产未来每期净现金流量的折现值之和。这就是折现值资产定价方法的基本逻辑。

折现值资产定价方法的决策逻辑可以分解为如下几个环节：

1. 首先确定出一旦拥有该资产，投资者在未来每期可以获得的净现金流量。

2. 然后确定出风险相似背景下的一般投资收益率，作为该资产的基准利率。

3. 依次将该资产未来每期的净现金流量按基准利率折现，并求和。其结果即是该资产的合理价格，亦即投资者的最高买入价格或者销售者的最低卖出价格。

例 4.6 假定财政部新发行三年期的国债，其面额为 100 元，票面利率为 10%，每年支付一次利息，到期还本。试分析该债券的投资价值。

根据净现值法，首先应确定出一旦拥有该资产，投资者在未来每期可以获得的净现金流量，这叫“知己”。显然，该债券未来每期的净现金流量为：

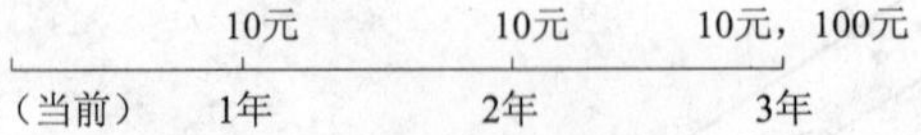

0（当前）	1年	2年	3年
	10元	10元	10元，100元

图 4.3 债券的净现金流量序列

然后，再确定出风险相似背景下的一般投资收益率，作为该资产的基准利率。例如假定基准利率为 8%。这叫“知彼”。

最后，依次将该资产未来每期的净现金流量按基准利率折现，并求和：

$$\frac{10}{1+8\%}+\frac{10}{(1+8\%)^2}+\frac{10+100}{(1+8\%)^3}=105.15(\text{元})$$

实际上，105.15 元的本意指的是：由于风险相似背景下的一般投资收益率为 8%，因此，一般说来，投资者至少需要 105.15 元的投资额，才有可能在其他风险程度相似的投资机会中获得与持有该国债完全相同的现金流量。

自然地，105.15 元就是投资者放弃其他投资机会，转而购买该国债的最高货币支付额。也就是说，对于该投资者来说，这种国债的最高投资价值为 105.15 元。

如果国债买卖双方的判断一致且不存在垄断，这就是所谓的完全竞争市场环境，则 105.15 元也将是债券卖出者的最低销售价格。

因此，当完全竞争的国债市场达到均衡的时候，该国债的市场价格必定就是 105.15 元。

复习思考题

1. 什么叫净现值？
2. 简述净现值评估方法的基本逻辑。
3. 简述基准利率的含义及其一般确定方法。

第五章

投资收益率的计算

本章摘要

投资收益率是金融经济学的基本概念，利率是金融市场的基本指标。本章详细地阐述了收益率的计算方法及其基本原理，给出了收益率多解问题的解决方法，并简明对比了内部收益率评估方法与净现值评估方法的异同。

关 键 词

内部收益率　复利率　单利率

第一节　内部收益率

一、内部收益率（Internal Rate of Return，IRR）的含义

投资项目的内部收益率，即是那个能够使得该项目的净现值等于零的基准利率，也就是能够使得投资项目的总收益现值等于总费用现值的那个折现利率，又叫做边际资本效率或内涵报酬率。

实际上，在投资决策中如果不特别地说明，我们通常所谓的投资收益率就应该是这里的内部收益率，所以以后我们将混用这几种称谓。

对于某一投资方案而言，在项目的寿命年限 n 及每年净现金流量均已确定的条件下，可以把净现值仅看作是贴现率 i 的函数。而且一般来说，i 越小，NPV 越大；反之，i 越大，NPV 越小。所以在贴现率的某一点处，该投资项目的净现值很可能等于零。这一利率（i^*）就是该投资项目的内部收益率（IRR）。

可见，某投资项目的内部收益率就是满足下式的折现率 i^*：

$$\sum_{t=0}^{n} CF_t(1+i^*)^{-t} = 0$$

其中，CF_t 为该投资项目在第 t 年的净现金流量。

例 5.1 某企业用 5 000 元购得一台机床，使用期限为五年，没有期末残值，每年可获得收益 1 187 元，求这台机床的内部收益率。

解：该机床的收益现值为 1 187$(P/A,\mathrm{i},5)$，该机床的费用现值为 5 000 元。因此，根据内部收益率的定义，有：

$$1\,187(P/A,\mathrm{i},5)=5\,000$$

移项后得：$(P/A,\mathrm{i},5)=4.212\,3$

查表得：$i=6\%$

例 5.2 某投资者用 1 000 元的平价购得某企业发行的债券。发行债券的企业承诺每隔六个月支付 40 元的利息，并在第十年末归还本金。假定一年以后，该投资人将该种债券以 950 元的价格卖出。试求：

（1）这个投资者的收益率；

（2）如果第二个买主持有该债券到期（即持有 9 年），则其（到期）投资收益率是多少?

解：（1）根据内部收益率的定义，有：

$$-1\,000+40(P/A,i,2)+950(P/F,i,2)=0$$

试令 $i=1\%$，则有：

$$-1\,000+40\times1.97+950\times0.980\,3=10.085>0$$

所以应提高 i 的取值，再令 $i=2\%$，则有：

$$-1\,000+40\times1.942+950\times0.961\,2=-9.18<0$$

因此，i 的取值应在 1% 至 2% 之间。应用线性插补法可得内部收益率的近似值为：

$$i=0.01+\frac{0.02-0.01}{10.085+9.18}\times10.085\approx1.5\%$$

由此，第一个投资者的名义投资收益率为：

$$1.5\%\times2=3\%$$

而该投资者的实际投资收益率则为：

$$(1+0.015)^2-1\approx3.02\%$$

（2）根据内部收益率的定义，有：

$$-950+40(P/A,i,18)+1\,000(P/F,i,18)=0$$

试令 $i=5\%$，则有：

$$-950+40(P/A,5\%,18)+1\,000(P/F,5\%,18)=-66.9<0$$

所以应降低 i 的取值。再令 $i=4\%$，则有：

$$-950+40(P/A,4\%,18)+1\,000(P/F,4\%,18)=49.96>0$$

因此，i 的取值应在4%至5%之间。应用线性插补法可得内部收益率的近似值为：

$$0.04+\frac{0.05-0.04}{49.96+66.9}\times 49.96\approx 4.43\%$$

由此，第二个投资者的名义投资收益率为：

$$4.43\%\times 2=8.86\%$$

而该投资者的实际投资收益率为：

$$(1+0.043)^{2}-1=9.05\%$$

二、内部收益率与会计收益率（Accounting Rate of Return，ARR）比较

（一）会计收益率的计算

一般意义上的会计收益率有别于内部收益率。

习惯上，会计投资收益率的计算方法是：

$$\text{会计投资收益率}=\frac{(\text{投资期间的会计利润}-\text{总投资})/\text{投资期间的总年数}}{\text{总投资}}\times 100\%$$

或者，

$$\text{会计投资收益率}=\frac{(\text{投资期间的会计利润}-\text{平均投资})/\text{投资期间的总年度数量}}{\text{平均投资}}\times 100\%$$

例如，假定某公司拥有一个投资项目。其投资总预算为10 000万元，流动资金投入为3 000万元，投资期为四年，预计在投资期末能够将流动资金全部收回，并会有2 000万元的残值收入。假定该项目每年年末的预计税前净现金流量分别为：+4 000万元，+6 000万元，+3 500万元，+1 500万元。

假定该公司采用直线折旧法提取折旧，则该项目每年可提取的折旧数量为：

$$\frac{10\,000-2\,000}{4}=2\,000\text{（万元）}$$

如果不再考虑收入实现制与权责发生制之间其他因素的差异，亦即假定每年年末的预计税前净现金流量与包含折旧的会计税前利润相同，则可得到该项目每年的税前利润流量为：+2 000万元，4 000万元，1 500万元，−500万元。

再假定不考虑所得税的因素，则四年下来的利润总额为+7 000万元，平均每年的利润为+1 750万元。

又由于最初的总投资为13 000万元，平均每年占用的投资资金数量为（13 000+5 000）/2=9 000万元，因此有：

$$\text{会计投资收益率}=\frac{1\,750}{13\,000}\times 100\%=13.5\%$$

或者，

$$会计投资收益率=\frac{1\ 750}{9\ 000}\times 100\% =19.4\%$$

（二）内部收益率与会计收益（利润）率的异同

在一般的会计核算场合，我们说投资 1 000 元的年收益率为 10%，是指该项投资平均每年可获得的会计收益（利润）为 100 元。例如，连续五年的总收益就是 500 元在这里可以不考虑投资收益年限的长短。也就是说，连续五年净收益 100 元与连续两年净收益 100 元都会得出 10% 的会计投资收益率来。

而当说该项投资的内部收益率为 10% 时，如果其收益的年限是永久的，则每年可获得的净现金流量为 1 000×10% =100 元；但如果其收益年限是有限的，例如五年，则该项投资每年可获得的净现金流量为 1 000(A/P,10%,5)=263.8(元)。

可见，若假定净现金流量等同于利润量，则只有当项目的经济寿命为永久的或者仅为一年的时候，内部收益率才有可能等同于一般意义上的会计收益率。

实际上，不预先明确投资收益的期限是无法计算内部收益率的。计算内部收益率的目的是评价投资项目的优劣，以最有效率地使用资金，或者是核算投资的效果。其最终目的是设法获得最多的投资收益，而反映与监督则是计算会计收益率的基本目的。核算投资的效果并不是会计核算的主要目的。

当然，内部收益率是根据收付实现制的原则计算出来的，而会计收益率则是根据权责发生制的原则确定出来的。内部收益率的计算充分地考虑了资金的时间价值，而会计投资收益率的计算则没有考虑资金的时间价值。这都是内部收益率和会计收益率之间的本质性区别。

我们将 5 年期 1 000 元投资的资金流量变化情况列表显示，如表 5.1 所示。其中的 10% 就是该现金流量序列的内部收益率。

表 5.1　　内部收益率的本质

年	资金流量 (1)	年初尚未收回投资 (2)	尚未收回投资利息 (3)=(2)×10%	年末尚未收回投资 (4)=(2)+(3)-(1)
0	-1 000			
1	+263.8	1 000	100	836.2
2	+263.8	836.2	83.62	656.02
3	+263.8	656.02	65.602	457.822
4	+263.8	457.822	45.782 2	239.804 2
5	+263.8	239.804 2	23.980 42	0
合计			318.984 62	

若假定该项目的会计收益率为 10%，则意味着其五年的累积收益为 500 元。但从上表可以看出，该项目五年中实际获得的利息总额只有 318.98 元，远远小于 500 元。显然，这是由于在计算内部收益率的过程中，其计息基础越来越小的缘故。因此，内部收益率实际上是指尚未收回的投资的收益率。根据这一收益率，该项目可在期末收回所有的资本成本（投资本利和）且无剩余。

就上例来说，期初的 1 000 元投资一年后可增值为 $1\,000(1+10\%)$，但是由于收回了 263.8 元，由此第一年年末尚有 $[1\,000(1+10\%)-263.8]$ 元的投资尚未收回，这部分投资到第二年年末增值为 $[1\,000(1+10\%)-263.8](1+10\%)=1\,000(1+10\%)^2-263.8(1+10\%)$。但是由于又收回了 263.8 元，因此第二年年末尚有 $1\,000(1+10\%)^2-263.8(1+10\%)-263.8$ 元的投资未收回依此类推，到第五年年末则所有投资全部收回。即有：

$$1\,000(1+10\%)^5-263.8(1+10\%)^4-263.8(1+10\%)^3-263.8(1+10\%)^2-263.8(1+10\%)-263.8=0$$

显然，10% 的内部收益率指的是一直到期末才能全部回笼投资成本的收益率。

在这里，要特别注意到期末恰好收回全部投资这一字眼。所以我们说，内部收益率实质上是该项目的贴现率，在该贴现率下恰好使得收益与成本等值。从这个意义上说，内部收益率并不是一个新概念。例如，一笔存款按一个既定的复利计息，五年后可一次性地提取一个本利和。这里的复利率即可称为该存款（投资项目）的内部收益率。因为在这一利率下，期初的本金与期末的本利和等值，可以认为本金在期末被恰好收回。同理，一笔存款按一个复利计息，五年内等额提回一部分存款，五年末全部提完。这里的复利也可称为该存款（投资项目）的内部收益率。

那么，我们为什么要设立一个内部收益率概念呢？如果有必要的话，其目的无非是试图将本项目与其他潜在的可投资项目区分开来，将其他项目可获得的复利收益率作为对本项目的最低期望收益率。然后，再求得本项目可以创造的复利收益率即内部收益率，并加以对比。如果本项目的内部收益率不低于最低期望收益率，我们便可以认为该项目是可行的。

由于内部收益率的本质是一种复利率，因此它的计算是有隐含条件的。从上式可以看出，每一年的 263.8 都进行了复利计算。这意味着我们假设每年的收益都用于再投资，而且再投资的复利收益率与本项目的复利收益率即内部收益率相同。这一点明显不同于上述“存款”投资的例子。在那里，每期利息还要计息（即再投资）是预先明确的，而且也是真实无疑的，因此不属假设之列。所以，内部收益率也可称为每期收入可以同样的利率再投资的投资收益率，此即所谓“内部”收益率的原因。

将上式的两边同除以 $(1+10\%)^5$，有：

$$1\ 000-263.8\sum_{t=1}^{5}(1+10\%)^{-t}=0$$

即费用现值等于收益现值。

可见，上述几个内部收益率定义的表述是一致的。

三、外部收益率

（一）修正后的内部收益率

在内部收益率的定义中，每期收益的再投资利率等于项目内部收益率的假定，具有很大的局限性。因为如果再投资利率实际上不同于本项目的内部收益率，则内部收益率的计算便很不合理。

假设某投资项目每期的现金流出额为 P_t，每期的现金流入额为 A_t，本项目的期限为 n，内部收益率为 i，每期收益的再投资利率为 K，再投资的期末总值为 TV，则有：

$$TV=\sum_{t=0}^{n}A_t(1+K)^{n-t}$$

根据内部收益率的定义，i 可由下式求得：

$$TV(1+i)^{-n}=\sum_{t=0}^{n}P_t(1+i)^{-t}\text{，或者}\sum_{t=0}^{n}A_t(1+K)^{n-t}=\sum_{t=0}^{n}P_t(1+i)^{n-t}$$

满足上式的 i，称为修正后的内部收益率。

（二）外部收益率

如果令上式中的再投资收益率 K 等于基准利率（亦即一般投资收益率），则由上式求得的 i，称为外部收益率。

因此，所谓外部收益率指的是再投资利率恰好等于基准收益率时的内部收益率。如果用 e 表示外部收益率（ERR），则有：

$$\sum_{t=0}^{n}A_t(1+i_0)^{n-t}=\sum_{t=0}^{n}P_t(1+e)^{n-t}$$

其中，i_0 为基准利率。

例 5.3 某项目的期初投资为 10 万元，第 5 年追加投资 2 万元，项目寿命期为 10 年，每年年末收入 3.5 万元，同时每年年末发生经营费用 1.5 万元。假设基准利率为 10%，求其外部收益率。

解：根据外部收益率的定义有：

$$-10(F/P,i,10)-2(F/P,i,5)+(3.5-1.5)(F/A,10\%,10)=0$$

查表知：$(F/A,10\%,10)=15.937$。因此有：

$$-10(F/A,i,10)-2(F/P,i,5)+31.874=0$$

利用试算法，令 $i=0.1$，有：

$$31.874-10(F/P,10\%,10)-2(F/P,10\%,5)=2.716>0$$

再令 $i=0.12$，则有：

$$31.874-10(F/P,12\%,10)-2(F/P,12\%,5)=-2.709<0$$

因此，$10\%<i<12\%$，利用线性插补法，有：

$$i=10\%+\frac{12\%-10\%}{2.716+2.709}\times 2.716=11\%$$

第二节　内部收益率评估方法

一、内部收益率评估方法的基本原理

掌握了内部收益率的测算方法以后，我们就可以用它来评价项目的经济效益，进而作出相应的投资决策。

内部收益率法用于单方案分析时，要与基准利率 i 进行比较：

若 $IRR\geqslant i$，则该投资方案在经济上是可行的；

若 $IRR<i$，则该投资方案应予拒绝。

例 5.4　某投资项目的净现金流量如表 5.2 所示。假定基准利率为 12%，问该项目在经济上是否可行？

解：先分别设 $i_1=10\%$，$i_2=15\%$，分别计算其净现值：

表 5.2　　内部收益率评估方法举例

年末	0	1	2	3	4	5
净现金流量	-100	20	30	20	40	40

$$NPV_1=-100+20(P/F,10\%,1)+30(P/F,10\%,2)+20(P/F,10\%,3)+40(P/F,10\%,4)+40(P/E,10\%,5)=10.16\text{（万元）}$$

$$NPV_2=-100+20(P/F,15\%,1)+30(P/F,15\%,2)+20(P/F,15\%,3)+40(P/F,15\%,4)+40(P/E,15\%,5)=4.02\text{（万元）}$$

再用线性插补法求出内部收益率 IRR：

$$IRR=10\%+(15\%-10\%)\times\frac{1016}{10.16+4.02}=13.5\%$$

由于 IRR(13.5%) 大于 i_0(12%)，故该项目在经济上是可以接受的。

二、内部收益率评估方法的局限性

回顾我们在第二章所引入的实业投资机会曲线。实际上，这条线就是在单时期里不同投资规模的内部收益率点的连线。

如图 5.1 所示，当投资规模为 AD 的时候，平均内部收益率为 DE/AD，边际内部收益率为 HX 线斜率的绝对值。

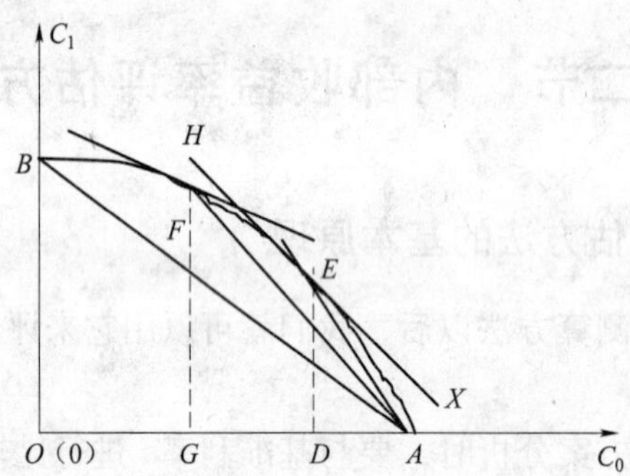

图 5.1 内部收益率评估方法的局限性

如果假定金融投资机会曲线为 HX，则实业投资的基准利率就应该相当于 HX 线斜率的绝对值。根据上述内部收益率指标用于单方案分析的基本准则，最佳的投资规模应该位于 E 点。这个结论与净现值评估方法的结论是一致的。

可见，准确地说，实现最佳投资规模的必要条件应该是：边际投资的内部收益率等于基准利率，而不是平均投资的内部收益率等于基准利率。例如，在达到最佳投资规模的 E 点处，AD 这么大数量投资的平均收益率相当于直线 EA 斜率的绝对值，它显然不同于 E 点处切线斜率的绝对值。

不过，需要指出的是，上述所谓内部收益率评估方法与净现值评估方法等价的结论是在资本预算充足、投资项目可无限细分等假定的基础上得出来的。如果这些假定不成立，内部收益率评估方法与净现值评估方法的结论便会出现很大的不同。这一点，我们在后面将详细地阐述，这里不再赘述。

另外，与净现值评估方法相比，上述内部收益率评价准则的适用性较差。例如，当一个投资项目的净现值函数 NPV(i)、基准利率 i_0 如图 5.2 和图 5.3 所示的时候，上述内部收益率的评估准则就会失效。

在图 5.2 中，该投资项目的内部收益率高于基准利率，所以根据内部收益率评价准则，该项目是可行的。但由于这个项目的净现值小于零，因此该项目实际上是不可行

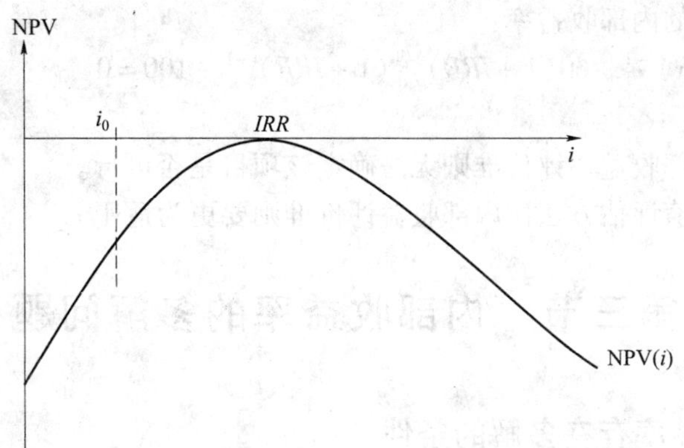

图 5.2　内部收益率评估准则失效图例 1

的。这说明，内部收益率评价准则给出了一个错误的结论。

在图 5.3 中，该投资项目不存在内部收益率，所以无法根据内部收益率的评价准则来判断该项目的可行性。但由于这个项目的净现值小于零，因此该项目实际上是不可行的。

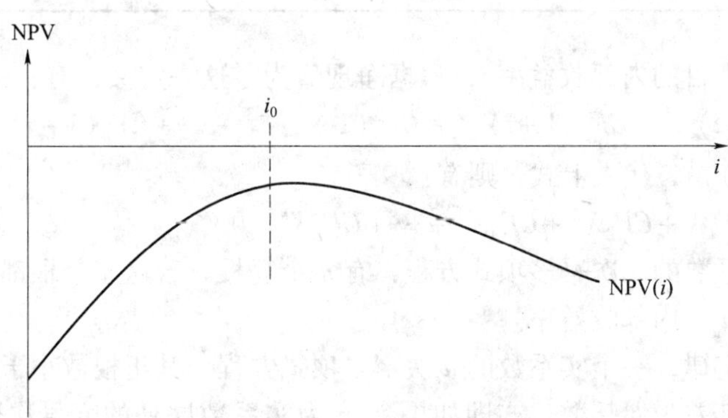

图 5.3　内部收益率评估准则失效图例 2

另外，内部收益率评价准则也不适用于基准利率不唯一的情况。

例如，假定某投资项目的期初投资为 100 万元，从第一年年末起，连续两年的净现金流量均为 +60 万元。再假定第一年的基准利率为 10%，第二年的基准利率为 15%。

首先使用净现值方法评价该项目的可行性。

该项目的净现值为：

$$60(1+10\%)^{-1}+60(1+10\%)^{-1}(1+15\%)^{-1}-100=+1.98>0$$

所以，该项目是可行的。

再计算该项目的内部收益率：

$$60(1+IRR)^{-1}+60(1+IRR)^{-1}(1+IRR)^{-1}-100=0$$

解之得：$IRR\approx13\%$

可见，使用内部收益率评价准则无法确定该项目是否可行。

这说明，净现值评估方法比内部收益评价准则要更为适用。

第三节　内部收益率的多解问题

一、内部收益率存在多解的条件

到此为止，我们总是假定任一投资项目只有唯一确定的内部收益率。但是，实际上有的投资项目存在多个内部收益率。例如，假设某投资项目的现金流量如表 5.3 所示。

表 5.3　内部收益率的多解问题

年度	0	1	2	3	…	n
现金流量	$-P$	$+CF_1$	$+CF_2$	$+CF_3$	…	$+CF_n$

为了求得该项目的内部收益率 i，根据净现值为零这一定义，有：

$$CF_1(1+i)^{-1}+CF_2(1+i)^{-2}+CF_3(1+i)^{-3}+\cdots+\mathrm{CF}_n(1+i)^{-n}-P=0$$

令 $X=(1+i)^{-1}$，代入上式，则有：

$$-P+CF_1X+CF_2X^2+CF_3X^3+\cdots+CF_nX^n=0$$

这是一个实系数的 n 次幂多项式方程，有 n 个复根。若这 n 个根都是实根，则这个投资项目就存在 n 个内部收益率。

根据笛卡尔定律，一个实系数的 n 次幂多项式方程，其正根数小于或等于系数序列的变号次数，且其差为偶整数。亦即如果令 m 为实系数序列的变号次数，则该方程的正根数为 $m-2K$（$K=0$，1，2，…）。

但是，X 为正并不能保证 i 为正。例如，当 $X>1$ 时，根据 $X=(1+i)^{-1}$，i 必须小于零。因此，当 $m=0$ 时，X 和 i 取正值的个数都为零；当 $m=1$ 时，X 取正值的个数为 1，但 i 取正值的个数为 1 或 0；当 $m=2$ 时，X 取正值的个数为 2 或 0，但 i 取正值的个数为 2 或 1 或零。显然，当 $m\geqslant2$ 时，i 有可能存在多个正值解。

多项式的实系数在投资项目中即其现金流量，资金流量的符号变化就是其由“+”变为“-”或由“-”变为“+”的次数，表 5.4 说明了资金流量符号变换次数的计算。

表 5.4 资金流量符号变换次数的计算

期限＼项目	资金流量				
	A	B	C	D	E
0	+100	+10	+10	+20	+20
1	-100	+10	+10	+20	+20
2	+20	+20	+10	+10	-100
3	+20	+20	-100	+10	0
4	-20	+20	-100	+10	+10
变号次数	0	1	1	2	3

在投资项目中，资金流量变号次数为零的情况是极为罕见的。这是一种要么发无本万利的意外之财，要么是一种只赔不赚的极端情况。

资金流量只变一次号却极为普遍。例如，在期初一次性投入，然后在后继期间连续获利；或者分期获得贷款，期末一次偿还等情况即属此例。在这种情况下，一般都可求得唯一的一个内部收益率。

可以证明，对于初始投资以后，每年的净现金流量均为正值这种最常见的投资项目，其内部收益率必定有唯一解，不会出现多个根的问题，现证明如下：

设初始投资为 P，以后每年的净收益为 CF_t，则净现值 NPV 作为基准利率 i 的函数可以表示为：

$$\mathrm{NPV}(i) = -P + CF_1(1+i)^{-1} + CF_2(1+i)^{-2} + \cdots + CF_n(1+i)^{-n}$$

内部收益率就是满足 $\mathrm{NPV}(i)=0$ 的 i。在 $i>-1$ 范围内，因为：

$$\frac{d(\mathrm{NPV})}{d(i)} = -CF_1(1+i)^{-2} - 2\,CF_2(1+i)^{-3} + \cdots - nCF_n(1+i)^{-n-1} < 0$$

$$\frac{d^2(\mathrm{NPV})}{d(i)^2} = 2CF_1(1+i)^{-3} + 6\,CF_2(1+i)^{-4} + \cdots + n(n+1)CF_n(1+i)^{-n-2} > 0$$

所以，NPV（i）是凸向 i 轴的单调递减函数，如图 5.4 所示。

因为 $\lim\limits_{i\to -1}\mathrm{NPV}\to\infty$，$\lim\limits_{i\to\infty}\mathrm{NPV}\to -P$，因此在 $i>-1$ 范围内，NPV（i）与 i 轴只有一个交点。而且，如果 $AB>AO$，也即 $\sum\limits_t CF_t - P > 0$，则内部收益率为正；反之，如果 $AB<AO$，也即 $\sum\limits_t CF_t - P < 0$，则内部收益率为负。因此，只有当投资项目的累计净现金流入大于投资，或累计还款额大于贷款额时才出现正值 IRR 的情况。

当投资项目的内部收益率不唯一的时候，上述内部收益率的评估准则就会出现问

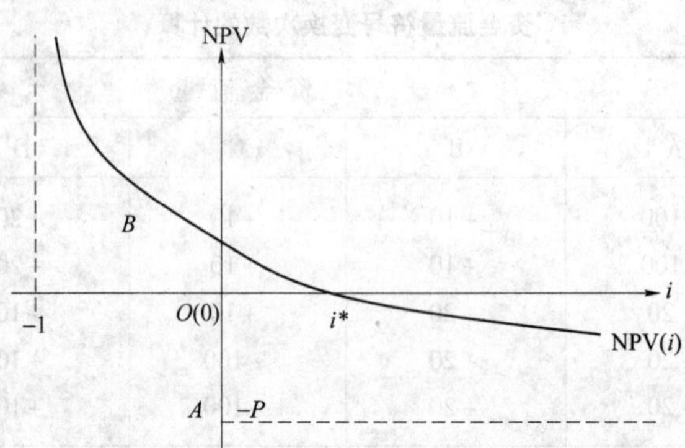

图 5.4　仅包含期初一次性投资的情况

题。例如，当一个投资项目的净现值函数 NPV(i)、基准利率 i_0 如图 5.5 所示的时候，上述内部收益率的评估准则就会失效。

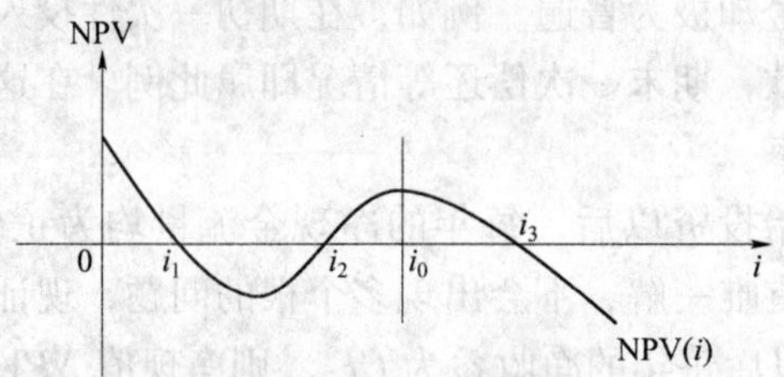

图 5.5　内部收益率评估准则失效的情况

二、内部收益率多解问题的解决

既然在项目的现金流量发生多次变号时，一般都会出现几个正的内部收益率解。那么，在这种情况下，究竟应该选用哪一个解作为该项目的内部收益率呢？

既然现金流量发生多次变号是导致内部收益率出现多个解的原因，则设法将发生多次变号的现金流量调整成只变一次号的情况，也就成为解决内部收益率多解问题的基本思路。

回顾前面关于内部收益率的定义，我们曾指出：假定项目期间收益的再投资利率就等于该项目本身所要求的投资收益率，是内部收益率计算方法的致命弱点。实际上，作为一个企业的财务主管或者项目的评估人员，应该很容易搞清楚项目期间收益的再投资去向及其相应的投资收益率。因此，我们就使用这个已知的再投资收益率，将项目的期间收益全部折算到项目的最终期末。

经过这样的调整，在我们所画出的该项目的现金流量轴图中，在项目的最终期末之前，将全部体现为现金流出量，只是在项目的最终期末才会出现现金流入量。这样一来，项目的现金流量序列就会由多次变号的情况被调整成只变了一次号的情况，从而就能算出一个唯一的解。当然，应该把这个解称为修正的内部收益率或外部收益率。

例 5.5　假定某企业与批发商鉴定某种产品的生产合同。根据合同，该批发商立即预付款 1 900 万元，一年后再预付 1 000 万元。该企业将于第二年正式投产，预计第二年和第三年各需投入 5 000 万元。批发商可在第四年提货，并于第四年支付 2 000 万元，第五年支付 6 000 万元。计算这笔合同的内部收益率。

解：根据内部收益率的定义，有：

$$1\,900+1\,000(P/F,i,1)-5\,000(P/F,i,2)-5\,000(P/F,i,3)+2\,000(P/F,i,4)+6\,000(P/F,i,5)=0$$

解该方程可得两个正的内部收益率：

$$i_1=10.1\%\text{，}i_2=47\%$$

如果假定该项目头两年获得的收益用于再投资可获得 10.1% 的利率，然后以复利在第二年年初收回，用于该项目，则有：

年	现金流量
0	1 900 元的收入用于再投资，两年后可获收益为： $F=1\,900(F/P,10.1\%,2)=2\,300$
1	1 000 元的收入用于再投资，一年后可获收益为： $F=1\,000(F/P,10.1\%,1)=1\,100$
2	$\begin{cases}+2\,300,\ +1\,100\\-5\,000\end{cases}$
3	−5 000
4	+2 000
5	+6 000

这样一来，在第二年年初，该项目的现金流量为：

年	现金流量
0	0
1	0
2	−1 600
3	−5 000
4	+2 000
5	+6 000

上述现金流量序列只有一次符号变化，所以能够直接算出它的修正内部收益率为：

$$-1\ 600(P/F,i,2)-5\ 000(P/F,i,3)+2\ 000(P/F,i,4)+6\ 000(P/F,i,5)=0$$

解之得：$i=10.1\%$。

同理，如果假定该项目在头两年的收益用于再投资可获得47%的利率，然后以复利在第二年年初收回，用于该项目，则有：

年	现金流量
0	1 900元的收入再投资，两年后可获收入为： $F=1\ 900(F/P,47\%,2)=4\ 110$
1	1 000元的收入再投资，一年后可获收入为： $F=1\ 000(F/P,47\%,1)=1\ 470$
2	$\begin{cases}+4\ 110,\ 1\ 470\\-5\ 000\end{cases}$
3	−5 000
4	+2 000
5	+6 000

在第二年年初，该项目的现金流量序列为：

年	现金流量
0	0
1	0
2	+580
3	−5 000
4	+2 000
5	+6 000

第二年年末，仍有580元可用于再投资，于第三年年末可获收入为：

$$F=580(F/P,47\%,1)=850$$

当这850元收回该项目时，其现金流量序列为：

年	现金流量
0	0
1	0
2	0
3	−4 150
4	+2 000
5	+6 000

上述现金流量序列只有一次符号变化，所以能够直接算出它的修正内部收益率为：

$$-4\ 150(P/F,i,3)+2\ 000(P/F,i,4)+6\ 000(P/F,i,5)=0$$

可求得此时该项目的修正内部收益率为47%。

依此类推，如果假定该项目头两年收益的再投资利率为其他的数值，例如假定该企业将其头两年的收益存入银行，银行相应期限的复利存款利率为6%，则再投资利率为6%。再假定企业的确是在第二年年末将全部本息从银行提出并用于该项目，则可求得此时该项目的修正内部收益率为8.4%。

这样一来，上述这种修正内部收益率的计算似乎主观随意了一点。

其实，上面这个例子只是为了说明解决投资收益率多解问题的基本思路。我们也是想强调再投资利率的确定对整个项目投资收益率的高低具有十分重要的影响。在实际操作中，项目期间收益的再投资去向及其相应的投资收益率必须严格依据事实来确定。当然，企业财务主管或项目评估人员在项目实施之前就应该预计到可能存在投资收益率的多解问题，并预先规划好项目期间收益的再投资去向及其相应的再投资收益率，以便最终产生一个既完全符合事实又令人满意的修正投资收益率。

还要说明的是，本例中关于收益再投资的假定与前面关于修正内部收益率的定义有所不同。在本例中，再投资的收益率只在一段时间内服从某一特定的利率，这段时间的长短取决于能否使项目的现金流量序列最终达成只变一次号。而在此之后，收益的再投资收益率与该项目的内部收益率相同。我们也可以依据前面关于修正内部收益率的定义，即假定所有收益的再投资利率在整个项目寿命期内恒等于某一已知的特定利率。因此，到底应该怎样处理再投资问题，最终还是应该在项目实施之前就预先规划好，并执行规划，最终严格根据实际情况来确定。

例5.6　假定某投资项目的现金流量序列为：-100万元，+50万元，+80万元，-10万元；再假定基准利率为10%。求该项目的投资收益率。

解：该项目的现金流量序列变了两次号。这意味着，如果使用传统的定义计算内部收益率，很可能出现两个正解。为此，可先将三年后的10万元支出折算为现值：

$$-10(1+10\%)^{-3}=-7.51\ (\text{万元})$$

这样一来，该项目的现金流量序列就变成：-107.51万元，+50万元，+80万元。这个现金流量序列只变了一次号，因此其唯一的正解为：

$$50\times(1+IRR)^{-1}+80\times(1+IRR)^{-2}-107.51=0$$

$$IRR\approx13.4\%$$

第四节 收益率曲线与利率的期限结构

如前所述，净现值方法是对金融资产定价的基本理论方法。根据净现值方法，任何金融资产的价值均可看作其历年（期）现金流的贴现值。因此，在对金融资产定价的时候，关键是要确定出该金融资产未来每期的预期现金流以及相应期限的贴现率。未来每期现金流的预期对有些金融资产（诸如股票、未定权益等）要更为重要些。但有些金融资产的现金流是确定的（诸如固定收益债券等），对于这些固定现金流的资产来说，贴现率的确定最为关键。

一、我国金融市场利率的计算方法

说到某个特定市场的（市场）利率，指的是投资者在该市场投资的收益率。这个收益率可能指的是“既往”的投资收益率，但更一般地，它指的是“潜在”的投资收益率。

由于不同投资期间的收益率会不相同，所以当我们提到市场利率的时候，它的时间限定语至关重要，不可忽略。

在不同的市场，投资期间的计算规则不尽相同。例如在我国，根据《中国人民银行关于完善全国银行间债券市场债券到期收益率计算标准有关事项的通知（银发〔2007〕200 号)》，所谓第一个计息年度，指的是债券发行公告中标明的第一个起息日至次一年度对应的同月同日的时间间隔；至于自第二个计息年度起的其他计息年度，则依此类推。根据该通知，债券投资收益率的日计数基准为“实际天数/实际天数”。也就是说，应计利息天数及付息区间天数均应按当期的实际天数计算，且算头不算尾。其中，闰年的 2 月 29 日也应计算利息。

（一）全价交易与净价交易

我国债券市场的很长一段时间实行的是全价交易。为与国际市场接轨，财政部等三部委于 2001 年发布《关于试行国债净价交易有关事宜的通知》，引入净价交易。银行间债券市场于 2001 年 7 月开始实行净价交易，沪深交易所市场于 2002 年开始实行净价交易。2007 年 3 月，财政部、人民银行和证监会联合发文，将净价交易适用范围扩展到贴现发行的国债，同时明确规定贴现国债应计利息计算的具体方法。至此，我国的债券市场全面实行净价交易制度。

实际上，实施净价交易的主要好处就在于能够方便利息所得税与资本利得税的辨析与缴纳，但这在我国目前并不是一个迫切的问题。

简单地说，所谓全价，就是指在债券交易的报价当中，包含有截止结算日的应计利息；所谓全价交易，就是指投资者以“全价”的形式来申报、委托交易。而所谓净价，则是指交易双方在债券交易的报价当中剔除了应计利息部分；所谓净价交易，就是要求投资者以“净价”的形式来申报、委托交易。因此，“全价”与“净价”之间的关系可以简单地用“净价 = 全价 - 应计利息”的公式来表示。其中，应计利息的计算方法与债券的类型有关。

（二）我国债券市场的交易品种

目前，我国债券市场流通着的债券主要包括零息债券、固定利率债券、浮动利率债券以及到期一次性还本付息债券几种类型。其中，所谓零息债券，指的是贴现发行，债券发行人在债券的存续期限内不支付任何利息，仅至到期兑付日按债券面值进行偿付的债券；所谓固定利率债券，指的是债券发行人按固定的票面利率定期支付既定利息的债券；所谓浮动利率债券，指的是债券发行人根据一定的规则定期确定下一个利息支付日所要支付的利率，然后据以定期支付利息的债券；所谓到期一次性还本付息债券，指的是发行时规定有固定的票面利率，但在到期兑付日之前并不支付利息，直至到期兑付日才将本利和一并偿付的债券。

（三）应计利息的计算规则

由此，我国债券市场各种债券的应计利息的计算方法如下：

（1）固定利率债券或浮动利率债券每百元面值债券的应计利息额 =（每百元面值债券当年度的应计利息额/年付息频率）×（起息日或上一付息日至结算日的实际天数/当前付息周期的实际天数）。

（2）到期一次性还本付息债券每百元面值债券的应计利息额 =（起息日至结算日的整年数 × 每百元面值债券在一个年度里的应计利息额）+ [（每百元面值债券在一个年度里的应计利息额/当前计息年份的实际天数）× 起息日或上一付息日至结算日的实际天数]。

（3）贴现发行的零息债券的应计利息额 =（到期兑付面额 - 发行价格）× 起息日至结算日天数 ÷ 起息日至到期日天数。

其中，上述三个公式当中的“结算日”，指的都是本次债券交易的结算日。

（四）债券全价与其投资收益率之间的换算规则

在计算出应计利息之后，再根据本次债券交易的成交价（净价），我们就可以计算出本次交易的全价（结算价），全价 = 净价 + 应计利息。

计算出全价以后，我们就可以计算收益率。换句话说，债券投资收益率的计算仅与债券交易的全价有关。

一般地说，如果债券的剩余年限超过一年，则其投资收益率的计算应采用复利

（*IRR*）的方法；而当债券的剩余年限不足一年的时候，其投资收益率的计算就可以不考虑资金的时间价值，亦即采用单利的计算方法了。

具体地，债券全价与相应到期收益率的换算方法如下：

（1）到期收益率 = {[（到期兑付日的债券本息和 - 债券全价）/债券结算日至到期兑付日的实际天数]/债券全价} × 当前计息年份的实际天数。

其中，就固定利率债券而言，所谓到期兑付日的债券本息和 = 债券的面值 +（每百元面值债券在一个计息年度里的应计利息额/年付息频率）；就到期一次性还本付息债券而言，所谓到期兑付日的债券本息和 = 债券的面值 +（每百元面值债券在一个计息年度里的应计利息额 × 起息日至到期兑付日的整年数）；就零息债券而言，所谓到期兑付日的债券本息和就是它的面值。

显然，该公式仅适用于剩余年限不超过一年的债券。

（2）债券全价 = 到期兑付日债券本息和/{（1 + 到期收益率）^[（结算日至下一个理论付息日的实际天数/当前计息周期的实际天数）+ 结算日至到期兑付日的计息周期的整期数]}

其中，符号“^”表示其后括号内的表达式位于其前括号内表达式的指数位置。显然，该公式适用于剩余年限超过一年的到期一次性还本付息债券。

（3）债券全价 = {（每百元面值债券当年度的应计利息额/年付息频率）/[1 +（到期收益率/年付息频率）]^(结算日至下一个理论付息日的实际天数/当前计息周期的实际天数）} + {（每百元面值债券当年度的应计利息额/年付息频率）/[1 +（到期收益率/年付息频率）]^[（结算日至下一个理论付息日的实际天数/当前计息周期的实际天数）+1]} + {（每百元面值债券当年度的应计利息额/年付息频率）/[1 +（到期收益率/年付息频率）]^[（结算日至下一个理论付息日的实际天数/当前计息周期的实际天数）+2]} + … + {（每百元面值债券当年度的应计利息额/年付息频率）/[1 +（到期收益率/年付息频率）]^[（结算日至下一个理论付息日的实际天数/当前计息周期的实际天数）+ 结算日至到期兑付日的债券付息次数 -1]} + {百元面值/[1 +（到期收益率/年付息频率）]^[（结算日至下一个理论付息日的实际天数/当前计息周期的实际天数）+ 结算日至到期兑付日的债券付息次数 -1]}

显然，该公式适用于剩余年限超过一年的固定利率债券债券或者浮动利率债券。

下面，我们举一个例子来具体演示投资收益率的计算过程。

例 5.7 打开“中国货币网”，在其首页点击“市场数据”→“市场行情”→“债券市场行情”，便可找到“现券市场做市报价”专栏。在这个专栏中罗列有各银行间债券市场做市商的当日报价。

例如，在 2011 年 1 月 12 日（16:30）这一天的报价中，我们可以找到建设银行当日关于“10 央行票据 91 ”的买卖报价为：

报价机构	债券简称	买入/卖出净价（元）	买入/卖出收益率（%）
建设银行	10 央行票据 91	99.54/99.54	2.601 3/2.551 0

点击其中的“10 央行票据 91”，进入“市场数据 > 债券信息 > 债券基本信息查询”界面，我们就可以了解到相应央行票据的基本信息：

表 5.5　　债券名称：10 央行票据 91

债券基本信息			
债券名称	10 央行票据 91	债券代码	1001091
发行人	人民银行	债券类型	央行票据
债券发行日	2010-10-21	债券到期日	2011-01-21
债券期限	91 天	上市交易日	2010-10-22
计息方式	贴现	债券摘牌日	2011-01-18
信用评级机构	—	债项评级	—
面值（元）	100.00	参考利率	—
票面利率（%）	—	发行总额（亿）	500
发行价格（元）	99.56	利差（BP）	—
付息频率	到期	债券起息日	2010-10-22
行权类型	—	行权日期	—
托管机构	中央国债登记结算公司		
备注	—		

由表 5.5 中信息可知，该中央银行票据的（发行）贴现息为：

$$100-99.56=0.44\text{（元）}$$

因此，其发行（参考）收益率为：

$$[(100-99.56)/99.56]\times[365/91]=[0.44/99.56]\times[365/91]=1.772\,635\%$$

这个百分比的含义是，以 99.56 元的发行价格购入该央票的投资者，若持有到期，其投资收益率将为 1.77%。

在 2011 年 1 月 12 日这一天，建行关于该票据的买入报价（净价）为 99.54 元。由于该日这种央票的剩余期限尚有 9 天（算头不算尾），而距离发行日的期限为 82 天，所以建行这一买入报价当中的应计利息为：

$$(0.44/91)\times 82=0.396\,483\,52\text{（元）}$$

这个数值的含义是，在建行买进该票据的时候，其交易对方由于持有该票据 82 天，而应获得的利息为 0. 396 5 元。

可见，建行的买入全价为：

买入净价 + 应计利息 = 99. 54 + 0. 396 483 52 = 99. 936 484（元）

这个数值就是建行实际支付给票据卖出方的价款（结算价）。

由此，建行若买入并持有该票据到期，则其投资收益率为：

[(100 − 99. 936 484)/99. 936 484] × [365/9] ≈ 2. 601 3%

这个数据就是建行所报出的买入收益率。

假若投资者以建行所报出的卖出价买入该票据并持有到期，则其投资收益率为：

[(100 − 99. 936 484)/99. 936 484] × [365/9] ≈ 2. 551 0%

这个式子所计算出来的结果就是货币网“现券市场做市报价”中建行所报出的卖出收益率。

可见，这里所谓的卖出收益率并不是建行的卖出收益率，而是其交易对方的买入收益率。实际上，若建行以发行价格买入该票据，则其卖出收益率应该为：

[(99. 54 + 0. 396 483 52) − 99. 56)/99. 56] × [365/82] = 1. 683 22%

需要指出的是，在上述建行“买入收益率”及“卖出收益率”的计算公式中，建行的买入报价和卖出报价并不相同，我们所看到的“买入/卖出净价（元）”牌价“99. 54/99. 54”只是精确到小数点后两位数的四舍五入的结果（实际应取 12 位小数）。

一般地说，做市商的卖出报价都要高于其买进报价。实际上，正是由于建行的买入价低于卖出价，所以才会算出其买入收益率 2. 601 3%，高于其卖出收益率 2. 551 0% 的结果。

我们再举一个例子。

例 5. 8 根据中国货币网，2011 年 1 月 4 日，建设银行买卖 2010 年第 15 期央票的报价为：

报价机构	债券简称	买入/卖出净价（元）	买入/卖出收益率（%）
建设银行	10 央行票据 15	97. 92/97. 92	3. 150 3/3. 130 2

根据央行所公布的信息，2010 年第 15 期央票的发行日期为 2010 年 03 月 02 日，发行量为 600 亿，期限为 1 年，发行价格为 98. 11 元。

可见，该票据的发行收益率（亦即所谓的参考收益率）为：

(100 − 98. 11)/98. 11 = 1. 926 4%

截至 2011 年 1 月 4 日，该票据已经发行并流通了 308 天，尚有剩余期限 57 天。因此，该票据截至 2011 年 1 月 4 日的应计利息额为：

(100 元 − 98. 11 元) × [308 天/365 天] = 1. 6 元

进而根据建行的报价，其买入全价为：

买入全价 = 净价 + 应计利息额 = 97.92 元 + 1.6 元 = 99.52 元

其卖出全价为：

卖出全价 = 净价 + 应计利息额 = 97.92 元 + 1.6 元 = 99.52 元

当然，如前所述，这里的买入净价与卖出净价只是由于统计误差的原因才相同。实际上的买入全价和卖出全价并不相同，而建行的“买入/卖出收益率”报价就是根据较为精确的买入全价和卖出全价计算出来的。

建行的买入收益率为：

$$\{[100-(97.91559447+1.59484932)]/(97.91559447+1.59484932)\}\times(365/57)\approx 3.1503\%$$

这个结果指的是，假若建设银行按照 99.52 元的全价买入央票并持有到期，则其可以获得的收益率为 3.150 3%。

而建行的卖出收益率，亦即建行所卖出票据的交易对方（买入方）的买入收益率为：

$$\{[100-(97.91870281+1.59484932)]/(97.91870281+1.59484932)\}\times(365/57)\approx 3.1302\%$$

就公告市场信息的目的来说，分别报出建行的买入利率与其客户的买入利率是有道理的，因为市场利率通常指的就是投资者的“潜在”投资收益率。不过，将客户的买入利率表述为（建行）的“卖出收益率”，这一做法极易令人望文生义地将报价“3.150 3/3.130 2”中的 3.130 2（%）误解为建行卖出该票据后所获得的（实际）收益率。实际上，若建行以发行价格买入该票据，则其卖出收益率应该为：

$$\{[(97.91870281+1.59484932)-98.11]/98.11\}\times[365/308]=1.69534\%$$

二、收益率曲线与利率期限结构的含义

收益率曲线（Yield Curve）就是一条用于确定不同期限的折现率的工具。它是一条描述风险水平相同、但期限不同的债券之间的收益率关系的曲线图。通常以零息债券的收益率与其到期日为直角坐标系的两个轴来刻画收益率曲线。而利率与期限之间的上述对应关系，又被称为利率的期限结构。

需要注意的是，我们也可以刻画附息债券的到期收益率与其剩余到期年期之间的关系。其中所谓债券的到期收益率，亦即考虑到持有期间的利息收入与期末本金的返还等因素，当下持有这种债券直至到期，可获得的内部收益率。但由此所得到的收益率曲线不同于经由零息债券所获得的收益率曲线。

除非特别说明，我们这里所谓的收益率曲线反映的是未来每一笔现金流的收益率与

相应现金流距离当前的年期数之间的关系。

一般地，收益率曲线应该根据市场上那些具有代表性的债券交易品种来绘制，亦即这些债券品种应该具有流动性大、交投热络的特点。由此所求得的收益率曲线才能够反映相应市场的利率期限结构，才能够真实反应出相应市场短、中、长期利率之间的关系。

经由收益率曲线，投资者可以判断特定金融资产的市场价格是否合理。如果某种金融资产的市场价格偏离了依据收益率曲线所推算出来的理论价格，则说明该金融资产的市场价格不会持久。

由于国债市场的规模庞大、流动性较高，同时由于国债的期限品种相对齐全、不同期限国债的风险性质相近，所以在实践中人们通常都是利用不同期限的国债来确定收益率曲线。这时的收益率曲线实际上应该叫做国债收益率曲线，或者无风险收益率曲线。

由于其中的无风险特性，（国债）收益率曲线所刻画的实际上是一个经济体基准利率的期限结构。因此，对于收益率曲线的估测不仅有助于把握市场利率的走势，进而判断货币政策的取向，而且在合理确定风险报酬率的基础上，还有助于投资者合理测定金融资产的价值。

一般来说，对金融资产的定价只需要基于当前的收益率曲线，而金融资产风险管理的确定则需要基于收益率曲线的历史数据来给出未来利率变化的分布或对未来利率的可能变化进行模拟。

三、收益率曲线的常见形态及其成因

收益率曲线的具体形态大致可以归纳为三种：递增的收益率曲线、水平的收益率曲线、递减的收益率曲线。

关于收益率曲线具体性态形成的原因，主要有如下几种观点：

（一）无偏预期理论（纯预期理论）

这种观点认为，在市场均衡条件下，远期利率代表了对市场未来时期的即期利率的预期。而正是人们对远期利率的预期决定了当前的长期利率水平，从而决定了收益率曲线的具体性态。

可见，根据无偏预期理论，收益率曲线具体形态的形成是市场对远期利率预期的结果。例如，向上倾斜的收益率曲线意味着市场预期未来的短期利率较当前的较短期即期利率有上升的趋势；向下倾斜的收益率曲线意味着市场预期未来的短期利率较当前的较短期利率有下降的趋势；而水平的收益率曲线则意味着市场预期未来的短期利率与当前的较短期利率持平。

至于对远期利率的预期，则与市场关于货币政策取向的判断有关。

（二）流动性偏好理论

流动性偏好理论认为，投资者大都厌恶风险。由于债券的期限越长，利率风险越大，因此投资者会相对偏好期限较短的债券。这就使得短期国债的利率通常都要低于长期国债的利率。也就是说，根据流动性偏好理论，与短期国债利率相比，较长期国债的利率应该存在一个正的流动性溢价。

可见，根据流动性偏好理论，长期国债的较高利率并不一定就是市场预期远期利率较高的原因，其也有可能是长期国债具有流动性溢价的结果。由于流动性溢价总为正数，所以水平的收益率曲线意味着市场预期远期利率将会下降，且下降的幅度应该大致相当于流动性溢价；而向下倾斜的收益率曲线则意味着市场预期未来的短期利率的下降幅度要明显大于流动性溢价的水平。但对于向上倾斜的收益率曲线，则无法确定市场关于远期利率的判断到底如何。亦即递增的收益率曲线既可能意味着市场预期未来的短期利率将上升，也可能意味着市场预期未来的短期利率将保持不变甚或略微降低。

（三）市场分割理论

市场分割理论认为，由于法律制度、文化心理、投资偏好等因素的不同，投资者会相对偏好某一种期限的债券，这就形成了不同期限的债券细分市场。

在每一种具体期限的债券细分市场上，（即期）市场利率水平完全由该市场中的供求力量决定。而各细分市场的利率之间通常不会发生互动关系。例如，假定某个特定期限债券的供给相对增加，则该债券的价格就会下降，相应期限的利率就会随着上升。而这个时候其他期限的债券利率仍可能保持稳定。

根据市场分割理论，由于长期债券市场的供求相对稳定，所以收益率曲线的具体形态主要取决于短期债券市场的供求变化。因此，向上倾斜的收益率曲线意味着短期债券市场的均衡利率水平低于长期债券市场的均衡利率水平，这通常是短期国债的需求相对旺盛的结果。而向下倾斜的收益率曲线则意味着短期债券市场的均衡利率水平高于长期债券市场的均衡利率水平，这通常是短期国债的需求相对不足的结果。

实际上，在实证中，一条收益率曲线特定性态的形成很可能至少是上述几种因素综合作用的结果。至于其中到底哪种理论起着主导性的作用，则需经由实证检验才能确定。

复习思考题

1. 简述投资收益率的计算方法。
2. 简述内部收益率的多节问题及其解决方法。
3. 什么叫收益率曲线？什么叫做利率的期限结构？
4. 简述关于利率期限结构形成原因的主要观点。

第六章

常规投资项目评估方法比较

本章摘要

本章简明阐述了投资回收期、收益率以及净现值这三种主要投资项目评估指标的异同。指出了这三个指标各自应用的局限性，并给出了投资项目评估的一般性方法。

关 键 词

投资回收期　收益率　净现值　数学规划

第一节　投资回收期评价方法

一、投资回收期的含义

在投资决策的实践中，投资回收期是一个被广为接受、使用相当频繁的决策评价指标。投资回收期（n^*）的一个最常见的公式为：

$$\sum_{t=0}^{n^*} CF_t = 0$$

式中，CF_t为投资项目在第 t 期的净现金流量，其中的 CF_0 通常就是投资项目在期初的投资额（P）。

可见，所谓的投资回收期即是那个刚好能够把所有的现金流出全部收回的时间。

二、投资回收期评估方法的基本原理

在用投资回收期指标来评价投资项目时，只有那些投资回收期短于基准投资回收期的项目才是可行的投资项目。而投资回收速度越快，这个投资项目越好。

投资回收期评估方法的上述准则迎合了相当一部分投资者的心态。因为回收期短的项目可以避免未来的不确定性，反正回收期以后的收益都是收回本钱以后的利润，即所谓的纯赚头，赚多赚少无关大碍。在许多场合，令投资者寝食难安的是本钱有收不回来的可能性，而不是赚多赚少的算计。

投资决策所使用的财务数据都是预测的结果，必然存在误差。而且，一般地说，期限越长，误差越大。实际上，超过一定期限以后的预测数据已经很难说有什么精确度了。因此，投资回收期评估方法的另外一个优点就是避免了长期数据的使用所产生的不可靠性。由于这种方法不需要较长期以后的数据，因此这些数据信息甚至根本不必收集预测，从而节省了决策成本和时间。

在资金不足、周转困难的时候，使用投资回收期方法还有助于加快资金的回收速度，缓解资金紧张的困境。

在投资回收期评估方法中，基准投资回收期的设定十分重要。一般地说，基准投资回收期的确定可以参照如下几个原则：(1) 以历史的经验教训为依据；(2) 以行业的一般水平为依据；(3) 以可相对准确预测的年限为依据。如果投资者仅能较为准确地预测各项目未来三年以内的状况，则就以三年作为基准的投资回收期。

例 6.1 假定某公司拥有五个相互独立的投资机会，再假定资本预算约束为 200 万元，基准投资回收期为三年，如表 6.1 所示。问应该选择哪些项目？

表 6.1 **投资回收期评估方法举例**

期间数	0	1	2	3	4	5
A 项目	-100	+50	+50	+70		
B 项目	-300	+100	+100	+100	+100	+80
C 项目	-100	+20	+80	+70	+60	
D 项目	-200	+50	+50	+100	+90	+80
E 项目	-250	+100	+50	+80	+70	

解：根据投资回收期评估方法，项目 A 到 D 都是可行的，因为这几个投资项目的回收期都在基准投资回收期三年以内。但项目 E 是不可行的，因为它的投资回收期超过了三年的基准期限。

不过，由于该公司的资本预算仅为 200 万元，因此这四个可行的项目不可能全部被选择，只能在 A、C 和 D 当中选择一个或两个。那么，应该怎样选择呢？

一种方法是缩短基准投资回收期。例如，可以将基准投资回收期由三年调整为两年。这样一来，就排除了 D 这个项目。因此应该选择 A 和 C 两个投资项目。

三、投资回收期评估方法比较分析

投资者对项目在回收期前后的不确定性有着不同的评价。由此，可以把计算回收期的方法看做一种被大大简化了的现金流量贴现法：在回收期之内的净现金流量按贴现率 $i=0$ 进行贴现，回收期以后的按 $i=\infty$ 进行贴现。

在某些特定的情况下，投资回收期评估法和现金流量贴现评估法的结论是一致的。例如，当项目每年的净现金流量（CF_t）都相同的时候，给定项目寿命期 n，由内部收益率 i^* 的定义有：

$$-P+CF_t(P/A,i^*,n)=0$$

进而有：$\dfrac{(1+i^*)^n-1}{i^*(1+i^*)^n}=\dfrac{P}{CF_t}$

根据投资回收期的定义，在本例中应该有：$P=n^*CF_t$。因此有：

$$\frac{(1+i^*)^n-1}{i^*(1+i^*)^n}=\frac{P}{CF_t}=n^*$$

显然，CF_t 的值越大，内部收益率 i^* 越高，投资回收期 n^* 越短，该投资项目优秀的可能性就越大；反之，CF_t 的值越小，内部收益率 i^* 越低，投资回收期 n^* 越长，该投资项目不可行的概率就越高。

当投资项目的期限无穷长的时候，由 $P=\dfrac{CF_t}{i^*}$ 可得：

$$i^*=\frac{CF_t}{P}=\frac{1}{n^*}$$

近似地，当投资项目的寿命周期相当长的时候，我们有：

$$\frac{1}{i^*}\approx\theta$$

也就是说，当项目每年的净现金流量（CF_t）都相同的时候，项目的内部收益率大约就是回收期的倒数。

实际上，作为一种粗略的理解方式，可以把所有投资项目回收期的倒数 $1/n^*$ 看做该项目的平均收益率。例如，假定某投资项目的回收期为四年，那就表示每年可回收投资额的25%。回收期越小，平均收益率就越高。

因此，在某些特定的情况下，采用内部收益率法或采用回收期法的最终评价结果具有一致性。

不过，上述投资回收期的评估方法具有以下几个方面的缺点：

首先，它忽略了投资项目在回收期以后的净现金流量状况。如表6.2所示，投资项

目 B 显然比 A 好，但通过回收期指标 n^* 并不能看到这一点。

当然，在决策者的预测能力有限，特别是在不能准确预测较长期以后状况的情况下，投资回收期评估方法的这个缺点是可以接受的。

表 6.2　回收期指标的局限性举例

项目	第一年年初	第一年年末	第二年年末	第三年年末	回收期（年）	优劣顺序
A	-10 000	10 000	0	0	1	1
B	-10 000	10 000	1 100	1 100	1	1
C	-10 000	3 762	7 762	1 524	1.7	3
D	-10 000	5 762	5 762	1 524	1.8	4

其次，它没有考虑资金的时间价值。如表 6.2 所示，如果不考虑货币的时间价值，则投资项目 C 和 D 在整个寿命期内所获得的现金流量总额是相同的；如果考虑到投资回收期，似乎 C 比 D 还要好一些。但若要考虑到货币的时间价值，应该说投资项目 D 比 C 要好。因为 D 在第一年年末的现金流入要多于 C，多获得的这部分现金收入可以用于再投资，从而可以额外地赚一些收入。

正是由于上述计算投资回收期的方法没有考虑资金的时间价值，所以又被称为静态的投资回收期。

在考虑货币具有时间价值的情况下，可以计算动态的投资回收期。所谓动态的投资回收期，是指在给定的基准贴现率 i_0 下，项目的累计现金流入能够回收全部投资的最短期限。用公式表示，动态回收期 n_d 由下式决定：

$$\sum_{t=0}^{n_d} CF_t(1+i_0)^{-t}=0$$

显然，当给定的基准贴现率 i_0 刚好等于项目方案的内部收益率 i^* 时，此时的动态回收期就等于项目的整个经济寿命期。

由于贴现值与贴现率之间存在着负相关的关系，因此，一般情况下，如果项目的动态回收期短于项目的整个经济寿命期，则说明该项目的内部收益率高于基准利率。因此，动态回收期与内部收益率具有一致性。

如前所述，净现值评估方法是计算整个项目寿命期内的净现值。只要在整个项目寿命期内的净现值不低于零，该项目就是可行的。而动态投资回收期方法则可以理解为计算该项目在基准动态投资回收期内的净现值。只要在基准动态投资回收期内的净现值不低于零，该项目就是可行的。因此，动态投资回收期评估方法比净现值评估方法要苛刻，它有可能抛弃一些本来是可行（NPV≥0）的投资项目。

第二节 关于内部收益率与净现值的进一步比较

一、内部收益率法与净现值法的内在假设

如前所述，投资回收期可以理解为投资收益率的倒数。因此，内部收益率、会计收益率以及投资回收期都属于相对比率型的效益评价指标。与之相对应地，像净现值或净年金之类的指标可以称之为绝对效益型的评价指标。

净现值评估方法隐含地假定：投资项目实施期间所产生收益的再投资收益率等于基准利率。

例如，假定有这样一个投资项目，其初始投资额为173.55元，连续两年末的净现金流入数量为100元，再假定基准利率为5%，则该投资项目的净现值为：

$$100(1+5\%)^{-1}+100(1+5\%)^{-2}-173.55=12.39\text{（元）}$$

可以这样来理解净现值评估方法的逻辑：

如果将初始投资额173.55元用于其他一般的用途，两年下来的总现金流入数量应该为：

$$173.55(1+5\%)^{2}=191.34\text{（元）}$$

而这就是将173.55元投资于本项目的机会成本。

本项目的期间收入不能闲置，必须再次投资。假定再投资的收益率等于基准利率，则本项目在两年后的总现金流入数量为：

$$100(1+5\%)+100=205\text{（元）}$$

因此，与其他投资机会相比，投资于本项目两年后的净收入为：

$$205-191.34=13.66\text{（元）}$$

按照一般的投资收益率，两年后的13.66元相当于现在的 $13.66(1+5\%)^{-2}=12.39$（元）。

因此，与其他一般的投资机会相比，投资于本项目相当于可以立即获得12.39元的净现金流入，也即该项目的净现值为12.39元。所以，该项目是可行的。

由于基准利率相当于同等风险程度下的一般投资收益率，因此净现值评估方法的这个隐含性假定是合乎情理的。

内部收益率指标的计算也有一个相关的隐含性假定，即假定投资项目实施期间所产生收益的再投资收益率就等于项目本身的收益率。

例如，仍就这个例子来说，它的内部收益率为：

$$100(1+IRR)^{-1}+100(1+IRR)^{-2}-173.55=0$$

解之得：$IRR=10\%$。

可以这样来理解内部收益率的计算逻辑：

如果已知该项目的收益率为 IRR，则就意味着该项目期初投入的 173.55 元两年后连本带利应该是 $173.55(1+IRR)^2$（元）。

这个数量应该是该项目两年后的总现金流入。而该项目两年后的总现金流入还有另外一种算法：$100(1+IRR)+100$（元）。

这两种算法应该等价。因此有：

$$100(1+IRR)+100=173.55(1+IRR)^2$$

解之得：$IRR=10\%$。

可见，除非该项目实施期间所产生的收入能够再投资于项目本身，否则内部收益率指标的这个隐含性假定是很不恰当的。

我们再考虑这样一个投资项目：其初始投资额为 150 元，连续三年末的净现金流入数量分别为 70 元、70 元、74.41 元。根据定义，很容易算出这个项目的内部收益率为 20%。

我们将上述两个项目放在一起对照一下，会发现在同一个年度里，前一个项目假定再投资的收益率为 10%，而后一个项目假定再投资的收益率为 20%。为什么同一个时间点的资金却有着不同的收益率呢？这让人很难理解。

因此，内部收益率这个指标有着很大的局限性。

二、运用比率型指标评估投资项目的基本步骤

在互斥型方案的比较中，若使用比率型指标，则只能首先计算每一个投资项目的某一个比率型指标，将其与基准水平相比较，如果某个项目的比率型指标值低于基准水平，则应抛弃这个项目。

然后，在保留下来的可行项目中，根据投资额的大小，由低到高排序，依次计算两个相邻方案间的差额比率型指标。也就是用投资大的方案每年所发生的净现金流量减投资小的方案每年所发生的净现金流量，得出所谓的差额现金流量序列。实际上，它就是投资额较大的那个项目较投资额较小的那个紧邻项目的追加投资所产生的现金流量序列。然后把这个差额现金流量序列作为一个想象中的投资项目（追加投资项目），对这个想象中的（追加）投资项目计算像内部收益率之类的比率型指标。

最后，再根据两个方案间的差额比率型指标是否能通过评价基准来判断各方案的优劣。若能通过评价基准（例如基准利率等），则较高投资额的项目占优；若不能通过评价基准，则较低投资额的方案为优。

也就是说，各个项目的比率型指标大小，只能用于评价该项目是否可行，不能直接用来给各项目进行优劣排序，只能采用差额比率型指标给可行项目进行优劣排序。

例 6.2　某投资项目有两个实施方案：A 方案的期初投资额为 100 万元，预计每年可获得的净现金流量为 30 万元；B 方案的期初投资额为 200 万元，预计每年可获得的净现金流量为 50 万元。假定可以接受的最低会计投资收益率为 12%，试比较 A 和 B 两个方案的优劣。

解：如前所述，会计投资收益率这个指标有很大的局限性。不过，有的时候，为了和其他投资项目可获得的评价指标产生可比性，在误差允许的情况下，或者在项目评估的时间、费用有限的情况下，也可以使用这个指标。

A 方案的会计投资收益率为：

$$\frac{30}{100}\times 100\% = 30\%$$

B 方案的会计投资收益率为：

$$\frac{50}{200}\times 100\% = 25\%$$

B 方案与 A 方案相比，其追加投资的会计投资收益率（即所谓的比率型差额指标）为：

$$\frac{50-30}{200-100}\times 100\% = 20\%$$

如果我们直接比较两个方案的比率型效益评价指标，即用 A 方案 30% 的会计收益率与 B 方案 25% 的会计收益率相比较，则可得出 A 方案优于 B 方案的结论。

但是，由于 B 方案较 A 方案追加投资的会计收益率（20%）要明显地高于基准利率（12%）的水平，所以 B 方案所追加投资的效益很好。这说明，B 方案要优于 A 方案。

上述两种评价方法的结论是矛盾的。那么，我们应该接受哪一个评价结论呢？

如果我们的投资资金来源是充足的，并且所有的投资项目可以同时被选择实施（即项目间相容）。我们就应该选择所有的收益率高于基准利率的投资项目。也就是说，我们最后所选择的那个投资项目的收益率一定等于基准利率的水平。这个时候，这两种评价方法尽管对可选投资机会的优劣排序不同，但最终所选择的投资项目却是完全相同的。不过这个时候尽管最终的选择结果相同，但第一种方法要更为简便一些，因此我们就可以简单地按照每个投资机会的收益率高低，依次选择实施投资项目，直到所选择的最后那个投资机会的收益率正好等于基准利率为止。

如果投资项目间互斥，则不能同时实施所有可行的投资项目。或者，如果我们的资金来源不足，则也不能同时实施所有的可行项目。这个时候，就不能简单地根据各个投资项目比率型指标的高低来选择实施项目了。

设想我们只拥有200万元的投资预算限额，在这两个投资项目中只能选择其中的一个，则不能简单地按照收益率的高低依次选择实施项目。就本例来说，也即不能直接选择A方案。因为尽管A方案的收益率高于B方案，但A方案只能使用掉100万元的资金预算，剩下的100万元资金预算不能投资于B方案，只能用于其他的用途，而其他用途的投资收益率只有12%。这样一来，在总投资预算仅为200万元的情况下，采用A方案的综合投资收益率仅为：

$$30\% \times \frac{100}{200} + 12\% \times \frac{100}{200} = 21\%$$

这要远远低于实施B方案25%的投资收益率。

实际上，尽管A方案的收益率达到30%，比B方案更有吸引力，但在200万元的投资预算下，选择A项目只能保证头100万元投资预算的效益较好，可以赚$100 \times 30\% = 30$万元的收益。但是剩下的100万元投资预算已经不能选择B项目了，只能用于其他领域，而其他领域的一般收益率仅为12%。因此，一年下来选择A方案的综合收益仅为42万元，相当于$\frac{42}{200} \times 100\% = 21\%$的收益率，而选择B项目的年收益为$200 \times 25\% = 50$万元，相当于25%的收益率。

B项目追加投资的收益率与项目A和B本身的收益率之间存在下列关系：

$$30\% \times \frac{100}{200} + 20\% \times \frac{100}{200} = 25\%$$

这个结论可以一般化，即有：

$$\frac{\text{收益率较高（但投资较少）}}{\text{项目的收益率}} \times \frac{\text{该项目的投资额占总投资}}{\text{预算的百分比}} + \frac{\text{追加投资}}{\text{收益率}} \times \frac{\text{追加投资占总投资}}{\text{预算的百分比}} = \frac{\text{投资较多项目的}}{\text{（较低）收益率}}$$

可见，在200万元的投资预算下，如果选择B项目，头100万元投资的收益率与选择A项目相同，都是30%。但由于B方案的追加投资效果较好，这个时候如果选择方案B，第二个100万元投资预算每年可多赚$100 \times (20\% - 12\%) = 8$万元收入的机会。因此，A方案不是最合理的选择。

所以，如果我们的投资资金来源不足，我们就不能简单地按照每个投资机会的收益率高低依次选择实施投资项目，而只能根据两个方案的差额比率型指标是否能通过评价基准来判断各方案的优劣。实际上，与投资额较大项目的追加投资部分相比，收益率较高项目这一部分资金的使用效率较低，是我们能够得出上述评估准则的根本原因。因此，基准利率越低，放弃收益率较高项目的可能性越大。

直接按各方案的比率型指标进行评估不仅会得出错误的排序，有的时候甚至可能将应淘汰的方案列在了应入选的方案之前。

例 6.3　假定有四个相互排斥的投资项目，其期初投资额和每年的净现金流量如表 6.3 所示，假定基准会计投资收益率为 8%，试比较各项目的优劣。

表 6.3　比率型指标的局限性举例

方　　案	A	B	C	D
投资（万元）	-100	-200	-300	-400
年净现金流量	+30	+50	+60	+76

解：经计算，A、B、C 和 D 四个方案的会计投资收益率分别为 30%、25%、20% 和 19%，都高于基准收益率 8% 的水平，所以都是可行的投资项目。如果仅根据收益率的高低，这几个投资项目由优到劣的顺序是：A-B-C-D。

下面我们进行差额投资收益率指标的计算和方案的排序。计算差额指标时，首先要将投资项目按投资额的大小从小到大进行排列（本例中的方案 A、B、C、D 就是这样排列的），然后依次计算两个紧邻投资项目之间的差额指标。计算结果如下：

B 方案较 A 方案追加投资 100 万元的收益率为 20%；C 方案较 B 方案追加投资 100 万元的收益率为 10%；D 方案较 C 方案追加投资 100 万元的收益率为 16%。

由于 B、C 和 D 方案的追加投资收益率均高于基准投资收益率，因此这几个投资项目的由优到劣的顺序是：D-C-B-A。

可见，这两种评价方法的结论完全相反，特别是其中的 C 项目。若直接根据每一个投资方案的收益率高低来评价，C 方案的经济效益很不错，其收益率高达 20%。但若用差额指标来衡量，C 方案的经济效益并不突出。因为，与 B 方案相比，C 方案所追加的 100 万元投资的收益率仅为 10%，远低于 B 方案较 A 方案所追加的 100 万元投资的收益率 20%，以及 D 方案较 C 方案所追加的 100 万元投资的收益率 16%。

实际上，如果将基准利率的水平由 8% 提高到 10% 以上的水平，例如假定为 11%，则 C 方案应予淘汰。这个时候，D 方案与 B 方案相比较，所追加的 200 万元投资的收益率为 13%，仍然高于基准利率 11%。所以，在 11% 这个新的基准利率下，剩下三个可行投资方案的排序为：A-B-D。

依此类推，如果基准利率超过 13%，则 D 投资方案将被淘汰；如果基准利率超过 20%，则 B 方案将被淘汰。

而在 11% 这个新的基准利率下，若按每一个投资方案的收益率高低来评价，原有的排序 A－B－C－D 仍然有效，C 方案仍然可行。只有在基准利率超过 19% 的时候，D 方案才会最先被淘汰；只有在基准利率超过 20% 的时候，C 方案才会被淘汰；只有当基准利率超过 25% 的时候，B 方案才会被淘汰。

以上关于会计投资收益率指标的分析同样适用于内部收益率指标。

一般地，设有 A 和 B 两个投资项目，其中 A 的投资要大于 B。假定这两个投资项目的内部收益率分别为 IRR_A 和 IRR_B，差额内部收益率为 ΔIRR_{AB}，净现值分别为 NPV_A 和 NPV_B，差额净现值为 ΔNPV_{AB}，标准折现率为 i_0。

A 和 B 两个投资项目的差额内部收益率也就是在这两个投资项目的差额的净现值等于零时候的折现率，而 A 和 B 两个投资项目的差额的净现值又等于 A 的净现值与 B 的净现值之差。所以，如图 6.1 所示，在 A 和 B 两个投资项目的差额内部收益率处，两个投资项目的净现值应该相等，也即两个投资项目的净现值函数相交（$NPV_A = NPV_B$）。（注意：图 6.1 至图 6.6 纵轴上的点表示的是相应投资项目历年净现金流量在不考虑资金时间价值情况下的简单加总，也就是相应投资项目在基准利率等于零时候的净现值。由于我们预先假定 A 的投资额大于 B 的投资额，所以一般地说，在这几个图的纵轴上，A 的截距都要高于 B 的截距，否则根本没有必要评估，A 项目必定劣于 B 项目）。

NPV_A、NPV_B、IRR_A、IRR_B、ΔIRR_{AB} 以及 i_0 之间可能存在如下几种不同的关系：

（1）$\Delta IRR_{AB} > IRR_A > IRR_B$。这时又可能存在三种情形：

1）$\Delta IR_{AB} < i_0$。这个时候，由于 $IRR_A < i_0$，$IRR_B < i_0$，$\Delta IRR_{AB} < i_0$，$NPV_A < 0$，$NPV_B < 0$，因此无论是比较 IRR_A 与 IRR_B，还是使用 ΔIRR_{AB}，或是采用 NPV 指标进行评估，结论都是一致的，方案 A、B 均应被淘汰，如图 6.1 所示。

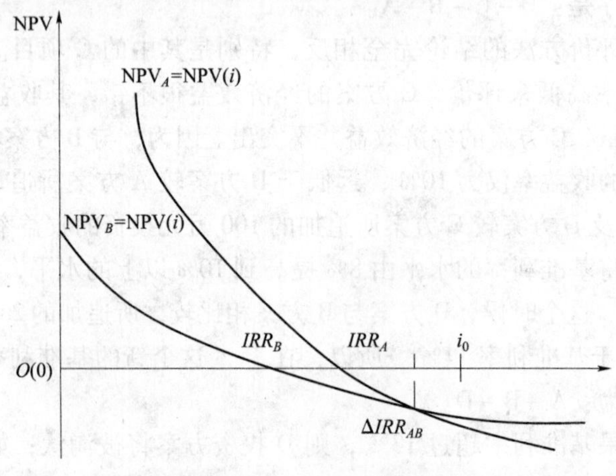

图 6.1 $\Delta IR_{AB} < i_0$ 的情况

2）$\Delta IRR_{AB} > i_0$，且 $IRR_A > IRR_B > i_0$。这个时候，由于 $IRR_A > IRR_B$，$NPV_A > NPV_B$，$\Delta IRR_{AB} > i_0$，因此无论是比较 IRR_A 与 IRR_B，还是使用 ΔIRR_{AB}，或是采用 NPV 指标进行评估，结论都是一致的，方案 A、B 均是可行的，并且方案 A 要优于方案 B，如图 6.2 所示。

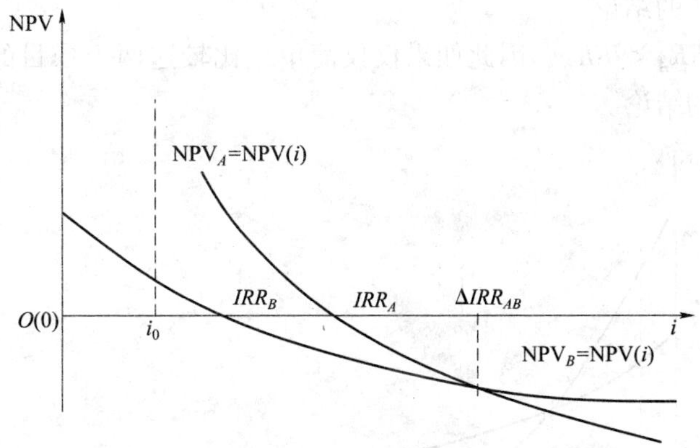

图 6.2 $\Delta IRR_{AB} > i_0$ 且 $IRR_A > IRR_B > i_0$ 的情况

3）$\Delta IRR_{AB} > i_0$，但 $IRR_A > i_0 > IRR_B$。这个时候，由于 $NPV_B < 0$，$NPV_A > 0$，$IRR_B < i_0$，$IRR_A > i_0$，因此应该淘汰方案 B，无须比较，如图 6.3 所示。

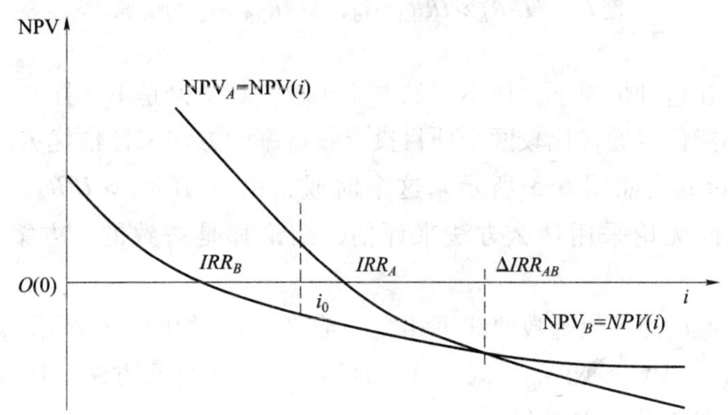

图 6.3 $\Delta IRR_{AB} > i_0$ 但 $IRR_A > i_0 > IRR_B$ 的情况

（2）$IRR_A < IRR_B$，$\Delta IRR_{AB} < IRR_A < IRR_B$。

显然，当 $IRR_A < IRR_B < i_0$ 时，$\Delta IRR_{AB} < i_0$，$NPV_B < 0$，$NPV_A < 0$，因此无论采用哪一种方法评估，A 和 B 两个项目均应被淘汰。

当 $IRR_A < i_0 < IRR_B$ 时，A 这个项目应该被淘汰。因此，这里只需讨论 $IRR_B > IRR_A > i_0$ 这种情况。

1）我们首先考虑 $\Delta IRR_{AB} > i_0$ 这种情况，如图 6.4 所示。此时 $\Delta \mathrm{NPV}_{AB} > 0$，即 $\mathrm{NPV}_A(i_0) > \mathrm{NPV}_B(i_0)$，因此无论是根据净现值方法，还是根据差额投资收益率方法，都能得出 A 优于 B 的结论。

但是，由于 $IRR_A < IRR_B$，因此如果仅仅简单地比较这两个项目的投资收益率，则会得出 B 优于 A 的结论。

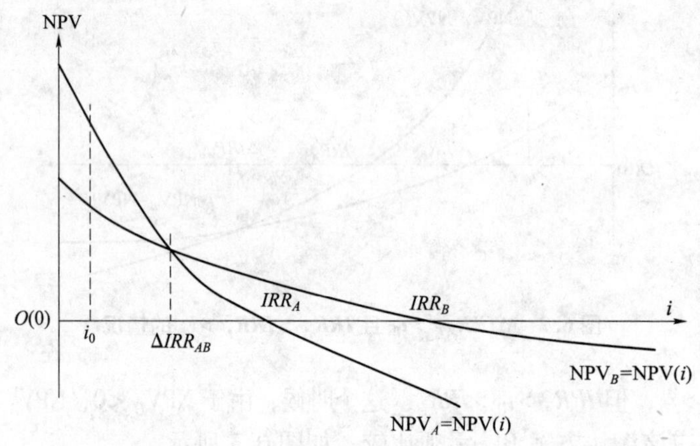

图 6.4　$IRR_B > IRR_A > i_0$，$\Delta IRR_{AB} > i_0$ 的情况

由此可见，在这种情况下，用不同的方法比较，其结论是不一样的。也就是说，在这种情况下，不能仅仅通过比较两个项目投资收益率的方法来评估优劣。

2）$\Delta IRR_{AB} < i_0$，如图 6.5 所示。这个时候，由于 $IRR_B > IRR_A$，$\mathrm{NPV}_B > \mathrm{NPV}_A$，$\Delta \mathrm{NPV}_{AB} < 0$，因此无论采用什么方法来评估，结论都是一致的，方案 B 都要优于方案 A。

（3）两个方案的净现值函数曲线不相交（或平行），如图 6.6 所示。由于 $\Delta IRR_{AB} \to \infty$，$IRR_A > IRR_B$，$\mathrm{NPV}_A > \mathrm{NPV}_B$，因此这个时候无论采用什么方法，评价结论都是一致的，都能得出方案 A 优于 B 的结论。

综合以上分析可以看出，净现值评估方法是最好的评估方法。仅仅通过比较两个项目投资收益率的方法来评估优劣并不总是恰当的，在某些特定的场合下，很可能出现错误的结论。如果非要使用收益率型指标来评价项目，应该采用比较两个项目之间差额投资收益率的方法。

在经济效益评价中，指标只是一种手段，其目的在于帮助决策者合理地分配资源，

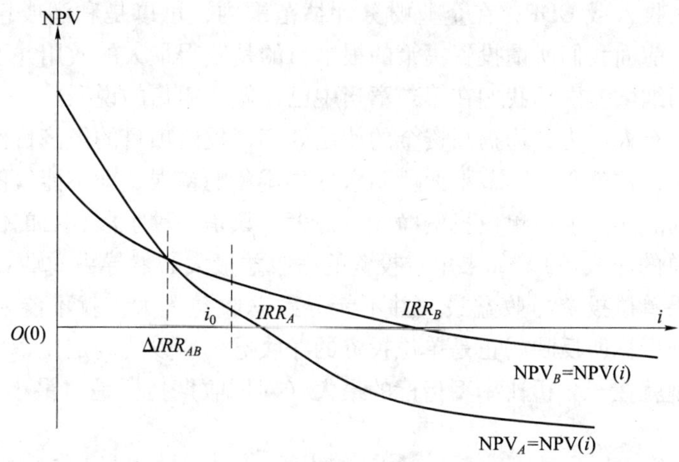

图 6.5　$\Delta IRR_{AB} < i_0$ 的情况

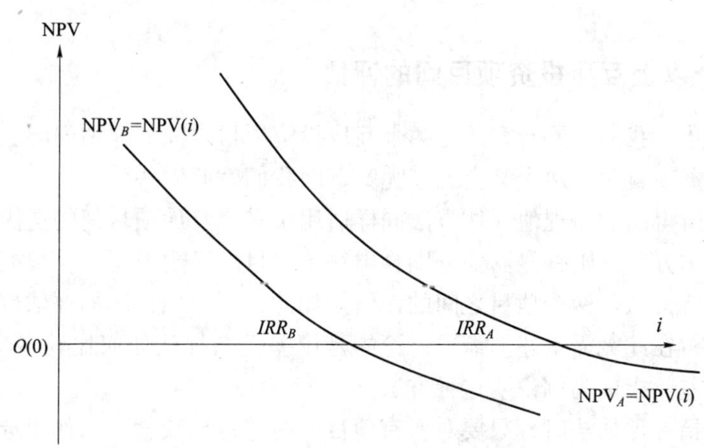

图 6.6　两个方案的净现值函数曲线不相交的情况

以便使得一定量的资源能对目标的实现作出最大的贡献。正如我们在第二章中所阐述的，投资决策的根本目的是获得最大的效用。而且，我们已经证明净现值评估方法是一个很好的投资决策方法。因为依据它的决策逻辑实施决策，投资者的效用就能够达到最大。因此也可以说，与净现值方法的决策结论不一致的项目评估方法都不是很好的决策方法。

在实际业务当中，我们也经常听到这样一种说法：投资项目的经济目标就是取得最大的净收益。净收益的含义可以根据不同的评价要求设定。例如，在国民经济评估范围内，可以是国民收入或 GDP；在企业财务评估范围内，可以是利润或息税前利润。其实，这种说法与前面我们所谓投资决策的根本目的是获得最大的效用并不矛盾。关于这两种说法之间的细微差别，我们在第二章当中已经做了粗略的说明。

不过，如果有人认为，为提高资金的使用效率，投资项目的经济目标应该是单位投资的净收益最大，这就犯了本节上面所要求尽量避免的错误，即不能仅仅依据收益率的高低来评价项目。实际上，单位投资净收益最大也只是一种手段，目的仍然是要获得最大的总效益（总的净收益）。如果单位投资的净收益最大必然导致总收益最大，则二者是等价的；如果单位投资净收益最大并不能导致总收益最大，就不能采用这种决策规则。由于比率型指标所反映的正是单位投资的净收益，所以要确定比率型指标是否适合用于方案，关键就在于分析比率型指标的最大（对回收期指标是“最小”）能否必然导致总收益的最大。

第三节　多项目间的评估方法

一、三个以上互斥投资项目间的评估

到目前为止，我们主要研究的是两个互斥投资项目之间的评估问题。如果需要相互比较的互斥投资项目超过两个又会怎样呢？下面我们就此做些分析。

前面我们所得出的净现值评估方法同样适用于多个互斥项目间的选优问题。如果要采用净现值评估方法，则首先需要分别算出每个项目的净现值指标，根据这些指标即可对全部项目进行排队。两个项目之间的评估是如此，更多项目间的评估也是如此，前面已经做了介绍，在此无需重述。需要讨论的是用差额指标法如何比较多个互斥的项目。下面以比率型差额指标为例说明这种方法。

采用差额指标评估法时，只要对所有项目两两进行比较就可以作出选择。不过，在项目较多时，这样做将因比较的次数太多而难以操作。

用差额指标法进行方案比较，只能判断被比较项目的相对优劣，不能判定那个较优的方案能否达到规定的标准。例如，可能存在这样的情况：投资项目 A 与 B 相比较，A 优于 B，但 A 方案本身效益也不理想，即 $IRR_A < i_0$。因此，除进行方案比较外，还必须判断被比较的方案是否达到了规定的标准。

那么，是否需要对全部方案一一检验，以确定其是否达到了规定的标准呢？不需要。这是因为用差额指标比选方案时，各方案的比较顺序是按投资额的大小排列的，假如最小投资额的项目 A 能通过评价标准，而且项目 B 与 A 的差额指标也能通过标准，即项目 B 的差额投资的效益也是好的，$IRR_{BA} > i_0$，则不难证明，项目 B 的投资效益必

然是好的，即必定有：$IRR_B > i_0$；反之，如果项目 B 与 A 的差额指标不能通过标准，根据互斥项目评估的原理，应淘汰项目 B。因此，在互斥项目的顺序是按投资大小由小到大排列的条件下，只要对第一个项目进行可行性资格检验，并在依次比较时淘汰掉差额效益不能通过评价标准的项目，就能保证所有剩下的项目都能通过规定的评价标准。

采用差额比率型指标对多个互斥投资项目进行评估的步骤可归纳如下：

（1）对所有的待评估项目，按投资额的大小由小到大地排序。

（2）先对投资额最小的那个项目进行可行性资格的认定，若能通过评价标准，则进入下一步；若通不过，则淘汰之，并对紧邻的下一个投资额次低项目进行可行性资格的认定，依此类推，直至通过一个项目的可行性资格认定为止。

（3）从首先发现的那个可行的项目开始，依此计算后一个项目与前一个项目的比率型差额指标，若通过标准，则依次往下进行，若不能通过标准，则淘汰该项目，用下一方案代替。如此继续往下进行比较，直至全部项目比较完为止。

（4）在通过上述步骤的所有项目中，选择投资额最大的那个投资项目。

二、非互斥投资项目间的评估

非互斥的投资项目可以同时被选中。因此只要资金充裕，所有净现值非负或者投资收益率不低于基准利率的项目都是可行的。

不过，在存在资源约束的情况下，即使待选项目都是互相独立的，各个项目的组合也具有互相排斥的性质，选择某一种项目的组合方式也就必然排斥了其他种类的项目组合。因此，我们可以把待选项目的所有可能组合都罗列出来，并把每个项目组合看作一个投资方案。这样一来，一个非互斥项目之间的选择问题也就变成了一个互斥项目组合之间的选择问题。

然而，把待选项目的所有可能组合都罗列出来，然后进行比较、选择，这种方法在待选项目的数量较多时会很麻烦。因为组合的数目会随着项目数量的增加呈指数方式上升。例如，假定有 n 个可行的独立项目，则潜在的组合方式就会有 2^n 个。具体地说，如果 $n = 20$，则组合方案总数将达 $2^{20} = 1\ 048\ 576$ 个。在许多场合下，这么多数量的方案评选几乎是不可能的。

为了解决这个问题，在使用计算机的基础上，我们可以根据数学规划原理构造一个一般化的投资项目评估模型。这个模型可以净现值的最大为目标，并充分考虑资本预算的约束以及各项目之间的关系。

我们准备考虑如下几个类型的项目：（1）独立项目；（2）互斥项目；（3）具有依赖关系的项目（如果只有在选择项目 B 的基础上才能选择项目 A，则称项目 A 依赖于项目 B）；（4）具有互补关系的项目（如果 A 和 B 两个项目互相依存或补充，则称 A 和 B

为互补项目，它又包括紧密互补关系和非紧密互补关系两种类型。紧密互补关系指的是两项目必须同时选择；非紧密互补关系指的是两个项目可只选择一个或两个同时选择。具有互补关系的项目在处理时可将两个项目并为一个项目）。

这个模型的数学表达式如下：

目标函数：

$$\max \cdot \sum_{j=1}^{m}\sum_{t=0}^{n} CF_{tj}(P/F,i,t)\cdot x$$

其中：j 为投资项目的序列号，假定待选项目一共有 m 个，即 $j=1$，…，m；t 为时间周期的序号，假定所有投资项目的寿命期为 n 年，即 $t=1$，2，…，n；CF_{tj}为第 t 周期（年）末第 j 方案所发生的净现金流量；i 为基准利率；x_j 为决策变量，$x_j=0$ 或 1。

约束条件：

（1）资源约束：

$$\sum_{j=1}^{m} CO_{tj}\cdot x_j \leqslant B_t$$

其中：CO_{tj}为第 j 个投资项目在第 t 个周期（年）所消耗的资源数量；B_t 为第 t 个周期（年）的可用资源总量。

（2）互斥关系约束：

$$x_a + x_b + \cdots + x_k \leqslant 1$$

其中：a，b，…，k 为待选项目中的互斥项目序列号。

（3）依赖关系约束：

若项目 c 依赖于项目 d，则

$$x_c \leqslant x_d$$

（4）紧密互补关系约束：

若项目 e 和项目 f 紧密互补，则

$$x_e = x_f$$

（5）非紧密互补关系约束：

若项目 g 和项目 h 非紧密互补，gh 为 g 和 h 的组合，则 g 和 gh 为互斥项目，h 和 gh 为互斥项目，即

$$\begin{cases} x_g + x_{gh} \leqslant 1 \\ x_h + x_{gh} \leqslant 1 \end{cases}$$

（6）项目不可分约束：

任意一个项目 j 都只有被选择与不被选择两种可能，每一个项目都不能被拆分。即有：

$$x_j = \begin{cases} 0 \\ 1 \end{cases}$$

在实际操作中，应该根据项目评估的具体需要，对上述数学规划模型进行必要的调整、增删或者细化。不过，需要指出的是，模型描述的精细周密与模型的简单实用是一对矛盾。模型描述越精细，就越能细致地反映项目方案的技术经济特征和项目间错综复杂的关系。但是，过于精细复杂的描述，又会使模型规模过大，应用起来很困难，甚至根本无法实际应用。因此，面对一个实际的多项目决策问题，在保证模型的数学描述符合决策要求的前提下，模型越简单越好，规模越小越好。

例 6.4　现有 A、B、C、D 四个非互斥的投资项目，其有关资料如表 6.4 所示。假定资本预算限额为 2 400 万元，基准利率为 12%，问应该选择哪几个项目？

表 6.4　**非互斥投资项目评估举例**

项　目	第 0 年初始投资（万元）	第 1～10 年净收入	净现值（$i_0=12\%$）
A	－800	160	104
B	－1 000	200	130
C	－1 100	220	143
D	－1 500	300	195

解： 按照常规的构造项目组合的方法，首先需要罗列出所有可能的组合方式，就这四个项目而言，一共有 15 个互斥项目组合方案。然后，再逐一检验各方案投资额是否在限额以内，剔除超过限额的项目组合方案。最后，再对剩下的那些不超出限额的组合方案逐一计算净现值，并按净现值评价准则进行组合方案间的优劣对比。最终结果如表 6.5 所示，其中：决策变量 X 取“1”，表示选择该项目；决策变量取“0”，表示放弃该项目。

表 6.5　**非互斥投资项目评估举例**

序号	决策变量				净现值（$i_0=12\%$）	投资额	在投资限额以内的方案排序
	X_A	X_B	X_C	X_D			
1	1	0	0	0	104	800	8
2	0	1	0	0	130	1 000	7
3	0	0	1	0	143	1 100	6
4	0	0	0	1	195	1 500	5
5	1	1	0	0	234	1 800	4

续表

序号	决策变量				净现值（$i_0=12\%$）	投资额	在投资限额以内的方案排序
	X_A	X_B	X_C	X_D			
6	1	0	1	0	247	1 900	3
7	1	0	0	1	299	2 300	1
8	0	1	1	0	273	2 100	2
9	0	1	0	1	325	2 500	
10	0	0	1	1	338	2 600	
11	1	1	1	0	377	2 900	
12	1	1	0	1	429	3 300	
13	1	0	1	1	442	3 400	
14	0	1	1	1	468	3 600	
15	1	1	1	1	572	4 400	

由表 6.5 可以看出，后面七个项目组合方案因为超出投资限额而不可行。在余下的头八个方案中，净现值最大的方案是第七号方案，因此该项目组合方案最优。又由于第七号方案的净现值非负，所以该组合方案是可行的。

因此，应该选择第七号项目组合方案，即应该实施 A 和 D 两个投资项目这个时候的净现值之和为 299 万元。

本例也可以运用线性规划原理进行项目选择，相应的纯整数规划模型如下：

$$\text{Max. NPV} = 104\ X_A + 130\ X_B + 143\ X_C + 195\ X_D$$

$$\text{s. t. } 800\ X_A + 1\ 000\ X_B + 1\ 100\ X_C + 1\ 500\ X_D \leqslant 2\ 400$$

$$x_j = \begin{cases} 0 \\ 1 \end{cases},\ j = A,\ B,\ C,\ D$$

解之得：$X_A = X_D = 1$，$X_B = X_C = 0$。即接受 A、D 项目，拒绝 B、C 项目，这个时候的目标函数值为：NPV = 299 万元。

对照表 6.5 的构造项目组合方案的方法可知，线性规划模型中满足约束的各项目组合方案是隐含的，它能保证优化计算是在可行域解空间内进行。这样，我们不必知道满足投资约束的具体方案是什么，也就无需像表 6.5 那样一一列出，这会使得项目评估的工作效率大大提高。线性规划模型方法的这种优点在方案数目巨大的时候是显而易见的。

例 6.5 假定有两个独立的投资项目，其有关资料如表 6.6 所示（单位：万元）。假定该投资者在决策当年（第 0 期）的资本预算为 65 万元，第一年（第 1 期）的资本预算为 90 万元，再假定这两个投资项目都可以拆分。请设计出一个最优的投资规划。

表 6.6　　独立投资项目评估举例

	0	1	2	NPV(i_0 = 10%)
项目 A	-100	-50	+200	+20
项目 B	-80	-60	+170	+6

解：我们直接使用线性规划方法来解决这个问题。由于假定这两个投资项目都可以拆分，因此令 $0 \leqslant x_j \leqslant 1$，$j = A, B$。该问题的规划模型为：

$$
\begin{aligned}
\text{Max.}\ & 20x_A + 6x_B \\
\text{s.t.}\ & 100x_A + 80x_B \leqslant 65 \\
& 50x_A + 60x_B \leqslant 90 \\
& 0 \leqslant x_j \leqslant 1,\ j = A, B
\end{aligned}
$$

解之得：$X_A = 0.65$，$X_B = 0$。即投资于 65% 的 A 项目，拒绝 B 项目，这个时候的目标函数值为：NPV = +13 万元。这样一来，该投资者在决策当年的资本预算全部使用完毕；在第一年的资本预算只使用了 32.5 万元，尚有 50 - 32.5 = 17.5 万元的资金只能用于其他的场合。

复习思考题

1. 简述投资回收期指标的局限性。

2. 简述多项目评估的基本原理。

3. 现有三个独立的投资项目，其有关资料如下表所示（单位：万元）。另外，1）A 和 C 两个项目的实施均需要某种原材料，其中 A 预计需要这种材料 32 吨，C 需要这种材料 17 吨，但决策者预计只能筹措 23 吨。2）决策者在 0 期的剩余资金可以 8% 的利率存入银行一年。3）银行承诺提供为期两年的贷款，贷款的限额为 120 万元，利率为 15%，每年底支付一次利息，本金到期偿还。4）投资期间获得的收入可以再投资于项目本身。5）0 期的资本限额为 170 万元，1 期的资本限额为 65 万元。再假定基准利率为 10%，并且每一个投资项目都可以无限拆分。请为该投资者设计一套投资规划。

	0	1	2		NPV
A 项目	-100	-50	-60	+300	+30.35
B 项目	-80	+40	+50		-2.36
C 项目	-200	-100	+400		+39.65

第七章

套利均衡定价

本章摘要

套利均衡是金融经济学的基本概念。套利均衡定价方法是金融资产的基本定价方法。本章首先给出了套利均衡的概念，进而详细地阐述了套利均衡定价的基本原理，并对比了套利均衡方法与净现值定价方法之间的异同。

关 键 词

套利　套利均衡　套利均衡定价法

第一节　套利均衡定价法

一、套利均衡以及套利均衡价格的含义

在金融理论中，严格意义上的套利指的是：利用资产间比价的不合理，低买高卖，从而无风险地赚得利润的交易行为。

可见，这个套利的定义涉及两个要点：

一是套利的利润来自于资产间不合理的那部分价差；二是套利属于无风险的投资行为。既然资产间的一部分价差不合理，则现有的相对价格比例关系必定不会持久，从中低买高卖所赚得的利润也就毫无风险可言。

经济理论使用市场均衡这个概念来刻画市场供求力量达到平衡，从而价格稳定的状态。显然，当市场实现均衡的时候，资产间的比价应该是合理的，亦即不应该存在套利的机会。反过来，如果资产间的比价的确不合理，则说明存在套利机会，套利的结果势必促使资产间的比价趋于合理，从而将套利机会消灭。

若资产间的比价关系合理，亦即不存在套利的可能性，我们便称该市场已经实现了套利的均衡。这个时候的市场价格就被称为相应资产的套利均衡价格。

所谓的套利均衡定价法，亦即设法找到套利均衡市场状态下特定资产所应该具有的价格。

套利均衡定价法的阐述通常会涉及到“卖空”这个概念。

卖空行为涉及两次交易。首先，卖空方借入某种证券并转手卖出，以获得一定数量的资金；然后，在未来的某个特定时刻，该卖空方再买入相同数量的同种证券，并归还给当初的借出人。

可见，卖空交易具有投机与融资两项功能。但在套利组合的构造中，我们通常仅把卖空视作一种融资方式。

在引入卖空机制以后，发现套利机会的投资者就可以先实施卖空，融入资金，再凭以构造套利组合，从而做到无本金投入且无风险地赚钱盈利，亦即实现所谓“空手套白狼”的效果。

在基于卖空的套利交易中，即使投资者最终只赚得了一分钱，但由于没有任何的本金投入，其无风险投资的收益率也是无穷大。这自然不是常态。因此，套利机会只会存在于市场尚未实现均衡、资产定价尚未达到理性的时候。

二、套利均衡定价原理

如果市场存在套利的机会，则在存在卖空机制的背景下，任何一个发现套利机会的投资者都有能力实施足够规模的套利交易。这个时候，市场价格必定会由于套利行为的发生而做出相应的调整。亦即那些价格相对偏低资产的价格会逐步走高，而价格相对偏高资产的价格会逐步走低。这种调整过程将一直持续到市场不再存在套利的可能性（亦即实现套利的均衡）为止。因此，任意资产的合理价格一定是在不存在套利可能性（亦即实现套利均衡）的时候该资产所具有的价格。

由此，我们就可以使用相关资产构造出两个等价的组合，进而得到一个等价关系式，从中即可计算出特定资产的套利均衡价格，这就是套利均衡定价的基本原理。

根据这个原理，在有效的金融市场上，任何一项金融资产的均衡价格，一定会处于那个使得该项金融资产不再可能存在套利机会的水平上。换句话说，套利均衡的价格一定会使得套利者处于这样的一种境地：该投资者实施套利行为之后所拥有的财富价值，与他实施该套利行为之前那个瞬间所拥有的财富价值完全相等，亦即套利行为并不能给投资者带来财富价值的变化。

例 7.1 假定有两家公司 A 和 B，它们的利税前利润（亦即财务利润、所得税与利息支付额之总和）都是 1 000 万元，且这两家公司的经营风险也完全相同，但它们的资本结构有差异：

A 公司的资本结构为全股本，其股本总规模为 100 万股，当前市场价格为 100 元/股。

B公司的资本结构当中包含一部分负债，其股本总规模为60万股，当前市场价格为90元/股；另有4 000万元面值的企业债券，年利率为8%。

为简便起见，假定B公司的债务期限无穷长，且其债务的市场价值恰好等于面额。这就意味着B公司每年的付息额为4 000万元×8% =320万/年。

由于这两家企业的经营风险相同，每年发生的利税前收益流量也相等，所以对投资者来说，持有这两家企业的资产并没有什么差别。既然如此，这两家企业的资产也就应该具有相等的价值。

但在当前的行市下，这两家企业的资产并不等值：

A企业的资产总价值为100(元/股)×100(万股)=10 000（万元）；

而B企业的资产总价值为90(元/股)×60(万股)+4 000(万元)=9 400（万元）。

可见，A企业的资产价值偏高，或者说B企业的资产价值偏低。这就意味着，相关市场并未实现套利的均衡，资产间当前的相对比价关系不合理，其中存在着买低卖高、实施套利的机会。

具体地，假若投资者持有A公司的资产，则其套利策略如下：

卖出价值偏高的A公司资产，转而买进价值偏低的B公司资产。

该套利策略所引致的现金流量如表7.1所示。在表7.1所演示的套利策略中，投资者由于放弃了A公司的股票，所以也就放弃了A公司每年1 000万元的利税前利润。但由于该投资者转而持有了B公司的资产，所以每年可以获得B公司1 000万的利税前利润。

表7.1　（无卖空）套利交易净现金流量表

套利交易的头寸变化	套利策略所引致的即期现金流量	未来每年的现金流量
A公司股票的空头	+1 000 000股×100元/股=10 000万元	-1 000万元（机会成本）
B公司债券的多头	-4 000万元	+320万元
B公司股票的多头	-600 000股×90元/股=-5 400万元	+1 000-320万元
净现金流量	+600万元	0

可见，投资者通过上述套利交易，可以凭空赚得600万元的利润。

随着上述套利策略的实施，A公司资产的价格将趋于下降，B公司资产的价格将趋于上涨，这种趋势将一直持续到套利机会消失为止。

若引入卖空机制，则即使未持有A公司的股票，投资者也可以实施套利交易。其具体做法是：

卖空价值偏高的A公司资产，买进价值偏低的B公司资产。

该套利策略所引致的现金流量如表7.2所示。在表7.2所演示的套利策略中，由于卖空了 A 公司的股票，所以该投资者每年都必须向借出股票的债权人支付 1 000 万元的净现金流量。但由于转而持有了 B 公司的资产，所以该投资者每年可以获得 B 公司 1 000 万的利税前利润。

表 7.2 （有卖空）套利交易净现金流量表

头寸情况	即期现金流	未来每年的现金流量	在了结卖空交易的时候
卖空 A 股票	+1 000 000 股×100 元/股=10 000 万元	-1 000 万元（真实支付）	买入 A 股票
B 债券多头	-4 000 万元	+320 万元	卖出 B 债券
B 股票多头	-600 000 股×90 元/股=-5 400 万元	+1 000-320 万元	卖出 B 股票
净现金流	+600 万元	0	>-600 万元

与表 7.1 相似，在表 7.2 中，我们也简单地假定该投资者一次性地整体买卖两个公司的资产。其实在现实市场中，投资者通常仅需买卖两个公司的部分资产即可促使套机机会消失。这就意味着，在表 7.2 中，当投资者需要了结卖空交易的时候，其净现金流量一定是零。

不难验证，若假定 A 公司资产以及 B 公司的债券保持价格稳定，则只有当 B 企业的股票价值上涨到 100 元/股的时候，套利的可能性才会最终消失。

所以我们就说，若以 A 公司的资产价值以及 B 公司的债券价值为基准，则 B 公司股票的套利均衡价格为 100 元/股。

例 7.2 假定当前的 6 个月即期利率为 10%（单利，本例下同），1 年期的即期利率是 12%，而 6 个月以后的半年期远期利率为 11%，试问其中是否存在套利机会？

关于 6 个月和 1 年期的即期利率 10% 和 12%，我们可以把它们分别理解为两种债券的票面利率。其中一种债券的期限是 6 个月，利率为 10%；另一种债券的期限是 12 个月，利率为 12%。

关于 6 个月以后的半年期远期利率 11%，它指的是 6×12 个月远期（利率）合同的交割利率。这张远期合同约定：在 6 个月以后，合同的买方将从合同的卖方那里借入一笔既定金额的资金；借贷期限为 6 个月，亦即 6 个月以后起至 12 个月以后止这段期间；借贷利率为 11%。

为判断这三种相关资产之间是否存在套利机会，我们可以先设计两组等价的资产组合，然后观察这两组资产在当前的市场条件下是否具有相等的价值。如果这两组资产的市场价格相同，则说明不存在套利机会，亦即当前的相关市场已经实现了套利均衡。否则说明存在套利机会，亦即当前的相关市场尚未实现套利均衡。

这两个等价资产组合的具体结构如表 7. 3 所示。

表 7. 3　　两个等价组合的内在结构表

组合的称谓	组合的内在结构
组合 A	以 12% 的市场利率贷出资金 1 元，期限为 1 年
组合 B	以 10% 的利率贷出资金 1 元，期限为 6 个月；同时签署一份 6 × 12 个月的远期利率协议，合同约定，半年后将贷出资金 1. 05 元，利率为 11%，期限为 6 个月

显然，在期初，这两个组合完全等价，其价值均为 1 元钱。但组合 A 的到期价值为：

$$+1\times(1+12\%)=+1.12\ （元）$$

而组合 B 的到期价值则为：

$$+1\times\left(1+\frac{10\%}{2}\right)\left(1+\frac{11\%}{2}\right)=+1.05\times1.055=+1.1078\ （元）$$

可见，假若风险水平无差异，则同为 1 元钱的本金，以两种不同的方式投资，但期末价值却迥异。这说明相关市场并未实现套利均衡，其中存在套利机会，可以按买低、卖高的方式实施套利交易。

具体地，组合 A 的当前价值被相对低估，或者说组合 B 的当前价值被相对高估。因此，假若允许卖空，则可卖空资产组合 B，买入资产组合 A。也就是：

以 10% 的市场利率借入资金 1 元，期限为 6 个月；同时做 6 × 12 个月远期利率协议的多头，即协议利率为 11%，借入资金 1. 05 元；然后立即以 12% 的利率贷出资金 1 元，期限为 1 年。

这组套利策略的期末净收益为 1. 12 − 1. 107 8 = 0. 012 2 元，具体现金流的状况如 7. 4 所示。

表 7. 4　　套利交易净现金流量表

	期初	6 个月的时候	12 个月的时候
组合 A： 以 12% 的利率贷出资金 1 元，期限为 1 年	−1	0	+1. 12
组合 B： 以 10% 的利率借入资金 1 元，期限为 6 个月； 做 6 × 12 远期利率多头，协议利率 11%，合同本金 1. 05 元	 +1 0	 −1. 05 +1. 05	 0 −1. 107 8
净现金流量	0	0	+0. 012 2

那么，该远期合同的协议利率应该是多少呢？

根据套利均衡定价的基本原理，该远期合同的协议利率应该处于不再存在套利机会的水平上。具体地说，若令 r 为该远期合同的协议利率，则 r 的套利均衡水平应该满足下式：

$$1.05\left(1+\frac{r}{2}\right)=1.12$$

所以有：

$$r=\left(\frac{1.12}{1.05}-1\right)\times 2\times 100\%=13.34\%$$

显然，在 13.34% 的远期利率水平下，当前价值相等的组合 A 和组合 B，其在未来每期的净现金流量也完全相同。这说明，相关市场已经实现了套利的均衡。所以，6×12 个月的远期套利均衡利率为 13.34%。

三、套利均衡定价方法的主要特点及其基本步骤

归纳上述逻辑，套利均衡定价方法的主要特点如下：

（1）套利行为是一种无风险的投资盈利行为。

（2）用一组证券来复制另外一种（或组）证券，从而获得两组等价的资产，这是套利策略创造无风险投资环境的基本做法。

这里所谓的复制，通常就是用一组资产来复制另外一种（或组）资产未来各期的现金流量序列。正是由于这两组资产未来各期的现金流量序列完全相同，我们才称这两组资产是相同的资产，如例 7.1 所示。

当然，我们也可以这样来构造两组资产：它们的当前价格相同，但未来各期的现金流量却不相同。由于它们的当前价格相同，所以它们是相同的资产；但它们未来各期的现金流量序列却不相同，所以可以毫无风险地从中赚得利润，如例 7.2 所示。

（3）在引入卖空机制以后，套利策略就成为一个零投入、无风险的盈利过程。

（4）当市场实现均衡的时候，不可能存在这种“零投入、非零收益且无风险”的投资机会。亦即当市场实现均衡的时候，零投入、无风险的结果必定是零收益。

据此，我们就可以得到两组互为复制品当前价值的恒等式，进而就可以确定出特定资产的套利均衡价格。

因此，套利均衡定价法的基本步骤就是：

（1）用一组证券来复制另外一组证券。其中，在这两组资产组合当中，至少有一组资产组合必须包含待定价的那种资产。

（2）由于这两组资产互为复制品，所以它们的当前价值应该相等。由此我们就可

以得到一个恒等式。在这个恒等式当中，只有待定价资产的价格是未知数，其他资产的价格以及相关参数都是已知数，从中可求出待定资产的套利均衡价格。

可见，简单来讲，套利行为就是同时持有一种或多种资产的多头和空头，从而在不承担风险的情况下锁定一个高于无风险利率一般水平的收益率。

所有的套利策略不外乎出现如下两种结果当中的一个：

（1）期初的总投入为零，或者说期初的净现金流量为零；但在未来各期当中，至少有一期将出现正的净现金流量。

（2）期初的净现金流量为正数，或者说期初不仅没有投入反而有收益；但在未来各期的净现金流量均为零。

所以，如果存在如下几种情况，则必定存在无风险套利的机会：

（1）存在两个不同的资产组合，它们在未来的损益相同，但它们的当前购置成本却不同；

（2）存在两个不同的资产组合，它们在未来的损益不相同，但它们的当前购置成本却相同；

（3）一个组合的构建成本为零，但在未来存在损益不等于零的可能性。

四、套利均衡定价方法与净现值定价方法之间的关系

（一）套利均衡定价方法与净现值定价方法的一致性

套利均衡定价方法与净现值定价方法的基本逻辑是一致的。它们都本着综合平衡的理念，都认同“相同的资产应该具有同一的价格”，亦即所谓的一价定律。因此，只要数据的获得不存在任何障碍，则这两种定价方法的结论应该是一致的。

例 7.3　借用例 7.1 的资料，我们利用净现值方法来确定出 B 公司股票的合理价值。

依据净现值定价方法的基本原理，为确定出 B 公司资产的价值，我们首先必须判断一旦持有 B 公司的资产，我们在未来每期可以获得的净现金流量。

现在我们已知，设若持有 B 公司的全部资产，则每年可以获得的净现金流量期望值为利税前利润 1 000 万元。

然后，我们必须确定出除了持有 B 公司的资产以外，其他所有风险相似背景下的一般投资收益率。

为简便起见，这里假定与持有 B 公司资产相类似的投资项目仅有一个，那就是持有 A 公司的资产。而 A 公司每年的净现金流量亦为利税前利润 1 000 万元。又已知 A 公司为全股本的资本结构，总股本为 100 万股，股票的当前价格为 100 元。则令投资于 A 公司的一般收益率为 x，则有：

$$100 \times 100 = \frac{1\ 000}{1+x} + \frac{1\ 000}{(1+x)^2} + \cdots$$

进而有：

$$x = \frac{1\ 000}{100 \times 100} \times 100\% = 10\%$$

因此，将B公司每年可以获得的净现金流量1 000万元以10%的利率折现求和，即是B公司资产的总价值。亦即令B公司的资产价值为V_B，则有：

$$V_B = \frac{1\ 000}{1+10\%} + \frac{1\ 000}{(1+10\%)^2} + \cdots$$

进而有：

$$V_B = \frac{1\ 000}{10\%} = 10\ 000\ (\text{万元})$$

又已知B公司的负债价值为4 000万元，所以B公司所有股票的总价值就是剩下的6 000万元。

再考虑到B公司的股本总规模为60万股，因此B公司每股股票的合理价值就是：

$$\frac{6\ 000}{60} = 100\ (\text{元/股})$$

例7.4 就例7.2所提供的资料，我们利用净现值方法来确定远期利率。

根据净现值定价方法的基本原理，为确定出远期利率（亦即远期合同交割利率）的合理水平，首先必须确定出一旦持有远期合同，我们在未来每期可以获得的净现金流量。

令该远期合同的协议利率为r。远期合同的买方一旦签署合同，则其6个月后将会获得1元的现金流入，然后在12月后发生$\left(1+\frac{r}{2}\right)$元的现金流出，如图7.1所示。

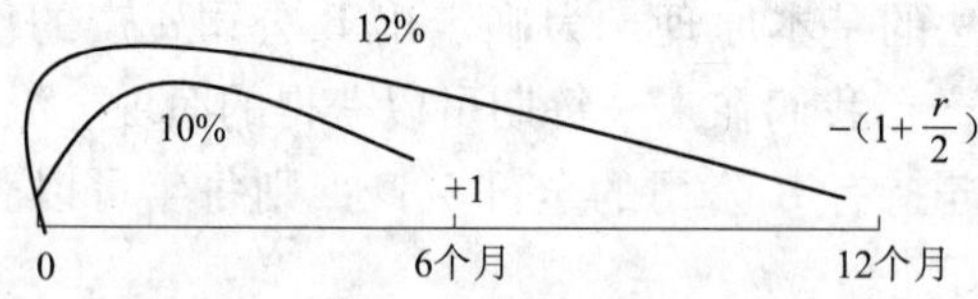

图7.1 远期合同的净现金流量序列

然后，我们需要确定出与持有该合同风险性质相似的其他投资机会的一般收益率。

我们通常假定远期合同不存在违约的可能性，这就意味着该远期合同属于无风险资产。所以，无风险利率就是与持有该合同风险性质相类似的一般投资收益率。

已知6个月的无风险利率为10%，12个月的无风险利率是12%，因此该远期合同

6 个月的适用折现率为 10%，12 个月的适用折现率为 12%。

将持有该远期合同以后未来每期的净现金流量分别以这两个基准利率折现，并求和，于是有：

$$\mathrm{NPV}=\frac{1}{1+\frac{10\%}{2}}-\frac{1+\frac{r}{2}}{1+12\%}$$

这就是该远期合同在当前的价值。

由于远期合同在签署的时候价值应该为零，所以令上式等于零，我们有：

$$\frac{1}{1+\frac{10\%}{2}}-\frac{1+\frac{r}{2}}{1+12\%}=0$$

$$r=\left(\frac{1+12\%}{1+\frac{10\%}{2}}-1\right)\times 2\times 100\%=13.34\%$$

可见，使用净现值定价方法，我们也能得出 6×12 个月远期利率为 13.34% 的结论。

（二）套利均衡定价方法与净现值均衡定价方法的细微差异

在细节上，这两种均衡定价方法的差异就在于：

套利均衡定价方法基于套利均衡的概念，而净现值均衡定价方法则基于供求均衡的概念。因此，净现值均衡定价方法通常以完全竞争的市场为背景，而套利均衡定价方法则对市场效率并无特别的要求，它只要求有人能够发现套利机会的存在。

在套利均衡定价方法中，我们是在两个具体的资产组合之间比较、权衡，最终确定出特定资产的价格；而净现值均衡定价方法则是在特定资产与其他所有风险水平相类似资产之间比较、权衡，从而最终确定出特定资产的价格。

套利均衡定价方法强调两组相同资产之间不仅每期的现金流量期望值都相同，而且每期现金流量的概率分布也相同；而净现值均衡定价方法则强调特定资产与其他所有类似资产之间的风险水平相似，从而期望收益率及其概率分布相同，并不要求每期现金流量的期望值相同。

与套利均衡定价方法相比较，净现值均衡定价方法的困难之处就在于，必须准确估算其他所有风险水平相类似资产的一般收益率。与净现值均衡定价方法相比较，而套利均衡定价方法的困难之处就在于，通常必须构造出包含待定价资产的两组资产组合，这两组资产组合不仅每期现金流量的期望值及其概率分布都相同，而且还要存在便捷、有效的交易市场。

第二节 风险中性定价法

在金融工程学中，我们通常将投资者区分为风险厌恶、风险喜好以及风险中性三种类型。其中，风险中性投资者秉持着无所谓的心态来看待投资的风险，并不会因为风险的变化而对投资收益率产生特别的要求。

显然，现实生活当中的投资者绝大多数都应该被归类于风险厌恶的类型。但很容易就能证明，为了确定出资产的套利均衡价格，我们可以简便地假定所有的投资者都属于风险中性的类型。

由于风险中性的投资者并不需要额外的收益来吸引他们承担风险，所以任意资产的预期收益率都应该等于无风险投资的收益率。这样一来，所有资产的预期现金流量都可以无风险利率贴现、求和，进而作为相应资产的当前价值了。这就是所谓的风险中性定价原理。

一、风险中性定价方法的基本思路

风险中性定价方法的基本步骤可以大致归纳如下：

（1）确定出风险中性概率分布。

（2）利用风险中性概率分布来计算拟定价资产的期望价值。

（3）将拟定价资产的期望价值以无风险利率折现，即为该资产的当前价值。

为了更好地理解风险中性定价方法的基本思路，我们可以举一个简单的例子来说明。

例 7.5 假设有一种近期内不需要考虑支付红利因素的股票，其在当前的市场价格为 10 元；而在 6 个月后，该股票的市场价格将要么是 11 元，要么是 9 元。再假设当前的无风险利率为 10%（单利）。

现在有一份 6 个月期、协议价格为 10.5 元，标的证券为该种股票的欧式看涨期权合同。试确定该股票期权的价值。

由于欧式期权不能提前执行，所以其价值将取决于 6 个月后股票的市价。若 6 个月后该股票的市场价格为 11 元，则届时该期权的价值将为 0.5 元；若 6 个月后该股票的市场价格为 9 元，则该期权的价值将为 0 元。

现在我们假定所有投资者都是风险中性投资者，并假定该股票上升的概率为 P，则下跌的概率就是 $1-P$。

值得指出的是，这里的 P 或（$1-P$）并不是该股票未来价格波动的真实概率分布，而只是风险中性投资者所设定的概率分布。我们通常称这种概率分布为风险中性概率。

由此，该股票的风险中性期望价值为 $11P+9(1-P)$。以无风险利率折现之，有：

$$\frac{11P+9(1-P)}{1+\frac{10\%}{2}}=10$$

所以，$P=0.75$，$1-P=0.25$。

也就是说，风险中性投资者设定股票价格 6 个月后上涨的概率为 75%，下跌的概率为 25%。显然，这并不是该股票 6 个月以后可能价格的客观概率。

不难看出，风险中性概率的具体数值由无风险利率、股票价格及其预期变动共同决定。

在求得风险中性概率分布之后，我们就可以计算出该期权的价值（f）了。它也是对期权的风险中性期望价值以无风险利率折现的结果：

$$f=\frac{0.5\times 0.75+0\times 0.25}{1+\frac{10\%}{2}}=0.3571\text{（元）}$$

二、风险中性定价方法与套利均衡定价方法的一致性

风险中性定价方法实际上只是套利均衡定价方法的一种变异或简化，二者之间并不存在本质性的差异。

下面我们就结合一个例子来说明这两种定价方法的一致性。

例 7.6 假设一个无红利支付的股票，其在当前时刻第 t（年）的市场价格为 S；假定基于该股票的某种期权的当前价值是 f，该期权的有效期是第 T（年），履约交割价格为 X。假定在这个期权的有效期末，该股票的市场价格有两种可能性：上升到 Su 或者下降到 Sd，其中：$\frac{Su}{S}=u>1$、$0<\frac{Sd}{S}=d<1$。

我们假定无风险利率为 r（连续复利率），并假定当股票价格上升到 Su 时，期权的相应价值为 f_u；而当股票的价格下降到 Sd 时，期权的相应价值为 f_d，如图 7.2 所示。

我们的任务是确定该期权的当前价值 f。

我们首先根据套利均衡定价方法来确定该期权的当前价值。

为此，我们构造一个组合：一份期权空头，再加 Δ 个单位的期权标的股票。则该组合在期权有效期末的价值要么为 $\Delta Su-f_u$，要么为 $\Delta Sd-f_d$。

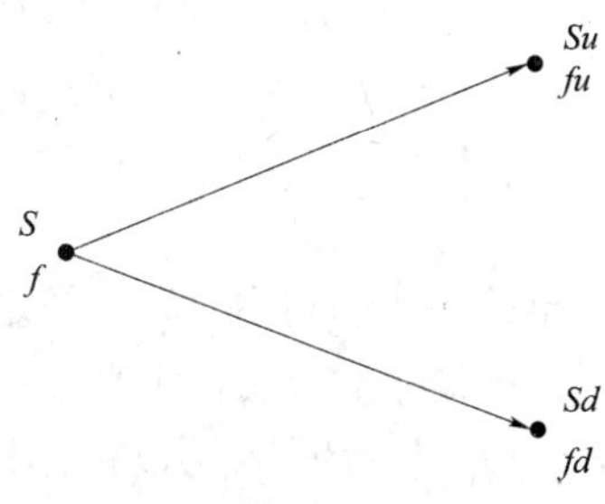

图 7.2 股票价格和期权价值

我们要设法使得该组合无风险，这就意味着必须使得下式成立：

$$\Delta Su - f_u = \Delta Sd - f_d$$

所以有：$\Delta = \dfrac{f_u - f_d}{Su - Sd}$

亦即该无风险资产组合的具体结构应该为：一份期权空头再加$\dfrac{f_u - f_d}{Su - Sd}$个单位的期权标的股票。

可以把该组合视为无风险资产的复制品。根据套利均衡定价方法的基本原理，当相关市场达到均衡的时候，上述组合的收益率一定等于无风险利率 r。因此，该无风险组合的当前价值为：

$$[\Delta Su - f_u]e^{-r(T-t)} = \left[\frac{f_u - f_d}{Su - Sd}Su - f_u\right]e^{-r(T-t)}$$

$$= \left[\frac{-f_d u + f_u d}{u - d}\right]e^{-r(T-t)}$$

而该无风险组合的当前价值还有另外一种表达方式：

$$\Delta S - f = \frac{f_u - f_d}{Su - Sd} \times S - f$$

$$= \frac{f_u - f_d}{u - d} - f$$

所以有：

$$\left[\frac{-f_d u + f_u d}{u - d}\right]e^{-r(T-t)} = \frac{f_u - f_d}{u - d} - f$$

进而有：

$$f = \frac{f_u - f_d}{u - d} - \left[\frac{-f_d u + f_u d}{u - d}\right]e^{-r(T-t)}$$

$$= \left\{f_u\left[\frac{e^{r(T-t)} - d}{u - d}\right] + f_d\left[\frac{u - e^{r(T-t)}}{u - d}\right]\right\}e^{-r(T-t)}$$

$$= [f_u P + f_d(1 - P)]e^{-r(T-t)}$$

其中，$P = \dfrac{e^{r(T-t)} - d}{u - d}$

至此，我们利用套利均衡定价方法确定出了该期权在当前应具有的市场价值。

依据概率的公理性定义，可以把上述期权当前价值表达式当中的 P 视作一种概率，则 $f_u P + f_d[1 - P]$ 就可以视作期权在期末的期望价值。而上述期权当前价值的表达式就是期权在期末的期望价值以无风险利率折现的结果。这显然相当于假设投资者具有风险中性。由此，概率 P 就叫做无风险中性概率。

这样一来，在需要确定期权价值的时候，我们就可以首先求得无风险中性概率 P；再求得期权的期末期望值；最后以无风险利率折现，即可求得期权的当前价值。此即所谓的无风险中性定价方法。

具体地，就该例而言，依据无风险中性定价方法，我们就可以这样来求得期权的价值：

首先，求得无风险中性概率 P 的值。

实际上，若假定投资者皆为风险中性，则当市场达到均衡的时候，下式必定成立：

$$S = e^{-r(T-t)}[SuP + Sd(1-P)]$$

因此有：

$$P = \frac{e^{r(T-t)} - d}{u - d}$$

然后，依据所求出的风险中性概率，计算出期权的当前价格：

$$f = e^{-r(T-t)}[Pf_u + (1-P)f_d]$$

第三节　状态价格定价法

在一些金融工程学的论著中会提及状态价格定价法。

所谓状态，指的是特定资产的价格在未来可能出现的结局，每一种结局就是相应的一种状态。

例如，在例 7.6 中，相关股票或期权的价格在未来可能出现上涨或下降两种结局，则在状态价格定价法中称该股票或期权未来可能存在两种状态：一种是价格上涨的状态，一种是价格下跌的状态。

状态价格定价法设想存在这样一种（虚拟的）资产：其在一种特定状态发生时的净现金流量将恰好为 1，而在其他状态发生时的净现金流量一定是 0，并称其为相应状态下的"状态资产"。

显然，有几种可能的状态，也就存在几种状态资产（或证券）。例如，在例 7.6 中，由于该股票或期权未来的价格可能存在两种状态，因此也就存在两种状态资产：

其一可称之为状态证券 1。当股票价格上涨的时候，状态证券 1 的净现金流量将为 1；而当股票价格下跌的时候，状态证券 1 的净现金流量则为 0。

其二可称之为状态证券 2。当股票价格上涨的时候，状态证券 2 的净现金流量将为 0；而当股票价格下跌的时候，状态证券 2 的净现金流量则为 1。

在引入状态资产这个概念之后，我们不难看出，任意资产在未来的价格都是状态资产潜在净现金流量的线性组合，其中的权重就是该资产在未来不同状态下的价格。

例如，在例 7.6 中，该股票在未来的价格满足下式：

$$\begin{pmatrix} Su \\ Sd \end{pmatrix} = Su\begin{pmatrix} 1 \\ 0 \end{pmatrix} + Sd\begin{pmatrix} 0 \\ 1 \end{pmatrix}$$

这样一来，Su 个单位的状态证券 1 与 Sd 个单位的状态证券 2 也就完全复制了该股票在未来各种状态下的潜在可能价格。因此，Su 个状态证券 1 与 Sd 个状态证券 2 的组合就是该股票的等价复制品。

同理，由于下式成立，所以期权可以视作 f_u 个状态证券 1 与 f_d 个状态证券 2 所构成的组合：

$$\begin{pmatrix} f_u \\ f_d \end{pmatrix} = f_u\begin{pmatrix} 1 \\ 0 \end{pmatrix} + f_d\begin{pmatrix} 0 \\ 1 \end{pmatrix}$$

在状态价格定价法中，所谓状态价格，指的就是各个状态资产的当前价值。

由于待定价资产与状态资产之间存在上述线性组合关系，因此只要我们设法确定出所有状态资产的当前价值，则任意资产的价值也就迎刃而解了。

一般地，如果某种资产的价格在未来存在 n 种可能的状态，则存在 n 种状态证券。而在确定出这 n 种状态资产的当前价值以后，由于待定价资产与状态资产之间存在线性组合关系，我们就很容易确定出该资产的当前价值。这就是所谓的状态价格定价法。

在状态价格定价法的整个逻辑过程中，只需要预先确定出待定价资产在未来各种状态下的回报状况以及市场无风险利率水平即可。

例 7.7 我们借用例 7.6 的资料，用状态价格定价法确定期权的当前价值。

根据状态价格定价法，首先，我们应该确定出状态证券的数目及其特征。

由于该股票及其相应期权在未来的价格存在两种可能的状态，因此应该设定两种状态资产。

状态证券 1：当股票价格上涨的时候，状态证券 1 的净现金流量为 1；当股票价格下跌的时候，状态证券 1 的净现金流量为 0。

状态证券 2：当股票价格上涨的时候，状态证券 2 的净现金流量为 0；当股票价格下跌的时候，状态证券 2 的净现金流量为 1。

然后，根据股票在未来可能出现的价格状况，以及无风险利率 r（连续利率），设法确定出这两种状态证券的当前价值。具体的做法如下：

先用这两种状态证券构造组合，以复制股票。亦即买入 Su 个单位的状态证券 1，同时买入 Sd 个单位的状态证券 2。

显然，这样构造出来的资产组合完全模拟出股票在未来可能发生的现金流。因此，当市场实现套利均衡的时候，该组合与股票的当前价值也应该相等。亦即若令状态证券

1 的当前价值为 π_1，状态证券 2 的当前价值为 π_2，则有：

$$Su\pi_1 + Sd\pi_2 = S \Rightarrow u\pi_1 + d\pi_2 = 1$$

同理，再用这两种状态证券来构造组合，复制无风险资产：

买入 1 个单位的状态证券 1，同时买入 1 个单位的状态证券 2。

显然，这样构造出来的资产组合在未来的价值恒定为 1，从而完全符合无风险资产的特征。因此，当市场实现套利均衡的时候，该组合的收益率应该等于无风险利率。亦即有：

$$\pi_1 + \pi_2 = 1 \times e^{-r(T-t)} \Rightarrow \pi_1 + \pi_2 = e^{-r(T-t)}$$

将上述两个式子联立方程组，则可求得两种状态证券的当前价值 π_1 和 π_2：

$$\pi_1 = \frac{1 - de^{-r(T-t)}}{u-d}, \pi_2 = \frac{ue^{-r(T-t)} - 1}{u-d}$$

在求得了这两种状态证券的当前价值之后，我们再使用这两种状态证券来构造组合，复制期权。亦即买入 f_u 个单位的状态证券 1，同时买入 f_d 个单位的状态证券 2。

显然，这样构造出来的资产组合完全模拟了期权在未来可能发生的现金流。因此，当市场实现套利均衡的时候，该组合与期权的当前价值也应该相等。令期权的当前价值为 f，因此有：

$$f_u\pi_1 + f_d\pi_2 = f$$

在这个式子中，唯一的未知数就是我们所希望求得的期权当前价值 f。因此有：

$$f = \frac{(ue^{-r(T-t)} - 1)f_d + f_u(1 - de^{-r(T-t)})}{u-d}$$

可见，状态价格定价法只是套利均衡定价方法的一种具体、但富有特色的应用罢了。

实际上，若为进一步地简便计算，完全不必使用状态证券这种虚拟资产来复制拟定价资产，转而可以真实存在的其他资产来构造组合，复制拟定价资产。

例如，在例 7.6 中，我们完全可以直接使用股票与无风险资产来复制期权：

购买 Δ 数量的股票，同时再购买当前价值为 X 的国债。

我们的要求是该组合的期末价值与期权的期末价值必须完全等同，亦即确保该组合的期末价值或者为：

$$\Delta Su + Le^{r(T-t)} = f_u$$

或者为：

$$\Delta Sd + Le^{r(T-t)} = f_d$$

联立这两个式子，并求解所得到的方程组，则有：

$$\Delta = \frac{f_u - f_d}{Su - Sd}, L = [f_u - \frac{u(f_u - f_d)}{u-d}]e^{(T-t)}$$

假若股票的当前市场价值为 S，则该组合的当前价值为 $\Delta S+L$。将 Δ 和 L 的上述计算结果代入该式，就可求得组合当前价值的具体结果。

显然，当相关市场实现套利均衡的时候，这个结果也就是期权的当前价值。因此有：

$$f=\Delta S+L$$
$$=\frac{\left[ue^{-r(T-t)}-1\right]f_d+f_u\left[1-de^{-r(T-t)}\right]}{u-d}$$

复习思考题

1. 什么叫套利、套利均衡?
2. 简述套利均衡定价方法的基本原理。
3. 简述风险中性定价方法的基本原理。
4. 对比套利均衡定价方法与净现值定价方法。

第八章

市场风险及其传导机制

本章摘要

投资者的决策过程实际上就是其在收益与风险之间的权衡过程。风险管理是金融机构经营管理的核心。本章深入阐述了市场风险的含义、性质及其传导机制，以便作为后续风险研究的逻辑起点。

关键词

风险　风险的传导机制　MM 定理

强烈的随机性（或不确定性）是金融市场的本质特征，这种随机性（或不确定性）一般被称为风险。怎样在收益和风险之间做一个合理的权衡是微观金融行为主体所面临的基本决策问题。本章将对市场风险做出一般性的分析。

第一节　风险的性质

一、市场风险的属性

归纳起来，风险现象至少具有下列几个特有的属性：

（一）风险的客观性

风险是不依赖于人们的主观愿望而客观存在的。它是各种客观因素综合作用的结果。所以说，风险是一种客观的存在。

风险源于外在因素的不确定性。风险是这些外在不确定性因素共同作用的结果。这里的外在指的是行为主体以外的外部环境。现实生活中，行为主体内部也存在不确定性，例如企业管理水平的不稳定等。但是，低效率是行为主体内部存在不确定性的基本原因，在市场实现均衡的时候，该市场不会认同来自企业内部的不确定性。换句话说，当市场达到均衡的时候，低效率的企业将会被淘汰掉。这个时候，市场中将只存在优秀的企业，这些高效率的企业将只面临着来自外部的不确定性因素的威胁。

退一步，就投资者来说，被投资企业内部的不确定性可以通过分散投资、构造资产组合的方式加以规避。因此，在均衡分析中，投资者仅需考虑由外部环境的变化造成的被投资企业前景的不确定性。

外部环境的不确定性主要源于如下几个方面因素的综合效应：

1. 宏观经济的非预期性波动。理性的投资者对宏观经济的周期性波动应该有通盘的考虑。因此，可预期的宏观经济的周期性波动不是风险的来源，唯有宏观经济的非预期性波动才会造成投资者的意外损失。

2. 行业前景的不确定性。例如，政府行业政策的非预期性变化；税率的非预期性变化；替代性行业的非预期性变化；互补性行业的非预期性变化；新技术或新产品出现的可能性等。

3. 同行业竞争企业发展前景的不确定性。例如，竞争对手竞争策略的不确定性等。

（二）风险的隶属性

市场风险乃经济行为主体所独有的概念。不从事经济行为的主体不可能会感受到来自于市场风险的威胁，而且从事不同的经济行为会面临不同类型的市场风险。

实际上，风险仅包含于行为人所采取的目标明确的特定行动过程中。凡风险皆应存在与之相应的行为人，以及由该行为人所引致的目标明确的特定行为。例如，如果台风的效应不会影响到人以及与之有关的某种目标明确的行为，它便只是一种自然现象，不会成为所谓的“风险”。

（三）风险的潜在危害性

说到风险，总是从它的某种客观的不利影响或者我们所不愿看到的某种客观后果谈起的。实际上，不确定性因素既可能带来损失，也可能带来收益，但风险主要指的是那些可能发生的损失，是关于不确定性因素的那些消极或负面的可能性。

而且，风险的危害应该是潜在的或可能将要发生的。由风险所造成的损失不应该是既定的或已经发生的，例如理性的投资者对宏观经济的周期性波动应该早有预案。因此，可预期的宏观经济的周期性波动不是风险的来源，惟有宏观经济的非预期性波动才会造成投资者意外的损失。我们可以用概率这个概念来区分宏观经济的周期性波动或非预期性波动。前者发生的概率为1或0，后者发生的概率则处于区间（0，1）之间的某个数量。

（四）风险的并协性

并协性一词来自于量子力学。对某一现象的描述若需要使用两个互斥的概念或理论，且对描述的完备性而言二者均不可或缺，则称它们之间满足一种所谓相反相成的并协逻辑关系。

就风险而言，任何存在于某一行动过程从而对行为主体可能造成的某种客观危害，总是与该行为主体试图实现的某种利益目标相反相成的。换句话说，行为人所以甘愿冒风险，总有其特定利益为背景的。所谓“风险与机会并存，风险大机会也多”，其道理正在于此。因此，风险是损失和收益的对立统一体，缺一不可。只有收益的前景，没有损失的可能，不存在风险。反过来，只有损失的可能，没有收益的机会，也不存在风险。

在风险行为中，收益的多少与风险的高低一般呈严格正相关的关系。如果某项投资具有低风险高收益的特征，则在信息完备且对称的完全竞争市场条件下，会有更多的投资者投资于此。而这最终会导致投资品的价格上升，产出品的价格下降，进而使得该项投资的收益率趋于下降，直到该项投资的风险和收益相互匹配为止。反之，也一样。

正是由于并协性，风险这个概念才不同于危险。危险指的是该事物（或行为）仅存在“未来的实际状态劣于预期”的可能性。当这种可能性最终并没有发生的时候，该事物（或行为）的处境也仅仅是保持住了原状。因此，对于危险，人们必定会采取完全规避的态度。例如，运载火箭升空发射之前的维护、机动车辆的年检、银行存款准备金的提取以及购买保单等，都是对危险的规避。这一点明显不同于人们对待风险的态度。风险厌恶性的投资者是否完全排斥风险取决于效用最大化的要求。

与危险相比，风险的含义要宽泛得多：它不仅包括该事物（或行为）“未来的实际状态劣于预期”的可能性，而且还包括该事物（或行为）“未来的实际状态优于预期”的可能性。在风险的概念中，这两种可能性不一定是对称的。亦即某种事物（或行为）未来的实际状态不一定必然满足以预期值为中心的正态分布。

危险反映了低效率。如前所述，当市场实现均衡的时候，低效率的企业将被淘汰掉。因此，当市场实现均衡的时候，企业不会有危险，但仍然会面临风险。投资者的目的就是要在不同的风险与收益组合点中，找到一个能使得自己的效用达到最大的那个组合状态。

（五）风险的可测量性

利用现代科学方法对风险进行测量，虽然技术上困难，但并不存在逻辑上的障碍。而且，从某种意义上说，风险的可测性正是我们所要追求的主要目标。如果风险根本不可测，我们研究风险的意义便要大打折扣了。这里的关键是要理解“不确定性”和“不可测性”的区别。抛一个每一面均为一个点数的骰子，一个点数的出现当然既是确定的也是可测的；而抛一个我们通常所使用的骰子，一个点数的出现虽然事先无法确定，即具有不确定性，但却是可测量的，其发生的概率为1/6。

因此，不确定性一定具有某种统计规律，在相当的程度上可以利用数理统计的原理来加以测量。通常，我们就用概率分布这个概念来测量不确定性或风险的大小。

实际上，对未来某种状态发生的概率及其客观后果的判断，取决于行为主体主观的能力。不过，在理论上，我们总是假定行为人完全具备这种判断的能力。这样一来，对未来某种状态发生的概率及其客观后果的判断，不同的风险决策人便应该得出相同的结果。

（六）风险效用的主观性

由于风险来自于外在的不确定性，出于对不确定性本能的恐惧，人们在考虑市场风险的时候自然会掺杂进许多主观的感受。这就涉及到“风险的效用”这样一个重要的微观经济学概念。所谓行为主体关于风险的效用，即是该主体关于各种状态发生的概率及其客观后果的主观感受。因此，可以将风险的价值（或效用）理解为风险的客观后果及其发生概率的函数。

显然，风险的效用大小与决策者所处的社会地位、经济地位、文化素质、心理或生理的承受能力有关。因此，风险的价值不仅因人而异，即使是同一个人，也会因时而异。

在实际生活中谈论风险必定要包含人们关于风险的主观感受。但在确定风险定义的时候如果也试图包括风险的这层因素，那风险也就真的成为了主观的东西，从而真的不可测了。所以，为解决风险的可测性问题，我们在给风险下定义的时候必须剔除人们对风险的主观评价，即给出一个关于风险的客观定义，然后再专门设置一个“效用函数”的概念来刻画决策者对客观风险的主观评价。

二、市场风险的一般性定义及其数学表达方式

在决策人具有特定目标的某项经济行为过程中，若该项行为未来的实际结果存在不确定性，并且这种不确定性满足外在的客观性、潜在的危害性以及并协性等特征，则称该项经济行为存在风险。这种不确定性越高，我们就说该项经济行为的风险越大。

风险的可测量性意味着，我们可以设法确定任意经济行为未来的各种可能结果及其发生的概率。这样一来，风险就可以用概率空间的概念来描述。

例如，假定一项经济决策行为的可能损失值为 S、损失概率为 π、可能收益值为 R、收益概率为 $(1-\pi)$，则该项经济决策行为的风险（F）可简洁地表示为：

$$F \sim [R,(1-\pi);S,\pi]$$

显然，这是一个关于随机变量概率分布函数的表达式。进一步地，我们也可以将风险表达成概率空间的形式。

从这个风险的数学表达式来看，该项风险决策行为可能导致两种后果的产生。在专

业习惯上，我们也将“进行一次这样的风险行为”称为“进行了一次抽奖”，抽奖的可能结果要么是 R，要么是 S。

在离散的状态下，我们可以用上述只有两种可能结果的风险决策（抽奖）表达式来描述含有多种可能结果的风险决策（抽奖）。因此，上述风险的表示方式具有一般性。

例如，假定某项经济行为的风险表达式为 $[x,P;y,r;z,q]$。这表示该项经济行为很可能“分别以概率 P、r、q 获得结果 x、y 或 z”，其中 $P+r+q=1$。显然，这是一次有三种可能结果的抽奖。不过，经过适当的调整，我们仍然可以用上述只有两种可能结果的风险决策（抽奖）表达式将其表达出来：

令 $\{[x,L;y,(1-L)],Q;z,(1-Q)\} \sim [x,P;y,r;z,q]$。其中，$Q$ 为风险行为 $[x,L;y,(1-L)]$ 发生的概率。而风险行为 $[x,L;y,(1-L)]$ 一旦发生，将有这样的结果：以 L 的概率发生 x；或以 $(1-L)$ 的概率发生 y。

显然，$\{[x,L;y,(1-L)],Q;z,(1-Q)\}$ 的成立只要求满足下列条件：

$$QL=P$$

$$Q(1-L)=r$$

$$1-Q=q$$

即可。

第二节　市场风险的传导机制

为了逻辑上的清晰，我们将市场风险的承受体细分为企业法人、企业股东和企业的债权人三个层面。其中，股东和债权人是各自独立的投资主体，企业法人是股东的投资代理人。

我们以息税前利润作为衡量企业法人投资效益的指标，以股息收入作为衡量股东投资成果的指标，以利息收入作为衡量债权人投资成果的指标。以这三个指标的不确定性分别作为衡量企业法人、企业股东和企业债权人所面临风险大小的依据。

一、市场风险对企业法人的影响

（一）外部环境的非预期性变动对企业法人的影响

市场风险对企业法人的影响首先体现在企业产品市场前景的不确定性上。它又可以细分为企业产品产销数量的不确定性变化以及产品价格的不确定性变化两个方面。

由于企业的销售收入（TR）等于它的产品销售数量（Q）与市场价格（P）的乘积，所以企业销售收入的变动率将等于产品销售数量的变动率加产品市场价格的变动率之和。即由：

$$TR = PQ \Rightarrow \ln(TR) = \ln(PQ) \Rightarrow \ln(TR) = \ln(P) + \ln(Q)$$

可得：

$$\frac{\mathrm{d}(TR)}{TR} = \frac{\mathrm{d}P}{P} + \frac{\mathrm{d}Q}{Q}$$

因此，市场风险会首先通过造成产品销售数量的不确定性变化或产品市场价格的不确定性变化这两个途径，进而造成销售收入的不确定性变化。

另一方面，市场风险还可能影响企业购进资产（包括流动资产和固定资产）的数量和价格，从而影响企业的总成本或总资产，造成企业成本的非预期性变动。

企业的息税前利润（EBIT）等于销售收入减不包含利息的成本费用。根据这个定义我们不难看出：外部环境的非预期性变化首先通过影响购销数量或购销价格的方式来影响企业的销售收入或总成本，进而造成企业息税前利润的非预期性变化。

（二）企业的资产规模或结构会放大市场风险的影响程度

外部环境中某个（些）因素的不确定性变化是风险产生的根源。企业不可能控制外在的不确定性因素。因此，对企业来说，市场风险可以规避，但无法消除。

不过，决策者可以通过调整自己的行为方式来改变风险对自身影响的程度。因此，对企业来说，风险的最终后果到底如何，实际上取决于外部环境和内部决策者自身两个方面因素的共同作用。这就如同洪水泛滥的例子。洪水泛滥本身有个冲击力，这是个客观的存在。但是它对人类的影响程度，也即能否构成灾害或灾害的大小，则要在相当的程度上取决于人类自身的行为方式。

我们将企业的息税前利润记为 X，单位产品的边际贡献（单位产品的价格减不包括利息的单位产品变动成本的差额）记为 M，产销业务数量记为 Q，固定成本记为 G。则有：

$$X = MQ - G$$

关于上式两边求自然对数，有：

$$\ln(X) = \ln(MQ - G)$$

然后，再对上式两边求导数，有：

$$\frac{\mathrm{d}X}{X} = \frac{M\mathrm{d}Q}{MQ - G} \Rightarrow \frac{\mathrm{d}X}{X} = \frac{\mathrm{d}Q}{Q - (G/M)}$$

显然有：

$$\frac{|\mathrm{d}X|}{X} > \frac{|\mathrm{d}Q|}{Q}$$

可见，在上述假定条件下，产品销售数量的增加会降低单位产品销售所负担的固定成本，从而提高单位产品的利润，使得息税前利润的增长率大于产品销售业务量的增长率。反之，产品销售数量的减少会提高单位产品所负担的固定成本，降低单位产品的利润，从而使得息税前利润的下降率大于产品销售业务量的下降率。

如果不存在固定成本，所有成本都是变动的，则息税前利润的变动率就同产品销售业务量的变动率完全一致。即由：

$$X = MQ \Rightarrow \ln(X) = \ln(MQ)$$

可得：

$$\frac{\mathrm{d}X}{X} = \frac{M\mathrm{d}Q}{MQ} \Rightarrow \frac{\mathrm{d}X}{X} = \frac{\mathrm{d}Q}{Q}$$

显然，固定成本是造成息税前利润的变动率与产销业务量的变动率发生差异的原因。企业的固定成本规模越大，息税前利润变动率与产销业务量变动率的差距就越大。因此，企业的固定成本规模越大，同样的市场风险对企业的影响就越剧烈。这就意味着，面对同样的外在风险源由，基建规模和设备投入巨大的大中型企业所承受的风险压力要高于基建规模和设备投入较少的中小型企业。

不过，不要认为这必定是坏事。风险是一个中性的概念。由于风险的并协性质，在大中型企业的息税前利润下降率很可能要高于中小型企业的同时，往好处说，大中型企业的息税前利润增长率也很可能会高于中小型企业。而且，固定资产规模越大，息税前利润增长率高于中小型企业的幅度也就越大。

如果将企业单位产品的市场价格记为 P，单位产品的变动成本（不包括利息）记为 C。则有：

$$X = (P - C)Q - G$$

关于上式两边求自然对数，有：

$$\ln(X) = \ln[(P - C)Q - G]$$

然后，再对上式两边求导数，有：

$$\frac{\mathrm{d}X}{X} = \frac{Q\mathrm{d}P}{(P - C)Q - G}$$

进而有：

$$\frac{|\mathrm{d}X|}{X} > \frac{|\mathrm{d}P|}{P}$$

可见，在其他条件不变的情况下，企业产品市场价格的提高会提高单位产品的利润，使企业息税前利润的增长率大于产品市场价格的提高率。反之，企业产品市场价格的下降会减少单位产品的利润，使企业息税前利润的下降率大于产品市场价格的下降率。

只有当不存在总成本的时候，企业息税前利润的变动率才会等于产品市场价格的变动率。即由 $X=PQ \Rightarrow \ln(X)=\ln(PQ)$ 可得：

$$\frac{|\mathrm{d}X|}{X} > \frac{|\mathrm{d}P|}{P}$$

可见，总成本是造成息税前利润的变动率与产品市场价格的变动率发生差异的原因。企业总成本的规模越大，其息税前利润的变动率与产品市场价格变动率的差距就越大，市场风险对企业的影响就越剧烈。这同样意味着，面对同样的外在风险源由，大型企业所承受的风险压力要高于小型企业。

如果假定企业外部环境的非预期性变化造成了企业产品的市场价格和销售量同时发生了变化，则有：

$$\ln(X)=\ln(PQ-CQ-G)$$

$$\frac{|\mathrm{d}X|}{X}=\frac{|Qd(P)+(P-C)d(Q)|}{PQ-CQ-G}$$

考虑到产品价格与销售量之间的负相关性，进而有：

$$\frac{|dX|}{X} < \frac{|Qd(P)|}{(P-C)Q-G}+\frac{|(P-C)d(Q)|}{(P-C)Q-G}$$

$$\frac{|\mathrm{d}X|}{X} < \frac{|d(P)|}{P-(C-G/Q)}+\frac{|d(Q)|}{Q-G/(P-C)}$$

因此，企业成本的总规模或结构决定市场风险对企业的影响程度。由于企业成本总规模或结构的不同主要反映了企业经营政策的差异，因此，市场风险对企业的这种影响通常被称为“市场风险的经营杠杆效应”或“经营风险”。

根据上述分析，市场风险对大型企业的影响要大于对中小型企业的影响。因此，大型企业的基准投资收益率应当高于中小型企业。这就意味着，两个仅仅在资产规模上存在差异的企业相比较，资产规模较大的那个企业的市场价值很可能要低于资产规模较小的那个企业的市场价值。

我们这个“树大招（惹）风（摧）”的结论似乎与世俗的观念相矛盾。在现实生活中，人们通常都喜欢到大型企业就业。追究起来，大型企业稳当牢靠应该是一个很容易提及的理由。

“船大稳当”、“船大抗风浪”的谚语应该辩证地来理解。就相同的业务而言，除非大型企业的经营效率更高，否则大型企业面对市场风险的冲击不可能更为稳当。相反，如上所述，其所承受到的市场风险的冲击力要大大高于中小型企业。

实际上，在经营管理效率既定的前提下，经营品种的多元化应该是大型企业更为稳当的基本依据。多元化经营可以实现不同经营业务之间风险的相互抵消，从而通过降低基准投资收益率的方式来提高企业的市场价值。

组合投资可以规避风险，这一原则同样适用于中小型企业。只是在大型企业那里，由于财力雄厚的原因，多元化经营、组合投资的策略将更为可行，从而效果会更为明显。也正是在这一背景下，我们才会有所谓“船大稳当”的感觉。

这样看来，就一个企业的长远发展战略来说，在创业的初期，应该集中精力，全力打造一个主营的品牌，提高生产经营管理的效率，勇于开拓市场，抢占市场竞争的有利位置，以尽量提高主营业务抗风险的能力；然后，必须及时地调整主攻方向，稳扎稳打、有条不紊地实施多元化经营的策略，以尽量化解不同经营业务风险对企业的冲击；最终，企业应该实现经营的集团化。根据我们这里的分析，一个集团公司的市场风险应该小于所有子公司市场风险的简单加总。

二、市场风险对企业股东的影响

如果将普通股东拥有的利润记为 B，优先股息记为 H，利息记为 I，所得税率记为 t，普通股数记为 q，则有：

$$\frac{X}{q}=\frac{B+H+I-(X-I)t}{q}$$

关于上式两边求自然对数，有：

$$\ln[(1+t)X]=\ln[B+H+(1+t)I]$$

然后，关于上式两边求导数，有：

$$\frac{\mathrm{d}X}{X}=\frac{\mathrm{d}B}{B+H+(1+t)I}$$

显然有：

$$\frac{\mathrm{d}B}{B}>\frac{\mathrm{d}X}{X}$$

可见，无论赢利多少，债务的利息和优先股的股息一般都是固定不变的。这样，当企业的息税前利润增大时，每一元盈余所负担的固定财务费用（即利息加优先股息）就会相对减少，从而会给普通股东带来更多的利润，使得普通股每股盈余的增长率大于息税前利润的增长率。

反之，当息税前利润减少时，每一元盈余所负担的固定财务费用就会相应增加，从而大幅减少属于普通股的盈余。使得每股盈余的下降率大于息税前利润的下降率。

只有当不存在利息和优先股息的时候，普通股每股盈余的变动率才会等于企业息税前利润的变动率。即由：

$$X=B-tX\Rightarrow\ln[(1+t)X]=\ln(B)$$

可得：

$$\frac{dX}{X}=\frac{dB}{B}$$

显然，财务费用是造成普通股每股盈余增长率大于息税前利润增长率的原因。企业需要支付的利息和优先股息的规模越大，普通股每股利润变动率与息税前利润变动率的差距就越大。

因此，债务的利息和优先股的股息（与所谓的资本结构有关）能够改变股东所承受的市场风险的程度。由于资本结构的状况通常与企业所选择的财务融资政策有关，因此，市场风险对企业股东的这种影响通常被称为“市场风险的财务杠杆效应”或“财务风险”。

可见，尽管财务（融资）政策经常由企业法人来确定，但是由此而来的财务风险却要由股东来承担，企业法人并不承担财务风险。因此，股东大会应该强化对企业法人财务政策的监督。

财务风险对股东的影响相当于潜在股息变量的概率分布发生了不利于股东的位置移动。企业负债使得股东潜在股息收入变量的概率分布向左平移，从而加大了股东拿不到股息的可能性。股息分配概率分布左移的幅度取决于企业每年债务利息支付的数量。债务利息支付数量越多，左移的幅度越大。

总结上述论证，我们发现，当外部的风险因素出现后，股东利益（用每股股息分配量或者用每股盈余表示）所承受到的不确定性被企业的资产结构、资产规模以及资本的结构三个层面的因素进一步地放大了。也就是说，企业股东既要经受企业的经营风险，还要经受企业的财务风险。而企业法人所承受到的市场风险仅经过了企业资产的结构和资产的规模两个层面因素的放大。也就是说，企业法人只会经受企业的经营风险。

因此，如果要规避市场风险，一个理性的股东就应该尽量模糊自己的身份，既持有企业的股票，又持有该企业的债券。如果该股东持有的股票和债券的比例与该企业的资产负债率完全相同，则该股东将只承受市场风险的经营杠杆效应，即所谓的经营风险。

如果该投资者只想承受比企业法人还要低的风险水平，那么他就必须抽出部分资金用在该企业的股票和债券之外。例如，可以进一步地引进国债之类的低风险投资形式，以实现更大范围的组合投资。极端的情况下，该投资者可以仅持有国债之类的金融资产，这样做可以完全规避风险。

当然，高风险才会高收益。投资者如果想获得一个较高的收益，他就必须同时承担企业的经营风险和财务风险，即只拥有该企业的股票，做一个实实在在的股东。

三、不同的资本结构下市场风险对基准投资收益率的影响

首先，我们给出后续分析的几个关键性假设：

（1）在任意给定的风险程度下，企业或个人都能够按照相同的利率借入任意数量的资金。并且，无论企业或个人资产负债率的水平如何，借贷利率均为一个既定的常数。

（2）不存在诸如交易费用、信息费用或清算费用之类的中介费用。

（3）不考虑企业负债与个人负债之间的风险差异。

（4）暂时不考虑税收因素。

这里的资本结构指的是长期负债的市场价值与自有资本的市场价值之比。并且，我们将仅仅考虑有负债和无负债这两种极端的情况。

假定有 A、B 两个企业，其每期净现金流量（息税前利润）的概率分布相同。因此这两个企业面临着相同的经营风险。这意味着，A 与 B 两个企业外部的风险特性相同。用我们前面的话来说，这两个企业拥有同一个风险的外部来源，而且这两个企业的资产结构和规模也应该相同。

这个时候，我们可以将这两个企业理解为处于同一个市场中的"同行"。若市场达到均衡，则这两个企业法人的期望投资收益率均应该相当于该市场的一般收益率，即具有这种风险特性的所有投资机会的基准利率。

根据资本资产定价模型（CAPM），该基准利率 = 无风险利率 + 承担经营风险的报酬率 = 无风险利率 + 该类投资的贝它(β)系数 ×[相当于系统性风险(市场组合)的收益率 - 无风险利率]。

任意资产的价值大小取决于该资产所适用的基准利率以及该资产未来每期的净收入流量。因此，如果假设这两个企业所适用的基准市场利率为 μ，再假设这两个企业每年的净现金流量（息税前利润）期望值均为 X，则这两个企业法人的市场价值必定相等。

为分析资本结构对资产价值和基准投资收益率的影响，我们假定 A 为全股本企业，B 为有负债企业；并假定 B 企业负债的利率为 g，负债的期限无穷长，目前的市场价值与账面价值相同。这意味着，该负债所适用的市场基准利率也为 g。

为简便起见，我们先假定不存在税收负担，并且企业每年的息税前利润全部用于支付利息或股息，则根据净现值（NPV）定价原理，A 企业法人市场价值的计算方法为：

$$V_a = \frac{X}{1+\mu} + \frac{X}{(1+\mu)^2} + \cdots + \frac{X}{(1+\mu)^n} + \cdots = \frac{X}{\mu}$$

也就是，A 企业法人的市场价值 $= \dfrac{\text{该企业每年的息税前利润}}{\text{该企业法人所适用的基准利率}}$。

B 企业法人的市场价值等于 B 企业股东资产（净资产）的价值与债权人资产（企业负债）的价值之和。因此，基于上述假设，B 企业净资产市场价值的计算公式为：

$$\sum_{i=1}^{n} \frac{\text{股东第 } i \text{ 年的预计股息收入}}{(1+\text{股东的基准利率})} = \frac{\text{该企业股东每年的}}{\text{股息收入数量}} \Big/ \frac{\text{该企业股东所适用}}{\text{的基准利率}}$$

一般地说，企业负债市场价值的计算公式为：

$$\frac{\text{第一年的利息支付量}}{1+\text{企业负债的基准利率}}+\cdots+\frac{\text{第}\,n\,\text{年(到期年份)的利息支付量}}{(1+\text{企业负债的基准利率})^{n}}+\frac{\text{本金}}{(1+\text{企业负债的基准利率})^{n}}$$

考虑到 B 企业负债期限无穷长的假定，因此，B 企业负债市场价值的计算公式为：

$$\text{B 企业负债的市场价值}=\frac{\text{该企业每年的利息支付数量}}{\text{该企业债权人的基准利率}}$$

因此，B 企业法人的市场价值为：

$$\begin{aligned}V_b&=\text{企业净资产的市场价值}+\text{企业负债的市场价值}\\&=\frac{\text{该企业股东每年的股息收入数量}}{\text{该企业股东所适用的基准利率}}+\frac{\text{该企业每年的利息支付数量}}{\text{该企业债权人的基准利率}}\end{aligned}$$

或者，$V_b=\frac{X}{1+\mu}+\frac{X}{(1+\mu)^2}+\cdots+\frac{X}{(1+\mu)^n}+\cdots=\frac{X}{\mu}$；也就是：

$$\text{B 企业法人的市场价值}=\frac{\text{该企业每年的息税前利润}}{\text{该企业法人所适用的基准利率}}$$

因此有：$V_a=V_b$

所以在上述假设下，任意一个企业法人的市场价值只与该企业经营决策（即资金使用）的风险特性及其预期的收益水平有关，而与该企业的资本结构（也即所筹集资金的渠道或方式）无关。此即有名的 MM 定律。

实际上，能否改变企业预期净现金流量的大小或者概率分布，是判断任意变量（例如资本结构）的变化能否影响企业价值的基本依据。在我们这个例子中，就全股本资本结构的 A 企业来说，其息税前的利润等于股息分配的数量；就有负债的 B 企业来说，其息税前的利润等于股息分配的数量再加利息支付的数量。可见，资本结构的变化不会对息税前利润产生任何影响，由此也就得出了所谓的资本结构与企业价值无关的结论。

把股东和企业法人这两个行为主体区分开来是理解上述结论的关键。企业的价值实际上就是企业法人的市场销售价值。

A 和 B 两个企业资产的结构和规模必须完全相同，这是 MM 定理赖以成立的一个关键性的前提条件。因为根据前面的结论，固定成本或成本总规模较大的企业所承受的经营风险要更大一些，其息税前利润的波动性会更大，这就必然要影响到企业价值的大小。

实质上，固定资产或成本总规模较大的企业，因为它的贝塔（β）系数较大，所以应该适用一个较高的市场利率作为基准利率。这样一来，即使在同样的净现金流量期望值下，该企业法人的市场价值也会较低。

A 企业为全股本企业，无论是站在企业法人的角度还是站在股东的角度，企业外部的不确定性均只经过了企业资产结构和总成本规模这两个层次因素的风险放大。也就是说，A 企业法人和股东都只面临着经营风险。所以，A 企业股东的基准期望收益率也就是该企业法人的基准期望收益率。

然而，B 企业作为有负债企业，尽管其企业法人所面临的风险与 A 企业的法人相同，两个企业法人的基准期望收益率均为同一个市场利率，但其股东面临的风险却经过了企业的资产结构特性、总成本规模和资本结构特性三个层次因素的放大。也就是说，B 企业的股东比 B 企业的法人（或 A 企业的股东和法人）多承受了一个财务风险。所以，B 企业股东所要求的基准投资收益率既要大于 B 企业法人所要求的基准投资收益率，也应该大于 A 企业法人和股东所要求的基准投资收益率。

我们将 B 企业股东的期望投资收益率记为 R_e，B 企业法人的期望投资收益率记为 μ，B 企业净资产的市场价值记为 E，B 企业负债的市场价值记为 D。则有：

$$R_e = \frac{X - Dg}{E}$$

又因为 $X = V_b \cdot \mu = (E + D)\mu$,所以有：

$$R_e = \frac{(E + D)\mu - Dg}{E} = \mu + \frac{D}{E}(\mu - g)$$

一般说来，依据风险特性，企业法人的期望投资收益率μ要大于企业负债的市场利率g，即$\mu - g > 0$。因此，B 企业股东的期望投资收益率要大于 B 企业法人的期望投资收益率μ，也要大于 A 企业股东和法人的期望投资收益率（因为 A 企业股东的期望投资收益率等于 A 企业法人的期望投资收益率，也等于 B 企业法人的期望投资收益率。）。其差距取决于企业法人的期望投资收益率（即相应的市场基准利率）与负债利率的差额以及该企业资产负债率（即所谓的财务杠杆系数）的高低。该差额越大、资产负债率越高，B 企业股东的基准期望投资收益率也就越高。

与 A 企业股东相比，由于 B 企业股东额外地承担了一定程度的财务风险，所以 B 企业股东的期望投资收益率就在 A 企业股东期望投资收益率μ的基础上有所提高。其中所增加的那部分期望投资收益率$\frac{D}{E}$（$\mu - g$）可以被理解为 B 企业股东承担财务风险的报酬。

负债有风险，所以负债企业股东的期望投资收益率较高，这并不难理解。我们这里只是清晰地阐述了其中所蕴涵的逻辑关系。资本结构与期望投资收益率之间的关系如表 8.1 所示。

表 8.1　　资本结构与期望投资收益率之间的关系

	法人的期望收益率	股东的期望收益率
全股本企业	与市场利率相同	与市场利率相同
有负债企业	与市场利率相同	高于市场利率

例如，假定 A 和 B 这两个企业每年的息税前利润期望值均为 1 000 万元，企业法人所适用的基准市场利率为 10%；B 企业的资产负债率为 40%，债务利息率为 5%，其负债的账面价值与当前的市场价值相等，其他的条件如上所述。则这两个企业法人的市场价值均为：

$$\frac{1\ 000}{10\%}=10\ 000\text{（万元）}$$

而 B 企业净资产的市场价值为：

$$10\ 000\times 60\%=6\ 000\text{（万元）}$$

B 企业债务的市场价值为：

$$10\ 000\times 40\%=4\ 000\text{（万元）}$$

B 企业债权人每年的利息收入为：

$$10\ 000\times 40\%\times 5\%=200\text{（万元）}$$

B 企业股东每年的股息分配数量为：

$$1\ 000-200=800\text{（万元）}$$

因此，B 企业股东的基准投资收益率为：

$$R_e^B=\frac{800}{6\ 000}\times 100\%=13.3\%$$

或者，也可以直接套用公式 $R_e=\mu+\frac{D}{E}(\mu-g)$ 来计算：

$$R_e^B=10\%+\frac{4\ 000}{6\ 000}\times(10\%-5\%)=13.3\%$$

因此，A 企业法人和股东的最低期望投资收益率均为 10%；B 企业法人的最低期望投资收益率为 10%，B 企业股东的最低期望投资收益率为 13.3%，B 企业债权人的最低期望投资收益率为 5%。两个企业的价值均为 10 000 万元。

四、套利（arbitrage）均衡的实现

根据上述分析，股东、债权人和企业法人的基准利率之间存在着下列均衡关系：

$$R_e=\mu+\frac{D}{E(\mu-g)}$$

或者：

股东的期望投资收益率＝企业法人的期望投资收益率＋$\frac{负债的市场价值}{股东的市场价值}$×（企业法人的期望投资收益率－负债的利息率）。

也即：$\mu = \frac{E}{D+E} \times R_e + \frac{D}{D+E} \times g$

或者：

企业法人的期望投资收益率＝股东的期望投资收益率×负债的市场价值/股本的市场价值＋负债的利息率×负债的市场价值/企业的市场价值。

上述均衡关系式是通过套利行为来维持的，它们实际上是不同性质的资产之间的均衡价格关系式。

相同风险性质的资产应该具有相同的市场价格（期望投资收益率），否则就可以买低卖高，无风险地赚取其中的价格差异，这就是套利行为。不难理解，当市场实现均衡的时候，不应该存在这种套利的机会。这个时候，我们就说该市场已经实现了套利的均衡。

仍以上述A和B两个企业为例。假定A企业的普通股数量为200万股，B企业的普通股数量为160万股，B企业的市场价格为11 000万元，其他的条件保持不变。

显然，根据我们在前面的分析，B企业的市场价格偏高。按照B企业当前的市场价格，B企业法人的期望投资收益率为：

$$\frac{1\,000}{11\,000} \times 100\% = 9.1\%$$

这个收益率水平明显低于相同风险特性下的应有水平（10%）。因此，在B企业资产与其他相同风险特性的资产（例如A企业资产）之间存在套利的机会。

我们假定B企业市场价格偏高的原因完全是由普通股定价不合理造成的。则可知，B企业股本的当前市场价格为：

$$11\,000 - 4\,000 = 7\,000 \text{（万元）}$$

因此，B企业普通股每股的当前市场价格为：

$$\frac{7\,000}{160} = 43.75 \text{（元）}$$

B企业股东的期望投资收益率为：

$$\frac{1\,000 - 4\,000 \times 5\%}{7\,000} = 11.43\%$$

这个收益率也明显低于股东在相应风险程度下的应有收益水平（13.3%）。

与之相应地，A企业法人和股东的期望投资收益率均为10%，A企业股本和整个企业的市场价格均为 10 000 万元，而 A 企业普通股每股的当前市场价格为：

$$\frac{10\ 000}{200}=50\text{（元）}$$

现在假定某投资者持有 B 企业 10% 的股权，即持有 16 万股 B 企业的股票。则该部分股权的市场价格为：

$$43.75\times16=700\text{（万元），或者 }7\ 000\times10\%=700\text{（万元）}$$

该部分股权预计每年可以产生的股息流量为：

$$800\times10\%=80\text{（万元），或者 }700\times11.43\%=80\text{（万元）}$$

与持有 A 企业股权相比，持有 B 企业的股权不仅要承担企业的经营风险，而且还要承担 B 企业股东的财务风险。B 企业股东所承受的财务风险程度可以用杠杆比率 $\frac{D}{E}=4:7$ 来刻画。

B 企业股权的市场定价偏高，同时也就意味着 A 企业股权的市场价格偏低。所以，这个投资者应该抛出 B 企业的股权，买入 A 企业的股权。

不过，在抛出 B 企业股票、买入 A 企业股票的同时，该投资者也规避了财务风险。因此，为了体现可比性，证明 B 企业股票当前市场定价的不合理，我们假定该投资者在抛出 B 企业股权的同时，又以 5% 的利率借入 $700\times\frac{7}{7}=400$ 万元的债务；然后再将这总共 700 + 400 = 1 100 万元的资金全部用来购买 A 企业的股票。这样一来，在调整资产结构的前后，该投资者所承受的市场风险保持不变，并且仍然由经营风险和财务风险两部分组成。

然而，在调整资产结构以后，该投资者每年从 A 企业那里预计可以获得的股息流量为：

$$1\ 100\times10\%=110\text{（万元）}$$

从中拿出 400 × 5% = 20 万元用于支付 400 万元债务的利息，每年尚可剩余的净收益流量为：

$$110-20=90\text{（万元）}$$

与调整资产结构以前持有 B 企业股权相比，该投资者现在所承担的风险没有发生丝毫的变化，但每年却可以多赚 90 - 80 = 10 万元的收益。可见，在不存在交易费用的条件下，这是一个只有产出，没有付出的投资机会。而且，这种赢利的策略不需要额外承担任何风险。具备这三个特点的赢利策略就叫做套利。

只要这个套利机会没有消失，B 企业的股东就会不断地抛出手中所持有的 B 企业股票，转而购买 A 企业的股票。随着这种套利操作规模的扩大，B 企业股票的价格就会趋于下降，A 企业股票的价格就会趋于上涨，直到无利可图为止。

当上述套利操作无利可图的时候，整个市场也就重新实现了套利的均衡。这个时候，A 和 B 两个企业法人的期望投资收益率必定相等。

例如，为简便起见，我们假定在套利的过程中，A 企业股票的价格保持不变。这就意味着，随着套利操作规模的增大，仅仅是 B 企业股票的价格单向趋于下降，直到 B 企业法人的市场价值与 A 企业法人的市场价值重新相等为止。

因此，在整个市场重新实现套利均衡的时候，B 企业的市场价值将为 10 000 万元；B 企业股本的市场价值将为 6 000 万元；B 企业法人的期望投资收益率将为 10%；B 企业股东的期望投资收益率为 13. 3%；这个时候，B 企业股票的单价为：

$$\frac{6\ 000}{160}=37.5\text{（元）}$$

对于那些手中没有 B 企业股票的投资者，在允许卖空的条件下，也可以这样来设计套利策略：卖空 B 企业的股票，例如 16 万股，融入 700 万元；再借入 400 万元的债务；然后将这 1 100 万元的资金全部投资于 A 企业的股票。这样一来，该投资者每年也会产生 10 万元的净收入。这种套利操作可以一直进行下去，直到无利可图为止。

可见，在上述假设下，企业法人基准期望投资收益率的高低只与企业所承受的经营风险有关，而与企业的资本结构无关。但是，企业股东的基准期望投资收益率既与企业的经营风险有关，又与企业的资本结构（财务风险）有关。随着资产负债率的提高，企业股东的基准期望投资收益率会以线性的方式趋于上升。即企业股东的基准期望投资收益率是企业资产负债率的单调递增线性函数。

因此，两个预期年净现金流量相等、经营风险相同的企业相比较，在市场实现均衡的前提下，它们的法人价值（企业价值）必定相等。但在资本结构不同的情况下，由于股东在这两个企业所承受的财务风险不同，考虑到基准期望投资收益率和股本规模的差异，这两个企业单位股票的价值不会相等。

五、所得税在市场风险传导过程中的作用

进一步地，假设 A 与 B 两个企业均须缴纳所得税，税率为 t。

则 A 企业每期的税后净现金流量为 $X(1-t)$。这个时候，与不征收所得税情况下的净现金流量相比，虽然 A 企业税后净现金流量（税后利润）的绝对额减少，但风险特性并没有改变。因为在随机变量—概率分布的坐标系中，随机变量 $X(1-t)$ 的概率分布曲线较 X 的概率分布曲线并没有发生位移，所得税这个因素对 A 企业净现金流量保持非负的概率没有产生任何影响。

所以，A 企业法人的基准投资收益率仍然适用不征收所得税情况下的 μ。由此，A

企业法人的市场价值将为：

$$V_{a'}=\frac{(1-t)X}{\mu}$$

可见，与征收所得税之前相比，A 企业法人的市场价值减少了。A 企业法人在征收所得税之前的市场价值为 X/μ，而在缴纳所得税以后，A 企业法人的市场价值总共减少了 $tX/\mu=tV_a$ 的数量。

在考虑所得税这个因素之后，B 企业法人每期的税后净现金流量（即税后利润加利息）为：

$$(X-Dg)(1-t)+Dg=X(1-t)+Dgt$$

在随机变量—概率分布的坐标系中，随机变量 $X(1-t)+Dgt$ 的概率分布曲线较 $X(1-t)$ 的概率分布曲线发生右移，右移的幅度为 Dgt。这意味着，所得税这个因素对 B 企业净现金流量保持非负的概率产生了明显的影响。在缴纳所得税以后，B 企业的净现金流量保持非负的概率提高了。

因此，考虑所得税这个因素以后，B 企业法人的风险水平降低了。这个时候，B 企业法人的市场价值为：

$$V'_b=\frac{(1-t)X}{\mu}+\frac{Dgt}{g}=\frac{(1-t)X}{\mu}+D>V'_a=\frac{(1-t)X}{\mu}$$

可见，征收所得税以后，全股本企业 A 的市场价值绝对地低于有负债企业 B。有负债企业 B 较全股本企业 A 的相对价值增值来源于其税前所支付利息的抵税效应。这相当于国家替负债企业支付了一部分利息；或者说，相当于国家对负债企业减免了一部分税负。

不过由于 $V'_b=\frac{(1-t)X}{\mu}+Dt=\frac{X}{\mu}+\left(D-\frac{X}{\mu}\right)t=V_b-Et>V_b$，所以与不存在所得税这个因素相比，征收所得税以后，B 企业法人的市场价值也绝对地减少了，减少的数量为 Et。

假定税后 B 企业法人的期望收益率为 μ'，净资产的市场价值为 E'，则有：

$$\mu'=\frac{(1-t)(X-Dg)+Dg}{E'+D}=\frac{(1-t)X+Dgt}{E'+D}$$

因为 $V'_b=\frac{(1-t)X}{\mu}+Dt$ 且 $V'_b=D+E'$，所以有：

$$X(1-t)=\mu(D+E'-Dt)$$

统合上述两式有：

$$\mu'=\frac{\mu(D+E'-Dt)+Dgt}{E'+D}=\mu-\frac{(\mu-g)Dt}{E'+D}$$

因为$\mu > g$，所以$-\frac{(\mu - g)\ Dt}{E' + D} < 0$，进而有：$\mu' < \mu$

因此，征收所得税之后，B 企业法人的期望收益率降低了。这与前述所谓征税之后，B 企业法人的风险水平下降的结论是一致的。

根据资本资产定价模型（CAPM），资产的均衡期望投资收益率与其所承受的市场（系统性）风险正相关。因此，既然征税可降低负债企业的风险，相对提高负债企业的价值，则必定会导致负债企业法人的期望投资收益率低于全股本企业法人或无税负债企业法人的期望投资收益率。

可见，所得税就像防护罩一样缓和了市场风险对负债企业法人的冲击。一般将所得税对负债企业法人的这种影响称为所得税对负债企业的“税盾”效应。

假定征税后 B 企业股东的期望投资收益率为R'_e，则有：

$$R'_e = \frac{(X - Dg)(1 - t)}{E'} = \frac{X(1 - t) - Dg(1 - t)}{E'}$$

将$X(1 - t) = \mu(D + E' - Dt)$带入上式，有：

$$R'_e = \frac{\mu(D + E' - Dt) - Dg(1 - t)}{E'} = \mu + \frac{(\mu - g)D(1 - t)}{E'}$$

因为$V'_b = E' + D = \frac{(1 - t)\ X}{\mu} + Dt$，所以有：

$$E' = \frac{(1 - t)X}{\mu} - (1 - t)D$$

因为在征税之前，$V_b = \frac{X}{\mu} = E + D$，即$D = \frac{X}{\mu} - E$，所以有：

$$E' = \frac{(1 - t)X}{\mu} - (1 - t)\left(\frac{X}{\mu} - E\right) = \frac{(1 - t)X}{\mu} - (1 - t)\frac{X}{\mu} + (1 - t)E$$

即有：$E' = E(1 - t)$

进而有：

$$R'_e = \mu + [(\mu - g)D/E] = R_e$$

可见，在假定资产负债率保持不变的前提下，所得税率的变动不会改变有负债企业股东所面临的市场风险水平。所以，该企业股东的期望投资收益率亦保持不变。

由于$X(1 - t) = Dg(1 - t) + E'R'_e$，进而有：

$$\mu' = \frac{(1 - t)X + Dgt}{E' + D} = \frac{Dg(1 - t) + E'R'_e + Dgt}{E' + D} = \frac{E'}{E' + D} \times R'_e + \frac{D}{E' + D} \times g$$

$$= \frac{E'}{E' + D} \times R'_e + \frac{D}{E' + D} \times g$$

因此有：

$$
\begin{aligned}
R'_e &= \left[\mu' - \frac{D}{E'+D} \times g\right] \frac{E'+D}{E'} \\
&= \left[\mu - \frac{(\mu-g)Dt}{E'+D} - \frac{D}{E'+D} \times g\right] \frac{E'+D}{E'} \\
&= \mu + \frac{(\mu-g)D(1-t)}{E'} \\
&= \mu + \frac{(\mu-g)D}{E} = R_e
\end{aligned}
$$

征收所得税对市场风险的影响及其与期望收益率之间的关系，如表 8.2 和表 8.3 所示。

表 8.2　所得税对市场风险的影响及其与期望收益率之间的关系 1

	法人的期望收益率	股东的期望收益率
全股本企业	征税后保持不变	征税后保持不变
有负债企业	征税后下降	征税后保持不变
征税后全股本企业的企业价值低于有负债企业，所得税对后者有利		

表 8.3　所得税对市场风险的影响及其与期望收益率之间的关系 2

	征税后的有负债企业		征税后的全股本企业	
	法人	股东	法人	股东
与征税前相比	所承担的风险下降	所承担的风险保持不变	所面临的风险不变	所面临的风险不变

由 $V'_b = [(1-t)X/\mu] + Dt > V'_a = (1-t)X/\mu$ 的结论可以看出，负债越多，Dt 越大，V'_b 与 V'_a 的差距就越大。因此，在考虑所得税的情况下，有负债企业的负债率有趋于增大的倾向。

六、债权人的风险

企业对其债权人的利息支付优先于对股东的股息支付。同时，债权人对被清算企业的资产具有优先的受偿权。更为重要的是，债务利息的按期支付和本金的如约偿还是负债企业的法定义务。因此，企业债权人的投资风险应该明显低于企业股东的投资风险。这就意味着，在市场均衡的条件下，债权人的基准投资收益率也应该明显地低于股东的基准投资收益率。

面对着负债企业外部不确定性因素的影响，与企业法人或股东的亏损风险不同，债权人所面临着的是负债企业违约的风险。这是一种信用性质的风险。

由于利息的支付优先于股息和红利的支付，因此，当负债企业的息税前利润正好等于其利息支付数量的时候，负债企业支付利息的可能性实际上完全取决于负债企业息税前利润的波动性。这个时候，与企业法人一样，负债企业债权人所面临的违约风险也经过了企业的成本结构以及成本的总规模两层因素的放大。也就是说，当负债企业的息税前利润正好等于其利息支付数量的时候，债权人所面临的违约风险相当于企业法人所面临的市场（经营）风险。

如果负债企业的息税前利润明显多于利息支付的数量，则在息税前利润相当幅度的变动范围之内，企业对债权人的利息支付是有保证的。这个时候，债权人所面临的违约风险就要低于企业法人所面临的市场（经营）风险。

如前所述，在考虑所得税的情况下，企业的资本结构会倾向于负债。下面我们给出几个不同的资产负债率水平下的有关计算结果，如表 8.4 所示。

表 8.4　　不同资产负债率水平下的资本结构

	资产负债率（0%）	资产负债率（40%）	资产负债率（70%）	资产负债率（99%）
① 每年的息税前利润 X	1 000	1 000	1 000	1 000
② 无所得税下的企业价值（$\mu=10\%$）：$V=\dfrac{X}{\mu}$	10 000	10 000	10 000	10 000
③ 企业债务的市场价值 D（假定与帐面价值相等）		4 000	7 000	9 900
④ 每年的利息支付数量 Dg（$g=5\%$）		200	350	495
⑤ 有所得税下每年的股息 + 所得税（相当于无有所得税下每年的股息）$(X-Dg)$ = ① − ④	1 000	800	650	505
⑥ 有所得税下每年的股息（$t=33\%$）：$(X-Dg)(1-t)$	670	536	435.5	338.35
⑦ 有所得税下每年的股息 + 利息⑥ + ④	670	736	785.5	833.35

续表

	资产负债率(0%)	资产负债率(40%)	资产负债率(70%)	资产负债率(99%)
⑧ 有所得税下的企业价值 $V' = \frac{(1-t)X}{\mu} + Dt$	$\frac{(1-33\%)1\ 000}{10\%}$ $=6\ 700$	$\frac{(1-33\%)1\ 000}{10\%}$ $+4\ 000\times33\%$ $=8\ 020$	$\frac{(1-33\%)1\ 000}{10\%}$ $+7\ 000\times33\%$ $=9\ 010$	$\frac{(1-33\%)1\ 000}{10\%}$ $+9\ 900\times33\%$ $=9\ 967$
⑨ 有所得税下的股本价值 E' = ⑧ - ③	6 700	4 020	2 010	67
⑩ 有所得税下企业法人的基准利率 μ' = ⑦/⑧	10%	9.18%	8.72%	8.36%
⑪ 有所得税下股东的基准利率 R'_e = ⑥/⑨	10%	13.33%	21.67%	505%
⑫ 无所得税时股东的基准利率 R_e = (① - ④)/(② - ③)	10%	13.33%	21.67%	505%

可见，对于任一既定的资产负债率水平，在课征所得税的前后，股东的期望投资收益率保持不变。但随着资产负债率的提高，企业股东所面临的市场风险将会逐步升高，相应地，股东的期望投资收益率也会趋于增大。

与此同时，随着资产负债率的提高，企业法人所面临的市场风险却会逐步减少，相应地，企业法人的期望投资收益率将会趋于下降。

不过，纯理论性地考虑，当 B 企业的资本结构为全负债时，其债权人所面临的风险也即整个企业法人所面临的风险与 A 企业所面临的风险相同。从而 B 企业债权人的期望投资收益率与 B 企业法人的期望投资收益率相同，也与 A 企业股东或法人的期望投资收益率一致，均应该等于市场利率 μ。

所以，B 企业法人的期望投资收益率，随着资产负债率的提高，应该先是从市场利率开始逐步走低，直到资产负债率达到百分之百的时候，又重新跳跃性地返回市场利率为止。

与之相应地，随着负债率的提高，相对于 A 企业，B 企业的价值也应该先是逐步增大，然后又跳跃性地折回，重新与 A 企业的价值相等。

因此，在上述假定下，为增加企业的价值，在资产负债率不能等于 1 的前提下，应该尽量地提高资产负债率的水平。

不过，随着资产负债率的提高，企业破产的可能性也会相应地增大。如果考虑到破产费用的问题，引入所得税的因素以后，企业法人的税后净现金流量就要在 $X(1-t)+Dgt$ 的基础上再减掉破产费用。这个时候，与 $X(1-t)$ 的概率分布曲线相比较，企业法人税后净现金流量的概率分布曲线就很可能不是右移，而是左移了。

因此，在所得税下，企业应该有一个最优的资本结构，在这一结构下，企业的价值能够达到最大。显然，这个最优的资本结构必定包含一定数量的负债。

既然企业存在一个最优的资本结构，则在它的资本结构尚未达到最优的时候，那些能够促进资本结构优化的财务（融资）政策也就能够创造企业价值。

如果企业的资本结构已经达到了最优，则为了维持住这一最优的状态，企业的基准投资收益率和边际融资的资金成本率都应该等于当前资本结构下的加权平均资金成本率(WACC)。

在这一部分论述的最后，我们将市场风险的形成及其传导的机制概括如下：

（1）以企业法人为风险的承受主体，则有：

外部环境的不确定性变化→影响企业的购销数量和价格→影响企业的业务收入或成本价值总量→通过企业资产结构或成本总规模影响企业的息税前利润→对企业征收所得税可以降低负债企业的风险。

（2）以企业股东为风险的承受主体，则有：

外部环境的不确定性变化→影响企业的购销数量和价格→影响企业的业务收入或成本价值总量→通过企业资产结构或成本总规模影响企业的息税前利润→通过企业资本的结构或负债的规模影响股东的收益→对企业征收所得税可以降低负债企业的风险，但不能改变其股东的风险。

（3）以企业的债权人为风险的承受主体，则有：

外部环境的不确定性变化→影响企业的购销数量和价格→影响企业的业务收入或成本价值总量→通过企业资产结构或成本总规模影响企业的息税前利润→影响企业的利息支付能力。

复习思考题

1. 什么叫风险?
2. 简述 MM 定理的基本内容。
3. 简述企业股东与企业债权人的风险差异。

第九章

市场风险的测量

本章摘要

风险决策实际上就是基于概率分布的决策。本章首先给出不确定环境下概率分布的确定方法，进而阐述了贝叶斯决策理论的基本内容。

关 键 词

主观概率分布　贝叶斯决策

我们所给出的市场风险的数学表达式实际上就是一个概率空间。因此，对于任意一种不确定性，只要找到了与之相应的概率分布，我们就能够定量地刻画出在这种不确定性环境下的决策风险。

第一节　主观概率分布

一、客观概率（Objective Probability）

（一）古典概率（Classical Probability）

概率这个概念起源于机会博弈的实践，所以早期理论中关于概率的定义尤其适合于赌博之类的案例。我们通常称这种背景下的概率为古典概率。

Laplace（1812）把随机事件 A 发生的概率定义为：$\pi(A)=m/n$。其中，n 为样本空间中基本事件的个数；m 为随机事件 A 所包含的基本事件个数。这里，基本事件的数量应该有限，并且每个基本事件发生的可能性应该相同。

换个说法，尽管某一次随机实验的结果不能预先地确定，但是只要可预先确定该实验的所有可能结果（即样本空间中基本事件的个数），并且能够确信每种可能结果发生的机会相等，也就能够确定出相应随机事件发生的概率。例如，假定该随机试验总共会

有 $a+b$ 种可能性，其中有 a 种结果有利于随机事件 A 的发生（也即随机事件 A 所包含的基本事件个数为 a），则随机事件 A 发生的概率就为：$\pi(\mathrm{A})=\dfrac{a}{a+b}$。

譬如，把一枚正规标准的骰子抛到空中一次。我们可以预先地判定，在这枚骰子落定水平光滑的桌面以后，六面数字中的任意一面朝上的概率均为：

$$\pi=\frac{1}{5+1}=\frac{1}{6}$$

在这个例子中，对于骰子的任意一面来说，有利于正面朝上的基本事件只有一个，但不利于正面朝上的基本事件却有五个。因此，样本空间中的基本事件总数为六个。

（二）频率的极限

古典概率定义不具有普遍的适用性。例如，像某种产品计划年度销售额这类随机变量的概率分布就无法用古典概率的定义来测度。因为在这类问题中不存在一个由相互排斥的、等可能发生的各种自然状态组成的完备集。

在这种情况下，为了描述随机事件发生的可能性大小，人们通常需要重复进行足够多次的随机实验，并观察记录实验的结果。例如，假定在相同条件下进行了 n 次实验，其中随机事件 A 发生的次数为 n_A。则当随机实验的次数 n 趋于无穷大的时候，我们就将随机事件 A 发生频率(n_A/n)的极限值称为随机事件 A 发生的概率。

设想要你抛一枚有偏的硬币，从中确定正面朝上的概率。假定你抛掷了 1 000 次，结果出现 600 次正面朝上的记录，即正面朝上的频率为 60%。则在抛掷第 1 001 次之前，你就可以说，下一次正面朝上的概率为 60%。

但是如果你仅仅抛掷了 10 次，出现 3 次正面朝上的情况，然后你就说下一次正面朝上的概率为 30%，这就没有道理了。因此，足够数量的完全重复实验是将频率作为概率的逻辑基础。

但在实际的经济决策中，自然状态的概率一般都不可能通过重复实验的方式来获得。而且，通常也没有办法找到基本事件及其数量。实际上，在绝大多数经济决策当中，基本事件这个概念可能根本就不存在。

因此，需要有一种能在频率概念不适用，或实际上无法进行随机实验的场合确定概率分布的方法。这就是所谓的主观概率的确定方法。与之相应地，把上述几种定义下的概率称为客观概率。

二、主观概率（Subjective Probability）

（一）主观概率的含义

一般地，对于任意一个由基本事件（元素）ω 组成的非空集合 $\Omega=\{\omega\}$，F 是 Ω 的

子集合 A 所构成的 σ 域（即 F 满足：$\Omega\in F$；若 $A\in F$，则 $\bar{A}\in F$；若 $A_i\in F, i=1,2,\cdots$，则 $\bigcup_i A_i\in F$）。若决策者在一定置信度下所给出的关于 A 的一个函数 $\pi(A)$ 是定义在 F 上的实值函数，且满足下列条件：

（1）非负性：$\pi(A)\geqslant 0$；

（2）规范性：$\pi(\Omega)=1$；

（3）可列可加性：若 $A_i\cap A_j=\varnothing$，$i\neq j$，则 $\pi(\bigcup_i A_i)=\sum_i \pi(A_i)$。

我们就称 $\pi(A)$ 为随机事件 A 的主观概率测度或似然率（likelihood），而称 (Ω,F,π) 为概率空间。

（二）合理的信念

1. 主观概率本身隐含着对未来状态的合理信念

根据 Savage（1954）的观点，主观概率体现了决策者关于未来自然状态的合理信念。也即决策者“相信”某一特定随机事件发生的可能性大小。如果决策者认为某个事情未必会发生，就用接近于零的概率表示之；如果认为某个事情非常可能发生，就用接近于 1 的概率表示之。例如，在一个汽车消费调查中，某消费者可能将其在下一年度购买小汽车的概率设定为 60%；而某汽车销售商可能预计自己在计划年度的销售额增长率为 2% 的概率为 2/5 等等。

在风险理论中，我们总是假定决策者有能力基于一定的信念，对现实世界未来所有状态发生的可能性给出一个主观的判断，亦即决策者总是有能力给出关于现实世界未来状态的（主观）概率分布。显然，这个主观概率分布的取值范围越集中，说明决策者对未来的状态越肯定。反之，一个取值高度分散的主观概率分布意味着决策者对未来的状态相当没有把握。

需要指出的是，作为决策者关于未来可能状态的“信念”，主观概率的确定当然具有非客观性，但它又是根据相关知识、经验对客观自然状态进行研究的结果；是利用相关信息进行科学理性的分析、推理和综合判断的结果。因此这种关于特定随机事件发生概率的主观设定与主观臆测具有截然不同的本质性区别。

显然，获得的相关信息越多、越准确，所设定的主观概率就越可信。

2. 主观概率之间存在置信度的差异

不难理解，决策者的行为在很大程度上受其能否准确判断随机事件主观概率的影响。我们把决策者所给出的关于随机事件主观概率的准确程度的把握或评价叫做置信度。这是一种他对自己的信念的置信度。

例如，假设你即将要在一个平滑光洁的水平桌面上方抛掷一枚硬币。你的目的是想猜测其正面朝上的概率。如果你过去曾多次抛掷过它，很熟悉这枚硬币的质量，并且假定你至今仍记得其正面朝上的次数大约为一半，则你就会很自然地给出下一次抛掷正面朝上的（主观）概率为50%，并且你对50%这一（主观）概率的判断很有把握，亦即你对50%这一概率的置信度很高。反之，如果你从未见过这枚硬币，甚至它有几个正面你都不知道，则你仍会理性地给出下一次抛掷正面朝上的（主观）概率为50%，但你对50%这一概率的置信度极低。

可见，信息收集是决策的基础。而信息的作用为：一给出主观概率，二提高主观概率的置信度。

第二节 先验主观概率分布的确定

确定市场风险概率分布的基本思路是：研究如何为基本自然状态的概率赋值，然后从给定的基本事件的概率推导出某种复杂事件的概率，同时还要根据新的信息不断调整原先给定的概率，最终为有效决策提供可靠的依据。

一、先验主观概率分布（Prior Distribution）的假设前提

在尚未通过随机试验收取有关状态的新信息之前，决策者所拥有的信息称为先验信息。决策者根据先验信息所确定的有关风险后果的概率分布称为先验主观概率分布。设定先验分布是对随机变量进行贝叶斯分析（Bayes Analysis）的需要。

我们将在下列几个条件的基础上确定随机事件的先验主观概率分布：

（1）完全性：任意两个风险后果（A和B）的概率大小都是可比较的。即任意一个风险后果A发生的概率要么大于、要么等于、要么小于任意一个风险后果B发生的概率。而且，在这三种可能的情况中必有且仅有一个发生。

（2）传递性：若任意一个风险后果A发生的可能性大于任意一个风险后果B发生的可能性，风险后果B发生的可能性又大于任意一个风险后果C发生的可能性，则风险后果A发生的可能性必定大于风险后果C发生的可能性。

实际上，上述两个假设是我们展开逻辑推理的基础。任意的二元逻辑关系，只有同时满足完全性和传递性才能构成所谓的完全序。

（3）部分不大于全体：作为事件，若风险后果A是风险后果B的一部分，即B包含A，则风险后果B发生的概率不会小于风险后果A发生的概率。

（4）对于任意一个随机事件B，若存在一个离散的随机事件序列：$A_1 \supset A_2 \supset A_3 \cdots$，其中任意一个随机事件$A_i$，$i=1, 2, \cdots$发生的概率不会低于随机事件B发生的概率，则这个随机事件序列的交$\bigcap_{i=1}^{\infty} A_i$发生的概率也不会低于随机事件B发生的概率。

（5）在区间［0，1］中必定存在满足均匀分布的随机变量。

Savage（1954）认为，上述几个假定可以保证先验概率分布的存在性和唯一性。

二、先验主观概率分布的确定

在阐述客观概率的时候，我们曾从频率的角度引出概率的定义。在那里，为了确定出随机事件的客观概率，我们必须做足够多次的独立实验。

现在我们假定没有办法重复实验，因此只能确定出随机事件的主观概率。不过，足够数量的完全重复实验也可以理解为要求决策者做大样本的抽样调查，或者将特定事件在过去的发生频率作为未来该事件发生的概率来使用。这样一来，我们就可以借用客观概率的思路来确定随机事件的主观概率。

例如，人寿保险机构的人口死亡率就是通过大样本抽查一个足够长历史阶段里的某一个年龄段人口在特定时间内（例如一年内）的死亡比率来确定的。假定根据历史记录，某城市某一个年龄段人口的年均死亡率为1%，则在历史趋势有效的假设下，可预期该城市该年龄段的投保人在下一年度死亡的概率为1%。这就是一个充分利用历史信息的主观概率。

许多领域里的实际问题，设定在相关域上的事件发生的概率具有常规性或标准性。也就是说，许多随机事件的概率分布都有公认的数学模型可以使用。对于决策者来说，这些随机事件概率分布的确定通常是模型与经验的结合。

一些常用的概率密度函数有：正态分布、泊松分布、均匀分布、二项分布、β 分布、指数分布和柯西分布等。

在概率论和数理统计中，独立重复试验是一个很重要的概念。它具有两个特征：（1）每一次试验的条件或环境都相同，可能的试验结果都有限且明确；（2）任意两次试验之间相互独立。特别地，每次试验仅有两个可能结果的独立重复试验，叫做贝努里试验。

在 n 次贝努里试验中，两个可能结果中的一个，例如 A 发生 k 次的概率为：

$$\pi_A^k = C_n^k \pi^k (1-\pi)^{n-k}$$

其中，π 为在任意一次实验中 A 发生的概率。

显然，式 $\sum_{k=0}^{n} \pi_A^k = \sum_{k=0}^{n} C_n^k \pi^k (1-\pi)^{n-k} = [\pi + (1-\pi)]^n = 1$，以及式 $C_n^k \pi^k (1-\pi)^{n-k}$ 是二项式 $[\pi + (1-\pi)]^n$ 展开式中的第 $k+1$ 项。因此，我们称满足 $\pi_A^k = C_n^k \pi^k (1-\pi)^{n-k}$ 的随机事件 A 服从二项分布。

例如，假定有一个大批量的产品。根据历史经验，其废品率为20%。现在要从中任意地提取5件产品，求恰好有 K 个废品($K=0,1,2,3,4,5$)的概率。

这就是一个二项分布问题。因此有，$\pi_A^k = C_4^k 0.2^k(1-0.2)^{5-k}$，$K=0,1,2,3,4,5$。

由于

$$\frac{\pi_A^k}{\pi_A^{k-1}} = \frac{C_n^k \pi^k (1-\pi)^{n-k}}{C_n^{k-1}\pi^k(1-\pi)^{n-k+1}} = \frac{\frac{n!}{k!\ (n-k)!}\pi^k(1-\pi)^{n-k}}{\frac{n!}{(k-1)!\ (n-k+1)!}\pi^{k-1}(1-\pi)^{n-k+1}}$$

$$= \frac{(n-k+1)\ \pi}{k\ (1-\pi)} = \frac{(n+1)\ \pi - k}{k\ (1-\pi)} + 1$$

$$= \begin{cases} >1, k<(n+1)\pi \\ =1, k=(n+1)\pi \\ <1, k>(n+1)\pi \end{cases}$$

可见，概率分布曲线 $\pi_A^k = C_n^k \pi^k\ (1-\pi)^{n-k}$ 最初是递增的，但随着 K 的增大，概率分布曲线达到最高点以后，又转而逐步下降。

假定随机变量 A 服从二项分布，即有 $\pi_A^k = C_n^k \pi_n^k\ (1-\pi_n)^{n-k}$；$n$，$K=0,1,2,\cdots$。这里的 π_n 是与 n 有关的一个数。

再假定 $\lim\limits_{n\to\infty} n\pi_n = \lambda$，其中的 λ 为一个非负的常数。显然，λ 也是一个与 n 有关的数，令 $\lambda_n = n\pi_n$，则有：$\pi_n = \frac{\lambda_n}{n}$。进而有：

$$\pi_A^k = C_n^k \pi^k (1-\pi)^{n-k} = \frac{n(n-1)\cdots(n-k+1)}{k!}\left(\frac{\lambda_n}{n}\right)^k\left(1-\frac{\lambda_n}{n}\right)^{n-k}$$

$$= \frac{(\lambda_n)^k}{k!}\left[\frac{n(n-1)\cdots(n-k+1)}{n^k}\right]\left(1-\frac{\lambda_n}{n}\right)^{n-k}$$

对于固定的 k，当 $n\to\infty$ 时，$\frac{n\ (n-1)\ \cdots\ (n-k+1)}{n^k}\to e^{-\lambda}$，$1-\frac{\lambda_n}{n}\to 1$。所以有：

$$\pi_A^k = C_n^k \pi^k (1-\pi)^{n-k} \approx e^{-\lambda}\frac{\lambda^k}{k!}, \text{其中}: n\pi = \lambda$$

可见，当 n 足够大，π 充分小，而 $n\pi=\lambda$ 又大小适中时，泊松分布是二项分布的极限形式。经验表明，当 $\pi<0.1$、$n>10$ 时，泊松分布与二项分布之间的近似程度已经很好了。

虽然随着计算机的普及，泊松分布作为二项分布的近似计算的作用大大降低。但由于泊松分布只包含一个未知参数 λ，因此，在许多场合仍有其优越性。

假定某随机事件满足下列分布：

$$f(x) = \begin{cases} \frac{1}{b-a}, x\in[a,b] \\ 0, \text{其他} \end{cases}$$

则称该随机事件在区间[a,b]上满足均匀分布。

又若 $x\in[c,c+l]\subset[a,b]$，则有：

$$\pi[c,c+l]=\int_c^{c+l}f(x)\mathrm{d}x=\int_c^{c+l}\frac{1}{b-a}\mathrm{d}x=\frac{1}{b-a}$$

可见，若随机变量在区间[a,b]上满足均匀分布，则它落在[a,b]内任意等长区间内的概率是相同的。或者说，随机变量落在[a,b]内任意子区间内的概率与该子区间的长度呈正比，而与子区间的位置无关。

正态概率分布由法国数学家德费尔于 1733 年首先提出，用以作为二项分布在参数 $Et(\Delta\varepsilon t+1)=\Omega$ 较大时的近似。以后由拉普拉斯和高斯等人推广了这一结果。

若随机变量是由相互独立的、微小的、偶然的因素的总和所构成，并且每一个因素对总和的影响都是均匀地微小，则可以断言这个随机变量必定服从正态分布。这就是所谓的中心极限定理。

如果随机变量 ξ 的概率密度函数为：

$$f(x)=\begin{cases}\lambda\mathrm{e}^{-\lambda x},x>0\\0,\text{其他}\end{cases}$$

其中：$\lambda>0$ 为常数，则称 ξ 服从参数为 λ 的指数分布。指数分布的分布函数为：

$$F(x)=\begin{cases}1-\mathrm{e}^{-\lambda x},x>0\\0,x\leqslant 0\end{cases}$$

对于任意的实数 $0\leqslant a<b$，有：

$$\pi(a<\xi<b)=\mathrm{e}^{-\lambda n}-\mathrm{e}^{-\lambda b}$$

指数分布常用来作为各种“寿命”分布的近似。如随机服务系统中的服务时间，某些消耗性产品（例如电子元件）的寿命等。

对于更常见的不具备典型特征的决策问题，概率分布的确定就具有相当的主观性了，概率的大小完全反映了决策者在所掌握信息基础上的主观信念。这个时候，对于同一个随机事件，不同的决策者会得出不同的主观先验概率分布。因此，尽量充分地掌握决策信息、交流决策信息是缩小决策者之间分歧，提高预测精确度的主要途径。

在一些较简单的情况下，可以通过对各种风险后果发生可能性的比较来确定主观概率。例如，假定某随机事件发生的概率是其补集发生概率的 2 倍，则由于两个事件发生的概率之和为 1，因此可确定出该随机事件发生的概率为 2/3。

美国斯坦福大学教授霍华德（Howard）提出了一种确定随机事件主观概率的简便方法，叫做概率盘方法。这种方法的具体步骤是：先制作一个圆盘，叫做概率盘。圆盘正面被划分为两个可随意调整的扇形区域。在圆盘的背面，与扇形区域相对应，规定有不同的刻度，由这个刻度可以判定出正面两个扇形区域分别占圆盘总面积的比例。

假定随机事件落在圆盘中任意区域的概率是相等的。随意调整一个扇形区域的面积，直到决策者认为该扇形区域的面积占圆盘的比例与某随机事件发生的概率相等为止。然后，可以由背面读出该扇形面积占圆盘的比例，这个比例就是该随机事件发生的概率。

现在考虑一个较为复杂的情况。

假定有随机事件 E，并已知在过去的 k 次试验中该随机事件呈现出某种结果的次数为 x。以此作为先验信息，现在要估计在第 $k+1$ 次试验中也会呈现出该结果的概率 $\pi_{(k+1)}$。

为了建立估计 $\pi_{(k+1)}$ 的数学模型，我们引入随机变量 β。β 要么取 1，要么取 0。当 $\beta=1$ 时，表示随机事件 E 的某种结果发生；当 $\beta=0$ 时，表示该随机事件 E 的某种结果不发生。如果用随机变量 β_j 表示第 j 次试验时随机事件 E 的某一个结果是否发生，用 θ_j 表示 β_j 的取值（0 或 1），则在第 j 次试验时，随机事件 E 的某个结果发生的概率为：

$$\pi(\beta_j=\theta_j)=\pi^{\theta_j}(1-\pi)^{1-\theta_j}$$

式中，π 为每次随机试验中 E 的某一个结果发生的概率。

进而有，在已观察到的 k 次试验中，随机事件 E 的某一个结果发生次数为 x 的概率为：

$$L(\pi)=\prod_k \pi^{\theta_j}(1-\pi)^{1-\theta_j}=\pi^{\sum_k \theta_j}(1-\pi)^{k-\sum_k \theta_j}=\pi^x(1-\pi)^{1-X}$$

根据概率极大似然估计原理，$L(\pi)$ 达到极大时的参数 π 便是在第 $k+1$ 次实验中，随机事件 E 的某个结果发生的概率 $\pi_{(k+1)}$ 的主观估计值。

当风险事件的自然状态为连续性的随机变量时，主观概率分布的构造要复杂得多。因此，只要有可能，就应该尽量将连续性的随机变量离散化。

（1）主观概率分布的直方图测定法

这种方法适用于风险事件自然状态的取值是实轴的某个区间的情况。具体步骤如下：

首先，将风险事件自然状态的取值区间离散化。也就是将自然状态的取值区间划分为一系列的子区间。

其次，给定每个子区间的概率，并根据给定的概率做出直方图。

最后，将直方图变换成概率密度函数曲线。

子区间的划分没有明确客观的标准是直方图法的主要缺点。因此，所拟合出来的概率密度函数的尾部误差通常很大。

（2）主观概率分布的极大似然率测定方法

首先，与直方图法的第一步相同，将风险事件自然状态的取值区间离散化。

然后，为每个子区间赋值。赋值的方法很多。例如，可以首先选定一个概率最高的子区间作为基准区间。给定该区间的数值为10（也可以是1、100或1000等）。然后以这个数值作为基准，估算其他各个区间发生的相对可能性。例如，假定基准区间发生的概率为π_i，所给定的数值$R_i = 10$，则第j个区间的赋值就应该为：

$R_j = \frac{\pi_j}{\pi_i} R_i$，其中：$\pi_j$为第$j$个区间发生的概率。

最后，规范化。假定将自然状态的取值区间划分为n个子区间，则第j个区间发生的概率为：

$$\pi_j = \frac{R_i}{\sum_{j=1}^{n} R_j}$$

（3）主观概率分布的等区间测定法或称主观累计概率估计法

这一方法是在向被调查者进行访问时，以概率对称即$\pi = 50\%$的原则提问。其一般步骤是：向被调查者连续提出一系列问题，且每次提问均以前次的答案为依据。例如，可以请被调查者估计某项决策可能结果（x）的最高上限和最低下限，分别记为b和a。然后按照机会均等的原则，请被调查者在这个上下限之间划定一个值x_1，使得$\pi(x \leqslant x_1) = 50\%$。有了$x_1$以后，接着分别就$[a, x_1]$和$[X_1, b]$两个区间继续重复使用机会均等的原则，划定两个四分位数x_2和x_3，使得$\pi(x \leqslant x_2) = 25\%$以及$\pi(x \geqslant x_3) = 25\%$。依此类推，直到找到自己满意的累计主观概率分布曲线为止。有了累计主观概率分布，很容易就可确定出相应的主观概率分布曲线。

（4）极大熵主观概率分布的测定方法

熵是关于一个系统的无序状态、无组织程度或不确定性程度的度量。系统越紊乱，熵就越大；系统越有序，熵就越小。

信息是一个与熵相对应的概念。如果把信息理解为“随机事件不确定性的减少”，则熵的获得就意味着信息的丢失。因此，一个系统的有序程度越高，熵就越小，所包含的信息量就越多；反之，系统的无序程度越高，熵就越大，所包含的信息量就越少。信息与熵之间存在着互补的关系，实际上，信息就是负的熵。如果把熵定义为系统的不确定性程度，则信息就是刻画了这个系统的有序性。

我们以有k种等概率结局的随机试验为例。当$k = 1$时，试验的结局是肯定的，根本就不存在随机性；随着k的增大，对实验结果的预期会越来越困难。因此，熵应该是随机试验的各种结局k的增函数，即有$H = f(k)$。其中，H为该随机试验的熵。当$k = 1$时，$f(k) = 0$；随着k的增大，$f(k)$亦趋于增大。

我们再考察两个独立的随机试验，其中，一个随机实验有k种等概率结局；另一个

随机实验有 g 种等概率结局。则不难想象，作为刻画不确定性程度的函数，熵 $H=f(\cdot)$ 应该满足：$f(kg)=f(k)+f(g)$。也就是说，在同时进行两个独立的随机试验的时候，关于该试验结局的总的不确定性应该等于两个试验各自不确定性的和。

这个性质促使我们想到，可以利用对数这个函数形式来刻画熵的概念。因为对数函数 $f(k)=\log(k)$ 是 k 的增函数，并且满足 $\log(kg)=\log(k)+\log(g)$ 以及 $\log(l)=0$ 的性质。

我们所给出的上述对数函数 $f(k)=\log(k)$ 以 10 为底。其实，根据公式 $\log_a(k)=\log_a(b)\times\log_{\mathrm{b}}(k)$，对数函数的底具有相当的随意性，不一定非要以 10 为底。

对于上述那个有 k 种等概率结局的随机试验，既然可以用来刻画该试验的总的不确定性，则可以认为，概率等于$\frac{1}{k}$的每一个可能试验结果的不确定性为：$\frac{1}{k}\log(k)=-\frac{1}{k}\log\left(\frac{1}{k}\right)$。

例如，假定某随机试验的可能结果如表 9.1 所示。则每种可能结局的不确定性

表 9.1　　某随机实验的可能结果

实验的可能结果	A_1	A_2	A_3
每种可能结局的概率	$\frac{1}{2}$	$\frac{1}{3}$	$\frac{1}{6}$

将分别为：$-\frac{1}{2}\log\left(\frac{1}{2}\right)$、$-\frac{1}{3}\log\left(\frac{1}{3}\right)$和$-\frac{1}{6}\log\left(\frac{1}{6}\right)$。从而该随机试验的总的不确定性为：

$$H(3)=-\frac{1}{2}\log\left(\frac{1}{2}\right)+\left[-\frac{1}{3}\log\left(\frac{1}{3}\right)\right]+\left[-\frac{1}{6}\log\left(\frac{1}{6}\right)\right]$$

推而广之，一般地说，对于有 k 种等概率结局的随机试验，假定每种结局的概率为 $\pi(A_i)=\frac{1}{k},i=1,2,\cdots,k$，则该随机试验的总的不确定性为：

$$H(k)=-\pi(\mathrm{A_i})\sum_{i=1}^{k}\log[\pi(A_i)]$$

我们称 $H(k)$ 为该随机试验的熵。

因为恒有 $0\leqslant\pi(A_i)\leqslant1$，$-\pi(A_i)\log[\pi(\mathrm{A_i})]$ 不可能小于零，所以熵是一个非负的连续函数。而且，当 $\pi(A_i)\to0$ 的时候，必定有：$-\pi(\mathrm{A_i})\log[\pi(A_i)]\to0$。因此，若结局的概率趋于零，则该结局所包含的不确定性微不足道。

反之，当 $\pi(A_i)\to1$ 的时候，因为 $\log[\pi(A_i)]\to0$，所以有：$-\pi(A_i)\log[\pi(A_i)]\to$

0。因此，若结局的概率趋于1，则该结局所包含的不确定性也是微不足道的。

可见，随机试验的熵只有在 $\pi(A_i), i=1,2,\cdots,k$ 中的一个等于1，其他的均为0的时候才等于零。这种情况与熵作为不确定性的度量的定义是一致的。因为，也只有在这种情况下，随机试验才不存在不确定性。

对于有 k 种结局的随机试验，根据上述逻辑，该随机试验的总的不确定性为 $H(k) = -\pi(A_i)\sum_{i=1}^{k}\log[\pi(A_i)]$。显然，在每种结局的概率为 $\pi(A_i)=\frac{1}{k}, i=1,2,\cdots,k$ 的时候，该随机试验的熵达到最大，其取值为 $\log(k)$。

有些随机变量只能测得它的均值或其他一些数字特征。在这种情况下，极大熵准则有助于推断总体的主观概率分布。

极大熵准则由 R. S. Ingardeu（1963）首先提出，并由 E. T. Jaynes（1957）、S. Kullback 和 R. A. Leibler 逐步完善。极大熵准则可以表述为：在均值为 μ 的所有概率分布中选择熵最大的概率分布作为总体概率分布的合理推断。

熵最大意味着随机性最强，人的主观偏见最小。实际上，仅仅知道均值为 μ 的信息不可能推知总体的概率分布。由于对其他阶矩的信息一无所知，所以不能随意对未知的信息作出主观的想像。因此，除了约束条件均值为 μ 之外，在我们关于总体概率分布的推断中，不应该附加任何其他的约束条件。这种逻辑的合理性不难想像。

离散型极大熵准则的数学模型为：

$$\underset{\pi(Ai)}{\text{Max}} \cdot H(k) = -\sum_{i=1}^{k}\pi(A_i)\log[\pi(A_i)]$$

$$\text{s. t.} \quad \sum_{i=1}^{k}\pi(A_i)=1; \pi(A_i)\geqslant 0, \forall i=1,2,\cdots,k$$

$$F_g = \sum_{i=1}^{k} f_g(x_i)\,\pi(A_i), g=1,2,\cdots,m, m<k$$

其中：$F_g = \sum_{i=1}^{k} f_g(x_i)\,\pi(A_i)$，$g=1$，2，…，$m$，$m<k$ 为 m 个已知的约束条件。我们可以利用 Lagrange 乘子方法求得 $\pi(A_i)$。

下面我们以正态分布为例来证明极大熵准则。

根据概率论与数理统计里的中心极限定理，如果一个随机试验的结局由大量的、相互独立的随机因素所左右，并且每一个因素的作用都微不足道，则表示这个随机试验结果的随机变量将满足正态分布。我们要证明，这个众所周知的中心极限定理与极大熵准则是吻合的。

为简单起见，我们假定随机变量的数学期望为零，方差为 δ^2，则相应的极大熵数学模型为：

$$\underset{f(x)}{\text{Max}} \cdot H[f(x)] = -\int_{-\infty}^{+\infty} f(x)\ln[f(x)]\,\mathrm{d}x$$

$$\text{s. t.} \int_{-\infty}^{+\infty} x^2 f(x)\,\mathrm{d}x = \delta^2$$

$$\int_{-\infty}^{+\infty} f(x)\,\mathrm{d}x = 1$$

根据 Lagrange 乘数法，相应的 Lagrange 函数为：

$$L[f(x)] = \int_{-\infty}^{+\infty} [-f(x)\ln f(x) + \lambda f(x) + \mu x^2 f(x)]\,\mathrm{d}x$$

根据泛函的尤拉方程，使 H 最大的 f (x) 应满足：

$$-1 - \ln f(x) + \lambda - \mu x^2 = 0$$

即：$f(x) = \lambda_1 e^{-\mu x^2}$

代入约束条件中得：$\lambda_1 = \dfrac{1}{\sqrt{2\pi}\delta}$，$\mu = \dfrac{1}{2\delta^2}$。因此有：

$$\lambda_1 = \frac{1}{\sqrt{2\pi}\delta}\,\mathrm{e}^{-\frac{x2}{2\delta^2}}$$

这就是正态分布的密度函数。因此，一个在许多相互独立、均匀地微小的随机因素作用下的系统，如果方差保持不变，则该系统状态的概率分布就是使它的熵达到最大的正态分布。

（5）蒙特卡洛模拟风险分析方法（Monte Carlo Simulation Risk Analysis）

蒙特卡洛模拟是一种统计抽样试验方法。它的基本原理与蒙特卡洛赌场的“轮盘赌”很相似，并由此而得名。作为一个科学术语，蒙特卡洛模拟第一次被用于作为原子核裂变计算机模拟的代码名称。

我们以常规的投资项目为例，蒙特卡洛模拟方法的基本思路是：根据与形成投资项目现金流量有关的各种变量的概率分布，如投资、寿命周期、残值、收入和经营成本等的概率分布，用计算机产生这些变量足够多批次的随机数。然后用这些随机数计算投资项目某一个随机变量指标（例如净现值）的样本概率分布。当随机数的批数足够多的时候，这种样本概率分布可以较好地模拟净现值的真实概率分布。进而根据投资项目净现值的概率分布来分析项目的风险特征。

具体地说，首先必须确定一个随机变量函数 $y = f(x_1, x_2, \cdots, x_n)$。其中，$y$ 是模拟模型的目标变量或模型输出变量，例如可以是某投资项目的 NPV 等；$x_1, x_2, \cdots, x_n$ 是模拟模型的输入变量，例如可以是该项目的投资额、收入、经营成本等。

然后利用一个随机数发生器，例如掷骰子、Excel 中的“随机数发生器”等，通过

随机抽样选取一组随机数$(x_{1i},x_{2i},\cdots,x_{ni})$。将所抽取的这组随机数值代入上述函数关系式，便可以确定出一个对应的函数值：$y_i=f(x_{1i},x_{2i},\cdots,x_{ni})$。如此这般反复独立抽样（模拟）多次，例如模拟 n 次$(i=1,2,\cdots,n)$，就可以得到一组关于模型输出变量的随机抽样数据$(i=1,2,\cdots,y_n)$。

利用这组输出变量的随机抽样数据可以算出输出变量 y 的样本概率分布和一些主要的数字特征。不难想象，只要模拟次数足够的多，这个输出变量 y 的抽样概率分布和数字特征应该能够很好地模拟真实的概率分布和相应的数字特征。

可见，确定目标变量的数学模型以及模型中各个变量的概率分布是应用蒙特卡洛方法的前提。如果确定了这两点，就可以按照给定的概率分布生成大量的随机数，并将它们代入模型，得到大量目标变量（投资项目净现值）的可能结果，从而研究目标变量的统计学特征。

假定$f_0(x)$为随机变量 X 的概率密度函数，其相应的累计概率密度函数为 $F(x)$。即有：$F(x)=\int_{-\infty}^{x}f_0(\xi)\mathrm{d}\xi$，或者 $F'(x)=f_0(x)$。这个信息是预先确知的。

假定 Z 是一个在区间［0，1］内均匀分布的随机变量，并定义 $X=F^{-1}(Z)$。随机变量 $X=F^{-1}(Z)$落入区间$[x,x+\mathrm{d}x]$内的概率与 Z 落入区间$[z,z+\mathrm{d}z]$内的概率相等。而由于 Z 是一个在区间［0，1］内均匀分布的随机变量，所以 Z 落入区间$[z,z+\mathrm{d}z]$内的概率就等于该区间的宽度 $\mathrm{d}z$。另一方面，若设 X 的概率密度函数为$f(x)$，则 X 落入区间［$x,x+\mathrm{d}x$］内的概率显然应该为$f(x)\mathrm{d}x$。由此可见，应该有：$f(x)\mathrm{d}x=\mathrm{d}z$，也即：

$$f(x)=\frac{\mathrm{d}z}{\mathrm{d}x}$$

又由于 $X=F^{-1}(Z)$，所以有：$Z=F(x)$。进而有：

$$\frac{\mathrm{d}z}{\mathrm{d}x}=F'(x)$$

考虑到 $F'(x)=f_0(x)$，于是我们有：$f(x)=f_0(x)$。这就是说，随机变量 X 的概率密度函数确实等于已知的$f_0(x)$。$X=F^{-1}(Z)$就是一个具有给定概率密度函数$f_0(x)$的随机变量。

因此，只要能够生成一个在［0，1］区间内均匀分布的随机变量的样本观测值，那么，这个样本中的每一个观测值经过 $F^{-1}(\cdot)$所代表的变换而生成的函数值全体就构成给定概率分布 $F(\cdot)$的随机变量的一组样本观测值。

这个结论是 Monte Carlo 模拟的理论基础。就是说，任何随机变量的累计频率函数是在 0－1 上的均匀分布，只要设法产生 0－1 的均匀随机数 ξ（h），就可以得到所要的随机变量 X 的一个值：

$$x = F^{-1}(z)$$

例如，若 X 服从指数分布，有：

$$f(x) = \lambda e^{-\lambda x}, F(x) = 1 - e^{-\lambda x}, x \geqslant 0$$

那么，$x = F^{-1}(z) = -(1/\lambda)\ln(z)$。式中，$z$ 为 0 ~1 上的均匀分布随机数。

对于服从在 $[a,c]$ 范围内变化，且均值为 b 的三角形分布的随机变量 x，随机抽样的变换式为：

$$\begin{cases} x = c - \sqrt{(1-z)(c-b)(c-a)}, z > \dfrac{b-a}{c-a} \\ x = a + \sqrt{z(b-a)(c-a)}, z \leqslant \dfrac{b-a}{c-a} \end{cases}$$

由于大部分累计频率函数的反函数不容易表达，因此，常用一些近似的公式来产生随机变数。例如，服从标准正态分布的随机变量值 x 可由 $x = \beta \sum_{i=1}^{12} z_i - 6$ 来产生。其中 z_i 为 0 -1 之间的均匀分布随机数。一般地，对于服从参数为（μ，σ）的正态分布的随机变量 x，其抽样变换式为：$x = \sigma(\sum_{i=1}^{12} z_i - 6) + \mu$。

现在，我们将蒙特卡洛模拟风险分析方法的具体步骤归纳如下：

第一步，建立描述投资项目收益与若干影响因素之间的数学公式，称作蒙特卡洛分析模型。

第二步，确定蒙特卡洛分析模型的主要风险变量。

第三步，根据经验和历史数据，确定各个风险变量的概率分布；其中，常用的概率分布主要有正态分布和三角形分布等。

第四步，用计算机按照给定的概率分布生成大量的随机数，用这些随机数作为变量的参数代入分析模型，求出模型的目标变量值。

经过大量的模拟计算，就可以得到目标变量的概率分布及其统计特征，并据以分析投资项目的风险特性。

目前，在 Excel 环境下最常用的风险分析工具有 Crystal Ball、Riskmaster 以及@ risk 三种。这三种软件都是以加载项方式挂在 Excel 之下运行的。通过它们可以很方便地对建立在 Excel 中的运算模型进行蒙特卡洛模拟风险分析，并得到相应的分析结果。

例如，假定某超市圣诞节前要购进一批节日用品。每单位商品的进货价格为 7.5 元，零售价格为 12 元。这种商品不会出现积压滞货的情况，但若节前不能售出，节后的价格将对折为 6 元。从历年的情况来看，该超市这种商品的销售量一直稳定在 40 到 80 个单位之间，今年的销售量估计也不会有明显的变化。现在要解决的问题是：最优

订货量是多少？亏损的可能性有多大？

我们用蒙特卡洛模拟风险分析来解决这个问题。

首先，我们要建立能够描述投资项目收益与若干影响因素之间关系的数学公式，即所谓的蒙特卡洛分析模型。假定订货量为 Q，销售量为 D，利润为 π，则有：

$$\pi=\begin{cases}12D-7.5Q+6(Q-D)D, D\leqslant Q\\12Q-7.5Q, D>Q\end{cases}$$

其中，模拟模型的输出变量为利润 π，模拟模型的输入变量为订货量 Q 和需求量 D。不过，Q 是一个我们能够控制的决策变量，但 D 却是一个不可控的随机变量。

考虑到该超市这种商品的销售量历年一直比较稳定，一般在［40，90］之间，今年的销售量估计也不会有明显的变化。因此，我们假定这种商品的市场需求量满足均匀分布。由于利润 π 是市场需求量 D 的线性函数，因此，作为一个随机量，利润也将满足均匀分布。

出于简化的考虑，我们假定市场需求量仅以相同的概率（1/6）取 40、50、60、70、80 或 90 这几个值。这样，我们就能够通过掷骰子的方式来生成样本。设定骰子的点数从小到大依此与上述六个市场需求量的可能取值相对应。在假定订货量为 60 个单位的前提下，假定连续 10 次重复模拟的结果如表 9.2 所示。

表 9.2　　连续 10 次重复模拟的结果

随机抽样次数	骰子的点数	市场需求量（单位）	利润（元）
1	5	80	270
2	3	60	270
3	2	50	210
4	4	70	270
5	1	40	150
6	3	60	270
7	5	80	270
8	6	90	270
9	2	50	210
10	3	60	270
平均利润			246

通过上述重复模拟，我们可以判断出利润的分布特征并评估相应的风险。例如，由

表 9.2 可以看出，在设定订货量为 60 个单位的前提下，利润的期望值为 246 元。而这个时候的利润频数分布为：利润为 150 的概率为 10%，利润为 210 的概率为 20%，利润为 270 的概率为 70% 等。这个频数分布表刻画了订购 60 个单位这个决策的风险。

显然，10 次重复模拟的数量偏少，因为骰子点数出现的次数应该大致相同。因此，由 10 次重复模拟所得出的利润频数分布存在很大的误差，实际上不足以准确刻画订购 60 个单位这个决策的风险。因此，需要大幅度地增加重复模拟的次数，并据以确定出订购 60 个单位条件下的利润频数分布的性态。

同理，我们还必须通过大数量的重复模拟，分别确定出其他五种订购策略（即 40、50、70、80 或 90）下的利润频数分布的性态。

最后，根据六种订货策略的利润频数分布，可以分别计算出每一种订货策略的期望利润，以及每一种订货策略的风险特性，并据以选择出一个最优的订货方案。

第三节　后验概率分布的确定与贝叶斯学习过程

先验主观概率分布是在决策者现有信息的基础上确定的，它的精确度完全取决于决策者对于信息的掌握程度。而在绝大多数场合，信息是以流量状态逐步呈现在决策者面前的，在最后时刻到来之前，决策者不可能获得全部的相关信息。这就意味着，随着新信息的出现，我们需要对先验主观概率分布及时地进行调整，从而形成所谓的后验概率分布或修正概率分布。贝叶斯学习过程就是决策者在追加信息基础上不断修正随机事件概率分布的动态适应过程。贝叶斯定理是利用追加信息修正概率分布的基本理论依据，而贝叶斯决策理论则构成了现代不确定性决策理论的核心。

一、贝叶斯决策理论

贝叶斯（R. T. Bayes，1702～1761）是英国长老会的牧师、数学家。他最早研究了怎样从所观测到的样本资料对包含这些资料的总体进行推断的问题。他的本意是想通过对其周围世界样本证据的考察来证明上帝的存在。

传统的数学家习惯于演绎出基于假设的具体结果，而贝叶斯的兴趣正相反，他要根据对既定结果的观察来逆推出应有的假设前提。贝叶斯定理就是他所得出的怎样在观测“结果”的基础上计算出“原因”发生概率的一个定理。

例如，假定根据历史统计数据，某地区有 1% 的居民患有某种疾病。1% 就是该地区居民患有此种疾病的先验概率。我们用 A_1 表示“患有此病”的事件，A_2 表示“无此病”的事件。现在假定我们又从全体居民当中随机地抽取了一个样本，问：这个居民患有此种疾病的概率多大？

回答很简单：在现有信息下，该居民患有此病的概率为1%，即 $\pi(A_1)=1\%$。当然，该居民身体健康的概率为99%，即 $\pi(A_2)=99\%$。这就是该抽样的先验概率分布。

现在假定对这个随机样本实施医学化验。我们用 B 表示"鉴定结果为有病"的事件。假定根据历史的经验，在某人确有此病时"鉴定结果为有病"的条件概率为 $\pi(B|A_1)=97\%$；而在此人身体实际上很健康的时候，"鉴定结果为有病"（亦即误诊）的条件概率为 $\pi(B|A_2)=5\%$。

现在假定这个人的实际鉴定结果是患有此种地方病。我们的问题是：在这一新的信息下，该人确实患有此种疾病的概率（即 $\pi(A_1|B)$）是多少？

这就是所谓的后验概率或修正概率。因为它是考察了追加信息以后的概率，所以与获得追加信息之前的先验概率相比，后验概率应该更为接近真正的客观概率。

根据贝叶斯定理，我们有：

$$\pi(A_1|B)=\frac{\pi(A_1B)}{\pi(B)}=\frac{\pi(B|A_1)\pi(A_1)}{\pi(B|A_1)\pi(A_1)+\pi(B|A_2)\pi(A_2)}$$

$$=\frac{1\%\times97\%}{97\%\times1\%+5\%\times99\%}=16\%$$

贝叶斯定理的实质是利用追加的信息修正先验信息的偏差。修正的方式是根据追加信息的性质给不同的先验信息赋予不同的权重。本例的计算过程如表9.3所示。

表9.3　后验（修正）概率的计算

事件 A_i	先验概率 $\pi(A_i)$	条件概率 $\pi(B\|A_i)$	联合概率 $\pi(B\|A_i)\pi(A_i)$	后验（修正）概率 $\pi(A_i\|B)$
有病（A_1）	1%	97%	0.97%	$\frac{0.97\%}{5.92\%}=16\%$
无病（A_2）	99%	5%	4.95%	$\frac{4.95\%}{5.92\%}=84\%$
概率的和	100%		5.92%	100%

在先验概率的基础上，应该尽量地寻求追加信息，这样可以提高预测或决策的准确性。例如，我们考虑某公司招聘营销人员的例子。假定根据历史经验，在所有申请该公司职位的人员中，仅有65%的人事后证明工作称职，另有35%的应聘者实际上不称职。这就是当前这些应聘人员是否称职的先验概率分布。现在假定该公司的人事部门曾多次组织在岗员工参加能力测试。根据这些能力测试的结果来看，在工作称职的公司员工中，能力测试达到合格标准的大约有80%左右；而在工作不称职的公司员工中，能力

测试合格的仅占30%。现在的问题是：该公司是否应该对应聘人员进行能力测试，并把是否考试合格作为录用的依据？

这个问题的实质是，给定一个能力测试合格的应聘者，其称职的概率有多大？如果用 A_1 表示“称职”事件，用B表示“考试合格”事件，则给定一个能力测试合格的应聘者，其称职的概率为：

$$\pi(A_1 \mid B)=\frac{65\% \times 80\%}{65\% \times 80\% + 35\% \times 30\%}=83\%$$

这就是通过能力测试方式所招聘人员最终是否称职的后验概率。由于这个83%的后验概率明显高于65%的先验概率，所以依照后验概率进行决策可以大大提高决策的精度。因此，该公司应该对所有的应聘人员进行能力测试，并依据测试的成绩确定是否招聘。这就是一个简单的贝叶斯学习过程。

显然，追加信息的数量越多，后验概率分布越精确。因此，对追加信息的搜集工作，也就是关于市场风险的计量工作，应该贯穿于整个决策过程的始末。

法国数理经济学家古诺（Augustin Cournot）在1838年提出的双寡头垄断模型较早地刻画了信息的搜集、处理和决策过程。

古诺模型主要有这样几个假设：

（1）一个行业只有两个厂商，生产一种完全同质的商品；

（2）两个厂商均以产量作为决策变量，并且每一个厂商在作出自己的产量决策时，总是假定对方的产量水平不变。这是古诺模型的本质性假设。

（3）为简化分析起见，假定产品的市场需求函数是线性的，并假定边际成本为零。

假定产品市场需求函数为：$P=a-bQ=a-b(q_1+q_2)$。其中：P 为产品的价格；Q 为该产品的市场需求总量；q_1 和 q_2 分别为两个厂商的产品销售数量；$a>0$，$b>0$ 分别为两个参数。

根据古诺模型中的假设，厂商1在确定产量时认为，厂商2的产量会保持当时的水平不变。所以，厂商1的收益函数为：

$$TR_1=P(Q)q_1=[a-b(q_1+q_2)]q_1=aq_1-bq_1^2-bq_1q_2$$

厂商1的边际收益函数为：

$$MR_1=(a-bq_2)-2bq_1$$

同理，有厂商2的收益函数和边际收益函数分别为：

$$TR_2=P(Q)q_2=[a-b(q_1+q_2)]q_2=aq_2-bq_2^2-bq_1q_2$$

$$MR_2=(a-bq_1)-2bq_2$$

当利润达到最大的时候，边际收益必定等于边际成本。考虑到边际成本为零的假定，我们有：

$$(a-bq_2)-2bq_1=0$$
$$(a-bq_1)-2bq_2=0$$

整理得：

$$q_1=\frac{a}{2b}-\frac{q_2}{2}$$

$$q_2=\frac{a}{2b}-\frac{q_1}{2}$$

上式表明，其中一个厂商产量的增加会导致另一个厂商最优产量的减少。也就是说，厂商1的最优产量是厂商2产量的（反应）函数：$q_1=f_1(q_2)$；同理，厂商2的最优产量也是厂商1产量的（反应）函数：$q_2=f_2(q_1)$。

解由这两个反应函数构成的方程组，得厂商1和2的最优产量 q_1^* 和 q_2^* 分别为：

$$q_1^*=q_2^*=\frac{a}{3b}$$

$$Q=q_1^*+q_2^*=\frac{2a}{3b}$$

代入市场需求函数方程，有：

$$P=a-bQ=\frac{a}{3}$$

这就是说，如果两个厂商的边际成本相同，均为零，则两个厂商的最优产量也相同，均为$\frac{a}{3b}$；市场均衡价格为$\frac{a}{3}$，市场均衡总产量为$\frac{2a}{3b}$。

法国的经济学家伯特兰（Bertrand）提出了一个与古诺模型相似的模型结构。只是在古诺模型中，寡头厂商以产量为决策变量，由市场来决定价格。而在伯特兰模型中，厂商以价格为决策变量，由市场决定销售数量。

厂商在决定价格的时候，总是假定其他厂商保持既定的价格不变。这是伯特兰模型的关键性假设。在两个厂商的产品完全同质的前提下，如果任意一个厂商的价格偏高于另一个厂商，该厂商的市场销售数量将为零。如果两个厂商的定价相同，则消费者会随机选择任意一个厂商的产品。

为简化分析起见，再假定两个厂商的边际生产成本相同。显然，任意一个厂商的定价都不可能低于自己的边际成本。而在所定价格高于边际成本的情况下，任意一个厂商微小幅度的价格下调，都会导致客户的大规模流失。因此，任意高于边际成本的价格都不可能是均衡价格。唯一的均衡价格应该等于边际成本。

在古诺模型和伯特兰模型中，两个寡头垄断厂商的势力相当，在市场上的地位平等。所以，他们的行为是一致的，同时作出决策。但在有些行业，厂商之间的地位悬殊，行为方式不可能一致。例如，IBM 经常被看作计算机行业的支配性龙头企业，其他相对较小的厂商大多通过观察 IBM 的行为来调整自己的策略（例如决定自己的产量）。斯塔克尔伯格（Stackelberg）模型就描述了这样一个市场类型。

假定随从厂商以龙头厂商的产量既定为前提，确定自己的最优产量。而龙头厂商也知道自己的追随者一定会对它的产量做出反应，因而它在确定最优产量时会把追随者的反应也考虑进去。也就是说，与追随者以龙头厂商产量既定为前提做出决策不同，龙头厂商是以追随者的反应函数给定作为决策的前提。因此，我们的逻辑是，首先分析，对于龙头厂商的任意一个决策，追随者的最优决策是什么，从而得出追随者对龙头厂商的反应函数。然后，我们再把追随者的反应函数代入龙头厂商的目标函数，从而确定龙头厂商的最优决策。

为简便起见，我们仍然假定产品的市场需求函数为：

$$P = a - bQ$$

且所有厂商的边际生产成本为零。如果假定龙头厂商的产量为 q_1，则根据古诺模型，追随厂商的最优产量为：$q_2 = \frac{a}{2b} - \frac{q_1}{2}$。这就是追随者的反应函数。

龙头厂商的利润函数为：

$$[a - b(q_1 + q_2)]q_1 - C(q_1) = \left[a - b\left(q_1 + \frac{a}{2b} - \frac{q_1}{2}\right)\right]q_1 - C(q_1)$$

因此，龙头厂商利润大的一阶必要条件为：$q_1 = \frac{a}{2b}$。将上式代入追随厂商的反应函数，有：$q_2 = \frac{a}{4b}$，而整个行业的总产量为：$q_1 + q_2 = \frac{3a}{4b}$。

美国经济学家张伯伦（E. H. Chamberlin）在 1933 年又提出了一个双头垄断模型。该模型假定两个垄断厂商都会利用自己对相关信息的学习过程，根据对手的行为建立自己的反应函数。这个时候，处于竞争地位的各方都不具备绝对的竞争优势，而恶性竞争的结果只能使双方的经济利益都受到损害。唯一能实现利润最大化的途径是双方设法建立市场的依存性，寻求一个相互妥协的方法，使双方的联合利益达到最大。

仍然假定市场需求函数为：$P = a - bQ = a - b(q_1 + q_2)$；再假定两个厂商的成本函数为零，则两个垄断厂商的利润（收益）函数分别为：

$$TR_1 = P(Q)q_1 = [a - b(q_1 + q_2)]q_1 = aq_1 - bq_1^2 - bq_1q_2$$

$$TR_2 = P(Q)q_2 = [a - b(q_1 + q_2)]q_2 = aq_2 - bq_2^2 - bq_1q_2$$

而两个垄断厂商的联合利润（收益）函数为：

$$TR_1 + TR_2 = a(q_1 + q_2) - b(q_1 + q_2)^2$$

因此，两个垄断厂商的联合利润（收益）达到最大的一阶必要条件为：

$$a-2b(q_1+q_2)=0\Rightarrow(q_1+q_2)=\frac{a}{2b}$$

假定两个垄断厂商愿意均分联合利润（收益），则有：$q_1=q_2=\frac{a}{4b}$。因此，在联合利润达到最大的条件下，每个厂商的利润为$\frac{a^2}{4b}$。

如果这两个厂商不是采取上述妥协的方法，不是追求联合利润的最大，而是追求各自利润的最大化，则根据各自的利润函数，有：

$$a-2bq_1-bq_2=0$$
$$a-2bq_2-bq_1=0$$

解由上述两个方程组成的方程组，可知它们的最优产量分别为：$q_1=q_2=\frac{a}{3b}$。进而可求得两个厂商相应的利润为$\frac{a^2}{9b}$。

这个解实际上就是古诺模型的解。可见，虽然张伯伦模型下的产量低于古诺模型下的产量，但是，张伯伦模型下每个厂商的利润却高于古诺模型下的利润。

综合上述几个模型的分析，我们发现，对信息的学习过程可以明显改善决策的质量。具备良好学习过程的决策者在竞争的过程中处于有利的地位。

当然，古诺模型、伯特兰模型、斯塔克尔伯格模型和张伯伦模型均未涉及不确定性信息的学习过程。关于不确定性信息的贝叶斯学习过程，一个比较典型的应用就是金融资产的定价问题。我们首先分析金融市场中做市商的定价问题。在这个模型中，我们将通过贝叶斯学习过程来模拟做市商关于金融资产的买卖报价对相关交易信息所做的动态调整过程，进而刻画市场信息与金融资产价格之间的动态调整关系。

二、金融市场中做市商的定价

在金融资产的交易过程中，对于任意一种金融资产的市场价格，每一个交易者都有一个先验的概率分布。这个先验的概率分布是在当前所能掌握的相关市场信息的基础上建立的。同时，交易者会根据最新观察到的相关信息对先验概率分布进行及时的调整，从而形成所谓的后验概率分布。然后，交易者会根据某种金融资产市场价格的后验概率分布提出自己的买卖报价。上述操作是一个不断重复的动态过程。也就是说，随着新信息不断地涌入，交易者会不间断地调整自己关于某种金融资产市场价格的后验概率分布，并不断地调整自己关于某种金融资产的最新买卖报价。

为简化分析起见，我们假设做市商认为，某种金融资产的未来价格仅有两种可能：

要么上升为 P_1，要么下降为 P_2，其中：$P_1=P_2$；并且，相应的先验概率分布为 $\pi(P_1)=\delta$，$\pi(P_2)=1-\delta$。

假定做市商还认为，在 $P=P_1$ 的情况下发生“交易者买入”（即做市商卖出）交易的概率为 γ_1，即 $\pi(B|P_1)=\gamma_1$；在 $P=P_2$ 的情况下发生“交易者买入”交易的概率为 γ_2，即 $\pi(B|P_2)=\gamma_2$；且有 $\gamma_2>\gamma_1$。

现在假定做市商收到了“交易者卖出”指令 S。则针对这一新的信息，做市商关于市场前景的后验概率分布为：

$$\pi(P_1|S)=\frac{\pi(S|P_1)\pi(P_1)}{\pi(S|P_1)\pi(P_1)+\pi(S|P_1)\pi(P_1)}$$

$$=\frac{(1-\gamma_1)\delta}{(1-\gamma_1)\delta+(1-\delta)(1-\gamma_2)}$$

$$\pi(P_2|S)=\frac{\pi(S|P_2)\pi(P_2)}{\pi(S|P_2)\pi(P_2)+\pi(S|P_2)\pi(P_2)}$$

$$=\frac{(1-\gamma_2)(1-\delta)}{(1-\gamma_1)\delta+(1-\delta)(1-\gamma_2)}$$

同理，如果假定做市商收到了“交易者买入”指令 B，则针对这一新的信息，做市商关于市场前景的后验概率分布为：

$$\pi(P_1|B)=\frac{\pi(B|P_1)\pi(P_1)}{\pi(B|P_1)\pi(P_1)+\pi(B|P_1)\pi(P_1)}=\frac{\gamma_1\delta}{\gamma_1\delta+(1-\delta)\gamma_2}$$

$$\pi(P_2|B)=\frac{\pi(B|P_2)\pi(P_2)}{\pi(B|P_2)\pi(P_2)+\pi(B|P_2)\pi(P_2)}=\frac{\gamma_2(1-\delta)}{\gamma_1\delta+(1-\delta)\gamma_2}$$

假定做市商根据自己关于某种金融资产的期望价值报出买入和卖出的价格。因此，我们有该做市商关于该金融资产的最新买入报价为：

$$P_1\pi(P_1|S)+P_1\pi(P_1|S)$$

而该做市商关于该金融资产的最新卖出报价为：

$$P_2\pi(P_2|B)+P_2\pi(P_2|B)$$

假定该做市商报出上述买卖价格以后，实际发生的交易为“交易者买入”，也即该做市商实际上成功地做出了一笔卖出金融资产的交易。则根据交易规则，该笔交易的成交价格应该等于做市商所报出的卖出价格 $P_1\pi(P_1|B)+P_2\pi(P_2|B)$。

在这笔交易的基础上，紧接着，如果该做市商又收到“交易者买入”的指令，则该做市商关于市场前景的最新后验概率分布为：

$$\pi(P_1|B,B)=\frac{\pi(P_1|B)\pi(B|P_1)}{\pi(P_1|B)\pi(B|P_1)+\pi(P_1|B)\pi(B|P_1)}$$

$$= \frac{\pi(P_1)\{\pi(B|P_1))\}^2}{\pi(P_1)\{\pi(B|P_1)\}^2+\pi(P_1)\{\pi(B|P_1)\}^2}$$

$$= \frac{\gamma_1^2\delta}{\gamma_1^2\delta+(1-\delta)\gamma_2^2}$$

$$\pi(P_2|B,B) = \frac{\pi(P_2|B)\pi(B|P_2)}{\pi(P_2|B)\pi(B|P_2)+\pi(P_2|B)\pi(B|P_2)}$$

$$= \frac{\pi(P)\{\pi(B|P)\}^2}{\pi(P_2)\{\pi(B|P_2)\}^2+\pi(P_2)\{\pi(B|P_2)\}^2}$$

$$= \frac{\gamma_2^2(1-\delta)}{\gamma_1^2\delta+(1-\delta)\gamma_2^2}$$

因此，该做市商关于该金融资产的最新卖出报价为：

$$P_1\pi(P_1|B,B)+P_2\pi(P_2|B,B)$$

如果该做市商收到的是“交易者卖出”的指令 S，则该做市商关于市场前景的最新后验概率分布为：

$$\pi(P_1|B,S) = \frac{\pi(P_1|B)\pi(S|P_1)}{\pi(P_1|B)\pi(S|P_1)+\pi(P_1|B)\pi(S|P_1)}$$

$$= \frac{\pi(P_1)\pi(B|P_1)\pi(S|P_1)}{\pi(P_1)\pi(B|P_1)\pi(S|P_1)+\pi(P_1)\pi(B|P_1)\pi(S|P_1)}$$

$$= \frac{(1-\gamma_1)\gamma_1\delta}{(1-\gamma_1)\gamma_1\delta+(1-\delta)\gamma_2(1-\gamma_2)}$$

$$\pi(P_2|B,S) = \frac{\pi(P_2|B)\pi(S|P_2)}{\pi(P_2|B)\pi(S|P_2)+\pi(P_2|B)\pi(S|P_2)}$$

$$= \frac{\pi(P)\pi(B|P)\pi(S|P_2)}{\pi(P_2)\pi(B|P_2)\pi(S|P_2)+\pi(P_2)\pi(B|P_2)\pi(S|P_2)}$$

$$= \frac{(1-\gamma_2)\gamma_2(1-\delta)}{(1-\gamma_1)\gamma_1\delta+(1-\gamma_2)\gamma_2(1-\delta)}$$

因此，该做市商关于该金融资产的最新买入报价为：

$$P_1\pi(P_1|B,S)+P_2\pi(P_2|B,S)$$

一般地，假定已经发生了 b 次“交易者买入”，s 次“交易者卖出”，则做市商关于市场前景的后验概率分布为：

$$\pi(P_1|B^b,S^s) = \frac{(1-\gamma_1)^s\gamma_1^b\delta}{(1-\gamma_1)^s\gamma_1^b\delta+(1-\delta)\gamma_2^b(1-\gamma_2)^s}$$

$$\pi(P_2|B^b,S^s) = \frac{(1-\gamma_2)^s\gamma_2^b(1-\delta)}{(1-\gamma_1)^s\gamma_1^b\delta+(1-\gamma_2)^s\gamma_2^b(1-\delta)}$$

则做市商关于该种金融资产的期望价值为：

$$E(P|B^b,S^s) = = P_1\pi(P_1|B^b,S^s) + P_2\pi(P_2|B^b,S^s)$$

现在假定该金融资产的真实价值为 P。我们要证明，这个时候的 $E(P|B^b,S^s)$ 收敛于真实价值 P。

在式 $\pi(P_2|B^b,S^s)/\pi(P_1|B^b,S^s) = (1-\gamma_2)^s\gamma_2^b(1-\delta)/(1-\gamma_1)^s\gamma_1^b\delta$ 的两边取对数，并分别除以 $b+s$，得：

$$\frac{1}{b+s}\log\left[\frac{\pi(P_2|B^b,S^s)}{\pi(P_1|B^b,S^s)}\right] = \frac{1}{b+s}\log\left(\frac{1-\delta}{\delta}\right) + \frac{b}{b+s}\log\left(\frac{\gamma_2}{\gamma_1}\right) + \frac{s}{b+s}\log\left(\frac{1-\gamma_2}{1-\gamma_1}\right)。$$

取 $(b+s) \to \infty$，根据强大数定理，我们有：

$$\frac{1}{b+s}\log\left[\frac{\pi(P_2|B^b,S^s)}{\pi(P_1|B^b,S^s)}\right] \to \gamma_1\log\left(\frac{\gamma_2}{\gamma_1}\right) + (1-\gamma_1)\log\left(\frac{1-\gamma_2}{1-\gamma_1}\right)^{(11)}$$

上式的右侧可以改写为：

$\gamma_1\log(\gamma_2) + (1-\gamma_1)\log(1-\gamma_2) - \gamma_1\log(\gamma_1) - (1-\gamma_1)\log(1-\gamma_1)$。根据熵的定义，我们有：

$$\gamma_1\log(\gamma_2) + (1-\gamma_1)\log(1-\gamma_2) < 0$$

$$-\gamma_1\log(\gamma_1) - (1-\gamma_1)\log(1-\gamma_1) > 0$$

再考虑到 $\gamma_2 > \gamma_1$，$\ln(\cdot)$ 为单调增函数，所以，我们有：

$$\gamma_1\log\left(\frac{\gamma_2}{\gamma_1}\right) + (1-\gamma_1)\log\left(\frac{1-\gamma_2}{1-\gamma_1}\right) < 0$$

进而有：$\frac{1}{b+s}\log\left[\frac{\pi(P_2|B^b,S^s)}{\pi(P_1|B^b,S^s)}\right] < 0$

只有当 $\log\left[\frac{\pi(P_2|B^b,S^s)}{\pi(P_1|B^b,S^s)}\right] \to \infty$ 的时候，上式才能成立。而这就需要有：

$$\left[\frac{\pi(P_2|B^b,S^s)}{\pi(P_1|B^b,S^s)}\right] \to 0$$

因此有，$\pi(P_2|B^b,S^s) \to 0; \pi(P_1|B^b,S^s) \to 1$。进而有：

$$\pi(P|B^b,S^s) = P_2\pi(P_2|B^b,S^s) + P_1\pi(P_1|B^b,S^s) \to P$$

可见，在做市商的贝叶斯学习过程中，依据后验概率计算出来的金融资产的价值期望值，即做市商的买卖报价必定收敛于该资产的真实价值。由于金融资产的真实价值相当于信息充分、对称的完全竞争均衡价值，因此，做市商的贝叶斯学习过程能够将市场信息反映到价格中去，该市场是有效的。

由于交易序贯发生，所以每期只发生一次交易。我们用时间变量 t 取代交易次数 $b+s$，则有：

$$\frac{1}{t}\log\left[\frac{\pi(P_2 \mid B^b, S^s)}{\pi(P_1 \mid B^b, S^s)}\right] \to \gamma_1 \log\left(\frac{\gamma_2}{\gamma_1}\right) + (1-\gamma_1)\log\left(\frac{1-\gamma_2}{1-\gamma_1}\right)$$

可见，如果依据贝叶斯定理计算所得到的后验概率独立同分布，则 $\pi(P_2 \mid B^b, S^s)/\pi(P_1 \mid B^b, S^s) \to 0$，从而 $\pi(P \mid B^b, S^s)$ 将以下式的速率按指数的方式收敛于零：

$$\gamma_1 \log\left(\frac{\gamma_2}{\gamma_1}\right) + (1-\gamma_1)\log\left(\frac{1-\gamma_2}{1-\gamma_1}\right) < 0$$

复习思考题

1. 什么叫先验概率分布和后验概率分布？
2. 简述贝叶斯决策理论的基本内容。
3. 阐述金融市场中做市商的定价机制。

第十章

市场风险的效用

本章摘要

效用函数在经济学中极具意义。正是由于效用函数的引入，使得我们能够将经济行为主体依据自身偏好的主观选择过程简化为求其效用函数的极大值过程。本章首先给出了效用函数的定义，证明了效用函数的存在性，进而分析了不同类型的投资者在效用函数上的不同特征。

关键词

偏好　效用函数　风险厌恶

面对客观存在的市场风险，不同的决策者可能会有完全不同的选择。其原因有两个：一个是决策者关于市场风险概率分布的主观判断不同，这与决策者所掌握的信息质量以及其对市场风险概率分布的分析判断能力有关。另一个就是决策者关于市场风险的主观效用评价不同。而决策者对于市场风险的主观评价主要取决于其性格、经济状况等因素。

在微观金融理论中，我们总是假定决策者有能力对市场风险的概率分布作出准确的主观判断。换句话说，面对同一个客观存在的市场风险，我们总是假定不同的决策者能够得出完全相同的概率分布。显然这里隐含有信息完备、对称的假定。这样一来，最终的决策选择是否相同也就完全取决于决策者对市场风险的主观评价是否一致了。

第一节　确定性环境下效用函数的存在性

（一）“弱偏好于”二维关系的引入

我们用 k 维向量 $X=(x_1,\cdots,x_k)$ 表示决策者所面临的任一可能的选择向量，并假定所有可能的选择向量的集合是一个凸集（用A表示）。这就意味着，对于任意两个可行的选择向量$X \in A$和$Y \in A$，决策者还可以选择它们的任一可能的线性组合。即对$\forall X \in A$，$Y \in A$，必有$aX + (1 - \alpha) Y \in A$，$\alpha \in [0,1]$。通常我们假定该凸集就是$R^k_+$，即$A = R^k_+$。

1. 效用（Utility）

效用乃行为人对于行为后果的主观心理感受，是消费者在消费财富（包括商品、服务或闲暇等）的过程中所获得的满足感。基于效用的这一定义，19 世纪的经济学家，例如 W. Stanley Jevons，Leon Walras 和 Alfred Marshall 等，均假定效用可以基数的方式计量和加总。现代的我们将与之相关的效用理论统称为基数效用论（Cardinal Utility）。

经济学中的决策者（或行为人）最终都是消费者。依据基数效用理论，获得最大化的效用是所有决策者决策的最终目的。由此，可以将投资行为理解为：出于未来能够获得更多数量可消费资源的目的，决策者对当前一部分消费的延迟行为。这样一来，从本质上理解，如何确定最优投资量的问题，也就是资源的跨时期配置问题，亦即等价于消费者怎样确定各期的财富配置以获得最大化效用的问题。

基数效用论的上述效用可计量假设的局限性显而易见。所以伴随着数学理论的发展，20 世纪以后的主流经济学逐步放弃了效用可以计量的假定，转而采用“决策者有能力将可选行动方案集合中的所有元素（行动方案）根据喜好程度进行排序”的假定。我们将以此为基础展开研究的效用理论统称为序数效用论（Ordinal Rtility）。

2. 偏好（Preference Relation）

偏好乃决策者关于一系列待选对象的优先选择顺序表（Preference Ordering Rank-ordered List）。我们可以用两维关系（Binary Relation）“弱偏好于”来叙述这个优先选择顺序表。并用符号“$\geqq$”或“R”表示“弱偏好于”的含义。例如，称“$X \geqq Y$”或“XRY”为决策者在可行选择X与可行选择Y之间“弱偏好于”X。其含义是，该决策者认为，X至少与Y一样地好。它包含“X与Y一样地好”或“X要好于Y”两层意思。

在两维关系“弱偏好于”的基础上，很容易引申出“严格偏好于”（用“$>$”或“P”表示）和“等价于”（用“$\sim$”或“I”表示）两种常见的二维关系。

可行选择X“严格偏好于”可行选择Y（表示为$X > Y$或XPY），等价于：$X \geqq Y$成立，但$Y \geqq X$不成立。

可行选择X“等价于”可行选择Y（表示为$X \sim Y$或XIY），等价于：$X \geqq Y$成立，同时$Y \geqq X$也成立。

因此，我们有：“$X \geqq Y$”$\Leftrightarrow X > Y$或$X \sim Y$。

（二）关于弱偏好关系的几个基本假定

1. 完备性（Completeness）

对于任意的可行选择 $X \in A$ 和 $Y \in A$，要么 $X \geqq Y$，要么 $Y \geqq X$，这两种情况应该至少有一个成立。

换个说法，完备性意味着，对于任意的可行选择 X 和 Y，要么 $X > Y$，要么 $Y > X$，要么 $X \sim Y$，这三种偏好排序中必有一个且仅有一个成立。

完备性假设实际上就是要求决策者有能力比较任意两个可行的选择方案，从而剔除了优柔寡断的决策者。并且，完备性还排除了不可比选择存在的可能性（可以将不可比的决策方案看做相互等价）。

2. 自返性（Reflexivity）

对于任意的可行选择 $X \in A$，$X \geqq X$ 必定成立。

自返性说的是，决策者不应该认为一个特定的选择方案比其自身还要差。自返性假定实际上是要求决策者能够明确掌握每一种可选择方案的本质及其所有可能的衍生形式。

3. 传递性（Transitivity）

对于任意的可行选择 $X \in A$、$Y \in A$ 和 $Z \in A$，如果有 $X \geqq Y$，$Y \geqq Z$，则必有 $X \geqq Z$。

如果说完备性和自返性要求决策者具有相当的判断能力，那么传递性则要求决策者的思维应当具有清晰的逻辑性。但在现实生活中，传递性并非总是成立。例如，我们可以说 20℃ ~201℃，201℃ ~202℃，…，99.9℃ ~100℃，但显然不能说 20℃ ~100℃。

尽管传递性存在明显的悖论，我们仍然假定决策者的思维必须满足这个特征。因为在更多的场合，一个不满足偏好传递性的决策者肯定会被别人怀疑脑子是否清醒。

对于任意一组可选择方案，如果决策者确定其喜好顺序的思维逻辑满足上述三个性质，我们便称该决策者具有“理性”的思维决策能力。在经济学中，一个以获得最大化效用为目标的理性决策者通常被称为“经济人”。

所谓理性的人（或经济人）包含两层含义：首先，这个人应该有一个明确的决策（或行为）目标。例如，消费者以消费效用的最大化为目标，厂商以利润最大为目标等。然后，这个人的决策思维应该确实、合理、条理清晰并具有连贯性（即满足上述三个性质）。

为了克服偏好逻辑难于直接分析处理的缺点，我们引入效用函数这个概念。效用函数的引入使得我们可以很方便地使用成熟的数学原理来分析偏好选择问题。例如，引入效用函数以后，消费者的最优消费选择问题便可简化为“在收入预算约束下求效用函数的极大值”问题。而这个条件极值问题的数学方法早已解决。

但是，关于弱偏好关系的上述三个性质并不能保证效用函数的存在。例如，字典序满足弱偏好关系的上述三个性质，但正如德布鲁（Debreu）所说的，不存在与字典序相对应的效用函数。

所谓字典序（Lexicographic Preference）指的是满足下列条件的偏好关系：对于任意的可选集合 $A=\{(x,y)\mid x\in[0,\infty],y\in[0,\infty]\}$，当且仅当“$x_1>x_2$”，或“$x_1=x_2$ 且 $y_1>y_2$”时，$(x_1,y_1)>(x_2,y_2)$，其中：$(x_1,y_1)\in A$，$(x_2,y_2)\in A$。

为了从满足上述三个性质的偏好关系中进一步剔除象字典序之类不能保证效用函数存在的偏好关系，我们需要继续添加几个假定以束紧对偏好关系的要求。

4. 连续性（Continuity）

对于任意的可行选择 $Y\in A$，集合$\{X\mid X\geqq Y\}$或集合$\{X\mid X\leqq Y\}$是闭集。相应地，集合$\{X\mid X>Y\}$或集合$\{X\mid X<Y\}$是开集。

粗略地说，偏好的连续性意味着，如果决策者认为可行选择 X 优于可行选择 Y，那么，与 X 非常相似的选择也应该优于 Y。或者说，任何不比 Y 好的可行选择序列的极限仍然不比 Y 好；任何不比 Y 差的可行选择序列的极限仍然不比 Y 差。

连续性要求决策者的思维必须具有连贯性，不能有跳跃或 180 度的急转弯，从而排除了像字典序之类的偏好关系。

我们以任意两个可行选择$(x_1,y_1)\in A$ 和$(x_2,y_2)\in A$ 为例。假定在横坐标是 x、纵坐标是 y 的直角坐标系中，(x_2,y_2)位于(x_1,y_1)的右下方。显然，依据字典序，尽管 $y_2<y_1$，但由于 $x_2>x_1$，所以$(x_2,y_2)>(x_1,y_1)$。再假定(x_3,y_3)是(x_2,y_2)右恻、(x_1,y_1)正下方的一个水平极限点，则依据字典序，在由(x_2,y_2)水平趋向于(x_3,y_3)的过程中，其所路经的每一个点都要优于(x_1,y_1)。但在(x_3,y_3)点处，由于 $x_1=x_3$，$y_1>y_3$，所以(x_3,y_3)却劣于(x_1,y_1)。可见，字典序不满足偏好的连续性。

5. 单调性（Monotonicity）

$\forall X\in A$，$Y\in A$，如果 $X>Y$，则必定有 $X>Y$。其中，k 维向量 $X>Y$ 指的是：$(x_1,x_2,\cdots,x_k)>(y_1,y_2,\cdots,y_k)$，即 $x_i\geqq y_i$，$\forall i=1，2，\cdots，k$，且至少有一项严格大于号成立。

单调性意味着决策者具有多多益善的偏好特征，它将保证效用函数的一次导数为正，即效用函数是一种严格单调递增的函数。

6. 局部非厌足性（Local Nonsatiation）

所谓厌足，是指决策者有一个特定的最佳选择，对其他选择的偏好视其与该最佳选择的差异程度而定，与这个最佳选择越接近的选择组合，其效用水平越高。而局部非厌足性即是排除了这种无约束最佳选择的存在。也就是说，无论在哪一种情景下，如果不存在选择的限制，则决策者总能够从拟选组合适当的细微变化中获得更多的效用。即：

$\forall X\in A$，$\varepsilon>0$，必定存在 $Y\in A$，使得$|X-Y|<\varepsilon$，且 $Y>X$。

7. 凸性（Convexity）

(1) $\forall X\in A$，$Y\in A$ 和 $Z\in A$，如果有 $X\geqq Z$，$Y\geqq Z$，则对于任意的 $\alpha\in(0,1)$，必有 $\alpha X+(1-\alpha)Y\geqq Z$。或者说，$\forall X\in A, Y\in A$ 及 $\alpha\in(0,1)$，若 $X\geqq Y$，则必定有 $\alpha X+(1-\alpha)Y\geqq Y$。

满足上述性质的偏好关系“≧”，被称为具有弱凸性的偏好关系。

推论1：偏好关系“≧”具有弱凸性，当且仅当对于任意的 $Z\in A$，集合 $\{X\in A, X\geqq Z\}$ 是凸集。

证明：首先，假定偏好关系“≧”具有弱凸性，我们要证明：对于任意的 $Z\in A$，集合 $\{X\in A, X\geqq Z\}$ 是凸集。

任意给定 $E\in\{X\in A, X\geqq Z\}$，$Y\in\{X\in A, X\geqq Z\}$ 和 $\alpha\in(0,1)$，并记 $W(\alpha)=\alpha E+(1-\alpha)Y$。根据偏好关系“≧”的完备性假定，必定有 $E\geqq Y$ 或者 $Y\geqq E$ 成立。但无论哪一种情况成立，根据偏好关系“≧”的弱凸性假定，必定有 $W(\alpha)\geqq Z$，即 $W(\alpha)\in\{X\in A, X\geqq Z\}$。这说明，$\{X\in A, X\geqq Z\}$ 是一个凸集合。

然后，假定对于任意的 $Z\in A$，集合 $\{X\in A, X\geqq Z\}$ 都是凸集，我们要证明：其中的偏好关系“≧”具有弱凸性。

任意给定 $E\in A$，$Y\in A$ 和 $\alpha\in(0,1)$，假定 $E\geqq Y$，并记 $W(\alpha)=\alpha e+(1-\alpha)Y$。由于 $E\in\{X\in A, X\geqq Y\}$，$Y\in\{X\in A, X\geqq Y\}$ 且 $\{X\in A, X\geqq Y\}$ 是一个凸集，因此 $W(\alpha)\in\{X\in A, X\geqq Y\}$，即 $\alpha E+(1-\alpha)Y\geqq Y$。可见，偏好关系“≧”具有弱凸性。

推论2：偏好关系“≧”具有弱凸性，当且仅当对于任意的 $Z\in A$，集合 $\{X\in A, X>Z\}$ 是凸集。

证明：首先，假定偏好关系“≧”具有弱凸性，我们要证明：对于任意的 $Z\in A$，集合 $\{X\in A: X>Z\}$ 是凸集。

任意给定 $E\in\{X\in A, X>Z\}$，$Y\in\{X\in A, X>Z\}$ 和 $\alpha\in(0,1)$，并记 $W(\alpha)=\alpha E+(1-\alpha)Y$。根据偏好关系“≧”的完备性假定,必定有:$E\geqq Y$ 或者 $Y\geqq E$ 成立。于是,再根据偏好关系“≧”的弱凸性假定,必定有 $W(\alpha)\geqq Y>Z$ 或者 $W(\alpha)\geqq E>Z$。进而根据传递性假定，必定有 $W(\alpha)>Z$，即 $W(\alpha)\in\{X\in A, X>Z\}$。因此，$\{X\in A, X>Z\}$ 是一个凸集合。

然后，假定对于任意的 $Z\in A$，集合 $\{X\in A: X>Z\}$ 都是凸集，我们要证明：其中的偏好关系“≧”具有弱凸性。

任意给定 $E\in A$，$Y\in A$ 和 $\alpha\in(0,1)$，假定 $E\geqq Y$，并记 $W(\alpha)=\alpha E+(1-\alpha)Y$。我们用反证法，即假定 $W(\alpha)\geqq Y$ 不成立。也就是说，假定 $Y>W(\alpha)$ 成立。

于是，$E\geqq Y>W(\alpha)$。这说明 $E\in\{X\in A, X>W(\alpha)\}$，$Y\in\{X\in A, X>W(\alpha)\}$。由于 $\{X\in A, X>W(\alpha)\}$ 是一个凸集，因此应该有 $\alpha E+(1-\alpha)Y=W(\alpha)\in\{X\in A, X>$

$W(\alpha)\}$，即 $W(\alpha)>W(\alpha)$。而这是不可能的。因此 $Y>W(\alpha)$ 不成立，于是 $W(\alpha)\geqq Y$ 应该成立。可见，偏好关系“$\geqq$”具有弱凸性。

（2）$\forall X\in A$，$Y\in A$ 和 $Z\in A$，如果有 $X>Z$，$Y>Z$，则对于任意的 $\alpha\in(0,1)$，必有 $\alpha X+(1-\alpha)Y>Z$。或者说，$\forall X\in A, Y\in A$ 及 $\alpha\in(0,1)$，若 $X>Y$，则必定有 $\alpha X+(1-\alpha)Y>Y$。

满足上述性质的偏好关系“$\geqq$”，被称为具有凸性的偏好关系。

推论1：具有凸性的偏好关系未必满足弱凸性；具有弱凸性的偏好关系也未必满足凸性。但对于满足连续性的弱偏好关系来说，凸性蕴含着弱凸性，亦即连续凸偏好必然是弱凸的。

证明：任意给定 $X\in A$，$Y\in A$ 和 $\alpha\in(0,1)$，$X\geqq Y$，并记 $W(\alpha)=\alpha X+(1-\alpha)Y$，假定满足连续凸偏好，欲证 $W(\alpha)\geqq Y$。

我们采用反证法，即假定 $Y>W(\alpha)$，则根据偏好的传递性假设，必有 $X>W(\alpha)$。则根据偏好关系“$\geqq$”的凸性假定，对于任意的 $Z\in\{\beta X+(1-\beta)W(\alpha),\ \beta\in(0,1)\}$，必定有 $Z>W(\alpha)$。

不难理解，一定存在 θ，使得式 $W(\alpha)\in\{\theta Y+(1-\theta)Z,\ \theta\in(0,1)\}$ 成立。则当 $Z>Y$ 的时候，根据偏好关系“$\geqq$”的凸性假定，必有 $W(\alpha)>Y$。但这与 $Y>W(\alpha)$ 的假定矛盾。而当 $Y>Z$ 的时候，根据偏好关系“$\geqq$”的凸性假定，必有 $W(\alpha)>Z$，这又与 $Z>W(\alpha)$ 的结论矛盾。所以必定有 $Z\sim Y$。

既然 $\{\beta X+(1-\beta)W(\alpha),\ \beta\in(0,1)\}$ 中的所有方案都与 Y 等价，再考虑到偏好关系“$\geqq$”的连续性假定，X 和 W（α）与 Y 也是等价的，这就与 $X>W(\alpha)$ 的假定矛盾。

可见，$Y>W(\alpha)$ 不可能成立。从而必定有 $W(\alpha)\geqq Y$。因此，满足凸假定的连续偏好关系“$\geqq$”必定满足弱凸性的假定。

推论2：当决策者的偏好具有连续性和凸性的时候，对于任意两个不同的无差异方案 X 和 Y，要么所有的加权平均方案 $\{\alpha X+(1-\alpha Y), \forall\alpha\in(0,1)\}$ 都与原来的方案 X 或 Y 无差异，要么所有的加权平均方案都比原来的方案 X 或 Y 更好。不可能出现一些加权平均方案与原来的方案无差异，而另一些加权平均方案比原来的方案更好的情况。

证明：$\forall X,Y\in A, X\neq Y, X\sim Y$，根据弱偏好的假定，$\{\alpha X+(1-\alpha)Y, \alpha\in(0,1)\}$ 中的任意一个方案都不会比 X 或 Y 差。如果 $\{\alpha X+(1-\alpha)Y, \alpha\in(0,1)\}$ 中确实有一个方案优于 X 和 Y，则偏好关系“$\geqq$”的凸性假定意味着 $\{\alpha X+(1-\alpha)Y, \alpha\in(0,1)\}$ 中的任意一个方案都要优于 X 和 Y。因此，要么 $\alpha X+(1-\alpha Y)\sim Y$，$\forall\alpha\in(0,1)$；要么 $\alpha X+(1-\alpha Y)>Y, \forall\alpha\in(0,1)$。

（3）$\forall X\in A$，$Y\in A$ 及 $\alpha\in(0,1)$，若 $X\geqq Y$，$X\neq Y$，则必定有 $\alpha X+(1-\alpha)Y>Y$。或者说，$\forall X\in A$、$Y\in A$ 和 $Z\in A$，如果有 $X\geqq Z$，$Y\geqq Z$，$X\neq Y\neq Z$，则对于任意的

$\alpha \in (0,1)$，必有 $\alpha X + (1-\alpha) Y > Z$。

满足上述性质的偏好关系“≧”，被称为具有严格凸性的偏好关系。

显然，严格凸偏好必定是凸偏好，也必定是弱凸偏好。

推论3：严格凸偏好下的任何无差异类都不包含有非单点的非空凸子集。

证明：假如 X 的无差异类 $\{Y \in A, Y \sim X\}$ 包含有非单点的非空凸子集，则在该凸集中任取两个不同的点 E 和 Z，并令 $W = 0.5E + 0.5Z$。根据偏好的严格凸性假定，必定有：$W > E \sim Z \sim X$。从而有：$W > X$。这就与 $W \in \{Y \in A, Y \sim X\}$，从而 $W \sim X$ 矛盾。可见，X 的无差异类 $\{Y \in A, Y \sim X\}$ 中不可能包含非单点的非空凸子集。也就是说，严格凸偏好下的 X 的无差异类不会包含任何直线段。

偏好的凸性假定反映了决策者喜欢多样性的实证经验。例如，假如消费者认为消费2公斤的苹果好于消费2公斤的香蕉，则其很可能会认为同时消费1公斤的苹果和1公斤的香蕉要好于消费2公斤的香蕉。

在二维空间中，凸性假定使得决策者的效用无差异曲线凸向原点，这个特征与现实生活中客观存在的边际消费替代率递减规律（Diminishing Marginal Rates of Consumption Substitution）或者边际效用递减规律是一致的。

满足凸偏好假定的效用函数具有拟凹性。所以，只要决策者的预算约束集不是凹的，一个可行的选择作为最优解只需要满足效用最大化的一阶必要条件即可。且在严格拟凹性的假定下，这个最优解具有唯一性。可见，偏好的严格凸性假定会大大简化分析的过程。

（三）序数效用函数（Ordinary Utility Function）的定义

令 $A = R_+^k$ 为所有的可行选择的集合。如果对于任意的可行选择 $X \in A$ 和 $Y \in A$，总有下列关系成立：

$$X \geqq Y \Leftrightarrow U(x) \geqslant U(Y)$$

则称函数关系 U：$A \to R$ 是一个代表了偏好关系≧的效用函数。（其中，R 为实数集。）

一个序数效用函数的正单调变换（Positive Monotonic Transformation，单调递增）仍然代表同样的偏好结构。因此，序数效用函数只能用来表示偏好顺序。任意两个可行选择效用值之间的差额大小并不能反映决策者对这两个可行选择偏好差异的程度。所以尽管我们也将 $\partial u(x)/\partial x_i$ 定义为决策者关于第 i 个评价指标的边际效用，但 $U(x)$ 及 $\partial u(x)/\partial x_i$ 的取值本身实际上并无经济含义。

根据序数效用函数的定义，假定 $U(X)$ 是一个效用函数，则任取其严格单调递增的函数 $G[U(X)]$，它也是该决策者的一个效用函数。显然有：

$$MRS_{ij} = -\frac{\partial[u(x)]/\partial x_i}{\partial[u(x)]/\partial x_i} = -\frac{G'(u)u_i(x)}{G'(u)u_j(x)} = -\frac{u_i(x)}{u_j(x)}$$

可见，尽管序数效用函数及其相应的边际效用不具有唯一性，效用的边际替代率（MRS）却是唯一的。同时，尽管$\partial u(x)/\partial x_i$的取值并无经济含义，但 MRS 却含有经济意义。因此，就像边际效用概念在基数效用理论中的地位一样，边际替代率是序数效用理论当中的一个基础性概念。

（四）效用函数的存在性定理

（1）如果假定待选决策集合 A 中只有有限或可数个决策方案，且定义在该集合上的偏好关系≧具有完全性、自返性和传递性，则必定存在一个能够代表该偏好顺序的效用函数 U：$A\rightarrow R$，使得下列关系总是成立：

$$X \geqq Y \Leftrightarrow U(x) \geqslant U(Y)$$

证明：当 A 中只有两个待选决策方案时，显然存在函数 U：$A\rightarrow R$ 满足效用函数的基本要求。

递推地，假定在 A 中有 N 个待选决策方案时，仍然存在效用函数 U：$A\rightarrow R$。现在要证明，在 A 中上述 N 个待选决策方案的基础上，再添加一个可选方案，即总共存在 $N+1$ 个待选方案的时候，效用函数 U：$A\rightarrow R$ 仍然成立。

不失一般性，我们假定 A 中原有的 N 个待选决策方案满足 $X_1 \leqq X_2 \leqq \cdots \leqq X_N$。由于已假定存在效用函数 U：$A\rightarrow R$，因此，必定有 $U(X_1) \leqslant U(X_2) \leqslant \cdots \leqslant U(X_N)$。进而根据偏好的完备性假定，必定有 $X_k \leqq X_{N+1} \leqq X_{k+1}$，或者 $X_{N+1} \leqq X_1$，或者 $X_N \leqq X_{N+1}$。其中 $k \in [1, N-1]$，且满足 $X_{k+1} \geqq X_k$。

我们这样来定义 X_{N+1} 的效用函数值 $U(X_{N+1})$：

当 $X_{N+1} > X_N$ 时，$U(X_{N+1}) = U(X_N) + 1$；当 $X_{N+1} \sim X_N$ 时，$U(X_{N+1}) = U(X_N)$；当 $X_{N+1} \sim X_{k+1}$ 时，$U(X_{N+1}) = U(X_{k+1})$；当 $X_{N+1} > X_k$ 时，$U(X_{N+1}) = U(X_k)$；当 $X_{k+1} > X_{N+1} > X_k$ 时，$U(X_{N+1}) = 0.5[U(X_k) + U(X_{k+1})]$；当 $X_{N+1} \sim X_1$ 时，$U(X_{N+1}) = U(X_1)$；当 $X_1 > X_{N+1}$ 时，$U(X_{N+1}) = U(X_1) - 1$。

由此，我们将效用函数 U：$A\rightarrow R$ 的定义域从由 N 个元素组成的集合扩展到由 $N+1$ 个元素组成的集合，并且效用函数的特性保持不变。即对任意的 X_i，$X_j \in A, i,j = 1, 2, \cdots, N+1$，且 $X_i \geqq X_j$，必定有 $U(X_i) \geqslant U(X_j)$。

因此，定义在仅包含有限或可数个元素的集合上的偏好关系必定可以用效用函数 U：$A\rightarrow R$ 表出。

不过，在 A 中包含有无限不可数个待选方案的时候，上述结论不一定成立。例如在字典序下便不存在相应的效用函数。这也正是我们引入偏好连续性假定的原因。

（2）如果消费者在可行选择集 A 上的偏好关系"≧"具有完全性、自返性、传递性和连续性，则必定存在一个能够代表该偏好顺序的连续效用函数 U：$A\rightarrow R$。

证明：对于任意的 $x \in A$，称 $I(x) = \{y \in A, y \sim x\}$ 为 x 的无差异集。不难理解，A 中

的每一个元素应恰好属于某一个无差异集，也就是说，用无差异集可以将 A 划分。

令 $B(x)=\{y\in A, y\geqq X\}$ 和 $W(x)=\{y\in A, y\leqq X\}$，根据偏好的连续性，这两个分别比 x 更好的可行选择集和比 x 更差的可行选择集应该都是闭的。这样，A 中任一个元素的无差异集应该是一对比该元素更好的集合和更差的集合的共同边界，我们称其为该元素的无差异曲线（面）。

我们可以通过给每个无差异集指定不同的数值相对应的方法来构造效用函数。由于无差异集将 A 划分，因此，这样做便能将可选择集合 A 中的每一个元素都赋予一个（效用）数值。例如，在二维空间中，若每条无差异曲线与 45 度线 D 只相交一次，我们就可以交点的坐标作为相应无差异曲线的效用数值。

因此定义效用函数为：

$$U(x)=\gamma_x$$

其中，γ_x 满足 $\gamma_x e\sim x$，e 为 k 维单位向量，而 k 是可选择集 A 的维数。

我们令 D 为 $A=R_+^k$ 中每维元素的数量均相同的那些可选方案集合，即 $D=\{x\in R_+^k, x=\gamma e, \forall\gamma\in R_+\}$，因此 D 与 R_+ 之间存在一一对应的关系。这样，$\forall x\in A$，必定对应 R_+ 中的两个子集：$\Gamma_B=\{\gamma\in R_+, \gamma e\geqq x\}$ 和 $\Gamma_W=\{\gamma\in R_+, \gamma e\leqq x\}$。

根据偏好的单调性，上述两个集合都不是空集，因为满足 $\gamma\geqslant\max(x_i)$ 的 γ 肯定在 Γ_B 中，而 Γ_W 中至少包含满足 $\gamma>\min(x_i)$ 的 γ。其中，x_i 为 x 中的第 i 个分量，$i=1, 2, \cdots, k$。而且显然，$\Gamma_B\cup\Gamma_W=R_+$。

令 $\{\gamma_n\}$ 是极限为 γ 的非负实数收敛序列，并假定对所有的 n，$\gamma_n\in\Gamma_B$，则 $\{Y_n, Y_n\sim\gamma_n e\}$ 是包含在 $B(x)$ 中收敛于 γe 的组合序列。

由于根据偏好的连续性，$B(x)$ 为闭集，所以 $\{Y_n\}$ 的极限 γe 也属于 $B(x)$。也就是说，$\gamma e\geqq x\in B(x)$。这意味着，$\gamma\in\Gamma_B$。所以，Γ_B 是闭的。同理也可以证明 Γ_W 为闭的。

由于 Γ_B 和 Γ_W 为闭的，并且 $\Gamma_B\cup\Gamma_W=R_+$，再考虑到 $R_+=(0,\infty)$ 是连通的（即没有空缺），因此，这两个集合必定至少拥有一个共同点，即至少存在一个 $\gamma_y=\gamma_x$，使得 $\gamma_x e\sim x$。

但根据偏好的单调性，若 $\gamma_y e\sim x$ 且 $\gamma_x e\sim x$，则必有 $\gamma_y=\gamma_x$。因此，$I(x)$ 与 D 的交点应该是唯一的。

下面我们证明采用上述方法定义的效用函数为递增函数。

从 A 中任取两个组合 x 和 y。根据上述效用函数的构造方法，我们有：

$$U(x)=\gamma_x,\ \gamma_x e\sim x \text{ 及 } U(y)=\gamma_y,\ \gamma_y e\sim y。$$

如果 $\gamma_x e\sim x\geqq\gamma_y e\sim y$，根据偏好的单调性，则必有 $\gamma_x\geqslant\gamma_y$，从而有 $U(x)\geqslant U(y)$。同时也是根据偏好的单调性，应该有 $x\geqslant y$。因此，采用上述方法定义的效用函数为可

选集 A 的递增函数。

最后，我们证明效用函数的连续性。

任取两个正的实数 γ_x 和 γ_y，且 $\gamma_x<\gamma_y$，现在我们求效用函数值在 $[\gamma_x,\gamma_y]$ 范围内的逆像：

$$\begin{aligned}U^{-1}[\gamma_x,\gamma_y] &= \{c\in R_+^k,\ U(\gamma_x e)\leqslant U(c)\leqslant U(\gamma_y e)\}\\ &= \{c\in R_+^k,\gamma_x e\leqq c\leqq \gamma_y e\}\\ &= B(\gamma_x e)\cap W(\gamma_y e)\end{aligned}$$

考虑到偏好的连续性，$B(\gamma_x e)$ 和 $W(\gamma_y e)$ 均为闭集，则 $U^{-1}[\gamma_x,\gamma_y]$ 也应该是闭的，这就证明了采用上述方法定义的效用函数具有连续性。

由于 $B(x)=\{y\in A,y\geqq X,\forall x\in A\}$ 是闭的凸集，因此根据拟凹性的定义，效用函数具有拟凹性。

第二节 风险环境下的效用函数

一、风险决策环境的引入

前面我们分析的是确定环境下的偏好以及与之相应的效用函数，现在我们准备研究风险环境下决策者的选择行为。

纯理论地，可以将未来的状况划分为确定性的、存在风险的和不确定性的三种类型。确定性的未来不存在任何随机性；对于风险型的未来，决策者可以准确判定可能出现的各种结果及其发生的客观概率（Objective Probability）；而对于不确定型的未来，决策者不能够确定其未来可能出现的各种结果或者各种结果发生的客观概率。

不过，设法确定出不同决策在未来可能出现的各种后果以及相应的概率分布（也就是设法将不确定型的问题转化为风险型的问题）是决策前期不可逾越的基础性工作，否则绝大多数的决策问题不可能获得较好的解决。另外，在绝大多数场合，我们实际上不可能知晓随机事件的客观概率，而只能确定出主观概率。所以在这里，我们总是假定已经明确了每一个决策在未来可能出现的各种结果，并且至少已经确定出相应的主观概率分布。并不再强调风险型决策和不确定型决策之间的差异，而是将这两种类型的决策统称为不确定型决策或风险型决策。

（一）彩票（Lottery）与彩票空间

1. 简单彩票（Simple Lottery）

为了理解的方便，我们将不确定性环境下的决策视同摸彩票的行为。假定某彩票的各种可能的结果为 C_i，相应的概率为 π_i，其中 $i=1,2,\cdots,n$。则可将该彩票记为 $L=$

$(C_1, C_2, \cdots, C_n; \pi_1, \pi_2, \cdots, \pi_n)$，或简记为 $L=(\pi_1,\pi_2,\cdots,\pi_n)$，并称该种彩票为简单彩票。显然，彩票的性质由彩票的可能结果及其相应的概率分布共同决定。

2. 复合彩票（Compound Lottery）、引至彩票（Reduced Lottery）与彩票空间

复合彩票的各种可能的结果不是确定的 C_i，而是各种形式的简单彩票 L_i。通过概率的乘法和加法运算，可以将复合彩票改写成简单彩票的形式，并称其为引至彩票。

例如，假定有简单彩票 $L_1=(\pi_1^1,\pi_2^1;x_1,x_2)$，简单彩票 $L_2=(\pi_1^2\pi_2^2;x_1,x_2)$，复合彩票 $L=(\pi_1,\pi_2;L_1,L_2)$，则有 L 的引至彩票 $[(\pi_1\pi_1^1+\pi_2\pi_1^2),(\pi_1\pi_2^1+\pi_2\pi_2^2),x_1,x_2]$。

含有三个以上可能结果的彩票都可以用具有两种可能结果的彩票来构造。因此，含有两种可能结果的彩票形式具有一般性。例如，假定 $(\pi, q, r; x, y, z)$ 代表以概率 π、q、r 分别获得 x、y、z 的一张彩票，$\pi+q+r=1$。我们可以这样来重新构造这张彩票：$[\pi,1-\pi;(Q;x,y),z] \sim (\pi,q,r;x,y,z)$。这只需要令 $\pi Q=\pi$；$\pi(1-Q)=q$；$1-\pi=r$ 即可。

所有可选彩票的集合构成所谓的彩票空间£ 。

（二）决策者在风险环境下决策的几个基本假定

（1）完备性假定。即对任意一组彩票，决策者都能使用“弱偏好序”很明确地给出自己的偏好顺序。

（2）假定决策者仅对引至彩票的最终形式感兴趣。亦即如果一个复合彩票的引至彩票与另外一个简单彩票的形式完全相同，则决策者会认为该复合彩票与简单彩票等价。这一假定相当于前面我们在论证确定性环境下的效用函数时所设定的自返性假定。

（3）传递性假定。即对任意的 L，L'，$L''\in$ £ ，若 $L \geqq L'$，$L' \geqq L''$，则必有 $L \geqq L''$。

（4）独立性或替代性（Independence or Substitution）假定。

独立性或替代性假定是指，对于任意的 L，L'，$L''\in$ £ 和 $\alpha\in(0,1)$，必定有：

$$L \geqq L' \Leftrightarrow \alpha L+(1-\alpha)L'' \geqq \alpha L'+(1-\alpha)L''$$

粗略地说，亦即决策者在两项彩票间的相对偏好关系不受其他潜在替代选择的影响。

一般地说，独立性假定并不符合确定性决策下的情况。例如，在选择穿哪件外衣的时候，决策人必须考虑其既有衬衣的特点，这说明外衣的选择不具有独立性。再例如，如果让一位食客仅在西红柿炒鸡蛋与蘑菇炖肉这两道菜之间选择的话，他很可能会选择吃西红柿炒鸡蛋。但若被告知还会给他添加一道西红柿鸡蛋汤的话，他就很可能会转而选择蘑菇炖肉与西红柿鸡蛋汤的搭配了。

但当决策者在不确定环境下从备选方案中选择时，其所选择的方案实际上只有一种，并不存在多个方案搭配组合的问题。也就是说，该食客只是依一定的概率可能获得西红柿鸡蛋汤的馈赠，实际上，能否喝到这道汤尚未可知。这个时候再让他在西红柿炒

鸡蛋与蘑菇炖肉这两道菜之间选择的话，他就很可能不考虑汤的因素了。因此，在不确定环境下，关于其中任两个方案的选择不受其他方案影响的假定具有相当的合理性。

不过，在不确定环境下，对彩票偏好的独立性假定并非总是成立。Allais 悖论就是一个有名的质疑独立性的经验性研究。

Allais 设计了下列四张彩票供人选择：A：（1，0；1 万元，0 万元）；B：（0.1，0.89，0.01；5 万元，1 万元，0 万元）；C：（0.1，0.9；5 万元，0 万元）；D：（0.11，0.89；1 万元，0 万元）。

Allais 在实验中发现，绝大多数人在 A 和 B 中选择 A，在 C 和 D 中选择 C。但这个结果违背了对彩票偏好的独立性假定。

事实上，$A=(1,0;1\text{ 万元},0\text{ 万元})\sim(0.11,0.89;1,1)$；$B=\left[0.11,0.89;\left(\frac{1}{11},\frac{10}{11};0,5\right),1\right]$。因此，绝大多数人在 A 和 B 中偏好 A 意味着他们认为：$(0.11,0.89;1,1)\geqq B=\left[0.11,0.89;\left(\frac{1}{11},\frac{10}{11};0,5\right),1\right]$

则由独立性假设可以推断，对他们来说，$1\geqq\left(\frac{1}{11},\ \frac{10}{11};\ 0,\ 5\right)$。

不过，如果这个推论正确的话，再由独立性假设，应该有：

$$(0.11,0.89;1,0)\geqq\left[0.11,0.89;\left(\frac{1}{11},\frac{10}{11};0,5\right),0\right]。$$

由于$(0.11,0.89;1,0)=\mathrm{D}$，$\left[0.11,\ 0.89;\ \left(\frac{1}{11},\ \frac{10}{11};\ 0,\ 5\right),\ 0\right]=C$，所以依据独立性假设，当 $A\geqq B$ 的时候，应该有 $D\geqq C$，而不是 $C\geqq D$。

（5）阿基米德性（Archimedean Axiom）

对于任意的 L，L'，$L''\in\pounds$ 且 $L>L'>L''$，必存在实数 $\alpha,\beta\in(0,1)$，$\alpha>\beta$，使得：

$$\alpha L+(1-\alpha)L''>L'>\beta L+(1-\beta)L''$$

阿基米德性假定意味着不存在无限好或无限差的彩票。因为由上式的左半部分 $\alpha L+(1-\alpha)L''>L'$ 可以看出，L'' 不会无穷地不好，即不存在 $U(L'')\to-\infty$，否则 $U[(1-\alpha)L'']\to-\infty$，式 $\alpha L+(1-\alpha)L''>L'$ 就不可能成立。同样地，L 也不会无限地好，即不存在 $U(L)\to\infty$，否则 $U(\beta L)\to\infty$，式 $L'>\beta L+(1-\beta)L''$ 就不可能成立。

不过，如果某个彩票的某个后果是决策者的死亡，像这类的彩票难道不是最不好的吗？我们说，即使有死亡的可能也不至于最不好。

我们考虑一个横穿马路的人。假定不过马路，其目的就 100% 地达不到。假定横穿马路，根据统计资料，死亡率为 10^{-8}。如果死亡的效用为（$-\infty$）的话，则无论死亡的概率多么小，只要不为零，过马路的期望效用都是无穷小，人们便不会选择横穿马路。反过来，只要有人选择横穿了马路，便说明对他来说死亡并不是无限地不好。

再举一个注射疫苗的例子。假定在某地区感染某疾病死亡的概率为 10^{-8}。注射相应疫苗的费用为 10 元钱。如果死亡的效用为无穷小的话，任何人都将放下一切事情去接种疫苗。反过来，如果有人以种种借口不接种，便说明对他来说死亡的效用是一个有限的数。

（6）在独立性假设的基础上，我们进一步地引申出保序性（Order Preserving）。

我们称决策者在弱偏好下的这一性质为保序性：

对于任意的 X，$Y \in £$ 且 $X > Y$，以及任意的 $\alpha, \beta \in [0,1]$，如果 $\alpha > \beta$，则必有 $\alpha X + (1-\alpha) Y > \beta X + (1-\beta) Y$，反之也成立。即 $\alpha > \beta \Leftrightarrow \alpha X + (1-\alpha) Y > \beta + (1-\beta) Y$。

现在我们在（0，1）的范围内任意给定两个数 α 和 β，并假定 $\alpha > \beta$。则对于任意的 $X, Y \in £$ 且 $X > Y$，根据独立性假定有：$\alpha X + (1-\alpha) Y > \alpha Y + (1-\alpha) Y = Y$。

显然，在 $\alpha > \beta$ 的假定下，有 $0 < \dfrac{\alpha - \beta}{\alpha} \leqslant 1$ 且 $0 \leqslant \dfrac{\beta}{\alpha} < 1$。进而根据独立性假定有：

$$\begin{aligned}\alpha X + (1-\alpha) Y &= \frac{\alpha - \beta}{\alpha}[\alpha X + (1-\alpha) Y] + \frac{\beta}{\alpha}[\alpha X + (1-\alpha) Y] \\ &> \frac{\alpha - \beta}{\alpha} Y + \frac{\beta}{\alpha}[\alpha X + (1-\alpha) Y] = \beta X + (1-\beta) Y。\end{aligned}$$

即对于任意的 X，$Y \in £$ 且 $X > Y$，如果 $\alpha > \beta$，则必定有 $\alpha X + (1-\alpha) Y > \beta X + (1-\beta) Y$。

反过来，如果 $\alpha X + (1-\alpha) Y > \beta X + (1-\beta) Y$ 成立，则必定有 $\alpha > \beta$。否则，如果 $\alpha = \beta$，则必有 $\alpha X + (1-\alpha) Y \sim \beta X + (1-\beta) Y$；如果 $\alpha < \beta$，则必有 $\beta X + (1-\beta) Y > \alpha X + (1-\alpha) Y$。这两个结果都与前提矛盾。

可见，独立性或替代性假定蕴含着保序性。

（7）在独立性假定和阿基米德性假定的基础上，我们可以引申出中值性（Intermediate Value）。

我们称决策者在弱偏好下的这一性质为中值性：

对于任意的 X，Y，$Z \in £$ 且 $X > Y > Z$，存在 $a \in [0,1]$，使得 $Y \sim aX + (1-a)Z$。

我们可以证明：独立性假定和阿基米德性假定包含了中值性。

首先，假定不存在 $a \in [0,1]$，对于任意的 X，Y，$Z \in £$ 且 $X > Y > Z$，使得 $Y \sim aX + (1-a)Z$。则根据弱偏好关系的完备性假定，对于任意的 $a \in [0,1]$，或者 $Y > aX + (1-a)Z$，或者 $aX + (1-a)Z > Y$，这两个式子必定有一个成立。

令 $M = \{a \in [0,1], Y > aX + (1-a)Z\}$，$N = \{a \in [0,1], aX + (1-a)Z > Y\}$。显然，

$0\in M$，$1\in N$ 且 $M\cap N=\varnothing$，$M\cup N=[0,1]$。

设 $M=[0,a^*)$，$N=[a^*,1]$，其中 $a^*\in(0,1)$，则有 $a^*X+(1-a^*)Z>Y$。于是根据阿基米德性假定，必存在实数 $\alpha\in(0,1)$，使得 $\alpha[a^*X+(1-a^*)Z]+(1-\alpha)Z>Y$。由 N 的定义知，$\alpha a^*\geqslant a^*$。而这个结论与 $\alpha\in(0,1)$ 的前提矛盾。因此必定存在 $a\in[0,1]$，对于任意的 X，Y，$Z\in £$ 且 $X>Y>Z$，使得 $Y\sim aX+(1-a)Z$。

现在我们证明满足上述结论的 a 是唯一的。

假定存在 $a'\in(0,1)$，$a'\neq a$，使得 $Y\sim a'X+(1-a')Z$。如果 $a'>a$，则根据保序性假定，必定有：$a'X+(1-a')Z>aX+(1-a)Z$。这就意味着，$Y>Y$ 显然是错误的。同样地，我们也可以证明，$a>a'$ 的情况也是不合理的。因此，必定有 $a=a'$。即只存在唯一的 $a\in[0,1]$，对于任意的 X，Y，$Z\in £$ 且 $X>Y>Z$，使得 $Y\sim aX+(1-a)Z$。

（8）在独立性假定和阿基米德性假定的基础上，我们可以证明下列结论的合理性：

对于任意的 L，L'，$L''\in £$，以及任意的 $\alpha\in(0,1)$，必定有：

$$L\sim L'\Leftrightarrow\alpha L+(1-\alpha)L''\sim\alpha L'+(1-\alpha)L''$$

证明：如果上述结论不成立，即存在 $\alpha\in(0,1)$，使得在 $L\sim L'$ 的条件下，$\alpha L+(1-\alpha)L''$ 并不等价于 $\alpha L'+(1-\alpha)L''$。例如，假定 $\alpha L+(1-\alpha)L''>\alpha L'+(1-\alpha)L''$，我们将证明这会导致不合理的结论。

L、L' 和 L'' 之间的关系不外乎 $L\sim L'\sim L''$、$L\sim L'>L''$ 和 $L''>L\sim L'$ 三种情况。

我们先考虑第一种 $L\sim L'\sim L''$ 的情况。

首先，由 $L\sim L'$ 可以得到：对于任意的 $\alpha\in(0,1)$，$\alpha L+(1-\alpha)L'\sim L\sim L'$ 必定成立。否则，如果这个结论不成立，例如有 $L>\alpha L+(1-\alpha)L'$，则也有 $L'>\alpha L+(1-\alpha)L'$。进而根据独立性的假定，我们有 $\alpha L+(1-\alpha)L'>\alpha[\alpha L+(1-\alpha)L']+(1-\alpha)[\alpha L+(1-\alpha)L']\sim\alpha L+(1-\alpha)L'$。这是一个自相矛盾的结论。

然后，由 $L\sim L'\sim L''$ 的假定，必定有：对于任意的 $\alpha\in(0,1)$，$\alpha L+(1-\alpha)L''\sim\alpha L'+(1-\alpha)L''$。否则，如果这个结论不成立，例如有 $\alpha L+(1-\alpha)L''>\alpha L'+(1-\alpha)L''$，则必定有：

$L\sim\alpha L+(1-\alpha)L''>\alpha[\alpha L+(1-\alpha)L'']+(1-\alpha)[\alpha L'+(1-\alpha)L'']\sim\alpha[\alpha L+(1-\alpha)L]+(1-\alpha)[\alpha L'+(1-\alpha)L']\sim\alpha L+(1-\alpha)L'\sim L$。这也是一个自相矛盾的结论。

我们现在考虑第二种 $L\sim L'>L''$ 的情况。由独立性假定知：

$L\sim L'=\alpha L'+(1-\alpha)L'\sim\alpha L+(1-\alpha)L'>\alpha L+(1-\alpha)L''>\alpha L''+(1-\alpha)L''=L''$，即 $L\sim L'>\alpha L+(1-\alpha)L''>L''$。

由阿基米德性假定知，存在 $\alpha'\in(0,1)$，使得 $\alpha'L'+(1-\alpha')L''>\alpha L+(1-\alpha)L''>L''$。根据保序性假定知，必定有 $\alpha'>\alpha$。

再次使用阿基米德性假定，即存在 $\alpha''\in(0,1)$，使得 $\alpha''[\alpha'L'+(1-\alpha')L'']+(1-$

$\alpha'')L'' > \alpha L + (1-\alpha)L'' > L''$。整理得：$\alpha''\alpha'L' + (1-\alpha''\alpha')L'' > \alpha L + (1-\alpha)L'' > L''$。同样根据保序性假定知，$\alpha''\alpha' > \alpha$。但由于 $\alpha'' \in (0,1)$，因此有 $\alpha''\alpha' < \alpha'$。

依此反复使用阿基米德性假定，必能找到一个无限趋近于 α 的实数 α^*，使得 $\alpha^* L' + (1-\alpha^*)L'' > \alpha L + (1-\alpha)L''$。这意味着，最终必定会出现 $\alpha L' + (1-\alpha)L'' > \alpha L + (1-\alpha)L''$的结论。显然与我们的既定前提假定矛盾，所以在 $L \sim L' > L''$的情况下，不可能出现存在 $\alpha \in (0,1)$，使得 $\alpha L + (1-\alpha)L''$并不等价于 $\alpha L' + (1-\alpha)L''$的结果。

第三种情况与第二种情况类似，可以用相似的方法证明。

二、风险环境下期望效用函数（V. N. M. 效用函数）的存在性

1. 期望效用函数的形式

期望效用这个概念首先由 Von Neumann 和 O. Morgenstern（1944）提出。期望效用函数的形式为：$EU(L) = \sum_{i=1}^{n} \pi_i(U)(C_i)$。其中，$\pi_i$ 为随机变量 L 取值 C_i，i＝1，2，…，n 的概率，$U(C_i)$为决策者关于 C_i 的效用。

当然，在彩票的结果呈连续分布的条件下，期望效用函数应该写为定积分的形式：$EU(x) = \int_a^b u(x)f(x)\mathrm{d}x$。其中，$x$ 为随机变量；$U(x)$为任一随机结果的效用；$f(x)$为该随机变量的概率密度函数。

2. 期望效用函数（V. N. M. 效用函数）的存在性定理

对于一个满足独立性和阿基米德性的彩票空间上的“弱偏好”关系，必定存在一个期望效用函数 $EU(\cdot)$，使得：

$$L \geqq L' \Leftrightarrow \sum_{i=1}^{n} \pi_i U(c_i) \geqslant \sum_{i=1}^{n} \pi'_i U(c'_i)$$

$$\forall \quad L = (\pi_1, \pi_2, \cdots, \pi_n; c_1, c_2, \cdots, c_n) \in \pounds$$

$$L' = (\pi'_1, \pi'_2, \cdots, \pi'_n; c'_1, c'_2, \cdots, c'_n) \in \pounds$$

其中，c_i 为风险决策 L 的第 i 种可能后果；π_i 为其第 i 种可能后果发生的概率；c'_i 为风险决策 L'的第 i 种可能后果；π'_i 为第 i 种可能后果发生的概率；$i=1$，2，…，ω。

证明：假定在彩票空间£中存在最好和最不好的两种彩票 A 和 B。则对于任意的 $W \in \pounds$，必有 $B \leqq W \leqq A$。

如果 $A \sim B$，则意味着，对于任意的 L，$L' \in \pounds$，必有 $L \sim L'$。这个时候，可以定义效用函数 $U(L) = U(L') = k$，其中的 k 可以为任意的实常数。

如果 $A > B$，则对于任意的 $W \in \pounds$，由中值性假定可知，存在唯一的实数 $\alpha \in (0,1)$，使得 $W \sim A + (1-\alpha)B$。这个时候，可以定义函数 $U(W) - \alpha$。

显然，对于任意的 L，$L'\in$ £ 且 $L\geqq L'$，必有 $\alpha_L A+(1-\alpha_L)B\geqq\alpha_{L'}A+(1-\alpha_{L'})B$。进而根据保序性假定，有 $\alpha_L\geqslant\alpha_{L'}$，也即 $U(L)\geqslant U(L')$。

由于对于任意的 L，$L'\in$ £ 且 $L\geqq L'$，根据函数 $U(\cdot)$ 的上述定义方式，必有 $U(L)\geqslant U(L')$，且这个逻辑反之亦然。因此，以上述方式定义的 $U(\cdot)$ 可以作为与彩票空间上的“弱偏好”关系相对应的效用函数。

进一步地，对于任意的 L，$L'\in$ £，及任意的 $\beta\in(0,1)$，我们有：

$$\beta L+(1-\beta)L'\sim\beta[U(L)A+(1-U(L))B]+(1-\beta)[U(L')A+[1-U(L')]B\}\sim[\beta U(L)+(1-\beta)U(L')]A+\{1-[\beta U(L)+(1-\beta)U(L')]\}B$$

由效用函数的定义方式，考虑上式的形式，我们不难看出：

$$U[\beta L+(1-\beta)L']=\beta U(L)+(1-\beta)U(L')$$

可见，在上述定义方式下，效用函数具有线性，且关于一个彩票的效用值等于该彩票每一种可能结局的效用值的期望值。

例如，作为上述结果的一个特例，假定有一个彩票：

$$L=(\pi_1,\pi_2;x_1,x_2)=\pi_1(1,0;x_1,0)+\pi_2(0,1;0,x_2),$$

则有该彩票的效用函数为：

$$\begin{aligned}U(L)&=U[\pi_1(1,0;x_1,0)+\pi_2(0,1;0,x_2)]\\&=\pi_1U(1,0;x_1,0)+\pi_2U(0,1;0,x_2)\\&=\pi_1U(x_1)+\pi_2U(x_2)\end{aligned}$$

3. 期望效用函数在仿射变换（Affine Transformation）下的唯一性

假如除了上述我们所给出的效用函数 $U(L)$ 形式之外，还存在满足线性特征的效用函数 $V(L)$：$L\to R$，$\forall L\in$ £，则 $V(L)$ 与 $U(L)$ 之间必定存在下列仿射变换（Affine Transformation）的关系：

$$V(\pi_1,\pi_2;c_1,c_2)=aU(\pi_1,\pi_2;c_1,c_2)+b,(a>0),\forall L=(\pi_1,\pi_2;c_1,c_2)\in \text{£}。$$

证明：假定在某彩票空间£中存在最好和最不好的两种彩票 A 和 B。则对于任意的 $L\in$ £，$L\sim A$、$L\sim B$ 或 $A\sim L\sim B$ 这三种情况必有一种要发生。

令 $a=V(A)-V(B)>0$，$b=V(B)$。我们首先考虑第一种情况。

假定 V、N、M、效用函数 $U(\cdot)$ 已被规范化。则由于 $U(A)=1$，所以 $L\sim A$ 意味着 $U(L)=U(A)=1$。而且由于 $V(L)$ 也是一个效用函数，所以 $V(L)=V(A)$。

显然，
$$\begin{aligned}V(L)&=[V(A)-V(B)]+V(B)\\&=a+b=aU(L)+b\end{aligned}$$

现在考虑第二种情况。

由于 $U(B)=0$，所以 $L\sim B$ 意味着 $U(L)=U(B)=0$。同样，由于 $V(L)$ 也是一个效

用函数，所以由 $L\sim B$，应该有 $V(L)=V(B)$。

显然，$V(L)=[V(A)-V(B)]\times 0+V(B)$

$$=a\times 0+b=aU(L)+b$$

最后考虑第三种情况。

根据 $U(\cdot)$ 的定义方式，对于任意的 $L\in \pounds$，由 $L\sim \alpha A+(1-\alpha)B$，其中 $\alpha\in(0,1)$，可以知道：$U(L)=\alpha$。于是 $V(L)=V[\alpha A+(1-\alpha)B]=\alpha V(A)+(1-\alpha)V(B)=\alpha[V(A)-V(B)]+V(B)=a\alpha+b=aU(L)+b$

作为上述结果的一个特例，假定有一个彩票 $L=(\pi_1,\pi_2;x_1,x_2)$，并有该彩票的效用函数为 $U(L)=\pi_1U(x_1)+\pi_2U(x_2)$，则与之相应的正仿射变换为：

$$V(L)=aU(L)+b=a[\pi_1U(x_1)+\pi_2U(x_2)]+b=\pi_1[aU(x_1)+b]+\pi_2[aU(x_2)+b]=\pi_1V(x_1)+\pi_2V(x_2)$$

因此，在正仿射变换下，V、N、M 效用函数具有唯一性。

至此，我们在假定彩票仅有有限个结果的条件下，证明了期望效用函数的存在性。这个结果在添加一些假定后，还可以推广到彩票有无限个结果的情景。

第三节　投资者的风险态度

一、不同类型投资者的效用函数

称符合下列特征的彩票为公平赌博（Fair Game，Fair Gamble，Fair Lottery）：

令 X 为该彩票的随机净收益，有 $E(X)=0, Var(X)>0$。

根据对待公平彩票的态度不同，可以将投资者划分为风险厌恶型投资者、风险喜好型投资者和风险中性投资者三大类。

令 W 为投资者在期初所拥有的确定性财富，X 为公平赌博的随机净收益。如果 $EU(W+X)<U(W)$，则称该投资者为风险厌恶型投资者（Risk Aversion）。

如果 $EU(W+X)>U(W)$，则称该投资者为风险喜好型投资者（Risk Loving）。

如果 $EU(W+X)=U(W)$，则称拥有该投资者为风险中性投资者（Risk Neutral）。

推论 1：风险厌恶型投资者的效用函数为凹型的，满足 $U(E(X))>EU(X)$，其中，X 为某不确定性决策的随机后果向量，$E(X)$ 为该不确定性决策各种后果的期望值。

例如，假定某彩票仅有两种可能的结果 X_1 和 X_2，则对于风险厌恶型投资者来说，有：

$U(\alpha X_1+(1-\alpha)X_2)>\alpha U(X_1)+(1-\alpha)U(X_2)$，其中，$\alpha\in(0,1)$ 为可能结果 X_1 发生的概率。

证明：先证必要性。

记 $\alpha X_1+(1-\alpha)X_2=W$，则彩票$[\alpha,X_1-W,X_2-W]$具有公平性。即：

$$\alpha(X_1-W)+(1-\alpha)(X_2-W)=[\alpha X_1+(1-\alpha)X_2]-W=0$$

$$Var(X-W)=Var(X)>0$$

由于决策者厌恶风险，所以，其在各种收入水平上都会拒绝该彩票。特别地，其在收入水平 W 下也会拒绝该彩票，即有：

$$\alpha U(W+X_1-W)+(1-\alpha)(W+X_2-W)<U(W)$$

将 $W=\alpha X_1+(1-\alpha)X_2$代入上式，有：

$$U(\alpha X_1+(1-\alpha)X_2)>\alpha U(X_1)+(1-\alpha)U(X_2)$$

再证充分性。

假定决策者的效用函数 $U(X)$为严格凹函数，令有任意满足 $E(X)=0$，$Var(X)>0$ 的随机变量 X，将 $U(X)$在 $E(X)$处 Tailor 展开，有：

$$U(X)=U[E(X)]+U'(X)[X-E(X)]+\frac{1}{2}U''(X_0)[X-E(X)]^2$$

其中，$E(X)<X_0<X$。

对上式两端取数学期望，有：

$$E[U(X)]=U[E(X)]+U'(X)[E(X)-E(X)]+\frac{1}{2}U''(X_0)E\{[X-E(X)]^2\}$$

考虑到 $U''(X_0)\leqslant 0$，有：

$$E[U(X)]<U[E(X)]$$

推论 2：风险喜好型投资者的效用函数为凸型的，满足 $U(E(X))<EU(X)$。

仍以上述有两种可能结果的彩票为例，对于风险喜好型投资者来说，有：

$$U(\alpha X_1+(1-\alpha)X_2)<\alpha U(X_1)+(1-\alpha)U(X_2)$$

推论 3：风险中性投资者的效用函数为线性的，满足 $U(E(X))=EU(X)$。

以上述有两种可能结果的彩票为例，对于风险中性投资者来说，有：

$$U(\alpha X_1+(1-\alpha)X_2)=\alpha U(X_1)+(1-\alpha)U(X_2)$$

以后，如果没有特别的说明，我们所提到的投资者均被假定为具有厌恶风险的性格。

二、阿罗—普拉特绝对风险厌恶系数（Arrow-Pratt Absolute Risk Aversion Coefficient）

对于任一个公平赌博的随机净收益 X，称满足 $U(W+X)=U(W-Y)$的 Y 为相应的风险贴水（Risk Premium）。

将 $U(W+X)=U(W-Y)$ 在 W 处 Tailor 展开，有：

$$U(W)+U'(W)X+\frac{1}{2}U''(W)X^2\approx U(W)-U'(W)Y$$

对上式求期望值，有：

$$\frac{1}{2}U''(W)Var(X)=-U'(W)Y$$

进而有：

$$Y=-\frac{1}{2}\mathrm{Var}(X)\frac{u''(w)}{u'(w)}$$

可见，任一公平赌局的风险贴水大小取决于两个因素：该赌局的风险程度（Var(X)）和决策者厌恶风险的程度$\left(-\frac{u''(w)}{u'(w)}\right)$。

我们称刻画决策者厌恶风险程度的指标$\left(-\frac{u''(w)}{u'(w)}\right)$为阿罗－普拉特绝对风险厌恶系数（A－P 系数，记为 $A(w)$）。

对于任一效用函数 $U(X)$ 的仿射变换 $V(X)=aU(X)+b, V'(X)=aU'(X)$；$V''(X)=aU''(X)$。因此，尽管投资者的期望效用函数不具有唯一性，同一个决策者的 $A-P$ 系数却是唯一的。这样，我们就可以通过 $A-P$ 系数的大小来比较不同投资者的风险厌恶程度。

假定决策人的期初财富拥有量为 W，其可能接受的彩票集合为 $B(x)=\{x=[\pi,(1-\pi);x_1,x_2];w+x\geqq w\}=\{x=[\pi,(1-\pi);x_1,x_2];\pi u(w+x_1)+(1-\pi)u(w+x_2)\geqslant u(w)\}$。

如果决策人厌恶风险，其效用函数为凹函数，$B(x)$ 便为凸集合。其下沿边界曲线满足方程：

$$\pi u(w+x_1)+(1-\pi)u(w+x_2)=u(w)$$

在由 (x_1,x_2) 构成的直角坐标系中，该边界线经过原点（0，0）。

在该边界线方程两边对 x_1 连续两次求导数，有：

$$\pi u'(w+x_1)+(1-\pi)u'(w+x_2)x_2'=0$$

$$\pi u''(w+x_1)+(1-\pi)u''(w+x_2)(x_2')^2+(1-\pi)u'(w+x_2)x_2''=0$$

则在原点（0，0）处，该边界线的斜率和弯曲度分别为：

$$x_2'=-\frac{\pi}{1-\pi}<0$$

$$x_2''=\frac{u''(w)}{u'(w)}\times\frac{\pi}{(1-\pi)^2}=\frac{\pi}{(1-\pi)^2}A(w)>0$$

可见，在原点（0，0）处，A－P 系数越大，边界线的弯曲程度越高。这意味着，A－P 系数较小的决策者的可能接受彩票集合 $B(x)$ 包含了 A－P 系数较大决策者的可能接受彩票集合 $B(x)$。也就是说，A－P 系数较小的决策者可以接受一些 A－P 系数较大的决策者所无法接受的彩票。因此，A－P 系数较小的决策者厌恶风险的程度较低。

如果 $A(w)$ 的一次导数小于零，则随着财富的增加，投资者所要求的风险溢价呈递减的趋势，我们称该投资者具有递减的绝对风险厌恶特性。这意味着，对于该投资者来说，风险投资属正常商品，财富量越大，风险投资的需求越旺。

反之，如果 $A(w)$ 的一次导数大于零，则随着财富的增加，投资者所要求的风险溢价呈递增的趋势，我们称该投资者具有递增的绝对风险厌恶特性。这意味着，对于该投资者来说，风险投资属劣等品，财富量越大，风险投资的需求越小。

将 $Y=-\frac{1}{2}Var(X)U''(W)/U'(W)$ 的等号两边同除以 W：

$$\begin{aligned} Y/W &= -\frac{1}{2}Var(X)U''(W)/U'(W)W \\ &= -\frac{1}{2}Var(X/W)W\,U''(W)/U'(W) \end{aligned}$$

称式 $-W\,U''(W)/U'(W)$ 为阿罗－普拉特相对风险厌恶系数（Arrow-Pratt Relative Risk Aversion Coefficient）。这是一个与收益率指标相对应的风险厌恶系数。

Pratt 定理 1：假定 $U_1(X)$ 和 $U_2(X)$ 分别为决策者 1 和决策者 2 的严格单增二阶可微的期望效用函数。则对任一彩票 X，$A_1(X)>A_2(X)$ 的充分必要条件为：存在严格单增和严格凹的函数 G，使得 $U_1(X)=G[U_2(X)]$。

证明：先证必要性。因为 $U_2(X)$ 是严格单调递增的，所以其反函数 $U_2^{-1}(Z)$ 一定存在。定义 $G(Z)=U_1[U_2^{-1}(Z)]$，则有：

$$G[U_2(X)]=U_1\{U_2^{-1}[U_2(X)]\}=U_1(X)$$

对式 $U_1(X)=G[U_2(X)]$ 关于 X 求导数，有：

$$U_1'(X)=G'[U_2(X)]U_2'(X)$$

由于 $U_1'(X)>0$，$U_2'(X)>0$，所以有 $G'[U_2(X)]>0$。

对式 $U_1'(X)=G'[U_2(X)]U_2'(X)$ 关于 X 再求导数：

$$U_1''(X)=G''[U_2(X)](U_2'(X))^2+G'[U_2(X)]U_2''(X)$$

将这两个式子相除，有：

$$A_i(x)=-\frac{G''[u_2(x)]}{G'[u_2(x)]}u_2'(x)+A_2(x)$$

如果 $A_1(X)>A_2(X)$，则必有 $-\frac{G''[u_2(x)]}{G'[u_2(x)]}u_2'(x)>0$。由于 $U_2'(X)>0$，$G'>0$，所

以必定有 $G''<0$。因此，当 $A_1(X)>A_2(X)$ 的时候，G 必为严格单增凹函数。

再证充分性。假定 G 为严格单增凹函数，则由上式可知，必有：$A_1(X)>A_2(X)$。

Pratt 定理 2：如果存在严格单增和严格凹的函数 G，使得 $U_1(X)=G[U_2(X)]$，则对任意的公平赌局 $L=(\pi,1-\pi;x_1,x_2)$，决策者 1 所愿意支付的风险贴水 Y_1 必定大于决策者 2 所愿意支付的风险贴水 Y_2。

证明：公平赌局 L 满足 $E(L)=\pi x_1+(1-\pi)x_2=0$。根据风险贴水的定义有：

$$U_1[\pi x_1+(1-\pi)x_2-Y_1]=E[U_1(L)]=E\{G[U_2(L)]\}<G\{E[U_2(L)]\}=$$
$$G\{U_2[\pi x_1+(1-\pi)x_2-Y_2]\}=U_1[\pi x_1+(1-\pi)x_2-Y_2]$$

由于 U_1 是严格单增函数，所以有：$Y_1>Y_2$。

复习思考题

1. 简述确定性决策背景下效用函数的存在性。
2. 简述期望效用函数的存在性定理。
3. 依据针对风险的不同态度，投资者可以划分为哪几种类型？

第十一章

市场风险管理的基本逻辑

本章摘要

本章阐述了风险环境下决策的一般逻辑，介绍了随机优势决策的一般方法，并分析了“方差-收益率”决策逻辑框架的有效性。

关键词

风险管理　随机优势

第一节　风险管理决策的基本逻辑

一、决策的类型

在存在市场风险的情况下，决策者采取任何行动的结果不仅仅取决于行动本身，而且还要取决于大量外部不确定性因素的综合影响。这些外部因素是决策者所无法控制的，我们将它们统称为自然状态（或者简称为状态）。为了简便起见，我们通常假定仅存在有限的几种自然状态，并且这些状态之间互不相容，记为 $\Omega=\{\omega_1,\omega_2,\cdots,\omega_n\}$。

同时，我们假定仅存在有限的几种待选行动方案（或者称为风险管理决策方案），记为 $A=\{a_1,a_2,\cdots,a_m\}$，并且决策者只能在这几种行动方案当中选择其中的一个。最后，我们假定 $x_{ij},i=1,2,\cdots,n;j=1,2,\cdots,m$ 为决策者采取第 j 个风险管理决策方案的时候，在第 i 种状态下的结果。这个结果可以是利润或亏损等经济指标。

决策者采取某种风险管理行动的目的是获得最佳的主观心理满足，或者换句话说，获得最大化的效用（Utility）是决策者从事某项风险管理的基本目的。我们用符号 u_{ij}，$i=1,2,\cdots,n;j=1,2,\cdots,m$ 表示决策者采取第 j 个决策方案的时候，在第 i 种状态下所获得的效用。它反映了决策者对风险管理决策结果 x_{ij} 的主观评价。

（一）确定性决策

如果 $n=1$，且 $x_{1j},j=1,2,\cdots,m$ 已知，即假定决策者在决策前可以准确预见最终的自然状态以及相应的结果，则可采用应用数学领域相当成熟的方法来确定最佳的决策方案。这些方法大多被囊括在运筹学当中。严格地说，这个时候的决策已经不具有风险性了。

（二）不确定性决策

如果决策者可以预先确定未来可能出现的自然状态种类，即 n 的大小已知，但不能预先确定自然状态的概率分布，即不能准确判定每一种自然状态发生的概率，或不能确定 $x_{ij},i=1,2,n;j=1,2,\cdots,m$ 的大小，则我们称这种类型的决策为不确定性决策。对于这种不确定性的决策，不存在一个通用的方法来帮助决策者确定最优的行动方案。

这个时候，一般地说，如果决策者的性格取向较为悲观，则可采用极大化极小准则来选择最优的行动方案。

具体地说，决策者可以首先考察每一个风险管理行动方案中可能出现的最不好的那个结果。例如，对于第 j 个行动方案，我们只关注满足 $a_j^*=\mathop{\mathrm{Min}}\limits_{i=1}^{n}\cdot\{u_{ij}\},\forall j=1,2,\cdots,m$ 条件的那个可能结果。然后，决策者再从 m 个 $a_j^*,\forall j=1,2,\cdots,m$ 中选择那个最大的值所对应的行动方案，也即选择满足 $\mathop{\mathrm{Max}}\limits_{j=1}^{m}\cdot a_j^*$ 条件的那个行动方案作为最优的行动方案。

如果决策者的性格较为乐观，则可采用极大化极大准则来选择最优的行动方案。也就是说，决策者应该首先考察每一个风险管理行动方案中可能出现的最好的那个结果。例如，对于第 j 个行动方案，我们只关注满足 $a_j^*=\mathop{\mathrm{Max}}\limits_{i=1}^{n}\cdot\{u_{ij}\},\forall j=1,2,\cdots,m$ 条件的那个可能结果。然后，决策者再从中选择满足 $\mathop{\mathrm{Max}}\limits_{j=1}^{m}\cdot a_j^*$ 条件的那个行动方案。

不过，现实生活中的绝大多数决策者既不像极大化极小准则所体现出来的那么悲观，也不像极大化极大准则所体现出来的那样乐观。这个时候，可以采取这两种准则的加权平均值来评判各个行动方案的相对优劣（Hurwicz，1951）。也就是说，决策者可以选择满足下列条件的行动方案 a_j：$\mathop{\mathrm{Max}}\limits_{j=1}^{m}\{\lambda a_{*j}+(1-\lambda)a_j^*\}$。其中，$\lambda$ 被称为乐观系数，由决策人根据自己的喜好确定。显然，当 $\lambda=1$ 的时候，这个决策者就是前面那个极端的乐天派；当 $\lambda=0$ 的时候，这个决策者就是前面那个极端的悲观者。

可见，准确地确定 λ 的值是这种决策方法能否成功的关键。λ 的大小取决于决策者的性格。决策者可以预先考虑如表 11.1 所示的两个决策方案 a_1 和 a_2。

表 11.1 两个决策方案 a_1 和 a_2

盈亏状态 \ 方案	a_1	a_2
ω_1	0	x
ω_2	1	x

决策者根据自己的偏好不断地调整 x 的取值，直到两个方案等价为止。然后，分别计算两个方案的 $\lambda a_{*j}+(1-\lambda)a_j^*$，有：$\lambda a_{*1}+(1-\lambda)a_1^*=\lambda$；$\lambda a_{*2}+(1-\lambda)a_2^*=x$。由于在 x 下的两个方案已经等价，所以有 $\lambda=x$。

后悔值极小化极大准则也是一种常用的不确定性方案的评价方法。由 Savage (1951) 提出。这种方法的基本原理是：首先，找到第 i 种状态下所有行动方案的最佳结果 $\underset{j=1}{\overset{m}{\mathrm{Max}}}\cdot\{u_{ij}\},\forall ij$，并将 $\underset{j=1}{\overset{m}{\mathrm{Max}}}\cdot\{u_{ij}\}-u_{ij}$ 称为在第 i 种状态下，实施第 j 个决策方案的后悔值。然后，决策者取 $\underset{i=1}{\overset{n}{\mathrm{Max}}}\cdot\{\underset{j=1}{\overset{m}{\mathrm{Max}}}\cdot[u_{ij}]-u_{ij}\}$ 作为第 j 个决策方案的评价指标值。最后，选择评价指标值最小的那个决策方案作为最优的决策方案。即决策者所选择的那个决策方案应该满足 $\underset{j=1}{\overset{m}{\mathrm{Min}}}\cdot\underset{i=1}{\overset{n}{\mathrm{Max}}}\cdot\{\underset{j=1}{\overset{m}{\mathrm{Max}}}\cdot[u_{ij}]-u_{ij}\}$ 的条件。

Laplace (1825) 认为，对真实的自然状态一无所知等价于所有自然状态发生的概率相同。由此，决策者可以首先计算出每一个决策方案的期望效用：

$$E(u_j)=\sum_{i=1}^{n}\frac{1}{n}u_{ij},\forall j$$

然后，从中选择期望效用能够达到最大的那个决策方案作为最优的行动方案。即决策者所选择的决策方案应该满足 $\underset{j=1}{\overset{m}{\mathrm{Max}}}\cdot\{E(u_{ij})\}$ 的条件。

需要指出的是，我们所介绍的上述这几种不确定性决策的方法并不具有逻辑上的一致性。因此，针对同一个决策方案，采用不同的不确定性决策方法会得出不同的评价结论。这就意味着，决策者应该根据自己的性格选择一个最满意的不确定性决策方法。也就是说，最优的不确定性决策方法应该与决策者的性格高度一致。

（三）风险型决策

在这一类决策问题中，决策者不仅可以预先确定未来可能出现的自然状态种类，即 n 的大小已知，而且也能预先确定自然状态的概率分布，即能够准确判定每一种自然状态发生的概率以及 $x_{ij,i}=1,2,\cdots,n;j=1,2,\cdots,m$ 的大小。一句话，决策者能够准确判定决策所面临着的市场风险。我们将这种类型的决策问题称为风险型决策问题。以后，我们将仅以这种类型的决策作为研究的对像。

（四）关于风险管理决策逻辑的基本假定

一个理性的风险管理决策逻辑至少应该满足这样几个条件：

1. 完备性

一个良好的风险管理决策逻辑应该能够给任意一组待选行动方案排出优劣的顺序来。当然，这个优劣的次序可以仅仅是一个弱序。也就是说，一个良好的风险管理决策逻辑应该能够辩识出整个行动集中的最优方案。而且，除了这个最优的方案以外，次优方案应该是剩下的所有行动方案中的最优选择，依此类推。因此，一个良好的风险管理决策逻辑可以将所有的风险管理方案排列成完全序。

2. 表述方式的无关性

一个良好的风险管理决策逻辑所给出的最优选择应该不受决策问题表述方式的影响。具体地说，在决策之前，主要是为了阐述方便起见，我们通常会给自然状态和行动方案随机地编号。另外，不同的决策者对各种行动方案的结果可能会有不同的度量方法或度量单位，这些度量之间呈正的线性相关关系。例如，同样是表示温度，可以用摄氏度，也可以用华氏度。一个良好的决策方法应该不受这种预先编号顺序或不同度量方法的影响。

表述方式的无关性意味着，同一个状态下各结果值同时增减一个相同的数量，或者任一个行动的各种结果排列顺序的变化，都不会影响到行动方案间的优劣顺序。

3. 行动方案之间的相互独立性

这一个准则要求任意两个行动方案之间的优劣顺序不会由于其他方案的引入或取消而改变。

实际上，前面我们所提到的后悔值极小化极大准则不满足行动方案之间的相互独立性。因为新行动方案的引入或已有行动方案的剔除都会改变决策者的行动方案集，从而改变每一个方案的后悔值。因此，后悔值极小化极大准则并不是一个很好的风险决策方法。

4. 按状态优于准则

如果在未来每种可能的自然状态下，行动 j 的效用都不低于行动 k，且至少在一种自然状态下，行动 j 的效用严格高于行动 k，则称行动 j 按状态优于行动 k。任意一个良好的风险管理决策逻辑都应该满足按状态优于准则。

我们在前面所介绍的几种不确定性决策方法，除了后悔值极小化极大准则不满足行动方案之间的相互独立性之外，其他的假定都能满足。

二、风险管理决策的基本逻辑

贝叶斯决策方法是风险管理决策的主要方法。在风险决策的环境下，可以较为准确地估计出市场风险的概率分布，从而可以计算出风险管理方案的期望效用。这样一来，就可以把获得最大的期望效用作为风险管理决策的根本目的。

如果假定自然状态的种类有限，并且在每一种自然状态下，每一个风险管理行动方案的结局都是确知的，则有第 j 种风险管理行动方案的期望效用为：$E(u_j) = \sum_{i=1}^{n} u_{ij}\pi(\omega_i), \forall j = 1,2,\cdots,m$。因此，决策者应该选择期望效用最大的那个行动方案。也就是说，最优的风险管理策略应该满足下列条件：$\mathop{\mathrm{Max}}_{j=1}^{m} \cdot \left\{ \sum_{i=1}^{n} u_{ij}\pi(\omega_i) \right\}$。

例如，我们考虑一个油井钻探的例子。假定某公司拥有一块区域的石油勘探权。该公司可以自己勘探，也可以转让给他人勘探。根据目前的市场状况，该公司有两种转让石油勘探权的方式可供选择：一种是以 45 万元的价格无条件地转让勘探权；另一种是采取产量提成的方式，若产量达到 20 万桶的最低水平，则每桶提成 5 万元，否则不收取转让费。为简便起见，我们假定该区域油田勘探的前景仅有四种可能，如表 11.2 所示。再假定勘探的费用为 75 万元，采油设备安装费为 25 万元，石油的市场价格为 15 元/桶。

表 11.2　　油井钻探的例子

预计的石油储量 $\omega_i, i=1,2,3,4$	50 万桶 ω_1	20 万桶 ω_2	5 万桶 ω_3	无油 ω_4
每种前景的概率 $\pi(\omega_i), i=1,2,3,4$	0.1	0.15	0.25	0.5

显然，该公司有三种决策方案可供选择。我们用 a_1 表示该公司自己勘探的决策；用 a_2 表示该公司选择第一种转让方式的决策；用 a_3 表示该公司选择第二种转让方式的决策。

我们假定该公司属于风险中性投资者，即其以收入(x)为自变量的效用函数具有一次导数大于零（$U'(x)>0$）、二次导数等于零（$U''(x)=0$）的特点。再假定该公司关于单位货币的边际效用恒等于 1。则该公司的效用函数为 $U(x)=x$。从而这三种决策方案的期望效用 $E(u_{a_i}), i=1,2,3$ 分别为：

$$E(u_{a_1}) = (50\times15-100)\times0.1+(20\times15-100)\times0.15$$
$$+(5\times15-100)\times0.25+(0\times15-75)\times0.5=51.25(\text{万元})$$

$E(u_{a_2})=45$（万元）

$E(u_{a_1})=(50\times5)\times0.1+(20\times5)\times0.15+0\times0.25+0\times0.5=40$（万元）

因此，在上述先验信息下，决策者应该选择自己勘探的行动方案。

决策者对未来可能出现的自然状态把握不大是存在决策风险的主要原因。因此，为了提高关于未来前景的确定性，决策者需要尽可能多地搜集信息。这些新的信息一般都是与未来的自然状态 Ω 有关的某个（些）随机变量的样本取值。

当决策者通过随机实验得到一个与自然状态 Ω 有关的追加信息（随机变量）X 的观察值 x_1，x_2，…，x_k 后，需要根据该观察值和某种决策规则去选择适当的风险管理行动方案 a_{j*}（其中，j^* 为风险管理决策的序号），使得决策者的期望效用获得最大程度的提高。

也就是，给定自然状态 $\omega_i, \forall i=1,2,\cdots,n$，在随机变量 X 的取值为 x 的前提下，假定决策者采取某种风险管理决策 a_{j*}，则在 X 为连续型随机变量的条件下，该决策者的期望效用为：$\int_{x\in X}u_{ij*}f(x/\omega_i)\mathrm{d}x$

而在 X 为离散型随机变量的条件下，该决策者的期望效用为：$\sum_{x\in X}u_{ij*}\pi(x/\omega_i)$

再假定自然状态 $\omega_i, \forall i=1,2,\cdots,n$ 发生的概率为 π（ω_i），则决策者采取风险管理决策 a_{j*} 的综合期望效用为：$\int_{\omega_i\in\Omega}\int_{x\in X}u_{ij*}f(x/\omega_i)\mathrm{d}x\cdot\pi(\omega_i)\mathrm{d}(\omega_i)$，或者 $\sum_{\omega_i\in\Omega}\sum_{x\in X}u_{ij*}\pi(x/\omega_i)\pi(\omega_i)$。然后，我们选择综合期望效用最大的那个风险管理决策作为最优的行动方案。

续上例，假定通过地质勘探可以进一步地获得该区域的地质构造资料（X），预计地质勘探费用为 12 万元，并假定在进行地质勘探之前，根据经验，不同石油产量下出现相应地质构造情况的条件概率（$\pi(x/\omega)$），如表 11.3 所示。

表 11.3　地质构造资料

地质构造类型 / π（x/ω） / 预计石油储量	x_1	x_2	x_3	x_4
ω_1	7/12	1/3	1/12	0
ω_2	9/16	3/16	1/8	1/8
ω_3	11/24	1/6	1/4	1/8
ω_4	3/16	11/48	13/48	5/16

因此，给定自然状态类型 $\omega_i, \forall i=1,2,3,4$，以及决策者所采取的某种风险管理决策 a_{j*}，可以计算出在随机变量 X 的各种可能取值 $x_k, k=1,2,3,4$ 下该决策者的期望效用。

例如，在给定自然状态 ω_1 以及决策者所采取的风险管理决策 a_1 下，该决策者相对于随机变量 X 各种可能取值的期望效用为：

$$E_{\omega_1}^{X}[u_{a_1a_1a_1a_1}] = \sum_{x \in X} u_{a_1a_1a_1a_1}\pi(x/\omega_1) = \sum_{x=x_1}^{x4}(50 \times 15 - 100)\pi(x/\omega_1)$$
$$= (50 \times 15 - 100)[7/12 + 1/3 + 1/12 + 0] = 650 \text{（万元）}$$

不难看出，在这个例子中，给定自然状态 ω_1 下相对于随机变量 X 的各种可能取值，决策者可以采取的风险管理决策总共有 $3^4=81$ 个。上式中的650万元相当于在给定自然状态 ω_1 下，(a_1, a_1, a_1, a_1) 这种风险管理决策的期望效用。如果决策者在给定自然状态 ω_1 下，采用 (a_1, a_1, a_1, a_2) 这种风险管理决策，则该决策者相对于随机变量 X 各种可能取值的期望效用为：

$$E_{\omega_1}^{X}[u_{a_1a_1a_1a_2}] = \sum_{x \in X} u_{a_1a_1a_1a_2}\pi(x/\omega_1) = \sum_{x=x_1}^{x3}(50 \times 15 - 100)\pi(\mathrm{x}/\omega_1) +$$
$$45\pi(x_4/\omega_1) = (50 \times 15 - 100)[7/12 + 1/3 + 1/12] +$$
$$45 \times 0 = 650 \text{（万元）}$$

不过，上述综合期望效用的计算过于繁琐。因此，我们需要设法进一步地简化计算。我们考虑 ω 与 x 均为连续型随机变量的情况。显然，有：

$$\int_{\omega_i \in \Omega}\int_{x \in X} u_{ij*}f(x/\omega_i)\mathrm{d}x\pi(\omega_i)\mathrm{d}\omega = \int_{x \in X}\left[\int_{\omega_i \in \Omega} u_{ij*}f(x/\omega_i)\pi(\omega_i)\mathrm{d}\omega\right]\mathrm{d}x$$

不难看出，使得上式最大等价于使得 $\int_{\omega_i \in \Omega} u_{ij*}f(x/\omega_i)\pi(\omega_i)\mathrm{d}\omega$（其离散形式为 $\sum_{\omega_i \in \Omega} u_{ij*}f(x/\omega_i)\pi(\omega_i)$）最大。我们再令 $m(x)>0$ 为随机变量 X 的边缘分布，则有：

$$m(x)^{-1}\int_{\omega_i \in \Omega} u_{ij*}f(x/\omega_i)\pi(\omega_i)\mathrm{d}\omega = \int_{\omega_i \in \Omega} u_{ij}\frac{f(x/\omega_i)\pi(\omega_i)}{m(x)}\mathrm{d}\omega$$
$$= \int_{\omega_i \in \Omega} u_{ij} \cdot \pi(\omega_i/x)\mathrm{d}\omega$$

可见，使得 $\int_{\omega_i \in \Omega} u_{ij*}f(x/\omega_i)\pi(\omega_i)\mathrm{d}\omega$ 最大又等价于使得 $\int_{\omega_i \in \Omega} u_{ij*}\pi(\omega_i/x)\mathrm{d}\omega$ 达到最大。在离散的情况下，$\int_{\omega_i \in \Omega} u_{ij*}\pi(\omega_i/x)\mathrm{d}\omega$ 应该写成：

$$\sum_{\omega_i \subset \Omega} u_{ij*}\pi(\omega_i/x)$$

因此，对于每一个随机变量 X 的样本观测值，应该选择能够使得自然状态后验概率下的期望效用达到最大的那个风险管理策略。

续石油勘探的例子，在地质勘探的追加信息下，根据贝叶斯定理，各种自然状态的后验概率计算公式如下：

$$\pi(\omega_i/x_k) = \frac{\pi(X_k/\omega_i)\pi(\omega_i)}{m(x_k)} = \frac{\pi(x_k/\omega_i)\pi(\omega_i)}{\sum_{\omega_i \in \Omega}\pi(X_k/\omega_i)\pi(\omega_i)}$$

其中，$k=1,2,3,4$；$i=1,2,3,4$。具体计算结果如表 11.4 所示。

表 11.4 计算结果

ω_i \ $\pi(\omega_i/x_k)$ \ x_k	x_1	x_2	x_3	x_4
ω_1	0.166	0.129	0.039	0
ω_2	0.24	0.108	0.087	0.107
ω_3	0.327	0.241	0.146	0.238
ω_4	0.267	0.522	0.728	0.655

因此，在地质勘探的追加信息为 x_1 的条件下，采取风险管理决策 a_1 的后验期望效用为：

$$\sum_{\omega_i=\omega_1}^{\omega_4} u_{\omega_i a_1}\pi(\omega_i/x_1)$$
$$=(650-12)\times 0.16+(200-12)\times 0.24+(-25-12)\times 0.327$$
$$+(-75-12)\times 0.267=115.5\ (\text{万元})$$

在地质勘探的追加信息为 x_1 的条件下，采取风险管理决策 a_2 的后验期望效用为：

$$\sum_{\omega_i=\omega_1}^{\omega_4} u_{\omega_i a_2}\pi(\omega_i/x_1)=(45-12)(0.166+0.24+0.327+0.267)=33\ (\text{万元})$$

在地质勘探的追加信息为 x_1 的条件下，采取风险管理决策 a_3 的后验期望效用为：

$$\sum_{\omega_i=\omega_1}^{\omega_4} u_{\omega_i a_3}\pi(\omega_i/x_1)$$
$$=(250-12)\times 0.16+(100-12)\times 0.24+(0-12)\times 0.327$$
$$+(0-12)\times 0.267=53.5\ (\text{万元})$$

可见，在地质勘探的追加信息为 x_1 的条件下，应该采取 a_1 这个风险管理策略。

同理，在地质勘探的追加信息为 x_2 的条件下，采取风险管理决策 a_1、a_2 和 a_3 的后验期望效用分别为：48.275、33 和 31.05。这个时候，应该采取 a_1 这个风险管理策略。

在地质勘探的追加信息为 x_3 的条件下，采取风险管理决策 a_1、a_2 和 a_3 的后验期望效用分别为：27.5、33 和 6.45。这个时候，应该采取 a_2 这个风险管理策略。

在地质勘探的追加信息为 x_4 的条件下，采取风险管理决策 a_1、a_2 和 a_3 的后验期望效用分别为：-45.675、33 和 -1.3。这个时候，应该采取 a_2 这个风险管理策略。

而综合起来看，在进行地质勘探后，最优风险管理决策的期望效用为：

$$115.7\times m(x_1)+48.275\times m(x_2)+33\times m(x_3)+33\times m(x_4)$$
$$=115.7\times 0.351+48.275\times 0.259+33\times 0.215+33\times 0.175$$
$$=65.91\text{（万元）}$$

归纳上述分析可以看出，作为风险管理的主要决策分析方法，贝叶斯分析的步骤如下：

（1）根据既有的信息，确定未来可能出现的各种自然状态的先验概率分布 $\pi(\omega)$。

（2）设法尽量多地获得追加样本信息 X。

（3）根据贝叶斯定理计算自然状态的后验概率分布 $\pi(\omega/x)$。进而计算每一个给定 x 下，各个风险管理决策的后验期望效用 $\int_{\omega_i\in\Omega}u_{ij*}\pi(\omega_i/x)\mathrm{d}\omega$ 或者 $\sum_{\omega_i\in\Omega}u_{ij*}\pi(\omega_i/x)$。

（4）选取后验期望效用最大的风险管理决策方案作为最优的行动方案。

可见，通过随机实验采集样本，获得新的信息 X，并由此改善关于自然状态的先验概率分布 $\pi(\omega)$，形成更为准确的后验概率分布 $\pi(\omega/x)$，据以计算各个风险管理决策的（后验）期望效用 $\int_{\omega_i\in\Omega}u_{ij*}\pi(\omega_i/x)\mathrm{d}\omega$ 或者 $\sum_{\omega_i\in\Omega}u_{ij*}\pi(\omega_i/x)$。这是贝叶斯分析的主要优点。在实践中，根据需要可以进行多次随机实验，每次实验获得新的信息以后，都可以进行上述贝叶斯分析过程。这种持续进行的贝叶斯分析又叫做序贯分析。

不过，在风险管理实践中，经常只能获得自然状态的部分先验信息。这些信息不足以确定出唯一的先验概率分布。这个时候就不能直接采用上述常规的贝叶斯分析方法，即首先确定出关于各种自然状态的唯一的先验概率分布 $\pi(\omega)$，而应该首先确定出与先验信息相符的可能的先验分布集（或区域）。

仍然假定自然状态集 $\Omega=\{\omega_1,\omega_2,\cdots,\omega_n\}$ 与行动方案集 $A=\{a_1,a_2,\cdots,a_m\}$ 为有限的集合。再给定一个效用距阵 $U=(u_{ij})_{(n\times m)}$，其中，u_{ij} 为第 i（$\forall i=1,2,\cdots,n$）个状态下，采取第 j（$\forall j=1,2,\cdots,m$）个风险管理方案的效用。根据贝叶斯分析的原理，

对于给定的追加信息观测值 x，应该从行动集 A 中选择一个满足下列条件的风险管理方案 $a'_j(a'_j \in A)$：$\underset{a_j \in A}{\text{Max}} \cdot \sum_{\omega_i \in \Omega} u_{ij} f(x/\omega_i)\pi(\omega_i)$ 。也即，对任意的 j，必有下式成立（且在至少一种情况下严格成立）：

$$\sum_{\omega_i \in \Omega} u'_{ij} f(x/\omega_i)\pi(\omega_i) \geqslant \sum_{\omega_i \in \Omega} u'_{ij} f(x/\omega_i)\pi(\omega_i)$$

令 u_j 为效用距阵 $U=(u_{ij})_{n\times m}$ 的第 j 列，即 $u_j=(u_{ij},u_{2j},\cdots,u_{nj})^T$；$\pi=(\pi_1,\pi_2\cdots,\pi_n)^T$，则有：

$$\sum_{\omega_i \in \Omega} u_{ij} f(x/\omega_i)\pi(\omega_i) = u_j^T[diag\{f(x/\omega_i)\}]\pi$$

其中：$diag\{f(x/\omega_i)\}$ 为以 $f(x/\omega_1)$，$f(x/\omega_2)$，…，$f(x/\omega_n)$ 为元素的对角距阵。因此，最优的风险管理策略 $a_{j'}$ 应该满足下列条件：

$$u_{j'}^T[diag\{f(x/\omega_i)\}]\pi \geqslant u_j^T[diag\{f(x/\omega_i)\}]\pi, \forall j$$

也即：$(U^T - I_{m\times 1} \cdot u_{j'}^T)[diag\{f(x/\omega_i)\}\pi] \geqslant 0_{n\times 1}$

其中，$I_{m\times 1}$ 和 $0_{n\times 1}$ 分别为元素为 1 和 0 的列向量。

可见，根据贝叶斯分析的原理，在给定追加信息观测值 x，先验分布为 $\pi(\omega)$ 时，满足上式的行动方案将是最优的风险管理策略。反过来，在给定追加信息观测值 x 的条件下，对于一个最优的风险管理策略来说，其关于自然状态的先验概率分布 $\pi(\omega)$ 也应该满足上式。

因此，在既有信息不足以确定出唯一的先验概率分布的时候，可以首先利用这些信息确定出先验概率分布应该满足的约束；然后利用上式确定出一个最优的风险管理策略对先验概率分布 $\pi(\omega)$ 的约束要求；最后再比较这两个约束，如果其中没有交集，说明该风险管理决策不可能存在最优的解；如果其中存在交集，则说明在这个交集约束范围之内的先验概率分布存在最优的风险管理策略。

第二节　随机优势决策策略

上述风险管理决策问题均假定决策者具有确定的效用函数。但在实践中，许多决策者并不能完全确定效用函数的具体形式，而只能掌握该函数的一部分特征。随机优势（Stochastic Dominance）决策策略就是试图在决策者所掌握的这一部分偏好信息的基础上进行最优风险管理策略的选择。

一、随机较优（Stochastic Dominance）

对于任意两个待选决策方案 A 和 B，记决策者的效用函数为 $U(X)$。其中，随机变

量 X 的定义域 I 为 $[a,b]$。

如果 $\forall u \in U$，必有 $E_A U(X) \geqslant E_B U(X)$ 且 $\exists u_0 \in U$，使 $E_A U(X) > E_B U(X)$，则称方案 A 随机较优于方案 B。

二、第一等随机优势（First-Degree Stochastic Dominance，FSD）

1. 第一等随机优势的判定定理 1

假定决策者仅具有多多益善的偏好特征，即只限定决策者效用函数的一次导数大于等于零。则对任意的两个待选方案 A 和 B，有：

方案 A 优于方案 B$\Leftrightarrow \forall x \in I$，$F_A(x) \leqslant F_B(x)$ 且 $\exists x_0 \in I, F_A(x_0) < F_B(x_0)$。其中，$F_A(x_0)$ 和 $F_B(x_0)$ 分别为方案 A 和 B 的随机收入 X 的概率分布。

通常称满足上述性质的方案 A“一等随机优势于”方案 B。

证明：首先证明充分性。即假定 $\forall x \in I$，$F_A(x) \leqslant F_B(x)$ 且 $\exists x_0$，$F_A(x_0) < F_B(x_0)$。则由 $\forall x \in I$，$F_A(x) \leqslant F_B(x)$，并考虑到 $u'(x) > 0$，必定有：

$$E_A U(X) - E_B U(X) = \int_a^b u(x)\mathrm{d}F_A(x) - \int_a^b u(x)\mathrm{d}F_B(x)$$

$$= \int_a^b u(x)\mathrm{d}[F_A(x) - F_B(x)]$$

$$= u(x)[F_A(x) - F_B(x)]\big|_a^b - \int_a^b [F_A(x) - F_B(x)]u'(x)\mathrm{d}x$$

$$= \int_a^b [F_B(x) - F_A(x)]u'(x)\mathrm{d}x \geqslant 0$$

由于概率分布函数右连续，因此，由 $\exists x_0$，$F_A(x_0) < F_B(X_0)$ 可知，$\exists \varepsilon > 0$，使在区间 $X_0 \leqslant X \leqslant X_0 + \varepsilon$ 的范围内，均有 $F_A(x) < F_B(x)$。取 $u_0 = x$，进而有：

$$E_A U_0(X) - E_B U_0(X) = \int_a^b [F_B(x) - F_A(x)]\mu'_0(x)\mathrm{d}x$$

$$\geqslant \int_{x_0}^{x_0+\varepsilon} [F_B(x) - F_A(x)]u'_0(x)\mathrm{d}x = \int_{x_0}^{x_0+\varepsilon} [F_B(x) - F_A(x)]\mathrm{d}x > 0$$

因此，由 $\forall x \in I, F_A(x) \leqslant F_B(x)$ 且 $\exists x_0$，$F_A(X_0) < F_B(x_0)$，必有方案 A 优于方案 B 的结论。

现在证明必要性。即假定方案 A 优于方案 B，也就是 $\forall u \in U$，必有 $E_A u(X) \geqslant E_B u(X)$ 且 $\exists u_0 \in U$，使 $E_A u_0(X) > E_B u_0(X)$。则我们将用反证法证明：这个时候必定有 $\forall x \in I$，$F_A(x) \leqslant F_B(x)$ 且 $\exists x_0$，$F_A(x_0) < F_B(x_0)$。

假定在 $E_A u(X) \geqslant E_B u(X)$ 的时候，确有某个 $x_1 \in X$，使得 $F_A(x_1) > F_B(x_1)$，则根据分布函数的递增性和右连续性，在区间 $x_1 \leqslant x \leqslant x_1 + \varepsilon$ 的范围内上式也成立。设定一

个效用函数为：

$$U_0(X)=\begin{cases}X_1, X<X_1\\ X, X_1\leqslant X\leqslant X_1+\varepsilon\\ X_1+\varepsilon, X>X_1+\varepsilon\end{cases}$$

所以有：

$$E_A u_0(X)-E_B u_0(X)=\int_a^b[F_B(x)-F_A(x)]u'(x)\mathrm{d}x$$

$$=\int_a^{x_1}[F_B(x)-F_A(x)]\times 0\times \mathrm{d}x+\int_{x_1}^{x_1+\varepsilon}[F_B(x)-F_A(x)]\times 1\times \mathrm{d}x$$

$$+\int_{x_1+\varepsilon}^{b}[F_B(x)-F_A(x)]\times 0\times \mathrm{d}x$$

$$=\int_{x_1}^{x_1+\varepsilon}[F_B(x)-F_A(x)]\mathrm{d}x<0$$

这个结论与$E_AU(X)\geqslant E_BU(X)$的预先假定相矛盾。所以，在$E_AU(X)\geqslant E_BU(X)$的假定下，必定有$\forall x\in I$，$F_A(x)\leqslant F_B(x)$的结论。

用证明充分性的相同方法可以证明在$\exists u_0\in U$，使$E_AU(X)>E_BU(X)$的假定下，必有$\exists x_0$，$F_A(x_0)<F_B(x_0)$。

实际上，$\forall x\in I$，$F_A(x)\leqslant F_B(x)$等价于$\forall x\in I$，$1-F_A(x)\geqslant 1-F_B(x)$。因此，$\forall x\in I$，$F_A(x)\leqslant F_B(x)$的含义是：$\forall x\in I$，A 方案获得较 X 更高收益的概率要大于 B 方案。显然，任何一个决策者都会喜欢收益更高的可能性较大的那个投资机会。

2. 第一等随机优势判定定理 2

方案 A 第一等随机优于方案 B⇔方案 A 的收益率（R_A）依概率分布等于方案 B 的收益率（R_B）再加一个不小于零的随机量（ξ），即$R_A^d=R_B+\xi$。其中，$\xi\geqslant 0$，$\overset{d}{=}$表示“依概率分布等于”。

证明：先证明充分性。根据效用函数的单调递增性及$\xi\geqslant 0$知，$EU(1+R_B+\xi)\geqslant EU(1+R_B)$。再假定$R_A$和$R_B+\xi$具有相同的概率分布，即$R_A\overset{d}{=}R_B+\xi$，因此有，$EU(1+R_A)=EU(1+R_B+\xi)\geqslant EU(1+R_B)$。

再证明必要性。由$EU(1+R_A)\geqslant EU(1+R_B)$知，应该有$R_A\overset{d}{=}R_B+\xi$。其中，$\xi\geqslant 0$。

3. 推论

不难看出，在方案 A 第一等随机优于方案 B 的时候，$E(R_A)\geqslant E(R_B)$成立。因此，$E(R_A)\geqslant E(R_B)$是方案 A 第一等随机优势于方案 B 的必要条件。

案例：考虑两个风险资产 A 和 B。假定 A 和 B 的收益率（R_A和R_B）均满足正态分布，且 $E(R_A)>E(R_B)$，$Var(R_A)=Var(R_B)$。显然，$\forall x$，必有 $F_A(x)\leqslant F_B(x)$。因此，风险资产 A 要优于风险资产 B。

三、第二等随机优势（Second-Degree Stochastic Dominance，SSD）

1. 第二等随机优势的判定定理 1

假定决策方案 A 和 B 的随机收益 X 的概率分布分别为 $F_i(X)$ 和 $F_j(X)$，相应的密度函数为 $f_i(X)$ 和 $f_j(X)$。其中，X 的取值范围为 $I=[a,b]$。再假定决策人厌恶风险，具有凹的效用函数（即我们只假定决策者具有一次导数非负，二次导数非正的效用函数）。则下列条件是该决策者第二等随机偏好方案 A 的充分必要条件：

$$\forall X\in I,\int_a^x[F_B(t)-F_A(t)]\mathrm{d}t\geqslant 0;\text{且}\exists X_0\in I,\text{使得}$$

$$\int_a^x[F_B(t)-F_A(t)]\mathrm{d}t>0$$

证明：先证充分性。假定 $\forall X\in I,\int_a^x[F_B(t)-F_A(t)]\mathrm{d}t\geqslant 0$ 成立，则由期望效用的定义，有：

$$E_AU(X)-E_BU(X)$$

$$=\int_a^b F_A(t)U(x)\mathrm{d}t-\int_a^b F_B(t)U(x)\mathrm{d}t=\int_a^b[F_A(t)-F_B(t)]U(x)\mathrm{d}t$$

根据分部积分的计算方法，有：

$$\int_a^b F_A(t)U(x)\mathrm{d}t=\int_a^b U(x)\mathrm{d}F_A(t)$$

$$=U(x)F_A(x)\big|_a^b-\int_a^b F_A(t)\mathrm{d}U(x)$$

因此，$E_AU(X)-E_BU(X)$

$$=\int_a^b[F_A(t)-F_B(t)]U(x)\mathrm{d}t$$

$$=U(x)[F_A(x)-F_B(x)]\big|_a^b-\int_a^b[F_A(t)-F_B(x)]\mathrm{d}U(x)$$

$$=\int_a^b[F_B(t)-F_A(x)]\mathrm{d}U(x)$$

$$=\int_a^b[F_B(t)-F_A(x)]U'(x)\mathrm{d}t$$

对上式右边继续进行分部积分运算，有：

$$E_AU(X)-E_BU(X)$$

$$= U'(x)\int_a^x [F_B(t) - F_A(t)]\mathrm{d}t\,|_a^b - \int_a^b U''(x)\left(\int_a^x [F_B(t) - F_A(t)\mathrm{d}t]\right)\mathrm{d}x$$

$$= U'(b)\int_a^b [F_B(t) - F_A(t)]\mathrm{d}t - \int_a^b U''(x)\left\{\int_a^x [F_B(t) - F_A(t)]\mathrm{d}t\right\}\mathrm{d}x \geqslant 0$$

所以，当 $\forall X \in I, \int_a^x [F_B(t) - F_A(t)]dt \geqslant 0$ 时,必有：

$$E_A U(X) \geqslant E_B U(X)$$

由于 $\exists X_0 \in I$，使得 $\int_a^x [F_B(t) - F_A(t)\mathrm{d}t] > 0$。再考虑到 $\int_a^x [F_B(t) - F_A(t)]\mathrm{d}t$ 是连续的，所以，必定 $\exists \varepsilon > 0$,使得在区间 $X_0 - \varepsilon \leqslant X \leqslant X_0 + \varepsilon$，有 $\int_a^x [F_B(t) - F_A(t)]$ $\mathrm{d}t > 0$。进而有：

$$E_A U(X) - E_B U(X)$$

$$= U'(b)\int_a^b [F_B(t) - F_A(t)]\mathrm{d}t - \int_a^b U''(x)\left\{\int_a^x [F_B(t) - F_A(t)]\mathrm{d}t\right\}\mathrm{d}x$$

$$\geqslant \int_a^{x_0-\varepsilon} - U''(x)\int_a^x [F_B(t) - F_A(t)]\mathrm{d}t\mathrm{d}x +$$

$$\int_{x_0-\varepsilon}^{x_0+\varepsilon} - U''(x)\int_a^x [F_B(t) - F_A(t)]\mathrm{d}t\mathrm{d}x +$$

$$\int_{x_0+\varepsilon}^{b} - U''(x)\int_a^x [F_B(t) - F_A(t)]\mathrm{d}t\mathrm{d}x$$

$$\geqslant \int_{x_0-\varepsilon}^{x_0+\varepsilon} - U''(x)\int_a^x [F_B(t) - F_A(t)]\mathrm{d}t\mathrm{d}x$$

令上式中的 $U(X)$ 取具体形式：$U_0(X) = -e^{-x}$,则有：

$$E_A U(X) - E_B U(X) > 0$$

因此，当 $\forall X \in I, \int_a^x [F_B(t) - F_A(t)]\mathrm{d}t \geqslant 0$ 且 $\exists X_0 \in I$，使得 $\int_a^x [F_B(t) - F_A(t)]$ $\mathrm{d}t > 0$ 的时候，必有 $E_A U(X) \geqslant E_B U(X)$，且在点 X_0 点处，$E_A U(X) > E_B U(X)$，即该厌恶风险的决策者会偏好于方案 A。

再证必要性。假定厌恶风险的决策者有 $E_A U(X) \geqslant E_B U(X)$。我们可以证明，不可能存在下列情况：在某个随机收益 X_0处，$\int_a^{x_0} [F_B(t) - F_A(t)]\mathrm{d}t < 0$ 成立。

因为，如果在某个随机收益 X_0处，$\int_a^{x_0} [F_B(t) - F_A(t)]\mathrm{d}t < 0$ 成立，则可引入下列凹型效用函数：

$$U_0(X)=\begin{cases}X, X\leqslant X_0\\ X_0, X>X_0\end{cases}$$

进而有：

$$\begin{aligned}&E_AU(X)-E_BU(X)\\&=\int_a^b[F_B(t)-F_A(x)]U'(x)\mathrm{d}t\\&=\int_a^{x_0}[F_B(x)-F_A(x)]\times 1\times \mathrm{d}x+\int_{x_0}^b[F_B(x)-F_A(x)]\times 0\times \mathrm{d}x\\&=\int_a^{x_0}[F_B(x)-F_A(x)]\mathrm{d}x<0\end{aligned}$$

这与 $E_AU(X)\geqslant E_BU(X)$ 的预设假定矛盾。因此，当 $E_AU(X)\geqslant E_BU(X)$ 的时候，必有 $\int_a^x[F_B(t)-F_A(t)]\mathrm{d}t\geqslant 0$

2. 推论

在投资方案 A 第二等随机优势于投资方案 B 的时候，必有 $E(R_A)\geqslant E(R_B)$。

证明：因为 $\int_a^b[F_B(t)-F_A(t)]\mathrm{d}t$

$$=[F_B-F_A]t|_a^b-\int_a^b td[F_B(t)-F_A(t)]=E(R_A)-E(R_B),$$

所以，当 $E_AU(X)\geqslant E_BU(X)$，从而 $\int_a^x[F_B(t)-F_A(t)]\mathrm{d}t\geqslant 0$ 的时候，必有 $E(R_A)\geqslant E(R_B)$。

3. 第二等随机优势的判定定理 2

假定风险资产 A 和 B 的随机收益率分别为 R_A 和 R_B，则 A 第二等随机优势于 B 的充分必要条件为：$R_B^d=R_A+\delta$，其中，$E(\delta/R_A)\leqslant 0$。

证明：首先假定风险资产 A 第二等随机优势于 B，需要证明 $R_B^d=R_A+\delta$，其中，$E(\delta/R_A)\leqslant 0$。

令期初的财富拥有数量为 1，则风险厌恶决策者的最优选择应该满足下列模型：

$$\underset{\alpha}{\mathrm{Max}}\cdot EU[\alpha(1+R_B)+(1-\alpha)(1+R_A)]$$

该模型最优解的一阶条件为：

$$E\{U'[\alpha(1+R_B)+(1-\alpha)(1+R_A)][R_B-R_A]\}=0$$

令 $\delta=R_B-R_A$，显然有：$E(\delta)\leqslant 0$，现在要证明 $E(\delta/R_A)\leqslant 0$，用反证法，假定 $M(R_A)=E(\delta/R_A)>0$。

风险资产 A 第二等随机优势于 B 的假定意味着 $\alpha=0$ 是该模型的最优解。由此而来，上述一阶必要条件可以写为：

$$E[U'(1+R_A)\delta]=0$$

假定一个效用函数的具体形式为：

$$U(Y)=\begin{cases}k_1Y, Y<c\\ k_1c+k_2(Y-c), Y\geqslant c\end{cases}$$

其中：$k_1>k_2$，并且 k_2 要充分地小。

于是有：

$$\begin{aligned}E[U'(1+R_A)\delta]&=E\{E[U'(1+R_A)\delta\mid R_A]\}\\&=E\{U'(1+R_A)E[\delta\mid R_A]\}\\&=k_1\int_a^c M(z)\mathrm{d}F_A(z)+k_2\int_c^b M(z)\mathrm{d}F_A(z)>0\end{aligned}$$

这个结论与上述一阶条件矛盾。显然，这是由于我们假定 $M(R_A)=E(\delta/R_A)>0$ 的结果。所以，如果我们假定风险资产 A 第二等随机优势于 B，则必定有：$R_B^d=R_A+\delta$。其中，$E(\delta/R_A)\leqslant 0$。

现在我们做充分性的证明。由 Jensen 不等式及效用函数的单调递增性假定，有：

$$\begin{aligned}E[U(1+R_B)]&=E[U(1+R_A+\delta)]\\&=E\{E[U(1+R_A+\delta)\mid R_A]\\&\leqslant E\{U[E(1+R_A+\delta)\mid R_A)]\}\\&\leqslant E[U(1+R_A)]\end{aligned}$$

4. 第二等随机优势判定定理 3

A 第二等随机优势于 B 的充分必要条件为：

$R_B^d=R_A+\chi+\delta$，其中：$\chi\leqslant 0, E(\delta/R_A+\chi)=0$。

我们做充分性的证明。

$$\begin{aligned}&E[U(1+R_B)]\\&=E[U(1+R_A+\chi+\delta)]\\&=E\{E[U(1+R_A+\chi+\delta)\mid R_A+\chi]\}\\&\leqslant E\{U[E(1+R_A+\chi+\delta)\mid R_A+\chi)]\}\\&=E[U(1+R_A+\chi)]\\&\leqslant E[U(1+R_A)]\end{aligned}$$

5. 下列三个命题是相互等价的

（1）投资方案 A 第二等随机优势于投资方案 B。

（2）$E(R_A)=E(R_B)$ 且 $\forall X\in I$，$\int_a^x[F_B(t)-F_A(t)]\mathrm{d}t\geqslant 0$；且 $\exists X_0\in I$，使得

$\int_a^x [F_B(t) - F_A(t)]\mathrm{d}t > 0$。

(3) R_B等于R_A加一个白噪声，即：$R_B^d = R_A + \varepsilon$。其中，$E(\varepsilon | R_A) = 0$。

案例1：考虑两个风险资产A和B。假定A和B的收益率(R_A和R_B)均满足正态分布，且$E(R_A) = E(R_B), Var(R_A) < Var(R_B)$。

由几何图形可以看出，$\int_a^x [F_B(t) - F_A(t)]\mathrm{d}t \geqslant 0$。所以，风险资产A二等随机优势于风险资产B。

案例2：假定有两个投资项目A和B，其未来可能的收益水平及相应概率如表11.5所示。假定该投资者厌恶风险，则其应该选择哪一个方案？

表11.5　　两个投资项目A和B

各种可能收益的概率	1/2	1/2	期望值	方差
A方案的各种可能收益	1	1	1	0
B方案的各种可能收益	0	2	1	0.5

解：首先，绘出两个方案随机收益的概率分布曲线F_A和F_B的几何图形。然后，根据积分条件$\int_a^x [F_j(t) - F_i(t)]\mathrm{d}t$，绘出积分图。从图中可以看出，$\int_a^x [F_B(t) - F_A(t)]\mathrm{d}t$恒非负，且有大于零的地方。所以，对于一个厌恶风险的决策者来说，A方案要好于B方案。

如果将A方案的收益看做决策者在决策前的已有财富，将方案B看做一张彩票，并将彩票的购买价格定为1，则不难看出，这是一次公平的赌博，厌恶风险的投资者不会喜欢。

四、第三等随机优势（Third-Degree Stochastic Dominance，TSD）

(1) 歁斜（Skewness）

随机变量的三阶矩叫歁斜。因此，任一随机变量X的歁斜μ_3可以表示为：

$$\mu_3 = \int_{-\infty}^{+\infty} f(x)[x - E(x)]^3 \mathrm{d}x$$

一般地说，摸彩赌博等通常以小概率获得大奖，具有正的歁斜。例如，假定某彩票的有关情况如表11.6所示。

表 11.6 彩票的例子

	中奖	不中奖
概率	0.001	0.999
收益	10 000	0

则该彩票的期望值为：

$$E(X)=10\,000\times0.001+0\times0.999=10\text{（元）}$$

而该彩票的歃斜值为：

$$\mu_3=(10\,000-10)^3\times0.001+(0-10)^3\times0.999=9.970\,02\times10^8$$

不投保险的房产，以小概率遭受巨大损失，一般具有负的歃斜。例如，假定某房产价值 1 000 000 元。发生火灾的概率为 0.001，一旦发生，则该房产的价值为零。则该房产的期望价值为：

$$E(X)=0\times0.001+1\,000\,000\times0.999=999\,000\text{（元）}$$

而该不投保房产的歃斜值为：

$$\mu_3=(0-999\,000)^3\times0.001+(1\,000\,000-999\,000)^3\times0.999=-9.97\times10^{14}$$

假若随机变量的分布具有对称(均匀)性,则歃斜值一般为零。例如,抛掷一个均匀的硬币,正面朝上可收入 10 元,反面朝上则须付出 8 元。则有抛掷一次的期望值为：

$$E(X)=10\times0.5+(-8)\times0.5=1\text{（元）}$$

而抛掷一次的歃斜值为：

$$\mu_3=(10-1)^3\times0.5+(-8-1)^3\times0.5=0$$

(2) 歃斜对偏好的影响

假定决策者的当前财富拥有量为 W，未来的随机收入为 X，随机收入的期望值为 $E(X)$。则将其效用函数在 $E(X)$ 处 Tailor 展开，有：

$$U(W+X)=U[W+E(X)]+U'[W+E(X)][X-E(X)]$$
$$+\frac{1}{2}u''[w+E(x)][x-E(X)]^2+\frac{1}{6}u'''[w+E(x)][x-E(X)]^3+\cdots$$

对上式等号两边取期望值，有：

$$EU(W+X)=U[X+E(X)]+\frac{1}{2}u''[w+E(x)]E\{[x-E(X)]^2\}$$
$$+\frac{1}{6}u'''[w+E(x)]E\{[x+E(X)]^3\}+\cdots$$

因此，由上式不难看出，随机收入效用的大小与未来收入的期望值正相关；与未来收入的方差负相关；而与歃斜的关系取决于效用函数三次导数的符号性质。

我们通常假定决策者具有绝对风险厌恶递减的特性，即投资者的财富越多，其愿意支付的风险酬金越少。因此，决策者的阿罗－普拉特绝对风险厌恶系数 $R_a = -U''(W)/U'(W)$ 的一次导数将小于零：

$$-\frac{u'(w)u'''(w)-[u''(w)]^2}{[u'(w)]^2}<0$$

显然，$u'''(w)>0$ 是成立的必要条件。

如果进一步地假定 $u'''(w)>0$，则由效用函数的 Tailor 展开式不难看出，决策者将喜欢正的歃斜。

因此，对购买房产保险的行为可以做这样的解释：一是投保人厌恶风险，不喜欢方差；二是投保人不喜欢负的歃斜。

同样的道理，人们购买彩票的理由是：彩票的正歃斜远远大于方差。

（3）第三等随机优势的判定定理：假定决策者的效用函数仅含有一次导数非负、二次导数非正、三次导数大于零的特征，则对于任意的两个待选决策方案 A 和 B，决策者偏好于方案 A 的充分必要条件为：

$$E(R_A)\geqslant E(R_B),\int_a^x\int_a^x[F_B(t)-F_A(t)]\mathrm{d}t\mathrm{d}z\geqslant 0$$

证明：首先，我们证明充分性。为书写简便起见，令 $S(y)=\int_a^y[F_B(z)-F_A(z)]\mathrm{d}z, T(x)=\int_a^x S(y)\mathrm{d}y$，则不难看出，

$$S(a)-\int_a^a[F_B(z)-F_A(z)]\mathrm{d}z=0$$

$$S(b)=\int_a^b[F_B(z)-F_A(z)]\mathrm{d}z=[F_B(z)-F_A(Z)]z|_a^b-\int_a^x z\mathrm{d}[F_B(z)-F_A(z)]$$
$$=E(R_A)-E(R_B)\geqslant 0$$

且 $T(a)=\int_a^a\int_a^a[F_B(t)-F_A(t)]\mathrm{d}t\mathrm{d}z=0$。因此有：

$$E[U(1+R_A)]-E[U(1+R_B)]$$
$$=\int_a^b U(1+z)\mathrm{d}[F_A(z)-F_B(z)]$$
$$=\int_a^b U'(1+z)\mathrm{d}S(z)$$
$$=U'(1+z)S(z)|_a^b-\int_a^b S(z)\mathrm{d}U'(1+z)$$
$$=U'(1+z)S(z)|_a^b-\int_a^b U''(1+z)\mathrm{d}T(z)$$

$$= U'(1+z)S(z)\mid_a^b - U''(1+z)T(z)\mid_a^b + \int_a^b T(z)U'''(1+z)\mathrm{d}z \geqslant 0$$

可见，如果 $E(R_A) \geqslant E(R_B), \int_a^x\int_a^x [F_B(t) + F_A(t)]\mathrm{d}t\mathrm{d}z \geqslant 0$，则决策者必偏好于方案 A。

然后，我们证明必要性。假定决策者偏好于方案 A，取效用函数 $U(z) = z$，则有：$E(R_A) \geqslant E(R_B)$。

这个时候，如果 $\int_a^x\int_a^x [F_B(t) - F_A(t)]\mathrm{d}t\mathrm{d}z \geqslant 0$ 不成立，则由该积分函数的连续性可知，必定存在区间 $[\alpha,\beta] \subseteq [a,b]$，使得 $T(z) < 0, \forall \in [\alpha,\beta]$。

引入特征函数 $1_{[1+\alpha,1+\beta]}(1+t) = \begin{cases} 1, \forall (1+t) \in [1+\alpha, 1+\beta] \\ 0, \forall (1+t) \notin [1+\alpha, 1+\beta] \end{cases}$，构造这样一个具体的效用函数：

$$U(1+z) = \int_a^z\int_x^b\int_y^b 1_{[1+\alpha,1+\beta]}(1+t)\mathrm{d}t\mathrm{d}y\mathrm{d}x$$

不难看出，这个效用函数单调递增，且有：

$$U''(1+z) = -\int_z^b 1_{[1+\alpha,1+\beta]}\mathrm{d}t$$

$$= \begin{cases} \alpha-\beta, \forall z \leqslant \alpha \\ z-\beta, \forall \alpha < z < \beta \\ 0, \forall z > \beta \end{cases}$$

因此，我们有：

$$E[U(1+R_A)] - E[U(1+R_B)]$$

$$= \int_a^b U(1+z)\mathrm{d}[F_A(z) - F_B(z)]$$

$$= U'(1+z)S(z)\mid_a^b - U''(1+z)T(z)\mid_a^b + \int_a^b T(z)U'''(1+z)\mathrm{d}z$$

$$= \int_\alpha^\beta T(z)\mathrm{d}z < 0$$

这就与决策者偏好于方案 A 的预先假定相矛盾。

因此，如果决策者偏好于方案 A，则必定有：

$$E(R_A) \geqslant E(R_B), \int_a^x\int_a^x [F_B(t) - F_A(t)]\mathrm{d}t\mathrm{d}z \geqslant 0$$

如果假定 $E(R_A) = E(R_B), \int_a^x\int_a^x [F_B(t) - F_A(t)]\mathrm{d}t\mathrm{d}z \geqslant 0$，则有：

$$S(b)=\int_a^b[F_B(z)-F_A(z)]\mathrm{d}z=[F_B(z)-F_Z(Z)]z|_a^b-\int_a^b z\mathrm{d}[F_B(z)F_A(z)]$$
$$=E(R_A)-E(R_B)=0;$$

进而有：

$$T(b)=\int_a^b S(y)\mathrm{d}y=yS(y)|_a^b-\int_a^b y\mathrm{d}S(y)$$
$$=-\int_a^b[F_B(y)-F_A(y)]y\mathrm{d}y$$
$$=\frac{1}{2}\int_a^b[F_A(y)-F_B(y)]y\mathrm{d}y^2$$
$$=\frac{1}{2}y^2[F_A(y)-F_B(y)]|_a^b-\frac{1}{2}\int_a^b y^2\mathrm{d}[F_A(y)-F_B(y)]$$
$$=\frac{1}{2}[E(R_B^2)-E(R_A^2)]\geqslant 0$$

可见，在决策者第三等随机偏好于方案 A 的时候，如果 $E(R_A)=E(R_B)$，则必定有：$Var(R_A)\leqslant Var(R_B)$。

第三节　“均值—方差”分析框架的引入及其有效性分析

一、“均值—方差”不确定性分析框架的引入

如前所述，效用函数具体数学形式的确定相当困难，随机优势策略实际上就是简化分析的产物。不过，随机优势策略对概率分布的分析仍较麻烦，有的时候也不具有可行性，因此我们必须进一步地简化风险管理决策的逻辑思路。

（1）如果假定随机变量服从正态分布，那么仅仅使用均值和方差就能够完整地表达该随机变量的概率分布，它的更高阶矩并没有提供任何独到的信息。

考虑期间$[0,T]$内某证券的价格变化。令其目前的价格为 S，T 时刻的价格为 S_T，在期间$[0,T]$内的连续收益率为 r。将期间$[0,T]$ n 等分，则有：

$$r=\mathrm{Ln}(S_T/S)=\mathrm{Ln}[(S_1/S)\times(S_2/S_1)\times\cdots\times(S_T/S_{n-1})]$$
$$=r_1+r_2+\cdots+r_n$$

其中，Ln 为自然对数的符号。根据中心极限定理，某证券在期间$[0,T]$内的连续收益率 r 服从正态分布，而 S_T 服从对数正态分布。因此仅仅使用均值和方差就能够完整地表达随机变量 r 的概率分布。这样一来，只要我们可以判定某随机变量服从正态分

布，并求得它的均值和方差，就可以确定该随机变量的概率分布，进而确定出以该随机变量为净收益的期望效用函数。

（2）假定投资者在确定性环境下的效用函数为二次型的形式。例如假定为：$U(X)=X+aX^2$。其中，a 为小于零的常数。则有该投资者的期望效用函数为：

$$\int U(X)\mathrm{d}D(X)=\int (X+aX^2)\mathrm{d}D(X)=\int X\mathrm{d}D(X)+\int aX^2\mathrm{d}D(X)\text{。}$$

根据方差的定义，有：

$$\begin{aligned}Var(X)&=\int [X-E(X)]^2\mathrm{d}D(X)=\int [X^2-2XE(X)+E^2(X)]\mathrm{d}D(X)\\&=\int X^2\mathrm{d}D(X)-E^2(X)\text{。}\end{aligned}$$

因此有：

$$\int U(X)\mathrm{d}D(X)=E(X)+a[Var(X)+E^2(X)]\text{。}$$

我们看到，如果假定投资者在确定性环境下的效用函数为二次型的形式，则其在不确定环境下的期望效用函数将完全取决于随机变量的均值和方差。

但是，二次型的效用函数意味着，一旦财富规模超过能导致效用最大值的水平，财富的进一步增加会导致投资者满足程度的降低。而且，在二次型的效用函数下，投资者具有递增的绝对风险厌恶。也就是说，这个时候的风险投资属劣质品，财富水平越高，投资者越厌恶风险投资。

（3）将投资者的期望效用函数在随机收益 X 的均值 E（X）处 Tailor 展开，有：

$$\begin{aligned}E[U(W+X)]&\approx U[W+E(X)]+U'[W+E(X)]E[X-E(X)]\\&\quad+0.5U''[W+E(X)]E[X-E(X)]^2\\&=U[W+E(X)]+0.5U''[W+E(X)]Var(X)\end{aligned}$$

可见，如果忽略期望效用函数的高阶无穷小项，则可粗略地假定投资者的效用水平主要取决于均值和方差。由上式不难看出，就风险厌恶投资者而言，均值越大，方差越小，效用函数值越大。

因此，除非专门地说明，以后我们总是在均值—方差框架下分析并作出决策，并有所谓的理性决策准则如下：

在既定方差下，期望收益越高越好；在既定期望收益下，方差越低越好。

二、均值—方差评价准则的有效性分析

（1）依据期望效用评价风险管理策略的优劣，选择期望效用较大的风险管理策略，这是风险管理决策应该遵循的最基本性的准则。随机优势策略是这个所谓的期望效用最

大准则在有限信息下的简化；而期望值—方差评价准则又是在随机优势策略基础上的进一步简化。因此，以期望值—方差评价准则作为风险管理的决策依据显然是粗糙的。这就意味着，当期望值—方差评价准则与随机优势准则发生矛盾的时候，应该以随机优势准则为准；而当随机优势准则与期望效用评价准则发生矛盾的时候，应该以期望效用准则为准。

（2）期望收益较大是风险管理策略较优的必要条件；但在期望收益较大的条件下，方差较小并不是风险管理方案较优的必要条件。

例如，假定有两个投资项目 A 和 B，其收益及其相应的概率分布如表 11.7 所示。

表 11.7　　两个投资项目 A 和 B

概率分布	0.5	0.5	收益的期望值	收益的方差
A 项目的收益	1	2	1.5	0.25
B 项目的收益	1	1	1	0

不难看出，A 项目的收益在每一种可能下都不低于 B 项目，所以 A 投资项目按状态要优于 B 投资项目。另外，根据三个等级的随机优势策略，也可以证明 A 项目优于 B 投资项目。这说明，在 A 项目收益较高的前提下，A 项目的方差较大并不影响决策者对 A 项目的偏好。

（3）当两个投资项目的期望收益相等的时候，方差较小是投资项目具有第二等（或第三等）随机优势的必要条件。

例如，若取效用函数 $U(X)=X+CX^2$，则 $U'(X)=1+2CX$，$U''(X)=2C$，令 $X\geq -0.5C$，$C<0$，则该函数为凹效用函数。取其期望值，并根据方差的定义 $\sigma^2=E(X^2)-[E(X)]^2$，有：

$$EU(X)=E(X)+CE(X^2)=E(X)+C\{\sigma^2+[E(X)]^2\}$$

假定 A 项目的随机收益为 X_A，B 项目的随机收益为 X_B，则有：

$$EU(X_A)-EU(X_B)=[E(X_A)-E(X_B)]+C\{[E(X_A)]^2-E(X_B)\}^2+C[\sigma_A^2-\sigma_B^2]$$

可见，当两个投资项目的期望收益相等的时候，方差较小是 A 项目具有第二等随机优势的必要条件。

如果令效用函数为 $U(X)=-(X-b)^2+1-e^{-sx}$，其中：s，$b>0$，且 X 的上界为 b。容易验证，该函数满足确定第三等随机优势所要求的效用函数。为了分析的简便，取 $s\to 0$，则有 $1-e^{-sx}\to 0, U(X)\to -(X-b)^2$。

同样假定 A 项目的随机收益为 X_A，B 项目的随机收益为 X_B，则有：$EU(X_A)-EU$

$(X_B) = -E(X_A - b)^2 + E(X_B - b)^2 = E(X_B{}^2) - 2bE(X_B) + b^2 - E(X_A{}^2) + 2bE(X_A) - b^2 = E(X_B{}^2) - E(X_A{}^2) + 2bE(X_A) - 2bE(X_B)$。

可见，在$E(X_A) = E(X_B)$的时候，$E(X_B{}^2) > E(X_A{}^2)$是 A 项目第三等随机优于 B 项目的必要条件。又因为$\sigma^2 = E(X^2) - [E(X)]^2$，所以，换个说法，A 项目第三等随机优于 B 项目的必要条件为：A 项目的方差小于 B 项目。

(4) 在期望收益较大时，方差较小既非投资项目具有第二、三等随机优势的必要条件，也非充分条件。

例如，假定有两个投资项目 A 和 B，其收益及其相应的概率分布如表 11.8 所示。

表 11.8　　两个投资项目 A 和 B 的概率分布

概率分布	A：0.8 B：0.99	A：0.2 B：0.01	期望值	方差
A 项目的收益	1	100	20.8	1 468
B 项目的收益	10	1 000	19.9	9 703

在这个例子中，A 方案的期望收益大于 B 方案的期望收益；同时 A 方案的方差还小于 B 方案的方差。但是，运用随机优势的评判准则，却无法判定两个方案的优劣。

而且，如果假定决策者的效用函数为$U(X) = \lg(X)$，不难看出，该函数满足确定第三等随机优势所要求的效用函数。这个时候，$E[U(X_A)] = 0.4$小于$E[U(X_B)] = 1.02$。这就意味着，根据期望效用最大的原则，B 项目要优于 A 投资项目。

因此，在期望收益较大时，方差较小既非投资项目具有第二、三等随机优势的必要条件，也非充分条件。只有当随机收益的概率分布满足一些特定的性质，例如符合正态分布时，期望值—方差评价准则才与第二等随机优势的判定方法等价。

可见，在既定方差下，期望收益越高越好；在既定期望收益下，方差越低越好。这是关于期望值—方差（$E-V$）评价准则最恰当的描述。

三、效用无差异曲线的几何形式

假定二次效用函数的假定成立。因此有：$U(X) = E(X) + a[Var(X) + E^2(X)]$。对上式求全微分，可得效用无差异曲线的一般函数式为：

$$\mathrm{d}U(X) = \frac{\partial U(X)}{\partial E(X)}\mathrm{d}E(X) + \frac{\partial U(X)}{\partial \sigma^2(X)}\mathrm{d}\sigma^2(X) = 0$$

由于决策者风险厌恶，所以有：

$$\frac{\partial U(X)}{\partial E(X)}=1+2aE(X)>0;\frac{\partial U(X)}{\partial \sigma^2(X)}=a<0$$

进而有,

$$\frac{\partial E(X)}{\partial \sigma(X)}=-2a\sigma(X)/[1+2aE(X)]>0$$

$$\frac{\mathrm{d}^2E(X)}{\mathrm{d}^2\sigma(X)}=-2a/[1+2aE(X)]>0$$

因此,在均值一标准差二维空间中,效用无差异曲线单调递增,且凸向标准差轴。

更为一般地,如果假定风险资产的连续收益率$\{R_i\}_{i=1}^{N}$满足正态分布,则对任意的一个风险资产的组合p,投资者的期望效用为:

$$E\{U[W_0(1+R_p)]\}=E\{U[W_0[1+E(R_p)+\sigma(R_p)z]]\}=E[U(\tilde{W})]$$

其中,W_0为投资者的期初财富拥有量,z为满足标准正态分布的随机变量。对上式关于E(R_p)和分别$\sigma(R_p)$求一次导数,有:

$$\frac{\mathrm{d}E[U(\tilde{W})]}{\mathrm{d}E(R_p)}=\frac{E[\mathrm{d}U(\tilde{W})]}{\mathrm{d}\tilde{W}}W_0>0$$

$$\begin{aligned}\frac{E[\mathrm{d}U(\tilde{W})]}{\mathrm{d}\sigma(R_p)}&=E\left[\frac{\mathrm{d}U(\tilde{W})}{\mathrm{d}\tilde{W}}z\right]W_0=W_0\mathrm{Cov}\left[\frac{\mathrm{d}U(\tilde{W})}{\mathrm{d}\tilde{W}},z\right]\\&=W_0\mathrm{Cov}\left[\frac{\mathrm{d}U(E\tilde{W})}{\mathrm{d}E\tilde{W}}+\frac{\mathrm{d}U^2(E\tilde{W})}{\mathrm{d}^2E\tilde{W}}(\tilde{W}-E\tilde{W}),z\right]\\&=W_0\mathrm{Cov}\left[\frac{\mathrm{d}U^2(E\tilde{W})}{\mathrm{d}^2E\tilde{W}}\tilde{W},z\right]=W_0\frac{\mathrm{d}U^2(E\tilde{W})}{\mathrm{d}^2E\tilde{W}}\mathrm{Cov}[\tilde{W},z]\\&=W_0\frac{\mathrm{d}U^2(E\tilde{W})}{\mathrm{d}^2E\tilde{W}}\mathrm{Cov}\{W_0[1+E(R_p)+\sigma(R_p)z],z\}\\&=W_0\frac{\mathrm{d}U^2(E\tilde{W})}{\mathrm{d}^2E\tilde{W}}\mathrm{Cov}[\sigma(R_p)z,z]\\&=W_0\frac{\mathrm{d}U^2(E\tilde{W})}{\mathrm{d}^2E\tilde{W}}\sigma(R_p)\sigma^2(z)<0\end{aligned}$$

令U_0为任意一个常数效用值,则投资者的无差异效用函数为:

$$E\{U[W_0[1+E(R_p)+\sigma(R_p)z]]\}=E[U(\tilde{W})]=U_0$$

对上式关于$E(R_p)$和$\sigma(R_p)$求全微分，有：

$$E[U'(\tilde{W})W_0]\mathrm{d}E(R_p)+E[U'(\tilde{W})zW_0]\mathrm{d}\sigma(R_p)=0$$

进而有：

$$\frac{\mathrm{d}E(R_p)}{\mathrm{d}\sigma(R_p)}=-\frac{E[U'(\tilde{W})z]}{E[U'(\tilde{W})]}>0$$

这说明，在标准差—期望收益率空间中，效用无差异曲线具有单调递增性。

我们在一条效用无差异曲线上任意选择两个点$[\sigma(R_{p1}),E(R_{p1})]$和$[\sigma(R_{p2}),E(R_{p2})]$。则对于这两个点之间连线上的任意一点 p，其坐标的一般形式为：$[\alpha E(R_{p1})+(1-\alpha)E(R_{p2}),\alpha\sigma(R_{p1})+(1-\alpha)\sigma(R_{p2})],\forall\alpha\in[0,1]$根据效用函数的凹性假定，有：

$$EU\{W_0[1+\alpha E(R_{p1})+(1-\alpha)E(R_{p2})+[\alpha\sigma(R_{p1})+(1-\alpha)\sigma(R_{p2})]z]\}>$$
$$\alpha EU\{W_0[1+E(R_{p1})+\alpha(R_{p1})z]\}+(1-\alpha)EU\{W_0[1+E(R_{p2})+\sigma(R_{p2})z]\}$$

因此，在标准差—期望收益率空间中，效用无差异曲线具有严格的凸性。

对于任意的一个无差异效用函数，我们考察其在$\sigma(R_p)=0$处的切线斜率，即对$E\{U[W_0[1+E(R_p)+\sigma(R_p)z)]]\}=E[U(\tilde{W})]=U_0$中的$E(R_p)$关于$\sigma(R_p)$求一次导数，有：

$$\frac{\mathrm{d}E(R_p)}{\mathrm{d}\sigma(R_p)}\Big|_{\sigma(R_p)=0}=-\frac{E[U'(\tilde{W})z]}{E[U'(\tilde{W})]}\Big|_{\sigma(R_p)=0}=E(z)=0$$

因此，效用无差异曲线在标准差—期望收益率空间中与$E(R_p)$轴垂直相交。

复习思考题

1. 简述第二等随机优势的判定定理。
2. 简述期望值—方差评价准则的有效性。
3. 简述风险决策的逻辑基础。

第十二章

风险管理对决策者效用的影响

本章摘要

本章首先阐述了组合投资与分散投资的风险效应，然后分析了风险管理对企业价值的影响，最后探讨了保险在风险管理中的作用。

关 键 词

风险管理　保险风险转移

风险管理即是有关规避（或者承接）风险的行为、措施或制度的总称。广义地说，风险决策方法也属于风险管理的范畴。不过，风险决策方法更侧重强调“怎样理性地冒（承接）风险”，而狭义的风险管理则更偏重于“怎样合理地规避风险”。

第一节　组合投资与分散投资的风险效应分析

一、组合投资的风险分散效应

组合投资是规避非系统性风险的主要方式。这首先是由于组合投资能够降低方差的值，从而可以提高决策人的效用水平。

假定一个二次效用函数的风险厌恶型决策者拥有 N 项风险资产的投资组合机会。为简便起见，假定决策者将这 N 项资产按同样的比例构造资产组合，即每项资产各占 $\frac{1}{N}$。则组合的方差为：

$$\sigma_P^2 = \sum_{i=1}^{N}\frac{1}{N^2}\sigma_i^2 + \sum_{i=1}^{N}\sum_{j\neq 1}^{N}\frac{1}{N^2}\rho_{ij}\sigma_i\sigma_j = \frac{1}{N^2}\sum_{i=1}^{N}\sigma_i^2 + \frac{1}{N^2}\sum_{i=1}^{N}\sum_{j\neq 1}^{N}\rho_{ij}\sigma_i\sigma_j$$

令$\overline{\sigma^2} = \frac{1}{N}\sum_{i=1}^{N}\sigma_i^2$ 和$\overline{\rho_{ij}\sigma_i\sigma_j} = \frac{1}{N^2+N}\sum_{i=1}^{N}\sum_{j\neq i}^{N}\rho_{ij}\sigma_i\sigma_j$，则上式可化简为：

$$\sigma_P^2 = \frac{1}{N^2}(N\overline{\sigma^2}) + \frac{1}{N^2}(N^2+N)\overline{\rho_{ij}\sigma_i\sigma_j}$$

$$= \frac{1}{N}\overline{\sigma^2} + \overline{\rho_{ij}\sigma_i\sigma_j} + \frac{1}{N}\overline{\rho_{ij}\sigma_i\sigma_j}$$

显然，当$N\to\infty$时，上式的第一项和第三项均趋于0，只有第二项$\overline{\rho_{ij}\sigma_i\sigma_j}$保留下来。

因此，当资产组合中资产的数目较大时，组合的风险会逐步减少，但不会趋于零。也就是说，组合投资对风险的规避是有限度的，仅能规避其中的非系统性风险（相当于其中的$\frac{1}{N}\overline{\sigma^2} + \frac{1}{N}\overline{\rho_{ij}\sigma_i\sigma_j}$部分），资产组合中仍然存在系统性的风险（相当于其中的$\overline{\rho_{ij}\sigma_i\sigma_j}$部分）。

更为一般地，我们可以证明，组合投资方式符合二阶随机优势策略。

假定仅存在两种风险资产。其经规范化处理后的收益率分别为 R_1 和 $R_2\in[0,1]$，相应的概率分布和密度函数分别为 F_1、f_1 和 F_2、f_2。并简单地假定这两种风险资产的期望收益率相同，即 $E(R_1)=E(R_2)$。

考虑由这两种风险资产组成的组合。其中 R_2 的组合比例为 α。则有该组合的收益率为：$R_\alpha=(1-\alpha)R_1+\alpha R_2$。并且有 $E(R)=E(R_1)=E(R_2)$。

令该组合的概率分布和密度函数分别为 F 和 f。则有：

$$F = Pr(R_\alpha < R) = Pr[R_1 < (R-\alpha R_2)/(1-\alpha)]$$

$$= \int_0^1 F_1[R-\alpha R_2]/(1-\alpha)]f_2(R_2)\mathrm{d}(R_2)$$

对上式关于 α 求导数，并令 $\alpha=0$，有：

$$[\mathrm{d}F/\mathrm{d}\alpha]\mid_{\alpha=0} = \int_0^1 f_1 f_2(R_2)(R-R_2)\mathrm{d}(R_2)$$

$$= Rf_1\int_0^1 f_2(R_2)\mathrm{d}(R_2) - f_1\int_0^1 f_2(R_2)R_2\mathrm{d}(R_2)$$

$$= f_1[R-E(R_2)]$$

注意到 $E(R_1)=E(R_2)$，并令 $z\in[0,1]$，进而有：

$$\{d[\int_0^z F\mathrm{d}(R)]/\mathrm{d}\alpha\}\mid_{\alpha=0} = \int_0^z f_1[R-E(R_2)]\mathrm{d}(R)$$

$$= \int_0^z f_1 R\mathrm{d}(R) - \int_0^z f_1 E(R_2)\mathrm{d}(R)$$

$$= \int_0^z f_1 R \mathrm{d}(R) - \int_0^z f_1 E(R_1) \mathrm{d}(R)$$

$$= \int_0^z f_1 R \mathrm{d}(R) - E(R_1) F_1(z) \leqslant 0$$

且在 $z \neq 0$，1 处，上式的严格不等式成立。

因此，函数 $\int_0^z F \mathrm{d}(R)$ 在 $z=0$ 附近随着 z 的增加单调递减。进而有：

$$\int_0^z F_1 \mathrm{d}(R) - \int_0^z F(R,\alpha) \mathrm{d}(R)$$

$$= \int_0^z F(R,0) \mathrm{d}(R) - \int_0^z F(R,\alpha) \mathrm{d}(R) \geqslant 0$$

因此我们有：必存在一个 α，使得该组合二阶随机优势于该组合中的任一风险资产。

二、合伙投资的风险分散效应

组合投资指的是一个投资者将其资本分散投资于不同的资产；而合伙投资则是多个投资者共同投资于某一种资产。

我们假定有 n 个完全相同的风险决策者共同投资于一个收益率为 R 的风险项目。假定 n 个投资者均分收益，共担风险。因此，每个投资者的收益将是 R/n。

假定其中一个代表性决策人的效用函数为 U，初始可用资源为 W_0。则其最大投资额 I 必定满足：

$$E\{U[W_0 - I + R/n]\} = U(W_0)$$

因此，$B = [E(R)/n] - I$ 是代表性决策人所要求的最低风险报酬。否则，该人将拒绝这项投资。

记 $\Theta = R - E(R)$，显然，$E(\Theta) = 0$。因此有：

$$E[U(W_0 + \Theta/n + B)] = U(W_0)$$

假定 n 可连续变化。然后对上式关于 n 微分，有：

$$-n^{-2} E[U'(W_0 + \Theta/n + B)\Theta] \mathrm{d}n + E[U'(W_0 + \Theta/n + B)] \mathrm{d}B = 0。$$

进而有：

$$\begin{aligned} \mathrm{d}B/\mathrm{d}n &= \{n^{-2} E[U'(W_0 + \Theta/n + B)\Theta]\} / E[U'(W_0 + \Theta/n + B)] \\ &= \{n^{-2} E(U') E(\Theta)\} / E(U') \\ &= \{n^{-2} Cov(U', \Theta)\} / E(U') \end{aligned}$$

由于代表性决策人的效用函数是一个严格单调递增的凹函数，因此 U' 严格单调减。由此，上式等号右边的分子小于零，分母大于零。进而有：$\mathrm{d}B/\mathrm{d}n < 0$。

因此，合伙人越多，每个参与者要求的风险报酬越少。不仅如此，由 $E[U(W_0+\Theta/n+B)]=U(W_0)$ 可以看出，随着合伙人的增加，每一个合伙人所要求的风险报酬将趋于零。

显然，$nI=n[E(R)/n-B]=E(R)-nB$。令 $n\to\infty$，根据罗必塔法则有：

$$\lim_{n\to\infty}[nB]=\lim_{n\to\infty}[B/n^{-1}]=\lim_{n\to\infty}[B'(n)/(n^{-1})']=-\lim_{n\to\infty}(B'n^2)$$
$$=-\lim_{n\to\infty}[Cov(U'(W_0+\Theta/n+B),\Theta)]/E(U'(W_0+\Theta/n+B))]$$
$$=-\mathrm{Cov}[U'(W_0),\Theta]/E[U'(W_0)]$$

由于 W_0 为常数，上式的分子必为零。所以有：随着 $n\to\infty$，$nB\to 0$。进而有：

$$nI=E(R)-nB\to E(R)$$

因此，随着合伙人的增加，合伙人作为一个整体对风险投资的估价将仅取决于该风险项目的期望收益，而与其中每一个合伙人的风险厌恶程度无关。也就是说，合伙人作为一个整体可以近似看作风险中性的决策者。

一个投资项目的投资额一般不会随着投资者的人数而变动。因此，随着合伙人的增加，人均投资成本会趋于减少，甚至也会趋于0。但无论人数如何变动，该项目的总投资额仍然保持不变。

但在大家一起来承担风险的时候，不仅每一个人都觉得风险减少了，从而所要求的风险报酬相应地下降，而且，所有的投资者作为一个整体已经看不到风险了，因此所要求的风险报酬会趋于0。这说明，企业法人在进行风险决策的时候，可以自我定位为风险中性决策者。企业法人在选择投资项目的时候，可以仅仅考虑项目的期望收益状况，因为企业股东作为一个整体可以被看作风险中性的投资者。这些结论很有启发性（例如，这个结论再次证明了 NPV 等风险决策方法的合理性。)。

而且，通过上述组合投资和合伙投资的风险效应分析，我们不难理解金融市场存在的合理性：从某种意义上说，金融市场正是风险管理社会化的自然产物。

第二节　风险管理对企业价值的影响

一、关于企业经营目标的逻辑推衍过程

股东是企业的所有者，让股东满意应该是企业经营的基本价值取向。因此，企业的经营目标应该与其股东的要求保持一致，企业价值实现程度应该与其股东目标呈完全正相关的关系。这就意味着，必须从股东投资于企业的目的这样一个角度来分析企业价值

的形成及其影响因素。

要想明确股东投资于企业的目的，首先必须弄清楚股东的本质属性。微观经济学认为，归根结底股东是一个消费者，而获得最大化的效用是消费者的根本目的。效用是一个刻画心理满足程度或者心理偏好的概念。在微观经济理论中，它是一个核心性的概念。消费的过程需要贯穿消费者的整个人生历程。因此，最大化消费效用的获得将是一个动态的规划过程，消费者必须考虑跨期间的消费组合问题。从这个角度来理解，投资只是股东延迟消费的行为。换言之，投资乃消费者对消费资源跨时间配置的结果，消费者为谋求未来的更多消费而对近期消费的延迟或减少，这种行为即投资。由于我们把投资看作关于消费的一种特殊的安排，因此，消费的目的也就是投资的目的，是在整个人生期间内获得最大化的效用。这是股东从事投资行为的根本目的。

我们通常将投资定义为：以获得更多的收入为目的的支出行为。相应地，把获得最大化的收益作为投资的目的，这是一种关于投资的直接说法。与我们上述关于投资及其目标的本质性说法并不矛盾。消费者偏好现期消费，获得更多的可消费资源（收入）的预期当然是其延迟消费的基本前提。

就经济实践的需要来说，将企业经营的目标归结为追求股东效用的最大化，难免显得缺乏可操作性。为了将企业经营的目标进一步的具体化、可操作化，我们首先引入财富的概念，并把能够给消费者带来效用的一切资源或手段皆称为财富。这样一来，就可以把消费者从事投资行为的目的表述为：获得尽量多的财富。进而可以说，在整个人生期间内获得尽量多的财富是股东投资于企业的目的。

显然，上述财富概念比效用要更为具体。不过，财富概念的外延仍然相当广泛，企业能够以不同的方式给股东带来财富。例如，作为优秀企业股东的自豪感、作为企业董事会成员的荣誉感等等，都是企业为其股东创造的财富。出于计量的可能性、方便性和可比性等因素的考虑，我们进一步地将企业为股东创造的财富狭义地定义为企业的净资产。

与净资产的账面价值相比，净资产的市场价值应该更为准确地体现了企业为股东所创造的财富数量。由此便可将股东投资于企业的基本目的定义为：获得尽量多的净资产市场价值。

企业净资产的市场价值等价于企业股本（或实收资本）的市场价值。因此，股本市场价值的高低应该是评价企业经营业绩的基本依据。

在这里，股本的市场价值不同于股本的市场价格。股本的市场价格会围绕着它的市场价值上下波动。在影响股本市场价格高低变化的众多因素中，能够影响股本市场价值变动的只是那些长期的、基本的因素。

股本的市场价值等于每股的市场价值乘以股本的数量，而企业每股的市场价值取决于其经营业绩。因此也可以说，每股市场价值的高低是评价企业经营业绩的基本依据。

可见，关于企业经营目标的归纳有一个逐步狭义、逐步具体的逻辑思维过程：

（1）使得股东的效用达到最大；

（2）为股东创造尽量多的财富；

（3）使得企业净资产的市场价值达到最大；

（4）使得企业股本的市场价值达到最大；

（5）使得每股股票的市场价值达到最大。

企业股本的市场价值不同于企业的价值。企业价值指的是企业总资产的市场价值。由于企业的总资产等于企业的负债加企业的净资产（所有者权益）。所以，企业的价值也就等于企业负债的市场价值加企业净资产的市场价值。显然，企业股本的市场价值与企业的市场价值之间并非完全的正相关，甚至不排除负相关的可能。使每股股票的市场价值达到最大是股东的要求；使企业负债的市场价值达到最大是企业债权人的期望；而只有那些既是企业股东又是企业债权人的投资者才会关心企业价值的高低。

企业已有负债的市场价值高低直接影响企业未来的筹资能力。企业已有负债市场价值的高低与两个因素有关：一个是企业支付所承诺利息的能力；另一个是市场利率的变化。对于企业来说，市场利率的调整是一个外在变量，企业无法左右。因此，对于已有负债来说，确保足够的利息支付能力是企业唯一能够做好的工作。已有负债的支付能力高可以大大增强潜在债权人和潜在股东对企业的信心。企业的筹资能力才会相应提高。那么，怎样才能确保足够的利息支付能力呢？增加企业净资产的市场价值是唯一的途径。

二、确定企业市场价值的基本模型

1. 企业股本市场价值的确定

要确定股本的市场价值，首先得确定出股本投资可能给投资者带来的收益以及必须让投资者承担的系统性风险。

对股东来说，股本投资的收益主要来自于两个方面：股本持有期间的现金股息红利收益以及将股本高价卖出的资本利得差价收益。投资于股本的系统性风险则要复杂得多，包括利率风险、购买力风险、经营风险、财务风险等。综合考虑收益和系统性风险两层因素，股本的市场价值应该等于将企业股东未来各期预期可以收到的现金股利折现成现值的总和。

其中所使用的折现率应该是经过风险调整的基准收益率。它应该等于类似风险投资的一般期望收益率。显然，股本的系统性风险越大，相应的折现率应该越高；反之亦然。

若假设股东的期望报酬率 k 与股东未来各期预期可以收到的现金股利 D_i 在每期都保持不变，即收益率曲线是平坦的，则股本市场价值大计算公式可简化为：

$$V_0 = \sum_{t=1}^{\infty} D \cdot \left(\frac{1}{1+k}\right)^t = \frac{D_1}{k}$$

投资者若在第 n 期出售股本，那么该企业的股本价值就等于第 1 期至第 n 期股息红利的现值加上第 n 期企业股本市场价值 P_n 的现值之和。

实际上，P_n 的确定仍然需要运用上述原理。即也要将第 n 期以后各期的红利折算到第 n 期，然后求和。所以，有限持有期间的股本价值评估模型与永久性持有的股本价值评估模型是等价的。因此，我们一般总是假定股东持有股本的期间无穷长。也就是说，在上述股本价值的评估模型中，仅考虑持有的期间收益，而不考虑相应的资本利得收益。

如果假定每期的预期股息均以固定的百分比 g 增长，则有：

$$V_0 = \frac{D_0(1+g)}{(1+k)} + \frac{D_0(1+g)^2}{(1+k)^2} + \frac{D_0(1+g)^3}{(1+k)^3} + \cdots + \frac{D_0(1+g)^{\infty}}{(1+k)^{\infty}}$$

假设每年股息的增长率低于投资的一般报酬率，即 $g<k$，则上式可简化为：

$$V_0 = \frac{D_0(1+g)}{k-g} = \frac{D_1}{k-g}$$

上式是一个被广泛运用的资产价值评估模型，又称高登（MyronJ. Gorden）模型。

2. 企业负债市场价值的确定

企业负债的市场价值等于企业债权人未来各期的债权收益的现值和。其中的折现率应当与该债权的风险特性相匹配，应当等于相应风险下的市场利率。

令企业负债的市场价值为 F，债权人未来各期的利息收益为 W，负债的本金价值为 Z，相应的基准利率为 i，则企业负债的市场价值为：

$$F = \sum [W/(1+i)^n] + Z/(1+i)^n$$

在上式中，n 为企业负债的期限。

显然，企业的信用水平决定其负债的价值。而且，企业信用水平的变化只会影响已有负债的价值，一般不会影响未来负债的价值。当企业的信用水平下降时，其负债所适用的折现率要相应提高，已有负债的价值便会下降；而当企业的信用水平上升时，其负债所适用的折现率要相应下降，已有负债的价值便会相应上升。

企业的信用水平取决于企业未来各期息税前利润的绝对量及其风险特性。另外，企业资本结构的特征对企业的信用水平也有很大的影响。

3. 企业价值的确定

企业价值的确定有两种方法：一是以企业每期的息税前利润为基础计算企业的价

值。即把企业的总资产作为一个整体，将其未来各期的预期息税前净收入流量按照加权基准利率折现。二是分别计算企业负债的价值和所有者权益的价值，然后再相加。

无论采用哪一种方法都可看出，企业投资的预期净收益流量是决定企业价值的关键。例如，假定有一家企业甲，每年都将其税后收益全部分配掉，即每年仅从事维持性的简单再生产。令其每年的预期税后净收益为 10 万元，基准利率为 10%，则该企业的所有者权益价值为：

$S = 10/10\% = 100$（万元）。

假如另有一家企业乙，其今年的税后收益也为 10 万元，但它把每年税后收益的一半作为保留利润用于投资，假定投资收益率为 10%，基准利率也为 10%。则其每年的税后收益增长率为：

$g = \Delta D/D = (NI/D) \times \Delta(D/NI)$

其中，NI 为每年的保留利润。这样，这家企业的 $g = 50\% \times 10\% = 5\%$。因此，该企业的所有者权益价值为：

$S = 5/(10\% - 5\%) = 100$（万元）

再假定有第三个企业丙，其投资的收益率为 15%，其他的情况与乙企业完全相同，则其税后收益增长率为 $g = 50\% \times 15\% = 7.5\%$。因此它的所有者权益价值为：

$S = 5/(10\% - 7.5\%) = 200$（万元）

显然，投资项目的收益率为 15% 大于基准利率 10%，是第三个企业的所有者权益提高的原因。

从上述分析可以看出，按照净现值法来确定企业的价值需要预先确定红利分配的期望值，企业负债的期望折现率和企业所有者权益的期望折现率。企业价值的定义也是采用这一方法给出的。

4. 决定企业市场价值的因素分解

由于每期的股息等于当期的每股收益 E 乘以派息比率 b，即：$D = E \times b$，所以有 $D_1 = E_1 \times b_1$，代入 $V_0 = \frac{D_1}{k-g}$式得：

$$\frac{V_0}{E_1} = \frac{b_1}{k-g}$$

从上式中可以发现，企业市场价值（或股本）的市盈率（V_0/E_1）大小取决于 3 个因素：派息比率 b、贴现率 k 和股息增长率 g。企业的市盈率与派息比率、股息增长率成正比，与贴现率成反比。

派息比率、贴现率和股息增长率还只是决定企业市盈率的第一个层次的因素。下面将分别讨论决定贴现率和股息增长率的因素。它们是决定企业市盈率的第二个层次的因素。

(1) 股息增长率的决定因素分释

我们假定派息比率固定不变为 b，净资产收益率 ROE 为常数，并假定不存在外部融资。则根据股息增长率的定义以及股息、每股收益与派息比率之间的关系有：

$$g=\frac{D_1-D_0}{D_0}=\frac{b(E_1-E_0)}{b(E_0)}=\frac{E_1-E_0}{E_0}$$

根据净资产收益率的定义，有 $ROE_1=\frac{E_1}{BV_0},ROE_0\ \frac{E_0}{BV_{-1}}$，其中，$BV$ 为每股净资产的账面价值。将其代入上式，得到：

$$g=\frac{BV_0-BV_{-1}}{BV_{-1}}$$

由于假定没有外部融资，所以每股净资产账面价值的变动(BV_0-BV_{-1})应该等于每股收益扣除所支付的现金股息后的余额，即 $E_0-D_0=E_0(1-b)$，代入上式得：$g=ROE(1-b)$。

上式说明企业的股息增长率 g 与该企业的净资产收益率 ROE 成正比，与派息比率 b 成反比。

(2) 净资产收益率 ROE 的决定因素

净资产收益率的计算公式还可以表示为企业总的税后收益除以该企业总的净资产账面价值的商。然后引入企业的总资产，则可知，净资产收益率等于总资产收益率和杠杆比率两者的乘积。

同样地，可以将总资产收益率进一步分解为业务利润率与总资产周转率的乘积。并将企业总的税后收益分解为：业务收入－全部成本费用－所得税。将资产总额分解为：固定资产＋流动资产等。

现在，将上述几个公式合并便有下式：

股息增长率 g ＝净资产收益率×[1－派息比率]

＝总资产收益率×杠杆比率×[1－派息比率]

＝业务利润率×总资产周转率×杠杆比率×[1－派息比率]。

该式说明，企业的股息增长率与它的业务利润率、总资产周转率和杠杆比率成正比，与派息比率成反比。

(3) 贴现率的决定因素分析

在资本资产定价模型（CAPM）中，证券市场线的函数表达式为：$R(r)=R_f+(R_m-R_f)\beta$。

其中，$R(r)$ 是投资于与该企业的系统性风险水平相当的其他投资机会的期望收益率，即贴现率 K；R_f 是无风险资产的投资收益率；R_m 是市场组合的期望投资收益率；β 是该企业所适用的贝塔系数，它反映了投资于该企业的系统性风险的大小。

所以，企业市场价值评估模型中的贴现率与无风险投资收益率、市场组合的期望投资收益率和该企业的贝塔系数等 3 个因素有关。并且与无风险投资收益率和市场组合的期望投资收益率成正比，与该企业的贝塔系数也成正比。

（4）对影响企业市场价值关键性因素的综合评价

由上述分析不难看出，在影响企业市场价值的上述变量中，除了派息比率和杠杆比率之外，其他变量的影响都是单向的，即：

无风险资产投资收益率、市场组合的期望投资收益率、贝塔系数、贴现率，与企业市场价值之间的关系都是负相关的；

而股息增长率、净资产收益率、总资产收益率、业务利润率、总资产周转率和每股收益，与企业市场价值之间的关系都是正相关的。

由于派息比率同时出现在市盈率决定模型的分子和分母之中，在分子中，派息比率越高，市盈率越高；但是，在分母中，派息比率越高，市盈率越低。因此，派息比率对企业市场价值的影响是不确定的。

在市盈率决定模型公式的分母中，减数和被减数中都含有杠杆比率项。在被减数（贴现率）中，当杠杆比率上升时，股票的贝塔系数上升，所以贴现率也将上升，这个时候企业的市盈率将下降；在减数中，杠杆比率与净资产收益率正相关，所以当杠杆比率上升时，减数加大，从而会导致市盈率上升。因此，杠杆比率与企业市场价值之间的关系也是不确定的。这就意味着：如果我们想通过调整杠杆比率的方式提高企业的市场价值，则必须一方面提高杠杆比率，以发挥正的财务杠杆效应；另一方面，在提高杠杆比率的同时，还要尽量减少风险的增加幅度，以保持适用于该企业的贴现率水平基本不变。

三、风险管理对企业价值的影响

由于风险对企业经营的严重影响，风险管理自然成为企业管理的核心课题之一。但是，对于风险管理的作用以及风险管理的动因，理论界一直存在着不同的观点。

企业的风险管理是否有效，取决于它的实施是否能够影响企业的价值。如前所述，企业的价值等于企业未来各期的预期净现金流量的现值和。显然，增加企业价值的途径有两条：一是设法提高企业未来各期的预期净现金流量；二是设法降低企业所适用的基准利率。因此，通过考察风险管理对上述两条途径的作用，便可判定风险管理对企业价值是否有影响以及影响的性质。

我们首先考虑风险管理对企业未来各期净现金流量的影响：

(1) 在累进税率下，风险管理可能降低企业的预期纳税成本。

我们用一个例子来说明这个命题。假定有一个风险企业，它的预期税前净收益流量可能会是两种情况：以50%的概率获得一个较低的收益 A，或以50%的概率获得一个较高收益 B。当企业的实际税前收益为 A 时，其应纳税额为 Ta；当企业实际的税前收益为 B 时，其应纳税额为 Tb。

如果企业不进行风险管理，那么其预期的应纳税额为 $(Ta+Tb)/2$。

假定企业进行风险管理后，其未来的税前净收益流量的不确定性下降。为简便起见，设定风险被完全规避，且预期税前净收益稳定在 $(A+B)/2$ 的水平上。则当适合该企业的总体税制为比例税时，其应纳税额亦为 $(Ta+Tb)/2$。所以，在比例税制下，企业的风险管理不会通过纳税的途径影响企业的预期净收益现金流量。

但是，如果假定该企业适用的是累进税率，则会产生一个应纳税额关于税前收益的凸函数。进而使得企业在风险管理下的预期应纳税额低于 $(Ta+Tb)/2$。所以，在累进税率下，风险管理可以减少企业的预期应纳税流量，从而提高企业的预期价值量。

(2) 风险管理可以确保老股东的利益，避免“低投资”的现象。

对能够产生正的净现金流量的项目进行投资是企业提高它的预期净现金流量的重要途径。不过，新的投资项目从外部融资，有的时候可能会对老股东产生不利的影响，从而降低了老股东的投资意愿。

假定有一家企业，其净资产的市场价值为100万元，股本亦为100万股，则每股的市场价值应为1元。此时，该企业有一个投资机会，需要投资50万元，预期可以产生80万元净现值的收益流量。但是企业没有保留盈余去进行投资，只能通过发行新股的方式融资。

假定由于市场信息的不对称，导致市场对该企业的净资产价值估价过低，例如为50万元。则在这种情况下，企业必须发行100万股新股才能筹措到50万元资金。这意味着原来的股东对企业的控股权可能从100%下降到50%，每股的价值可能下降0.1元，即为 $(100+80)\div200=0.9$ 元。因此，在不完全的市场中，通过发行新股筹资可能稀释股权的价值。在这种情况下，股东很可能拒绝一些本来可行的投资项目。

而风险管理的意义也正在于此。企业通过风险管理可以减少预期净现金流量的不确定性。使各期的净现金流量能够相对确定，从而能够为投资提供相对可靠的资金保证，减少向外部筹资的必要性，避免“低投资”现象的发生。

而且，相对稳定的预期现金流量也可能减少市场对企业预期价值的误判，使得企业可以用更为合理的价格发行新股。

(3) 企业通过风险管理可以减少债权人的“代理成本”，缓解股东和债权人之间的利益冲突，提高企业的投资水平。

所谓债权人的“代理成本”是指，在一个具有较高的财务杠杆的企业中，股东的权益可能随着企业预期效益的提高而增加；但是债权人的权益不仅固定不变，而且承担的风险还可能随着负债的增加而增加。换句话说，债权人无偿地承担了股东的风险。

例如，假定某企业拥有800万元的债务。当这笔债务到期的时候，企业的资产价值预期将为600万元，即股东所拥有的价值将为0，而债权人的损失将为-200万元。

现在该企业准备进行一项风险投资项目。如果投资成功，企业的资产价值将提高到1 000万元；如果投资失败，企业的资产价值将下降为400万元。假定成功和失败的概率分别为50%，则股东的期望回报为200×50%+0×50%=100万元；而债权人的预期回报为800×50%+400×50%=600万元，即损失200万元。显然，这个项目只提高了股东的预期收益，债权人的预期状况并没有获得改善。但是债权人却承担了投资失败的风险。

如果再假定该项目的预期收益要么使企业的资产价值提高到900万元，要么下降到300万元。则股东的期望回报为100×50%+0×50%=50万元；而债权人的回报为800×50%+300×50%=550万元，即损失250万元。在这种情况下，风险投资并没有使企业的价值发生变化，企业价值仍然为900×50%+300×50%=600万元。但它却使50万元的资产价值由债权人那里转移到股东的手中。在这种情况下，债权人承担的风险更大。

债权人会意识到这一点，所以，他们在购买企业债权的时候经常会对企业未来的风险投资项目附加限制性条款。

而通过风险管理，可以降低预期净收益流量的不确定性。例如，假定通过风险管理可以确保使得企业的资产价值增加到1 000万元，那么，债权人的预期回报也可以确定为800万元。在这种情况下，债权人便没有必要限制企业的风险投资行为了。

（4）当企业的预期净现金流量具有较大的不确定性的时候，企业的风险投资也可能仅对债权人有利而损害股东的利益。

例如，假定一家具有较高的财务杠杆比例的企业，当经济繁荣的时候，它的资产价值为1 000万元；当经济不景气的时候，它的资产价值为200万元。假定这两种情况出现的概率分别为50%。现在，这个企业拥有一个无风险的投资机会，预期可以稳获200万元的资产价值。

假定该企业为进行这个项目需借债500万元。则当经济繁荣时，无风险投资后的企业净资产价值为700万元；而当经济不景气时的企业净资产价值为-100万元。

如果企业进行风险管理，例如假定风险能够被完全地化解掉，从而使得期初的企业资产价值为600万元。则负债筹资投资于无风险项目后的企业净资产价值将确定地为300万元。这样，股东的利益便可获得可靠地保证。股东的投资欲望会相应提高。

因此，从两个不同的角度看，企业的风险管理都可能避免发生“低投资的现象”，从而增加企业的预期净现金流量。

(5) 风险管理可以降低企业的财务危机成本。

可以将企业的财务危机所带来的成本划分为两部分：一是直接的成本，即在处理毁约或进入破产清算时在法律、会计或其他专业服务方面所发生的支出。二是间接的成本。例如，当企业状况较差的时候，企业的经营管理人员可能人心涣散，由此导致管理混乱，效益下降；或者企业的客户不再愿意与企业建立正常的购销关系；或者融资成本明显提高等等。

企业的风险管理可以降低企业发生财务风险的概率，从而降低市场对企业财务成本的预期。而且随着对企业信心的提高，企业的产品、服务和保证条款对客户的价值会相应提高。上述两种情况都会导致企业预期的现金流量的增加。

最后，我们考虑风险管理对企业所适用的基准利率的影响。

基准利率是投资者对企业的最低期望收益率。根据资本资产定价理论，基准利率应等于无风险利率加上风险期望报酬率。

如果企业进行风险管理，那么企业预期的净现金流量的波动性便会降低，风险的期望报酬率会随之降低。企业的基准利率也应下降。

大量对资本市场的实证检验支持了上述观点。研究发现，许多进行了风险管理的企业，其股票价格的β系数大都明显下降。

综上所述，由于风险管理可以提高企业预期的净现金流量，降低基准利率，所以，企业的价值应该会随之提高。上述观点可以笼统地称为风险管理有益论。

不过，有一种观点认为，风险管理有害。因为价值来自于承担风险而不是规避风险。企业为了降低风险会放弃风险投资项目，增加低风险项目的投资，甚至保守到只投资于无风险的项目。这种行为显然不能使得企业的价值达到极大。

这种观点忽略了风险具有不同的性质这一重要的命题。

风险可分为系统性风险、非系统性风险和企业独有风险三种类型。

企业独有的风险来自于企业经营管理的低效率。在市场达到均衡的时候，低效率的企业将被淘汰。因此市场不会承认这种风险。这种风险不会创造价值。

非系统性风险是单个产品或行业所独有的风险。它构成了该产品或行业的独有特性。因此非系统性风险是单一从事该产品生产的企业所必须承担的风险。这种风险能够创造价值。

但是，如果企业能够进行充分的多样化组合投资，那么便有可能在不减少预期收益的条件下，降低企业的总体风险水平。因此，当市场均衡的时候，没有采用组合投资方式的企业将很难生存，市场最终将只承认充分多样化投资方式下的风险。

这种在充分多样性投资方式下仍然存在的风险叫作系统性风险。因此，市场只承认系统性风险。风险投资机会的期望收益率应等于无风险利率加上系统性风险的报酬率。

所以，以消除企业独有风险和非系统性风险为目标的风险管理不能称之为有害。这种类型的风险管理应当能够提高企业的价值。

还有一种观点认为，风险管理与股东的利益无关。因为对于一个实现了充分分散投资的股东来说，一个或几个企业风险的变化不会对其投资的总体风险产生明显的影响。而且，风险管理大多属于转移风险而不是消灭风险。某个企业通过风险管理将风险转移到了另一个企业，这种行为对于一个充分多样化投资的股东来说，相当于将风险从一个口袋转移到另一个口袋。因此，某个企业的风险管理与充分多样化投资的股东无关。甚至当企业风险管理的成本支出过高的时候，投资者还可能持反对的态度。

这种观点的确说明了企业与股东针对风险的某些不同的感受。不过，许多企业存在大股东。这些股东对企业的经营有更大的依赖性。因为和小股东相比，大股东较难以充分分散投资。因此，他们会强烈要求企业进行风险管理。其他的股东实际上“免费搭车”般地得到了企业风险管理的好处。

而且，在许多情况下，投资者不可能建立出一个风险充分分散的投资组合。在这方面，企业可能比一般的投资者拥有更大的优势。

另外，风险管理是有成本的。一方面，由于市场的不对称性，企业获取信息的费用可能低于单个股东；另一方面，企业的风险管理还可能拥有规模经济效益等方面的优势。因此，企业进行风险管理的成本很可能低于单个股东。在这种情况下，企业进行风险管理便可能更符合股东的利益。

风险管理不仅仅符合股东的利益，它也符合企业管理阶层的自身利益。

企业管理者在他们所管理的企业中有大量的投资，包括股票、期权和人力资本等。管理者的财富主要来自于他们所经营企业的价值增长。因此，管理者不可能像其他投资者那样充分地分散风险。

况且，企业经营过程中所面临的风险，特别是破产倒闭的风险，对于管理者的收益和声誉至关重要。

因此，企业的管理者可能比股东更为重视风险管理的策略制定及其成本投入。因此，对于一个健全理性的企业来说，风险管理注定是其企业管理的一个不可或缺的内容。

最后还要指出的是：风险管理机制只是转移或分散了股权投资者的风险；它们并没有改变与投资者有关的企业法人的风险。风险管理机制的存在降低了投资者对某一个具体的投资项目的风险畏惧感，从而使得本来不可能发生的投资发生了，本来不可能出现的产品出现了。

从整个社会来看，风险并没有减少，它只是被转移或分散了。从总的情况来看，风险有从实业领域向金融领域转移或分散的倾向。同时，社会化风险管理机制本身也派生出了前所未有的风险形式。所以，从整个社会来看，风险实际上是增加了。

第三节　风险转嫁的效应

对于风险，不同的决策者具有不同的偏好。通过风险的交换，可以重新配置决策者在不同状况下的收益分布，从而增加各自的效用。这种风险（实际上是风险资产或未来不同自然状态下的收益索取权）的交易与普通商品的交易十分相似，但后者通常属于确定环境下的现货交易。保险市场就是一个典型的风险交易市场，我们这里将在保险市场的框架下展开关于决策者在风险环境下决策行为的分析。

一、保险需求：风险的转让

决策者的偏好通常具有严格的凸性，从而对应着一个具有严格拟凹性的效用函数，其收益的边际效用呈递减的状态。因此，$\forall L=(\pi,1-\pi;x,y)\in \pounds$，当 $x\neq y$ 的时候，x 下的边际效用会不同于 y 下的边际效用。也就是说，在存在多种可能状态的风险环境下，如果风险厌恶型的决策者在不同的状态下收益不同，则不同状态的边际效用也就存在着一定程度的差异。因此，如果能够在不同的状态间调整收入的数量分配，最终使得决策者在各种状态下的边际效用相等，就有可能提高决策者总的效用水平。我们可以从这个角度来理解投保人关于保险需求的动机或目的。

1. 不同状态下收入的效用无差异函数

$\forall L=(\pi,1-\pi;x,y)\in \pounds$，假定 $x=m$，$y=m-g$，其中：g 为某种灾害（例如火灾、失业等）发生的时候对收入所造成的损失，m 为决策者的初始财富数量，$1-\pi$ 为灾害发生的概率。我们假定决策者不能改变未来状态的概率分布，也无法改变 g 的数量。则有该决策者的效用无差异函数为：

$$\pi U(x)+(1-\pi)U(y)=U_0,\text{其中}:U_0\text{ 为常数}$$

对上式的 y 关于 x 微分，得：

$$\pi U'(x)+(1-\pi)U'(y)\frac{\mathrm{d}y}{\mathrm{d}x}$$

$$\frac{\mathrm{d}y}{\mathrm{d}x}=-\frac{\pi u'(x)}{(1-\pi)u'(y)}$$

由于效用函数的单调递增性，$U'(y)$ 和 $U'(x)$ 均大于 0，所以 $\frac{\mathrm{d}y}{\mathrm{d}x}<0$。这说明，在直

角坐标系(x,y)中,效用无差异函数是一个减函数,且在与45度线相交$(x=y)$的地方,由于$u'(x)=u'(y)$,该无差异曲线的斜率为$\frac{dy}{dx}=-\frac{p}{(1-p)}$。这是一个常数,与决策者的偏好无关。

又由于

$$\frac{d^2y}{dx^2}=-\frac{\pi(1-\pi)u''(x)u'(y)+\pi u'(x)u''(y)\frac{\pi u'(x)}{u'(y)}}{(1-\pi)[u'(y)]^2}>0$$

所以，根据决策者厌恶风险的假定$(u'(\cdot)>0,u''(\cdot)<0)$，在直角坐标系（$x$，$y$）中，决策者（投保人）的效用无差异函数应该凸向原点。

2. 状态收入转移的价格

假定有保险公司愿意承担这部分灾害风险，相应的保费率为α，并记投保人预先交付的保费为αQ，灾害发生后所获得的补偿为Q。则投保人未来的收入为$[\pi,1-\pi;m-\alpha Q,m-g+(1-\alpha)Q]$。可见，决策人购买保险相当于在未来的两种可能状态之间转移收入，即减少第一种可能状态下的收入，增加第二种可能状态下的收入。

由$x=m-\alpha Q$，得$Q=-(x-m)/\alpha$。并代入式$y=m-g+(1-\alpha)Q$,得:$y=(m-g)-\frac{1-\alpha}{\alpha}(x-m)$。显然，该直线经过不参加保险的时候投保人未来的可能状态点$(m,m-g)$，并且可以将$\frac{dy}{dx}=\frac{1-\alpha}{\alpha}$理解为状态收入转移的价格。

3. 公平保费率

满足下式的α，被称为公平保费率（α^*）：

$$\pi m+(1-\pi)(m-g)=\pi(m-\alpha Q)+(1-\pi)(m-g+(1-\alpha)Q)$$

解之可得：$\alpha^*=1-\pi$

因此，能够保持投保前后的期望收益不变的那个保费率，叫做公平保费率，它等于灾害发生的概率。由于保险公司需要以保费收入弥补运营的成本，所以，保险公司所受取的保费率通常要高于公平保费率的水平。

4. 最优保险需求量的确定

给定保费率α，投保人的最优投保金额应该满足下列条件：

$$\operatorname*{Max}_{Q}[\pi U(m-\alpha Q)+(1-\pi)U(m-g++(1-\alpha)Q)]$$

其极大值的一阶条件为：

$$-\alpha\pi U'(m-\alpha Q)+(1-\pi)U'[m-g+(1-\alpha)Q](1-\alpha)=0$$

解之可得最优的投保金额Q^*为：$Q^*=Q(m,g,\pi,\alpha)$

这是在可能的灾害损失中投保人愿意投保挽回的那部分。通常假定g和π已知，所

以 $Q^* = Q^*(m,\alpha)$

投保人效用极大值的二阶条件为：

$$\alpha^2\pi U''(m-\alpha Q)+(1-\pi)U''(m-g+(1-\alpha)Q)(1-\alpha)^2<0$$

不难看出，在效用函数的凸性假定下，最优投保金额的二阶条件必然满足。

极大值的一阶条件亦可写为：

$$\frac{\pi u'(x)}{(1-\pi)u'(y)}=\frac{1-\alpha}{\alpha}$$

可见，当效用无差异曲线斜率的绝对值等于状态收入转移价格的时候，投保人的效用达到最大。

5. 完全保险和部分保险

如前所述，效用无差异曲线与45度线相交处的斜率为 $\pi/(1-\pi)$。如果投保人在该处实现效用的极大化，则应有：

$$\pi/(1-\pi)=(1-\alpha)/\alpha$$

显然，$\alpha=1-\pi$。这说明 $\alpha=\alpha^*$，即如果保险公司所收缴的保费率相当于公平保费率，则投保人将在效用无差异曲线与45度线的相交处实现效用的极大化。

在效用无差异曲线与45度线的相交处，$x=y$，因此有 $m-\alpha^* Q=m-g+(1-\alpha^*)Q$。这意味着，$Q=g$，即在公平保费率下，投保人的最优保险金额应该相当于灾害的损失额。因此，在购买了保险之后，无论未来的状态如何，投保人的收入将被固定为 $m-\alpha^* Q$。投保人将未来的风险全部转移了出去，这叫做完全保险。

不过，在 $\alpha>\alpha^*$ 的情况下，$\frac{\pi}{(1-\pi)}>\frac{1-\alpha}{\alpha}$。另由 $\frac{\pi u'(x)}{(1-\pi)u'(y)}=\frac{1-\alpha}{\alpha}$，进而得：$\frac{\pi u'(x)}{(1-\pi)u'(y)}<\frac{\pi}{1-\pi}$，所以有：

$$U'(x)<U'(y)$$

考虑到效用函数一次导函数的单调递减性，必有 $x>y$，即 $m-\alpha Q>m-g+(1-\alpha)Q$。因此有：$g>Q$。也就是说，在保险公司收取的保费率高于公平保费率的情况下，投保人仅将其所承受的部分风险转嫁了出去。这叫做部分保险。

6. 保险需求的收入效应

其他条件不变，假定决策者的初始收入有一个增量 Δm，这相当于拥有了一张新的彩票 $L=[\pi,1-\pi;m+\Delta m,m+\Delta m-g]$。因此，决策者购买保险后的效用函数为：

$$[\pi U+(m+\Delta m-\alpha Q+(1-\pi)U(m+\Delta m-g+(1-\alpha)Q)]$$

其极大值的一阶条件可以简写为 $\frac{\partial U}{\partial Q}=U_Q=0$。对该一阶条件利用隐函数求导的方法，有：

$$\frac{\partial Q}{\partial m}=\frac{U_{Qm}}{U_{QQ}}$$

其中，$U_{QQ}=\alpha^2U''(x)\pi+(1-\pi)U''(y)(1-\alpha)^2<0$

而 $U_{Qm}=-\alpha U''(x)\pi+(1-\pi)U''(y)(1-\alpha)$的符号不定。

由效用函数极大值的一阶条件 $-\alpha\pi U'(m-\alpha Q)+(1-\pi)U'(m-g+(1-\alpha)Q)(1-\alpha)=0$ 得：

$$\begin{aligned}\alpha\pi&=[(1-\pi)U'(m-g+(1-\alpha)Q)(1-\alpha)]/U'(m-\alpha Q)\\&=(1-\alpha)(1-\pi)U'(y)/U'(x)\end{aligned}$$

代入 U_{Qm}式，得：

$$\begin{aligned}U_{Qm}&=-\alpha U''(x)\pi+(1-\pi)U''(y)(1-\alpha)\\&=-\frac{(1-\pi)U'(y)(1-\alpha)}{U'(x)}U''(x)+(1-\pi)U''(y)(1-\alpha)\\&=(1-\pi)(1-\alpha)U'(y)\left[-\frac{U''(x)}{U'(x)}\right]-(1-\pi)(1-\alpha)U'(y)\left[-\frac{U''(y)}{U'(y)}\right]\\&=(1-\pi)(1-\alpha)U'(y)[A(x)-A(y)]\end{aligned}$$

因此有：

$$\frac{\partial Q}{\partial m}>0\Leftrightarrow A(x)>A(y)\,;\frac{\partial Q}{\partial m}<0$$

$$\Leftrightarrow A(x)<A(y)\,;\frac{\partial Q}{\partial m}=0\Leftrightarrow A(x)=A(y)$$

注意到 $X>Y$。因此，如果 $A(w)$为 w 的增函数，则必有$\frac{\partial Q}{\partial m}>0$。即随着收入的增加，决策者厌恶风险的程度加重，对保险的需求量递增；如果 $A(w)$为 w 的减函数，则必有$\frac{\partial Q}{\partial m}<0$，即随着收入的增加，决策者厌恶风险的程度减弱，对保险的需求量递减。

7. 保险需求的价格效应

假定其他条件不变，现在我们考虑保费率的变化对决策者保险需求的影响。

对决策者效用函数极大值的一阶条件 $U_Q=0$，利用隐函数求导的方法，有：

$$\frac{\partial Q}{\partial m}=-\frac{U_{Q\alpha}}{U_{QQ}}$$

其中，$U_{Q\alpha}=-\pi u'(x)+Q\alpha\pi u''(x)-(1-\pi)u'(y)-Q(1-\pi)(1-\alpha)u''(y)=-[\pi u'(x)+(1-\pi)u'(y)]-[-\alpha\pi u''(x)+(1-\pi)(1-\alpha)u''(y)]Q=-E[u'(L)]-QU_{Qm}$

进而可以得到一个与 Slutsky 方程相似的一个表达式：

$$\frac{\partial Q}{\partial\alpha}=-\frac{U_{Q\alpha}}{U_{QQ}}=\frac{E[U'(L)]}{U_{QQ}}+Q\frac{U_{Q\alpha}}{U_{QQ}}=\frac{E[U'(L)]}{U_{QQ}}-\frac{\partial Q}{\partial m}$$

其中，$-\frac{\partial Q}{\partial m}$为保费率变动的收入效应；$\frac{E[U'(L)]}{U_{QQ}}$为保费率变动的替代效应。

二、保险供给

根据我们的惯用假定，保险公司的股东具有风险厌恶的特性。由此，保险公司法人也应当厌恶风险。这就意味着，保险公司所要求的保费率除了要反映保险客体的概率分布以外，还要体现法人对风险的厌恶程度。也就是说，需要有一个相当水平的正的风险升水来弥补所承担的风险。否则，厌恶风险的保险公司不可能提供相应的保险商品。

不过，随着保险公司股东数量的增加，保费中所包含的风险升水会越来越少，保费率最终将趋近于公平保费率。Arrow-Lind 首先阐述了这一思想，因此又称 Arrow-Lind 定理。即：一个由充分多的风险厌恶型投资者组成的集合体，相当于风险中性的投资者。我们在第一节关于合伙投资的效应分析中已经证明了这个定理。

三、风险的汇合（Risk Pooling）

1. 汇合风险的效应

我们设想两个不同的决策者在期初均拥有自己的风险资产。例如，假定各有一张彩票 $L=(\pi,1-\pi;x,y)$。这两张彩票从形式上看完全相同，但我们假定两张彩票的收益是相互独立的，且每张彩票最终将有且仅有一种情景发生。

这个时候，决策者的期望效用函数分别为：

$$U_i=\pi U(x)+(1-\pi)U(y),\ \forall i=1,2。$$

现在假定这两个人将这两件风险资产组合在一起，形成一个两个人共同拥有的风险资产包，大家平均分享这个资产包的收益、分摊其中的风险，则该风险资产包可能收益的概率分布如表 12.1 所示。

表 12.1　风险资产包的概率分布

彩票 1 的收益	彩票 2 的收益	概率	每人的收益
x	x	π^2	x
x	y	$\pi(1-\pi)$	$(x+y)/2$
y	x	$\pi(1-\pi)$	$(x+y)/2$
y	y	$(1-\pi)^2$	y

在组合成资产包之后，每个决策者的期望收益维持不变，均为：

$$\pi^2x+2\times\pi(1-\pi)\times(x+y)/2+(1-\pi)^2y=\pi x+(1-\pi)y$$

但在这个时候，每个决策者的期望效用函数分别为：

$$\pi^2 U(x) + 2\times\pi(1-\pi)\times U[(x+y)/2] + (1-\pi)^2 U(y)$$

将组合成资产包前后决策者的期望效用函数相减。得：

$$[\pi^2 U(x) + 2\times\pi(1-\pi)\times U[(x+y)/2]] + (1-\pi)^2 U(y)] -$$

$$[\pi U(x) + (1-\pi)U(y)] = 2\pi(1-\pi)\left[u\left(\frac{x+y}{2}\right) - \frac{u(x)}{2} - \frac{u(y)}{2}\right]$$

根据效用函数的凹性假设，

$$u\left(\frac{x+y}{2}\right) - \frac{u(x)}{2} - \frac{u(y)}{2} = u\left(\frac{x+y}{2}\right) - \left[\frac{u(x)}{2} + \frac{u(y)}{2}\right] > 0$$

上式的结果大于0。这说明，在组成资产包以后，决策者的效用水平均提高了。

由于在组成资产包以后，决策者的期望收益与以前相比并没有发生变化，所以，决策者效用水平的提高必定来源于风险程度的降低。

2. 最优汇合水平的确定

一般地，假定有 N 个风险厌恶型投资者，各自持有一项随机收益为 x 的风险资产。假定这些资产的收益具有相同的概率分布，并且相互间具有独立性。

假定有 n （$1\leqslant n\leqslant N$）项资产汇合在一起组成资产包。则每个决策者的收益为：

$$R_n = \frac{1}{n}\sum_{i=1}^{n} x_i = x_n + \frac{1}{n}\sum_{i=1}^{n-1}(x_i - x_n)$$

然后从这个资产包当中去掉第 n 个决策者的资产 n，余下 $n-1$ 个资产构成一个新的资产包。其中，每个决策者所得到的收益为：

$$\begin{aligned} R_{n-1} &= \frac{1}{n-1}\sum_{i=1}^{n-1} x_i = \frac{1}{n-1}\sum_{i=1}^{n-1} x_i + \left(1 - \sum_{i=1}^{n-1}\frac{1}{n-1}\right)x_n \\ &= x_n + \frac{1}{n-1}\sum_{i=1}^{n-1}(x_i - x_n) \end{aligned}$$

进而有：

$$R_{n-1} = R_n + \frac{1}{n(n-1)}\sum_{i=1}^{n-1}(x_i - x_n)$$

上式等号右边的第二项为随机变量。记 $Z = nR_n - (x_i + x_n)$。对任意的 R 和 X，考虑下面的条件概率分布：

$$\begin{aligned} Pr(x_i - x_n = X | R_n = R) &= Pr(x_i - x_n = X | x_i + x_n = nR - Z) \\ &= \frac{Pr(x_i - x_n = X, x_i + x_n = nR - Z)}{Pr(X_i + x_n = nR - Z)} \end{aligned}$$

由于 $x_i - x_n = X, x + x_n = nR - Z$ 分别等价于 $x = (nR + X - Z)/2$ 和 $x_n = (nR - X - Z)/2$，并根据随机收益的相互独立性假设，上述条件概率分布可以进一步地写为：

$$Pr(x_i - x_n = X | R_n = R)$$

$$=\frac{Pr[x_i=(nR+X-Z)/2]Pr[x_n=(nR-X-Z)/2]}{Pr(x_I+x_n=nR-Z)}$$

继续采用相同的方法计算条件概率分布 $Pr(x_i-x_n=-X|R_n=R)$，有最终结果：

$$Pr(x_i-X_n=X|R_n=R)=Pr(X_i-x_n=-X|R_n=R)$$

这意味着，$E[X_i-x_n|R_n=R]=0$。再根据随机收益的相互独立性假设，进而有；

$$E[\sum_{i=1}^{n-1}(x_i-x_n)\mid R_n=R]=0$$

因此，$\frac{1}{n(n-1)}\sum_{i=1}^{n-1}(x_i-x_n)$ 为白噪声。由 Pothchield-Stiglitz 定理，对于任意的两个风险资产包 n 和 $n-1$，决策者有下列偏好关系：

$R_n \geqslant R_{n-1}$。

也就是说,决策者喜欢增加资产包当中资产的数量。决策者的资产包倾向于包含所有的风险资产,或者说,所有的风险决策者有积聚联合在一起的倾向。由于我们假定决策者均分资产包的收益,决策者从资产包中获得的收益是固定的,因此,风险资产的汇合必定降低了决策者的风险程度。

3. 概率分布不同的风险资产的汇合

假定决策者 1 和 2 分别拥有随即收益率为 x_1 和 x_2 的风险资产。两个资产的分布函数分别为 $F(x_1)$ 和 $F(x_2)$,密度函数分别为 $f(x_1)$ 和 $f(x_2)$。再假定这两个资产具有相等的期望收益率。

现在考虑由这两个风险资产组成的资产包:决策者 1 在其中的收益率 $R(k)=(1-k)x_1+kx_2$。可见决策者 1 在该资产包中的收益高低取决于 k。

$R(k)$ 的概率分布函数为:

$$G(x,k)=Pr[R(k)\leqslant x]=Pr\left[x_1\leqslant\frac{x-kx_2}{1-k}\right]=$$

$$\int_0^1 F_1\left(\frac{x-kx_2}{1-k}\right)f_2(x_2)\,\mathrm{d}x_2$$

显然,$G(x,0)=F_1(x)$，这相当于资产汇合前第一种风险资产的分布函数。

由于，$\frac{\partial G(x,k)}{\partial k}|_{k=0}=\int_0^1 f_1(x)f_2(x_2)(x-x_2)\,\mathrm{d}x_2$

$$=f_1(x)\left[x\int_0^1 f_2(x_2)\,\mathrm{d}x_2-\int_0^1 x_2 f_2(x_2)\,\mathrm{d}x_2\right]$$

$$=f_1(x)[x-E(x_2)]$$

因此，有：$\frac{\partial}{\partial k}\left[\int_0^z G(x,k)\,\mathrm{d}x\right]_{k=0}$

$$= \int_0^z \frac{\partial G(x,0)}{\partial k} \mathrm{d}x$$

$$= \int_0^z f_1(x)(x - E(x_2)\mathrm{d}x$$

$$= \int_0^z f_1(x) x \mathrm{d}x - \int_0^z f_1(x) E(x_2)\mathrm{d}x \leqslant 0$$

这说明，在 $k=0$ 附近，函数 $\int_0^z G(x,k)\mathrm{d}x$ 为 k 的单调减函数。而且，由于上式存在严格大于 0 的情况，所以函数 $\int_0^z G(x,k)\mathrm{d}x$ 也存在严格单调递减的情况。因此有：$\int_0^z [G(x,k) - G(x,0)]\mathrm{d}x \leqslant 0$，且存在 $\int_0^z [G(x,k) - G(x,0)]\mathrm{d}x < 0$ 的情况。

根据第二等随机优势的定义，一定存在某个 k，使得 $R(k) \geqq x_1$。也就是说，概率分布不同的风险资产的汇合也能降低决策者的风险。

四、风险配置的 Pareto 最优

1. 状态依赖收入配置状态 Pareto 最优的定义

如果决策者之间关于状态依赖收入的交换达到了这样一种情况：再也不可能找到任何可行的交换方式，使得至少一个人的期望效用获得提高的同时，没有任何人的期望效用出现下降的情况。我们便称这种状态依赖收入的配置状态已经达到了风险配置的 Pareto 最优。

假定未来有两种可能存在的状态：$s=1, 2$；有两个决策者 A 和 B；在两种状态下，A 和 B 的收入分别为 X_{A1}、X_{A2} 和 X_{B1}、X_{B2}。我们假定决策者对前景都有自己的判断，相应的概率分布分别为：

π_{A1}、π_{A2} 和 π_{B1}、π_{B2}，$\pi_{A1}+\pi_{A2}=1$，$\pi_{B1}+\pi_{B2}=1$。再假定两个决策者在两种状态下的初始收入分别为 W_{A1}、W_{A2} 和 W_{B1}、W_{B2}，初始效用分别为 U_{A0} 和 U_{B0}，并以初始收入作为风险交换的基础。

所谓状态依赖收入配置状态的 Pareto 最优，与下列模型的成立等价：

$$\underset{X_{A1},X_{A2}}{\mathrm{Max}} [\pi_{A1}U(X_{A1}) + \pi_{A2}U(X_{A2})]$$

$$s.t.\ \pi_{B1}U(X_{B1}) + \pi_{B2}U(X_{B2}) \geqslant U_{B0}$$

$$X_{As} + X_{Bs} \leqslant W_{As} + W_{Bs}, \forall s = 1,2$$

2. 风险配置 Pareto 最优的条件

由于效用函数的单调性，在最优解处，所有的约束都应该是束紧的，从而可以将它们看做等式约束。因此有 Laglange 函数：

$$L = \pi_{A1}U(X_{A1}) + \pi_{A2}U(X_{A2}) + \lambda[U_{B0} - \pi_{B1}U(X_{B1}) - \pi_{B2}U(X_{B2})] + \sum_{s=1}^{2}\mu_s[W_{As} + W_{Bs} + X_{As} - X_{Bs}]$$

其最优解的一阶必要条件为：

$$\pi_{As}U'_A(X_{As}) - \mu_x = 0, \forall s = 1,2$$

$$\lambda\pi_{Bs}U'_B(X_{Bs}) - \mu_s = 0, \forall s = 1,2$$

或者写作：

$$\pi_{As}U'_A(X_{As}) = \lambda\pi_{Bs}U'_B(X_{Bs}), \forall s = 1,2$$

进而有：

$$\frac{\pi_{A1}U'_A(X_{A1})}{\pi_{A2}U'_A(X_{A2})} = \frac{\pi_{B1}U'_B(X_{B1})}{\pi_{B2}U'_B(X_{B2})}$$

如果假定两个决策者对情况的判断相同，即有相同的概率分布，则有：

$$U'_A(X_{As}) = \lambda U'_B(X_{Bs}), \forall s = 1,2$$

进而有：

$$\frac{U'_A(X_{A1})}{U'_A(X_{A2})} = \frac{U'_B(X_{B1})}{U'_B(X_{B2})}$$

如果假定其中一个决策者，例如 B 为风险中性投资者，则其效用函数的一次导数是常数，例如假定为 Z，则风险配置 Pareto 最优的一阶条件为：

$$\pi_{As}U'_A(X_{As}) = \lambda\pi_{Bs}Z, \forall s = 1,2$$

如果假定两个决策者有相同的概率分布，则有：

$$U'_A(X_{As}) = \lambda Z, \forall s = 1,2$$

这就意味着，$X_{A1} = X_{A2}$。也就是说，如果两个人对不确定性事件的主观概率分布相同，而且其中一个人是风险厌恶投资者，另一个人是风险中性投资者，则 Pareto 最优的状态依赖收入配置状态要求风险中性投资者承担全部的风险，使得厌恶风险的投资者在未来有完全确定的收入。这说明，风险中性的保险公司应该设定一个公平的保费率，使得投保人能够完全保险。只有这样，整个社会的状态依赖收入配置才会是最优的，或者说是最有效率的。

复习思考题

1. 为什么分散投资可以规避风险？
2. 简述风险管理对企业价值的影响。
3. 简述最优保险水平的确定方法。

第十三章

证券组合理论

本章摘要

作为资产组合理论的基本内容，马柯维茨的均值—方差最优资产组合模型、资本资产定价模型以及套利均衡定价理论是金融工程学的基础。马柯维茨的资产组合理论给出了理性投资者的最优组合投资策略；资本资产定价模型给出了供求均衡条件下任意证券（或组合）的期望收益率计算式；套利均衡定价理论则给出了套利均衡条件下任意证券（或组合）的期望收益率计算式。而分别经由这两个模型所得出的均衡期望收益率则是资产定价（特别是利用净现值方法给资产定价）的重要依据。

关 键 词

马柯维茨的最优资产组合模型　资本资产定价模型　套利均衡定价理论

第一节　资产组合理论[1]

投资组合理论有狭义和广义之分。狭义的投资组合理论专指马柯维茨（Harry Markowtitz）的投资组合理论；而广义的投资组合理论则还包括资本资产定价模型（CAPM）和套利均衡定价理论（APT，Arbitrage Pricing Theory）。当然，随着时间的推移，资产组合理论也在不断地拓展和深化，现今的资产组合理论已经远非这三个基本模型所能归纳。

在资产组合理论中，我们都假定投资者只关心资产的收益率期望值和方差两个指标。因此，马柯维茨的均值—方差最优资产组合模型、CAPM 以及 APT 理论均衍生于“均值—方差”分析框架，它们都可以被理解为“均值—方差”分析方法的具体应用。

---

① 王一鸣：《数理金融经济学》，北京大学出版社，2000。

第二节 马柯维茨的最优资产组合模型

1952年，国际著名学术刊物《金融杂志》刊载了马柯维茨的博士论文《投资组合的选择》。在该论文中，马柯维茨首次给出了最优资产组合的数理模型。

一、模型的基本假定

（1）我们假定资本市场存在 N 种风险资产（$N\geqslant 2$）；其中第 i 种资产的预期收益率为 R_i，$i\in 1$，…，N。

（2）假定投资者可以准确判定所有风险资产收益率的概率分布；并假定这些风险资产收益率的期望值和方差有限且不等。

（3）假定由这些风险资产构成的市场交易无磨擦（亦即不存在税费等交易费用），且无卖空（Short Sales）的限制。

（4）假定这 N 个资产的收益率线性无关，亦即其中任意一个资产的收益率都不能被其他资产的收益率线性表出。

这意味着预先已经将多余的资产剔除了，因此这 N 个风险资产的方差—协方差矩阵（用符号 $V=(\mathrm{Cov}(R_i,R_j))_{N\times N},i,j=1,2,\cdots,N$ 表示）将是非奇异或非退化（即满秩）的。

由于 $\mathrm{Cov}(R_i,R_j)=\mathrm{Cov}(R_j,R_i)$，$\forall\, i,j\in(1,\cdots,N)$，因此，$N$ 个风险资产的方差—协方差矩阵还具有对称性。

又由于对于任意的风险资产 i，$\sigma_i^2=\mathrm{Cov}(R_i,R_i)>0$，所以，$N$ 个风险资产的方差—协方差距阵具有正定性。

如果将由这 N 个风险资产组成的资产组合的权重向量记为 $W=(w_1,w_2,\cdots,w_N)^T$，则由这 N 种风险资产构成的资产组合的方差计算式为：

$$W^TVW=\sum_{i=1}^{N}\sum_{j=1}^{N}w_iw_j\mathrm{Cov}(R_i,R_j)$$

（5）最后，我们再假设投资者所要考虑的投资期限仅为1期，且这 N 种风险资产均可无限细分地买卖。

最后，我们可以具体地假定这 N 种风险资产均为股票。

二、资产组合边界的确定

（一）边界组合与组合边界

我们规定，在上述基本假定下，投资者的具体决策目标就是设法从这 N 个风险资产中确定出一个最优的资产组合来。

显然，对于任意一个投资者来说，所谓最优的资产组合也就是那个能够为其带来最大期望效用的资产组合。

不过，在现有的技术能力下，经由一般形式的效用函数或风险资产的概率分布来求解最优资产组合存在很大的困难，甚至是不可能的。因此退而求其次，寻找最优资产组合的近似解或者在某些特定条件下的最优解不失为简便可行的做法。

我们已经知道，如果决策者的效用函数具有特定的形式，例如假定效用函数具有二次函数的形式，或者假定风险资产的概率分布满足正态分布，或者更一般地，仅考虑消费者的多多益善性和风险厌恶性，亦即仅考虑到效用函数二次导数的性质，则可以仅凭资产收益率的期望值和方差这两个指标来确定出最优的资产组合。

在介绍第二等随机优势策略的时候，我们发现，在收益率的期望值相等的前提下，方差最小是决策者判定最优资产组合的充分条件。也就是说，在均值相等的前提下，方差越小越好。

在第二等随机优势策略下，我们还发现，收益率的期望值不低于其他资产组合是决策者看好某个特定资产组合的必要条件。这就意味着，在方差相等的前提下，当然是均值越高越好了。

在后面，我们将利用这两个结论来构造最优的资产组合。但在这里，我们称给定期望收益率下具有最小方差值的资产组合为边界组合（Frontier Portfolio）。而将 N 种风险资产条件下边界组合的全体称为组合边界（the Portfolio Frontier）。

在这两个概念当中之所以都有“边界”这个词，就是由于在以标准差 σ 为横轴，期望收益率 $E(R)$ 为纵轴的直角坐标系里，满足上述定义的组合全都位于所有可能组合区域的边缘位置。

（二）组合边界的确定

根据组合边界的定义，如果用权重列向量 W 表示任意的一个风险资产组合，则所有的边界组合将是下列二次规划问题的最优解：

$$\underset{w}{\text{Min}}\frac{1}{2}W^TVW$$

$$\text{s. t.}\quad W^TR=E(\overline{R}_p)$$

$$W^TI=1$$

其中：R 为由 N 个资产的期望收益率组成的列向量，即 $R=\{E(R_1),E(R_2),\cdots,E(R_N)\}^T$；$I$ 为 N 维单位列向量；$E(\overline{R}_p)$ 为资产组合期望收益率的一个任意给定值。

显然，每给定一个资产组合期望收益率的值，便可以利用该模型确定出一个方差最小的资产组合，亦即所谓的边界组合。

从上述模型的构造可以看出，对权重列向量 W 的取值并没有特别的要求，因此卖空不被禁止。

如果假定不允许卖空，则应该在这个模型中再添加一个 $W \geqslant 0$ 的假定约束。

另外，$W^T I = 1$ 意味着该投资者具有初始的资本投入，否则应为 $W^T I = 0$（这个时候必定允许卖空）。

现在，我们准备求出由 N 种风险资产构成的组合边界方程式。

显然，该模型的 Lagrange 函数为：

$$L = \frac{1}{2} W^T V W + \lambda [E(\bar{R}_p) - W^T R] + \mu [1 - W^T I]$$

因此，模型最优解的一阶条件为：

$$\frac{\partial L}{\partial W} = VW - \lambda R - \mu I = 0 \tag{1}$$

$$\frac{\partial L}{\partial \lambda} = E(\bar{R}_p) - W^T R = 0 \tag{2}$$

$$\frac{\partial L}{\partial \mu} = 1 - W^T I = 0 \tag{3}$$

由于 V 的正定对称性，上述最优解的必要条件也是最优解的充分条件。

由（1）式得：

$$W = \lambda V^{-1} R + \mu V^{-1} I \tag{4}$$

将（4）式代入（2）和（3）式得：

$$E(\bar{R}_p) = \lambda R^T V^{-1} R + \mu I^T V^{-1} R$$

$$1 = \lambda R^T V^{-1} I + \mu I^T V^{-1} I$$

求解这个方程组，有：

$$\lambda = \frac{CE(\bar{R}_p) - A}{D}; \ \mu = \frac{B - AE(\bar{R}_p)}{D}$$

其中，$A = I^T V^{-1} R = R^T V^{-1} I; B = R^T V^{-1} R; C = I^T V^{-1} I; D = BC - A^2$

显然，V^{-1} 也是正定对称距阵。因此，$B > 0$，$C > 0$。并且，由于

$$(AR - BI)^T V^{-1} (AR - BI) = B(BC - A^2) > 0$$

因此有，$D > 0$。

将 λ 和 μ 的解代入（4）式，有：

$$W = g + hE(\bar{R}_P) \tag{5}$$

其中，$g = \frac{1}{D}[BV^{-1}I - AV^{-1}R]$，$h = \frac{1}{D}[CV^{-1}R - AV^{-1}I]$

（5）式就是组合边界的一个函数表达方式。

只要我们明确了 N 个风险资产组合的方差—协方差距阵，则对任意给定的资产组合期望收益率，利用（5）式，我们便能够确定出相应的边界组合的权重向量。

不难看出，这个边界组合的权重结构与给定的资产组合收益率之间呈简单的线性关系。

例 13.1 首先，我们考虑仅由两种股票 A 和 B 构建证券组合。

假定 A 的期望收益率 $E(R_A)=5\%$，标准差 $\sigma_A=20\%$；B 的期望收益率 $E(R_B)=15\%$，标准差 $\sigma_B=40\%$；A 和 B 的相关系数为 ρ_{AB}，A 和 B 在组合中的比例分别为 ω_A 和 ω_B。则证券组合的期望收益率和标准差分别为：

$$E(R_p)=\omega_A E(R_A)+\omega_B E(R_B)$$

$$\sigma_P=\sqrt{\omega_A^2\sigma_A^2+\omega_B^2\sigma_B^2+2\omega_A\omega_B\rho_{AB}\sigma_A\sigma_B}$$

将这两个表达式联立成方程组，消掉 ω_A 和 ω_B，即可求得组合期望收益率 $E(R_p)$ 关于组合标准差 σ_P 的一个函数表达式。由于仅有两种风险资产，因此该函数式既是所有可能组合的函数表达式，也是组合边界的函数表达式。

以标准差 σ 为横轴，期望收益率 $E(R)$ 为纵轴建立直角坐标系，如图 13.1 所示。给定不同的 ρ_{AB}、ω_A 和 ω_B 的值，可以在该坐标系中得到相应的资产组合点。

例如，假设 $\rho_{AB}=0$，则每赋予 ω_A 和 ω_B 一组具体的值，便会获得一个特定的组合点。而所有的组合点将连接成一条双曲线（ACB）的形态。因此，这条曲线就是当 $\rho_{AB}=0$ 的时候所有由证券 A、B 构成的资产组合的轨迹，亦即所谓的组合边界。当然，它也是 $\rho_{AB}=0$ 的时候所有可能的组合轨迹。

在这条组合边界中，C 点的 $\omega_A=\dfrac{4}{5}$，$\omega_B=\dfrac{1}{5}$，$E(R_P)=7\%$，$\sigma_P=179\%$。这是其中的最小方差（标准差）组合。

尽管投资者可以在曲线 ACB 上任意选择投资组合，但因为对应曲线段 AC 上的每一组合（如点 A），曲线段 CB 上都有相应的一个组合，其风险程度（标准差）与 AC 段上的对应组合相同，但期望收益率要更高些，所以追求最大效用的风险回避型投资者只会在曲线段 CB 上选择其所中意的资产组合。

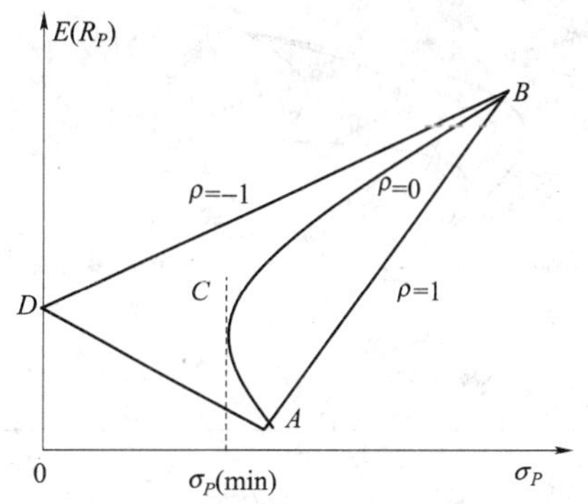

图 13.1 双证券组合收益、风险与相关系数的关系

同理，如果假定 $\rho_{AB}=1$，亦即假定证券 A 与 B 的收益率完全正相关，则由 A 和 B 构成的所有资产组合的轨迹为直

线 AB，这时的组合边界亦为直线 AB。

如果假定 $\rho_{AB}=-1$，亦即假定证券 A 与 B 的收益率完全负相关，则由 A 和 B 构成的资产组合集合（亦即组合边界）为折线 ADB，其中 D 为最小标准差组合。而追求最大效用的风险回避型投资者只会在直线 DB 上选择其所需要的资产组合。

然后，我们考虑由三种风险资产构成的组合。

风险资产之间的相关系数正好等于 ±1 的情况极其特殊，所以我们今后不再考虑。现在我们假定使用风险资产 A、B 和 C 来构造组合，如图 13.2 所示。

由三种风险资产构成的组合可以理解成“在由两种风险资产构成的组合基础上，再添加另外一种新风险资产的结果”。这个时候，只要给定了由两种风险资产构成的组合的期望收益率与标准差，并能确定出这个由两种风险资产构成的组合与第三种风险资产之间的相关系数，则能找到相应的由三种风险资产构成的组合点的轨迹。

不难理解，在以图 13.2 所示的这个以标准差 σ 为横轴，期望收益率 E（R）为纵轴的直角坐标系中，由三种风险资产构成的所有可能组合是一个扇形的区域。而这个区域左边缘上的每一个点都对应着一个边界组合，相应的左边缘就是组合边界的几何图形。

最后，我们再将上述逻辑类推到由三种以上风险资产构成的组合。

由 N 个风险资产构成的组合可以理解为“在由 $N-1$ 个风险资产构造组合的基础上，再添加一个风险资产的结果”。因此，在以图 5.3 所示的这个以标准差为横轴、期望收益率为纵轴的直角坐标系中，由 N 个风险资产组成的所有可能资产组合也是一个区域（如图 13.3 中阴影区域所示）。

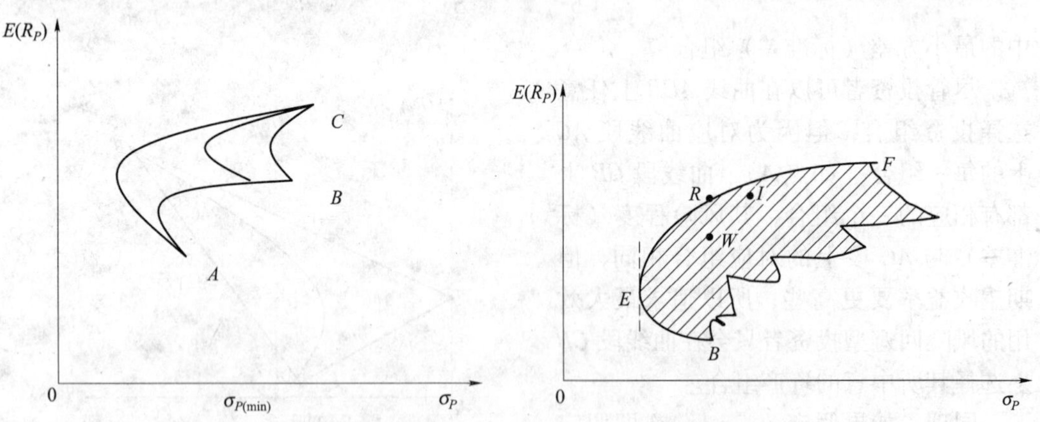

图 13.2　三个证券组合收益、风险与相关系数的关系

图 13.3　阴影区域为 N 种风险资产的组合集合，它是个平面区域

在图 13.3 的区域 BERF 内，包括了全部单个证券及其所有组合的风险与收益的坐标点。其中，集合左边缘的曲线 BERF 段为组合边界，即在相同期望收益的条件下，由投资风险最低的资产组合所组成的曲线。

例如，W 和 I 这两个点所代表的组合不是边界组合，而 R 点处的组合就是一个边界组合。当然，追求最大效用的风险回避型投资者只会选择组合边界当中 ERF 曲线段上的组合。

（三）任意一个边界组合都可以由其他两个边界组合线性生成

在（5）式中，如果取 $E(\overline{R}_P)=0$，则有 $W=g$；如果取 $E(\overline{R}_p)=1$，则有 $W=g+h$。因此，g 是给定资产组合的期望收益率等于 0 时候的边界组合；而 $g+h$ 则是给定资产组合的期望收益率等于 1 时候的边界组合。

假定 W_{p1} 是给定资产组合的期望收益率为 $E(\overline{R}_{p1})$ 时候的边界组合。因此有：

$$W_{p1}=g+hE(\overline{R}_{p1})$$

取边界组合 g 和 $g+h$ 的一个组合，组合权重为 $[1-E(\overline{R}_{p1}),E(\overline{R}_{p1})]$，则有：

$$g\,[1-E(\overline{R}_{p1})]+(g+h)E(\overline{R}_{p1})=g+hE(\overline{R}_{p1})=W_{p1}$$

可见，任意的一个边界组合都可以用两个既定的边界组合 g 和 $g+h$ 线性生成。

实际上，既然 g 和 $g+h$ 与其他的边界组合呈线性的关系，那么 g 和 $g+h$ 也可以由其他的边界组合线性生成。

证明：假定有两个已知的边界组合 W_{p1} 和 W_{p2}，则对于任意的边界组合 W_p，必定存在唯一的实数 α，使得：

$$E(R_p)=\alpha E(R_{p1})+(1-\alpha)E(R_{p2})$$

用这两个已知的边界组合 W_{p1} 和 W_{p2} 构造一个权重为 $[\alpha,(1-\alpha)]$ 的新组合，则有：

$$\begin{aligned}\alpha W_{p1}+(1-\alpha)W_{p2}&=\alpha[g+hE(\overline{R}_{p1})]+(1-\alpha)[g+hE(\overline{R}_{p2})]\\&=g+h[\alpha E(\overline{R}_{p1})+(1-\alpha)E(\overline{R}_{p2})]\\&=g+hE(R_p)=W_p\end{aligned}$$

由此可以看出，任意的边界组合 W_p 可以由任意两个已知的边界组合 W_{p1} 和 W_{p2} 线性生成。

如果假定 W_p 为非边界组合，则不存在上式推导过程的最后一步。因此，任意两个边界组合的线性组合也必定是一个边界组合。

（四）组合边界的几何性质

1. 组合边界是一条双曲线段或抛物线段

进一步地，考虑任意两个边界组合 W_{p1} 和 W_{p2} 的协方差：

$$
\begin{aligned}
\mathrm{Cov}(R_{p1},R_{p2}) &= W_{p1}^T V W_{p2} \\
&= (g+hE(\overline{R}_{p1}))^T V(g+hE(\overline{R}_{p2})) \\
&= g^T Vg + g^T VhE(R_q) + h^T VgE(R_p) + h^T VhE(R_p)E(R_q) \\
&= \frac{B}{D} - \frac{A}{D}E(R_q) - \frac{A}{D}E(R_p) + \frac{C}{D}E(R_q)E(R_p) \\
&= \frac{C}{D}\left[E(R_{p1}) - \frac{A}{C}\right]\left[E(R_{p2}) - \frac{A}{C}\right] + \frac{1}{C}
\end{aligned}
$$

特别地，当这两个组合相同，即实际上是同一个组合的时候，上式可以简化为：

$$\frac{\sigma^2(R_p)}{1/C} - \frac{[E(R_p) - A/C]^2}{D/C^2} = 1 \tag{6}$$

或 $\sigma^2(R_p) = \frac{1}{D}\{C[E(R_p)]^2 - 2AE(R_p) + B\}$

也即 $\left[E(R_p) - \frac{A}{C}\right]^2 = \frac{D}{C}\left[\sigma^2(R_p) - \frac{1}{C}\right]$ (7)

可见，在收益率的标准差—期望值空间中，组合边界的几何形态是一条双曲线的右半支。其中心为$(0, A/C)$，渐近线为 $E(R_p) = A/C \pm \sqrt{D/C}\sigma(R_p)$。而在收益率的方差—期望值空间中，组合边界的几何形态是一条顶点为（$1/C$，A/C）的抛物线。

抛物线或双曲线以内的区域是这 N 种风险资产各种可能组合方式的全体，我们称之为风险投资机会集（Opportunity Set）。组合边界实际上是这个风险投资机会集的边沿线。这就是所谓的组合“边界”的含义。

2. 最小方差边界组合的特点

具有最小方差的那个边界组合（Minimum Variance Portfolio，MVP）位于抛物线或双曲线的顶点处。因此，在收益率的方差－期望值空间中，其坐标为$(1/C, A/C)$。而在收益率的标准差－期望值空间中，其坐标为$(\sqrt{1/C}, A/C)$。

将 $E(R_{mvp}) = A/C$ 代入 λ 和 μ 的计算公式，可求得 λ 和 μ。然后将这些结果代入边界组合 W 的计算公式（4），不难求得：

$$W_{mvp} = V^{-1}I/I^T V^{-1} I$$

现在考虑任意的一个组合 W_q，这个组合不一定是边界组合。将这个组合与具有最小方差的边界组合 W_{mvp} 以$[\alpha, (1-\alpha)]$的权重组合在一起，则有：

$$Var[\alpha R_q + (1-\alpha)R_{mvp}] = \alpha^2\sigma^2(R_q) + (1-\alpha)^2\sigma^2(R_{mvp}) + 2\alpha(1-\alpha)\mathrm{Cov}(R_q, R_{mvp})$$

使得上式最小的 α 应当满足下列一阶条件：

$$2\alpha\sigma^2(R_q) - 2(1-\alpha)\sigma^2(R_{mvp}) + 2(1-2\alpha)\mathrm{Cov}(R_q, R_{mvp}) = 0$$

显然，具有最小方差的组合应该在 $\alpha = 0$ 处。进而有：

$$\mathrm{Cov}(R_q, R_{mvp}) = \sigma^2(R_{mvp}) = 1/C$$

因此，任意一个组合（不一定为边界组合）与最小方差组合 W_{mvp} 的协方差是一个常数，这个常数就是这个最小方差组合的方差。

三、有效组合边界的确定

（一）有效组合与有效边界

显然，除了抛物线或双曲线右半支的顶点 W_{mvp} 以外，对于任意给定的方差或标准差，均对应两个期望收益率不同的边界组合。其中一个组合的期望收益率要大于 A/C，而另一个组合的期望收益率要小于 A/C。而只有期望收益率大于 A/C 的边界组合才满足第二等随机优势，我们称这些满足给定方差或标准差下，期望收益率最大的边界组合为有效（边界）组合（Efficient Portfolio）。

可见，所谓有效组合，指的是同时满足下列两个特性的组合：

（1）在给定期望收益率下，这个组合的风险最低（方差最小）；

（2）在给定的风险（方差）水平下，这个组合的期望收益率最高。

而有效组合的全体被称为有效边界（Efficient Frontier）。其中，完全由风险资产组成的有效组合被称为 Markowitz 有效边界。

显然，那个具有最小方差的边界组合 W_{mvp} 是有效边界的下限点。

有效边界里的组合都是最优的组合，因此，纯理论地说，最优组合有无穷个。当然，能够给某一个特定投资者带来最大效用的最优组合应该是唯一的。这个最优组合必定位于该投资者的（主观）效用无差异曲线与（客观）有效边界的切点处。

（二）任意一个有效组合都是其他两个有效组合的线性组合

1. 有效边界是一个凸集

现在假定有 M 个有效组合 $W_{pi}, E(R_{pi}) \geqslant A/C, \forall i \in (1, \cdots, M)$。再假定有实数 α_i，$i \in (1, \cdots, M)$，并满足 $\sum_{i=1}^{M} \alpha_i = 1$。

根据前面我们已得出的结论，任意边界组合的线性结构也是边界组合。因此，由 M 个有效组合 W_{pi} 构成的资产组合 $\sum_{i=1}^{M} \alpha_i W_{pi}$ 必定属于边界组合。

进一步地，由于 $\sum_{i=1}^{M} \alpha_i E(R_{pi}) \geqslant \sum_{i=1}^{M} \alpha_i A/C = A/C$，因此，边界组合 $\sum_{i=1}^{M} \alpha_i W_{pi}$ 位于最小方差边界组合 W_{mvp} 的上半边界，是一个有效组合。

因此，有效组合的线性组合仍然为有效组合，即有效边界是一个凸集。

有效边界是一个凸集意味着，有效边界在由组合权重与期望收益率构成的坐标系中应该是一条直线。也即这条直线上任意两个有效组合的线性组合仍然在这条直线上，或者说任意两个有效组合的连线仍然是有效组合。

但在标准差（或方差）—期望值坐标系中，对于任意两个有效组合（1 和 2）的线性组合（P），尽管其收益率的期望值具有线性关系，即 $E(R_p)=\alpha E(R_1)+(1-\alpha)E(R_2)$，但其标准差（或方差）却不具有线性关系：

$$Var(R_p)=\alpha^2 Var(R_1)+(1-\alpha)^2 Var(R_2)+2\alpha(1-\alpha)\text{Cov}(R_1,R_2)$$

因此，在标准差（或方差）—期望值坐标系中，有效边界呈曲线的形式。

2. 两基金分离定理（Two Fund Separation Theorem）

由任意两个不同的有效组合均可线性生成整个有效边界。这个结论被称做两基金分离定理。

如果市场中存在两家基金公司，它们的资产组合分别是有效组合 W_1 和 W_2，且 $W_1 \neq W_2$，则其他投资者只需同时购买这两种基金券就可以获得一个有效的组合，而不必费神在众多的（N 个）证券中确定投资的具体对象及其投资的权重。

这个时候，由于效用函数不同，从而各自效用无差异曲线与有效边界的切点不同，不同投资者所持有的最优有效组合也就不会相同。但这种差异不是体现在投资对象上（他们都投资于这两种基金券），而是体现在关于这两种基金券的投资权重上。

可见，我们实际上将一个完整的普通证券的投资过程划分为两个阶段：一般投资者的基金投资阶段和基金公司的普通证券投资阶段。一般的投资者只需找到两家拥有有效组合的"好"基金公司；然后再根据自己的喜好确定这两种基金券的"最优"搭配方式。而对于基金公司来说，它不需要分析投资者的喜好，只需明确自己的市场定位，即确定自己的目标（期望）收益率或目标风险程度（标准差水平）；然后再根据自己的目标定位设计出最优的投资方案（也即找到有效组合）。

四、投资者最满意的资产组合

确定了有效组合边界的形状之后，投资者就可以根据自己的无差异曲线选择能使自己的投资效用达到最大化的投资组合了。

尽管有效组合边界上的每一个点都是既定条件下的最优组合，但就一个特定的投资者来说，满足其偏好的最优组合只能有一个，那就是有效边界与该投资者效用无差异曲线的切点组合，如图 13.4 所示。

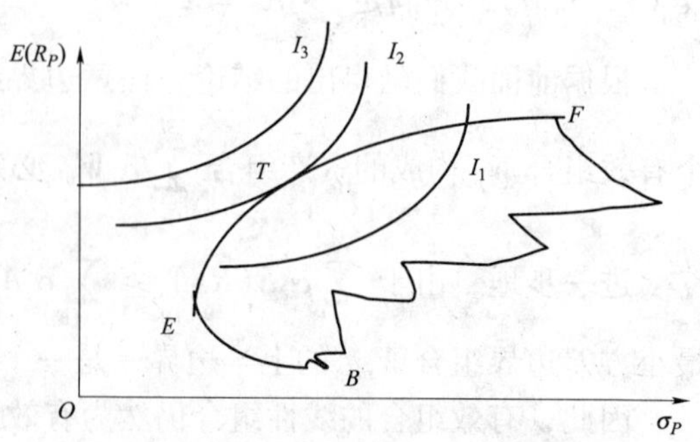

图 13.4 最优投资组合的确定

有效集向上凸的特性和无差异曲线向

下凸的特性决定了有效集合无差异曲线的相切点只有一个，也就是说最优投资组合是唯一的。

对于投资者而言，有效集是客观存在的，它由证券市场决定；而无差异曲线则是主观的，它由自己的风险—收益偏好决定。

厌恶风险程度越高的投资者，其无差异曲线的斜率越陡峭，因此其最优投资组合越接近 E 点。厌恶风险程度越低的投资者，其无差异曲线的斜率越小，因此其最优投资组合越接近 F 点。

第三节　资本资产定价模型

如前所述，通过建立投资组合，我们可以消除资产中的非系统性风险。这说明，资产的总风险并不是影响其价格的关键因素。下面我们要分析的是：到底是资产风险的哪个部分可以影响甚至决定该资产的均衡价格。

资本资产定价模型（Capital Asset Price Model，CAPM）给出了资产的均衡价格与其总风险各个组成部分之间的函数关系式。

由于资本资产定价模型是由夏普（William Sharpe ，1964 年）、林特纳（Jone Lintner，1965 年）和莫辛（Mossin，1966 年）根据马柯维茨的最优资产组合选择思想分别提出来的，因此，资本资产定价模型也被称为 SLM 模型。

一、有效市场假说（Efficient Market Hypothesis）

该假说认为，在一个充满信息交流和信息竞争的社会里，一个特定的信息能够在证券市场上迅速被投资者知晓。随后，股票市场的竞争将会驱使证券价格充分且及时反映该组信息，从而使得投资者根据该组信息所进行的交易不存在非正常报酬，而只能赚取风险调整的平均市场报酬率。

而只要市场价格的形成充分消化了现有的全部信息，现有的市场价格也就代表着资产的真实价值，这时的市场就被称为有效市场。

可以将影响市场价格形成的因素划分为三种类型：

第一类信息包括的范围最广。它既包括有关公司、行业、国内及世界经济的所有公开可用的信息，也包括所有私人的、内部的信息。

第二类信息仅包括第一类信息当中已公布的公开信息。

而第三类信息仅包括第二类信息当中的证券市场历史交易数据（例如历史价格、历史成交量等信息）。

根据资本市场对上述三类信息的反应程度的不同，可以将证券市场区分为如下三种类型：

（1）弱式（Weak Form）有效市场。在弱式有效市场下，证券价格已经完全消化了从证券市场历史交易数据中所能得到的信息。因此，投资者不再可能依据过去的价格、交易量等信息来赚得超额利润。

（2）半强式（Semi-Strong Form）有效市场。在半强式有效市场下，证券价格已经完全消化了所有公开可用的信息。这些信息不仅包括证券交易的历史数据，而且包括诸如公司的财务报告、管理水平、产品特点、持有专利、盈利预测以及公布的宏观经济形势和政策等各种可用于基本分析的信息。因此，投资者已经不再可能依据这些公开可用的信息来赚得超额利润了。

（3）强式（Strong Form）有效市场。这是最高程度的市场效率概念。在强式有效市场下，证券价格已经完全消化了所有有关的信息，这不仅包括历史交易资料等所有公开可用的信息，而且还包括仅为公司内部人所掌握的内幕消息等。因此，在强式有效市场下，投资者仅能赚得正常利润了。

二、资本资产定价模型的主要假定

（1）假定所有投资者均在期望收益率—方差决策分析的框架下选择最优的资产组合。也即假定所有投资者的效用函数均具有二次函数的形式，或者风险资产的概率分布满足正态分布。

（2）与决策相关的信息具有完全性和对称性。因此，所有投资者对风险资产预期收益率的判断将完全相同。这就意味着，该证券市场的有效边界将是唯一的。

（3）证券市场具有完全竞争性，每一个投资者都是资产价格的接受者。

（4）存在无风险资产，并允许卖空无风险资产。

（5）假定资产可以无限细分，投资者可以任意的金额投资于任意的资产。

（6）假定不存在税收、佣金等交易费用，即证券市场具有非磨擦性。

（7）在这个市场中，所有资产（包括无风险资产）都必须有严格正的供给量。这就意味着，所有资产都必须具有严格正的净需求，从而导致来自于市场外部的资产供给的净增加。考虑到风险资产在一级市场的顺利发行是该风险资产二级市场存在的基本理由，这个假定是合理的。

在上述假设下，再考虑到理性投资者的既有假定，该证券交易市场必定是有效的，而且相当于强式有效。

三、引入无风险资产以后的有效边界

现在我们引入无风险资产，并假定无风险资产可以卖空。

（一）无风险资产对效率边界的影响

1. 无风险资产

无风险资产的期末价值没有任何不确定性，因此，无风险资产期望收益率的标准差应为零。同理，无风险资产的收益率与风险资产的收益率之间的协方差也应该等于零。

现实生活中，那些到期日和我们所要考虑的投资期相等的国债可以被称为无风险资产。

2. 引入无风险资产的投资组合

（1）由一种无风险资产和一种风险资产构造的组合

假定无风险资产和风险资产的收益率分别为 R_f 和 $E(R_i)$，标准差分别为 0 和 σ_i，投资比例分别为 ω_f 和 ω_i，并且 $\omega_f+\omega_i=1$，$\mathrm{Cov}_{if}=0$。则该组合的预期收益率和标准差为：

$$E(R_p)=\omega_f R_f+\omega_i R_i$$

$$\sigma_P=\sqrt{\omega_f^2\sigma_f^2+\omega_i^2\sigma_i^2+2\omega_f\omega_i\rho_{if}\sigma_i\sigma_f}$$

由于无风险证券的标准差 $\sigma_f=0$，无风险证券与风险证券的协方差 $\mathrm{Cov}_{if}=0$，因此，组合的标准差可以简化为：

$$\sigma_P=(1-w_f)\sigma_i$$

整理得到：

$$\omega_f=(\sigma_i-\sigma_P)/\sigma_i$$

进而有：

$$E(R_p)=R_f+\frac{E(R_i)-R_f}{\sigma_i}\sigma_P \tag{8}$$

其中的$\frac{E(R_i)-R_f}{\sigma_i}$可以理解为单位风险的报酬。

由于 ω_f 和 ω_i 均大于 0，因此，如图 13.5 所示，上式所表示的是线段 AB。其中 A 表示无风险资产，B 表示风险资产，而由这两种资产所构成的组合一定落在线段 AB 上。

（2）由一种无风险资产和一个证券组合构造的新组合

如图 13.6 所示，假设风险资产 B 是由风险资产 C 和 D 组成的组合，则 B 一定位于经过 C、D 两点的向上凸出的弧线上。

我们仍用 ω_i 代表由 CD 构成的组合在新投资组合中的权重，则（8）式仍然成立。所有的新组合一定也落在 AB 线段上。

3. 引入无风险资产以后的有效边界

引入无风险资产以后，有效边界将发生重大变化。如图 13.7 所示，弧线 CD 代表马科维茨效率边界，A 点表示无风险资产。我们可以在马科维茨效率边界中找到一点

T，使直线 AT 与弧线相 CD 切于 T 点。我们称 T 点为切点组合。

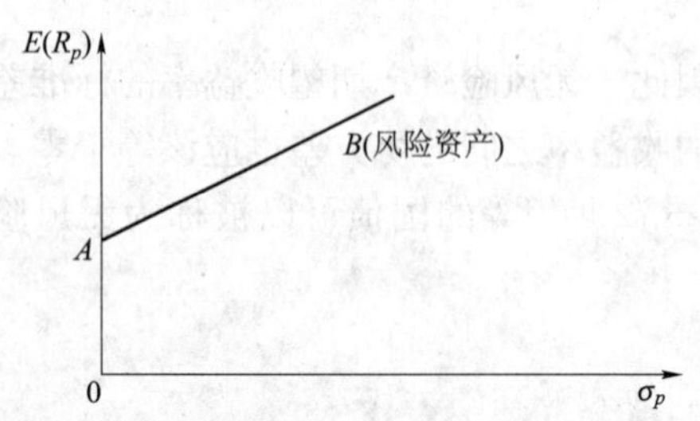

图 13.5　由无风险资产和风险资产构成的组合

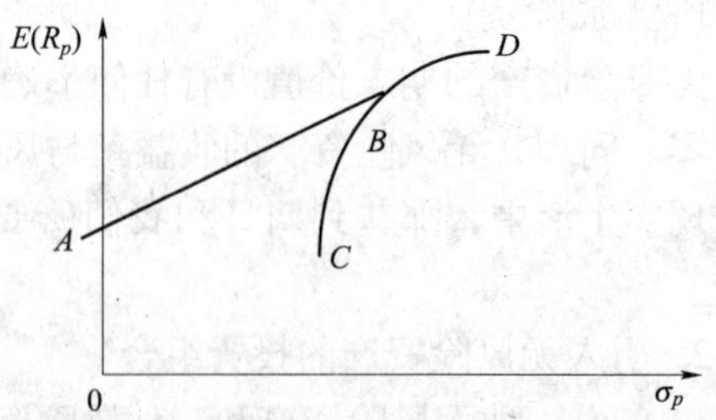

图 13.6　由无风险资产和风险资产组合构成的新组合

T 点只是马科维茨有效边界众多有效组合当中的一个，但它却是一个很特殊的组合。因为没有任何一种风险资产或风险资产组合与无风险资产构成的投资组合可以位于 AT 线段的左上方。换句话说，AT 线段的斜率最大。

引入 AT 线段后，弧线 CT 部分也就不再是有效边界了。因为对于 T 点左侧而言，在预期收益率相同的情况下，AT 线段上的风险均小于马科维茨有效边界上的风险；而在风险相同的情况下，AT 线段上的预期收益率均大于马科维茨有效边界上的预期收益率。可见，依照有效组合的定义，马科维茨有效边界 T 点左侧的那些组合不再是有效组合了。

因此，引入无风险资产以后，新的有效边界由 AT 线段和 TD 弧线构成。这个结论很容易推广到 N 个风险资产与无风险资产构造组合的情景。

4. 卖空无风险资产对有效边界的影响

现在假定投资者可按相同的利率进行无风险借贷，亦即卖空无风险资产。

（1）卖空无风险资产并投资于一种风险资产的情形

假定投资组合当中无风险资产与无风险资产的权重仍为 ω_f 和 ω_i 表示，且 $\omega_f+\omega_i=1$，$\omega_f<0$，$\omega_i>1$，则由卖空无风险资产并投资于一种风险资产所形成的组合也必定满足（8）式。但如图 13.8 所示，这些组合必定位于线段 AB 向右边的延长线上。

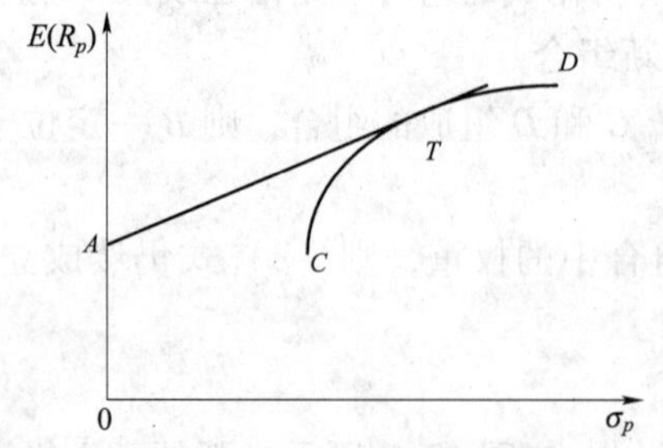

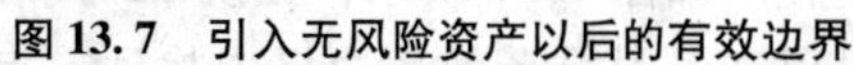
图 13.7　引入无风险资产以后的有效边界

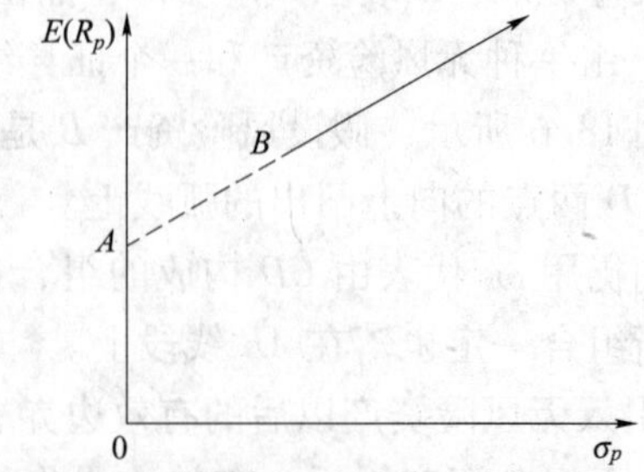

图 13.8　卖空无风险资产并投资于一种风险资产的情形

（2）卖空无风险资产并投资于风险资产组合的情形

假设风险资产组合 B 是由风险证券 C 和 D 组成，则由卖空无风险资产 A 并投资于风险资产组合 B 所构成的新组合一定落在线段 AB 向右边的延长线上，如图 13.9 所示。

（3）卖空无风险资产对有效边界的影响

如图 13.10 所示，弧线 CD 为马科维茨有效边界，点 T 为弧线 CD 与过 A 点的那条直线的切点。

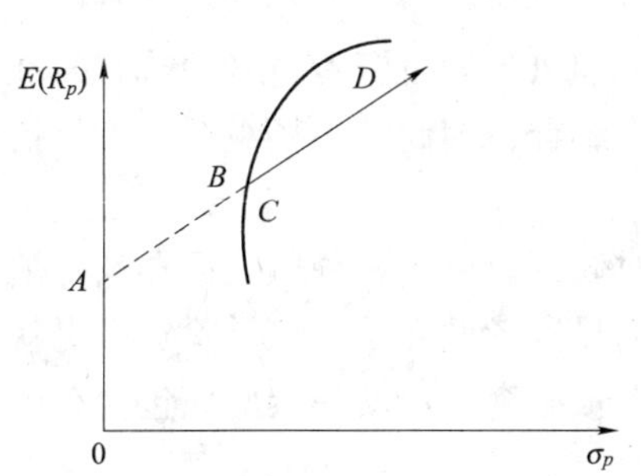

图 13.9　无风险借款和风险组合的组合

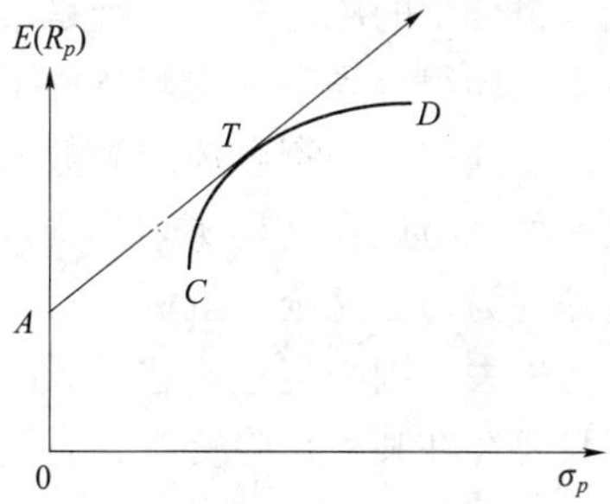

图 13.10　允许卖空无风险资产下的有效边界

因为高风险必须高收益，所以不难理解，当完全竞争资本市场实现均衡的时候，无风险资产 A 的收益率必定小于马科维茨有效边界上的最小方差边界组合。这就意味着，过无风险资产 A 与马科维茨有效边界相切的射线 AT 一定存在。

在允许卖空的条件下，投资者可以卖空无风险资产 A 并投资于风险组合 T。这些组合将位于直线段 AT 的延长线上。这就使得直线段 AT 及其延长线成为引入无风险资产以后的有效边界。

四、资本市场线（Capital Market Line，CML）

（一）资本市场线的方程式

显然，当完全竞争资本市场实现均衡的时候，所有的投资者都会在同一条有效边界上选择最优的组合。这个时候，我们就把所有投资者都会选择的切点组合 T 称为市场组合（Market Portfolio，MP）。并假定该市场组合 M 的坐标为$(\sigma(R_M), E(R_M))$，则这个有效边界的方程式就可以写为：

$$E(R_p) = R_f + \frac{E(R_M) - R_f}{\sigma(R_M)}\sigma(R_P)$$

其中，$E(R_p)$为 $N+1$ 个资产的有效边界上的任意一个有效组合；$\sigma(R_p)$为该有效组合的标准差。

可见，这个方程式给出了任意一个有效组合的市场均衡期望收益率表达式。仅在这层意义上，我们将这条有效边界叫做资本市场线。

（二）市场组合的性质

由上述分析不难看出，当完全竞争资本市场实现均衡的时候，投资者实际上仅需要考虑两种资产：一种是无风险资产，另一种就是市场组合 *MP*。也就是说，当完全竞争资本市场实现均衡的时候，不管投资者的效用函数如何，只要他是风险回避者，他所选定的投资组合中的风险资产一定是市场组合。

由于市场组合是市场均衡条件下每一个愿意承担风险的投资者所必须持有的唯一风险资产，是独立于投资者效用函数的最佳风险资产组合，因此，市场组合应该包括市场中的每一种风险证券（但不包括无风险资产）。

这是因为，当完全竞争资本市场实现均衡的时候，如果有一种风险证券没有被市场组合包括进去，则必定意味着该风险资产被所有的投资者抛弃了，该风险资产也就消失了。而只要存在某种风险资产，就说明该资产没有被抛弃，也就一定应该包含在市场组合当中。

当完全竞争资本市场实现均衡的时候，由于每种证券都包括在市场组合中，而市场组合又只有一个，因此，每种证券在市场组合中的比例就是在整个市场中该证券的市场价值占全部证券的市场价值的比例。也就是说，每一个投资者那里的市场组合实际上就是一个缩小了的大盘。

那么，在投资者的投资决策过程中，效用函数或者效用曲线有什么作用呢？效用函数将决定投资者在效率边界（资本市场线 CML）上的具体位置。就是说，效用函数将决定投资者持有无风险资资产与市场组合的份额。效用函数的这一作用被称为分割定理（Separation Theorem）。

根据分割定理，投资者的投资决策在逻辑上被划分为两个阶段：第一阶段是对风险资产的选择。在这一阶段，投资者对每一项风险资产的期望收益和风险状况（标准差 σ_i）以及各资产间的相互作用程度（相关系数 ρ_{ij}）进行估计，在此基础上确定风险资产组合的集合及其效率边界。随后，投资者经 R_f 点向风险资产组合的效率边界引切线，切点 M 所代表的资产组合即投资者应当持有的风险资产组合（市场组合）。在这一阶段内，投资者只需要考虑每项资产的期望收益、方差和相关系数，即只考虑风险资产本身的客观特性，而无需考虑自身的主观风险偏好。因此，不管投资者之间的风险偏好差异多大，只要他们对风险资产的特性的判断相同，他们将选择同样的风险资产组合。

第二阶段是最终资产组合的选择。投资者将选定的风险资产组合 *MP* 与无风险资产相结合，构造出新的资产组合集合，即考虑风险资产和无风险资产后的总的资产组合集合的效率边界（资本市场线）。在这一效率边界上，投资者根据自己的风险偏好安排所持有的无风险资产。

五、证券市场线

根据资本市场线，在市场处于均衡的情况下，有效组合的收益与风险（标准差）之间是线性相关的。而到目前为止，我们尚未论及单个资产或无效组合的收益与风险之间的关系。一般情况下，单个资产或无效组合收益与风险的坐标点应该位于资本市场线的下方（表明无效率性），而且这些点散布于整个可行投资集合域内。

某单个资产（或无效组合）与包含该资产的市场组合 MP 的关系可以用图 13.11 来说明。

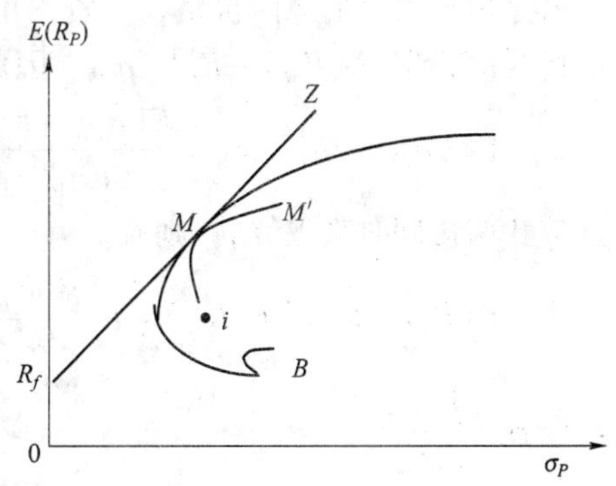

图 13.11 有效组合与任意单个资产的组合

在图 13.11 中，单个资产 i 是有效组合 MP 中的一个资产。假定投资于资产 i 的比例为 a，投资于市场组合的比例为 $1-a$，则曲线 iMM' 上的每一个点都是资产 i 与组市场合 MP 重新进行组合后的结果。

曲线 iMM' 一定与资本市场线相切于 M 点。否则就意味着有些组合将位于资本市场线的左侧。而这些组合显然优于资本市场线上的一些组合。但这是不可能的，因为我们已经规定资本市场线涵盖了全部的有效组合。

资产 i 与市场组合 MP 构成的新组合的期望收益率为：

$$E(R_p)=\alpha E(R_i)+(1-\alpha)\sigma_M$$

而资产 i 与市场组合 MP 构成的新组合的标准差为：

$$\sigma=\sqrt{\alpha^2\sigma_i^2+(1-\alpha)^2\sigma_M^2+2a(1-\alpha)\mathrm{Cov}_{iM}}$$

由于

$$\frac{dR_p}{d\sigma_p}=\frac{dR_p/d\alpha}{d\sigma_p/d\alpha}$$

所以

$$\frac{dR_p}{d\sigma_p}=\frac{R_i-R_M}{1/2[a^2\sigma_i^2+(1-a)^2\sigma_M^2+2a(1-a)\mathrm{Cov}_{iM}]^{-1/2}}\times\frac{1}{2a\sigma_i^2+2a\sigma_M^2-2\sigma_M^2+2\mathrm{Cov}_{iM}-4a\mathrm{Cov}_{iM}}$$

如果这个新组合为有效组合 MP，则 a 一定为 0，所以有：

$$\left.\frac{dR_p}{d\sigma_p}\right|_{a=0}=\frac{E(R_i)-E(R_M)}{1/2[\sigma_M^2]^{-1/2}}\times\frac{1}{2\mathrm{Cov}_{iM}-2\sigma_M^2}$$

$$=\frac{E(R_i)-E(R_M)}{1/2\left[\frac{1}{\sigma_M}\right][2\mathrm{Cov}_{iM}-2\sigma_M^2]}$$

$$=\frac{E(R_i)-E(R_M)}{\mathrm{Cov}_{iM}-\sigma_M^2}\times\sigma_M$$

这是市场组合的风险价格，而资本市场实现均衡的时候，这一风险价格一定等于资本市场线的斜率$[E(R_M)-R_f]/\sigma_M$。因此有：

$$[E(R_M)-R_f]/\sigma_M=\frac{E(R_i)-E(R_M)}{\mathrm{Cov}_{iM}-\sigma_M^2}\times\sigma_M$$

等式两边同时乘以σ_M，则有：

$$E(R_i)=R_f+[E(R_M)-R_f]\frac{\mathrm{Cov}_{iM}}{\sigma_M^2}$$

令 $\beta_i=\dfrac{\mathrm{Cov}_{iM}}{\sigma_M^2}$

则 $E(R_i)=R_f+[E(R_M)-R_f]\cdot\beta_i$

因此，在证券市场实现均衡的时候，单个资产（或无效率组合）的收益率与其系统风险同样存在着线性关系。这个式子被称为证券市场线方程式（Security Market Line, SML)，如图 13.12 所示。

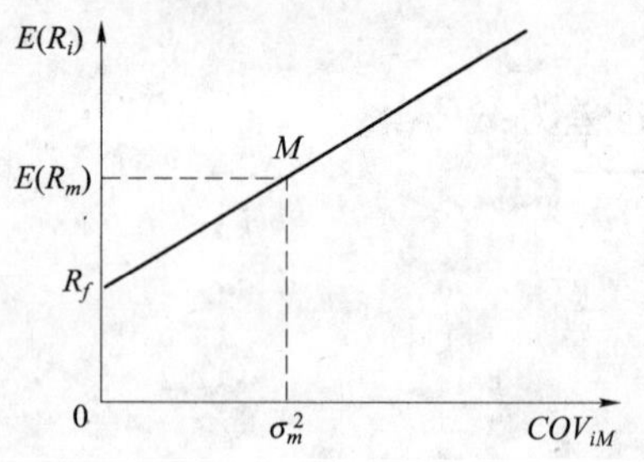

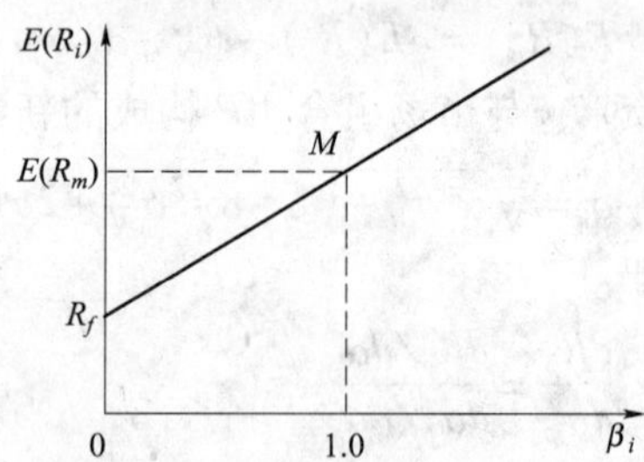

图 13.12 证券市场线

可见，单个资产或无效率组合的总风险可以分为两个部分，一部分是可由市场组合所包含的风险解释的部分（即 β_i 值)，这是系统风险；另一部分即剩余风险，又被称为非系统风险。任意资产或组合的均衡价格只与该资产或组合的系统性风险的大小有关，而与其非系统风险的大小无关。

在图 13.12 中，收益率高于证券市场线的证券属于价值被低估的证券，因为这些证券的收益率在相同风险（β 值相同）的情况下，比其他证券的收益率高。而收益率低于证券市场线的证券属于价值被高估的证券，因为这些证券的收益率在相同风险（β 值相同）的情况下，比其他证券的收益率低。

六、资本市场线与证券市场线之间的关系

资本市场线与证券市场线是资本资产定价模型中的两个重要结论，二者存在着内在的关系。

第一，资本市场线表示的是有效组合期望收益与风险之间的关系，在资本市场线上的点都是有效组合；而证券市场线表明的是单个资产或非有效组合的期望收益与其系统风险之间的关系。

第二，证券市场线既然表明单个证券的期望收益与其市场风险或系统风险之间的关系，因此在均衡的情况下，所有单个证券都将落在证券市场线上。

第三，令组合 P 为任一有效组合，则有：

$$R_P = R_f + (R_M - R_f)\frac{\mathrm{Cov}_{PM}}{\sigma_M^2} = R_f + (R_M - R_f)\frac{\rho_{PM}\sigma_P\sigma_M}{\sigma_M^2}$$

$$= R_f + (R_M - R_f)\frac{\rho_{PM}\sigma_P}{\sigma_M} = R_f + (R_M - R_f)\frac{\sigma_P}{\sigma_M}$$

而 $R_P = R_f + (R_M - R_f)\frac{\sigma_P}{\sigma_M}$，就是资本市场线。

因此，资本市场线实际上是证券市场线的一个特例。当一个证券组合是有效率组合的时候，该证券组合与市场组合的相关系数等于1，此时的证券市场线就是资本市场线。

特别地，由于市场组合的收益率为 $R_M = R_f + (R_M - R_f)\frac{\mathrm{Cov}_{MM}}{\sigma_M^2}$，而市场组合收益率与其自身的协方差 Cov_{MM} 等于其方差 σ_M^2，因此 $R_M = R_M$。

第四节　套利定价模型

由 Ross 等人于 1976 年提出的套利定价理论（Arbitrage Pricing Theory，APT）是以因素模型为基础展开阐述的。

一、因素模型

在资本资产定价模型（CAPM）的应用中，市场组合的确定相当麻烦。如果我们想

要分析一个由 50 个证券构成的证券组合，我们需要估计 $n=50$ 个期望收益值，$n=50$ 个方差值，$n(n-1)/2=(n^2-n)/2=50(50-1)/2=1\ 225$ 个协方差值。即总共需要估计$[(n^2-n)/2]+2n=(n^2+3n)/2=n(n+3)/2=1\ 325$ 个参数值。如果组合中的证券扩大到 100 个，我们则需要估计 5 150 个值。如果证券数为 1 000 个，则估计值的数量将达到 50 万个。尽管现代计算机技术已经有了很大的进步，但过于繁琐的计算仍然很不方便。

由资本资产定价模型可以看出，资产的市场均衡价格仅与市场组合当中的系统性风险相关。由于我们最关心的是市场组合中所包含的系统性风险特征，而这些特征必定与某些宏观因素的变动有关，所以为了简化模型的分析，我们很自然地想到可以用这些宏观因素来替代市场组合以描述系统性风险。由此形成的模型就叫做因素模型。

因素模型假定各种证券的收益率均受某个或者某些共同因素的影响。各个证券的收益率之所以相关，正是由于它们都会对这些共同因素的变动作出某种反应。因素模型的目的就是要找出这些因素，并确定出证券收益率对这些因素变动的敏感程度。

我们假设风险资产的预期收益率受 k 个因素影响，即满足如下形式的因素模型：

$$R_i=E(R_i)+b_{i1}F_1+b_{i2}F_2+\cdots+b_{ik}F_k+\varepsilon_i$$

其中，R_i 为证券 i 的收益率。并假定该因素模型满足下列条件：

$E(\varepsilon_i)=0; Var(\varepsilon_i)<\infty; E(F_j)=0; Var(F_j)=1; \mathrm{Cov}(\varepsilon_i,\varepsilon_g)=0, i\neq g, i,g,\in 1,2,\cdots,n; \mathrm{Cov}(F_j,\varepsilon_i)=0, \mathrm{Cov}(F_j,F_l)=0, j\neq l, j,l=1,2,\cdots,k$。

则 n 个风险资产的组合模型为：

$$\begin{aligned} R_p &= \sum_{i=1}^{n}E(R_i)w_i+\sum_{i=1}^{n}b_{i1}w_iF_1+\cdots+\sum_{i=1}^{n}b_{ik}w_iF_k+\sum_{i=1}^{n}\varepsilon_iw_i \\ &= \sum_{i=1}^{n}E(R_i)w_i++b_{p1}F_1+\cdots+b_{pk}F_k+\varepsilon_p \end{aligned}$$

其中，w_i 为组合中证券 i 的权重。

所以有：

$$E(R_p)=\sum_{i=1}^{n}E(R_i)w_i+b_{p1}E(F_1)+\cdots+b_{pk}E(F_k)$$

$$\begin{aligned} \sigma_p^2 &= E\{b_{p1}[F_1-E(F_1)]+\cdots+b_{pk}[(F_k-E(F_k)]+\varepsilon_p\}^2 \\ &= \sum_{j=1}^{k}b_{Pj}^2\sigma_{Fj}^2+\sum_{j\neq l=1}^{k}\sum_{l=1}^{k}b_{pj}b_{pl}E\{[(F_j-E(F_j))][(F_l-E(F_l))]\}+\sigma_{\varepsilon_p}^2 \\ &= \sum_{j=1}^{k}\sum_{l=1}^{k}b_{pj}b_{pl}\sigma_{jl}(F_j,F_l)+\sigma_{\varepsilon_p}^2 \end{aligned}$$

二、无非系统性风险资产的套利定价模型

（一）套利组合的构造

1. 套利与套利均衡

具有相同的风险特性和预期收益率的资产属于同一种类的资产。同一种类资产的价格应该相同，否则便可买进相对低价的资产，卖出相对高价的资产，从而无风险地获得收益。这种无风险的投资行为就叫做套利。

套利的结果会促使价格较高资产的卖方压力加大，价格较低资产的买方动力加大。前者的价格便要下降，后者的价格便要上升。最终，两者的价格相等，套利的机会消失，市场便达到了均衡的状态。我们称之为套利均衡状态。

任何资产的均衡价格都应当等于套利机会时候的价格，我们称这一均衡定价的原则为套利定价原则。

2. 套利组合的构造

根据套利的定义，一个可以用于套利的组合就叫做套利组合。一般说来，一个套利组合需要满足如下几个特点：

（1）套利组合不存在非系统性风险。

（2）套利组合对任何因素的敏感度都是零，即套利组合不存在系统性风险。

显然，由于组合对某个因素的敏感度等于该组合中各证券对该因素敏感度的加权平均数，因此，在上述由 k 个因素组成的多因素模型下，这两个完全无风险的条件可以表达为：

$$\varepsilon_p = 0; b_{p1} = 0, \cdots, b_{pk} = 0$$

或者写为：

$$\sum_{i=1}^{n} \varepsilon_i w_i = 0; \sum_{i=1}^{n} b_{il} w_i = 0, \cdots, \sum_{i=1}^{n} b_{ik} w_i = 0$$

（3）由 n 个证券组成的套利组合 p 的预期收益率 $E(R_p)$ 应当大于零。即：

$$E(R_p) = \sum_{i=1}^{n} w_i E(R_i) > 0$$

（4）在允许卖空的情况下，套利组合要求投资者不追加资金，叫做自融资组合。即：

$$\sum_{i=1}^{n} w_i = 0$$

例 13.2 假定某投资者拥有由三种证券构成的组合。这三种证券目前的市场价值均为 500 万元，因此组合的总市场价值为 1 500 万元。这三种证券的预期收益率分别为

16%、20%和13%。假定这三种证券均符合单因素模型，且已经不存在非系统性风险，其对该因素的敏感度分别为0.9、3.1和1.9。

令这三种证券在拟建立的套利组合当中的比例分别为ω_1、ω_2和ω_3。则根据套利组合的定义，有：

$$0.9w_1+3.1w_2+1.9w_3=0$$

$$\sum_{i=1}^{3} w_i = 0$$

上述由两个方程组成的方程组包含三个变量，故存在多个解。例如我们令$\omega_1 = 0.1$，则可解得$\omega_2 = 0.083$，$\omega_3 = -0.183$。将这个结果代入组合期望收益率的计算公式中，我们有：

$$0.1\times16\%+0.083\times20\%-0.183\times13\%=0.881\%>0$$

显然，在这个组合中，期初不需要任何投入，但在期末却可无风险地获得0.881%的收益率。这是一个“天上掉馅饼”的事情，是一个套利的机会。

因此，在期初，我们可以这样来建立套利组合：卖出0.183×1 500=274.5万元的第三种证券，同时买入0.1×1 500=150万元的第一种证券和0.083×1 500=124.5万元的第二种证券。不难想象，争相套利的结果，套利的机会很快便会消失。

(二) 单因素模型下的套利定价模型

我们现在考察单因素模型下组合的均衡定价策略。

假定任意风险资产i满足单因素模型$R_i=a_i+b_{i1}F_1+\varepsilon_i$，并令$\varepsilon_i=0$，则有：

$$\underset{w}{\text{Max.}}\ E(R_p) = \sum_{i=1}^{n} w_i E(R_i)$$

$$\text{s. t.}\ \sum_{i=1}^{n} w_i = 0$$

$$\sum_{i=1}^{n} b_i w_i = 0$$

其相应的Lagrange函数为：

$$L = \sum_{i=1}^{n} w_i E(R_i) - \lambda_0 \sum_{i=1}^{n} w_i - \lambda_i \sum_{i=1}^{n} b_i w_i$$

其中，λ_0和λ_i为两个常参数；n为组合中证券的种类数量。

对上述Lagrange函数关于ω_i、λ_0和λ_i分别求导，有：

$$E(R_i) - \lambda_0 - \lambda_1 b_i = 0\ ,\forall i \in [1,n];\sum_{i=1}^{n} w_i = 0;\sum_{i=1}^{n} b_i w_i = 0$$

由此，我们可以求得均衡状态下$E(R_i)$与b_i之间的关系如下：

$$E(R_i)=\lambda_0+\lambda_1 b_i$$

可见，在套利均衡条件下，证券或组合的期望收益率与因素敏感度之间存在线性的关系，任何对上述结论的背离都意味着存在套利的机会。

例 13.3　假定有 A、B 和 C 三种证券或组合。这三种证券或组合均满足单因素模型，敏感系数均相同，且都不存在非系统性风险。

则根据上述单因素定价公式，这三种证券组合的均衡期望收益率应该相等，且均应该等于 $E(R_i)=\lambda_0+\lambda_1 b_i$。

但假定在实际上，只有组合 B 的收益率满足上述定价公式的要求，而 A 的收益率偏高，C 的收益率偏低。这就意味着，在这三种组合之间存在着套利的机会。投资者就可以卖空 C，然后用所融入的资金买进 A，如此这般便可无成本、无风险地赚得利润。套利的结果，C 的价格趋于下降，A 的价格趋于上涨，直到三者的价格或收益率相同为止。

实际上，如果假定证券 i 为无风险资产，则有 $b_i=0, E(R_i)=R_f$，其中，R_f 为无风险资产的收益率。因此，$\lambda_0=R_f$。

如果再假定证券 $Y(\forall Y\in[1,n])$ 的 $b_Y=1$，考虑到 $\lambda_0=R_f$，因此有：$\lambda_1=E(R_Y)-R_f$。显然，这里的 Y 相当于前面我们所提到的市场组合。我们把 Y 称为纯因素组合。

（三）多因素模型下的套利定价模型

推而广之，假定所有的证券或组合均满足双因素模型：

$$R_i=a_i+b_{i1}F_1+b_{i2}F_2+\varepsilon_i$$

并令 $\varepsilon_i=0$，则有：

$$\underset{w}{\text{Max.}}\ E(R_p)=\sum_{i=1}^{n}w_iE(R_i)$$

$$\text{s. t.}\ \sum_{i=1}^{n}w_i=0$$

$$\sum_{i=1}^{n}b_{i1}w_i=0$$

$$\sum_{i=1}^{n}b_{i2}w_i=0$$

其相应的 Lagrange 函数为：

$$L=\sum_{i=1}^{n}w_iE(R_i)-\lambda_0\sum_{i=1}^{n}w_i-\lambda_1\sum_{i=1}^{n}b_iw_i-\lambda_2\sum_{i=1}^{n}b_{i2}w_i$$

其中，λ_0、λ_1 和 λ_2 为三个常参数。对上述 Lagrange 函数关于 ω_i、λ_0、λ_1 和 λ_2 分别求导，有：

$$E(R_i)-\lambda_0-\lambda_1 b_{i1}-\lambda_2 b_{i2}=0,\forall i\in[1,N];$$

$$\sum_{i=1}^{n} w_i = 0;\sum_{i=1}^{n} b_{ij}w_i = 0,j = 1,2$$

由此，我们可以求得均衡状态下 $E(R_i)$ 与 b_{ij}之间的关系为：

$$E(R_i) = \lambda_0 + \lambda_1 b_{i1} + \lambda_2 b_{i2}$$

进而有：

$$E(R_i)=R_f+[E(R_{Y1})-R_f]b_{i1}+[E(R_{Y2})-R_f]b_{i2}$$

其中，$E(R_{Y1})$是具有 $b_{Y1}=1$，$b_{Y2}=0$ 性质的纯因素组合；$E(R_{Y2})$是具有 $b_{Y1}=0$，$b_{Y2}=1$ 性质的纯因素组合。

上述逻辑可以进一步地推广到多因素（$k\geqslant 3$）模型。因此，我们有资产的套利定价模型（APT）为：

$$E(R_i) = R_f + \sum_{j=1}^{k}[E(R_{Yj}) - R_f]b_{ij}$$

其中，$E(R_{Yj})$是具有 $b_{Yj}=1$，$b_{Yl}=0$，$j\neq l$，j，$l=1$，2，…，k 性质的纯因素组合。

三、渐近套利定价模型

前面，我们在假定不存在非系统性风险的前提下得出了资产的套利均衡定价模型。不过，实际上，几乎所有的风险资产都存在非系统性的风险。而如果每种风险资产的收益率都存在独特的残差项，即 $\varepsilon_i\neq 0$，$\forall i$，我们就不能再像前面那样构造无风险套利组合了。

不难想象，由于组合投资可以分散非系统性风险，因此，尽管 $\varepsilon_i\neq 0$，$\forall i$，只要组合中的资产种类足够地多，组合权重恰当，组合中各资产的非系统性风险就有可能被全部相互抵消掉，即有可能使得 $\varepsilon_p=0$。

现在，我们就假定在多因素模型下已经构造出了一个由 n 个证券构成的风险充分分散的组合。

如果假定允许卖空，则投资者对该组合的初始投入可以为零，即：

$$\sum_{i=1}^{n} w_i = 0$$

由于这一组合是风险充分分散组合，所以 R_p 与组合中各证券的个别风险无关，即：

$$R_p = \sum_{i=1}^{n} w_i R_i = \sum_{i=1}^{n} w_i E(R_i) + (\sum_i w_i b_{i1})F_1 + (\sum_i w_i b_{i2})F_2 + \cdots + (\sum_i w_i b_{ik})F_k$$

进而假定该组合与各共同风险因素 F_j 相关的系数均为0，即：

$$\sum_{i=1}^{n} w_i b_{ij} = 0, j = 1,2,\cdots,k$$

所以有：

$$R_p = \sum_{i=1}^{n} w_i E(R_i)$$

这时的 R_p 已不是一个随机变量，而是一个确定的数值。由于该组合的初始投资入为零，所以当市场均衡时，该无风险组合的确定性收益也必须为0，否则将出现无风险套利的机会。也就是说，当市场实现套利均衡的时候，满足上述特征的组合应满足 $R_p=0$。

我们将 w_i、b_{ij}、$E(R_i)$ 等写成向量或矩阵的形式：

$$w = \begin{bmatrix} w_1 \\ \vdots \\ w_i \\ \vdots \\ w_n \end{bmatrix} \qquad \vec{E}(R_i) = \begin{bmatrix} E(R_1) \\ \vdots \\ E(R_i) \\ \vdots \\ E(R_n) \end{bmatrix}$$

$$\vec{B} = \begin{bmatrix} b_{11} & b_{12} & \cdots & b_{1k} \\ b_{21} & b_{22} & \cdots & b_{2k} \\ \vdots & \vdots & \ddots & \vdots \\ b_{n1} & b_{n2} & \cdots & b_{nk} \end{bmatrix}$$

另外引入单位列向量 $I = \begin{bmatrix} 1 \\ 1 \\ \vdots \\ 1 \end{bmatrix}_{n\times 1}$

因此，该组合的上述几个特征可以重写为：

$$I^T w = \sum_i w_i = 0$$

$$w^T \cdot \vec{B} = (w_1, w_2, \cdots, w_n) \begin{bmatrix} b_{11} & b_{12} & \cdots & b_{1k} \\ b_{21} & b_{22} & \cdots & b_{2k} \\ \vdots & \vdots & \ddots & \vdots \\ b_{n1} & b_{n2} & \cdots & b_{nk} \end{bmatrix}$$

$$= \sum_i w_i b_{i1} + \sum_i w_i b_{i2} + \cdots + \sum_i w_i b_{ik} = 0$$

$$w^T \cdot \vec{E}(R_i) = (w_i, w_2, \cdots, w_n)\begin{bmatrix} E(R_1) \\ E(R_2) \\ \vdots \\ E(R_n) \end{bmatrix}$$

$$= \sum_i w_i E(R_i) = 0$$

根据线性代数知识，$\vec{E}(R_i)$一定是单位列向量与系数矩阵$\vec{B}$的线性组合，也即存在$k+1$个常数λ_0，λ_1，…，λ_k，使得：

$$E(R_i) = \lambda_0 + \lambda_1 b_{i1} + \cdots + \lambda_k b_{ik}$$

其中，b_{ik}是第i个证券对第K个共同（系统）因素的敏感系数，λ_0相当于无风险收益率，即$\lambda_0 = R_f$。所以，有：

$$E(R_i) = R_f + b_{i1}\lambda_1 + \cdots + b_{ik}\lambda_k$$

设风险充分分散组合仅与系统因素F_k相关。据上式，其期望收益率为：

$$E(R_\lambda) = R_f + \lambda_k b_{Ak}$$

若敏感系数$b_{Ak}=1$，即该风险充分分散组合对F_k异常变化的反应为1。这时的风险充分分散组合被称为因素K的"纯因素"组合。则有：

$$E(R_A) = R_f + \lambda_k$$

$$\lambda_k = E(R_A) - R_f$$

因此，λ_k为对系统风险因素F_k敏感系数为1，对其他系数风险因素敏感系数为0的风险充分分散组合（因素k的"纯因素"组合）的期望收益率与无风险收益率之差。

可见，只要能设法消除组合当中的残差项，我们仍然可以得出一个线性的资产均衡定价模型。不过，问题是，组合当中证券的种类数量dxt到底应该多大才能消除其中的非系统性风险？

实际上，我们不能排除无法完全消除非系统性风险的可能。为此，我们引入渐近套利机会（Asymptotic Arbitrage）的概念以放宽对组合的要求，并可以证明，上述套利均衡期望收益率的表达式只是渐进套利均衡的极限形式。相关内容我们这里就不再涉及了。

四、APT 与 CAPM 之间的关系

在微观金融理论中，确定风险资产理论价值的方法主要有两种：一种是传统的基于一般供求均衡理论的定价方法，如 CAPM 等；另一种是基于套利均衡理论的定价方法，如 APT 等。

CAPM 从传统的一般供求均衡的角度，以决策者在期望收益率和方差的权衡中追求

效用的最大化为基本假定，求得了风险资产均衡价格的计算方法。

而 APT 则从套利均衡的角度，以决策者赚取套利收益的欲望会导致套利机会最终消失为基本假定，求得了风险资产均衡价格的计算方法。实际上，APT 对风险资产收益率的概率分布以及投资者效用函数的具体形式并没有做出任何预先的假定，整个逻辑过程也并未涉及这两个概念。

CAPM 理论的推衍是以 Markowitz 的有效组合理论为基础，而 APT 则是在一价定律的基础上推衍而出的。当然，CAPM 和 APT 都属于均值—方差决策框架内的一个范畴，亦即它们都假定投资者仅在均值和方差这两个指标间权衡利弊。

APT 认为，风险资产的收益率可能取决于多种宏观因素的综合作用；而 CAPM 则认为，风险资产的收益率仅取决于市场组合这个唯一的因素。但这只是形式上的差异，实际上它们都在刻画系统性风险对资产收益率的影响，只是视角有所差异罢了。因此从形式上看，完全可以将 CAPM 理解为一个单因素模型下的定价模型。

APT 不需要市场组合这个概念。而在 CAPM 中，市场组合是一个核心的概念，对市场组合的构造有一系列特殊的要求，例如完全竞争的资本市场条件等。

在资产组合的均值—方差分析中，我们能够根据任何均值—方差有效组合和它的零 beta 组合建立均衡的价格关系。线性定价公式中的截距项是与零 beta 组合相关的预期收益率。仅在假定切点组合存在的情况下，CAPM 线性定价模型的截距项才等于无风险利率。

而在 APT 中，总是把无风险利率作为任意完全分散化资产组合均衡定价模型的截距项。所以，站在 CAPM 的角度，APT 相当于假定有效组合边界总是由从无风险利率 R_f 出发的射线组成。

不过，CAPM 与 APT 之间存在着密切的联系。它们均以有效市场为假定前提。实际上，供求均衡与套利均衡只是从不同的角度对同一个市场均衡的描述。当市场真正均衡了的时候，不仅套利机会，供求也应当处于相等的状态。

根据 CAPM 模型，任意证券 i 的均衡期望收益率满足：

$$E(r_i)=R_f+\beta_i[E(R_n)-R_f]$$

而根据单因素模型下的 *APT* 模型，证券 i 的均衡期望收益率满足：

$$E(R_i)=a_i+b_iE(F)$$

根据协方差的定义，R_i 和 R_m 之间的协方差为：

$$\begin{aligned}\mathrm{Cov}(R_i,R_m)&=\mathrm{Cov}[(a_i+b_iF+\varepsilon_i),R_m]\\&=\mathrm{Cov}(b_iF,R_m)+\mathrm{Cov}(\varepsilon_i,R_m)\\&=b_i\mathrm{Cov}(F,R_m)\end{aligned}$$

两边同除以 σ_m^2，有

$$\frac{\mathrm{Cov}(R_i,R_m)}{\sigma_m^2}=b_i\frac{\mathrm{Cov}(F,R_m)}{\sigma_m^2}$$

即：$\beta_i=b_i\beta_F$

如果假定宏观因素 F 就是市场组合 MP，则 $\beta_F=1$，$\beta_i=b_i$。这个时候，CAPM 和 APT 的结论完全一致。因此，可以将 CAPT 看做单因素模型下的 APT。

如果假设证券组合 i 适合双因素模型，则有：

$$\begin{aligned}\mathrm{Cov}(R_i,R_m)&=\mathrm{Cov}[(a_i+b_{i1}F_1+b_{i2}F_2+\varepsilon_i),R_m]\\&=b_{i1}\mathrm{Cov}(F_1,R_m)+b_{i2}\mathrm{Cov}(F_2,R_m)\end{aligned}$$

所以有，$\dfrac{\mathrm{Cov}(R_i,R_m)}{\sigma_m^2}=b_{i1}+\dfrac{\mathrm{Cov}(F_1,R_m)}{\sigma_m^2}+b_{i2}\dfrac{\mathrm{Cov}(F_2,R_m)}{\sigma_m^2}$

也即：$\beta_i=\beta_{F1}b_{i1}+\beta_{F2}b_{i2}$

此结论可继续一般化，有：$\beta_i=\sum_{k=1}^{K}\beta_{F_k}b_{ik}$。因此，可以将 APT 模型理解为 CAPM 的扩展。

由于 APT 赖以建立的前提条件比 CAPM 宽松，对资产收益率的概率分布和决策者的效用函数没有任何假定，而 CAPM 以均值和方差作为评价资产优劣的指标，这就需要对资产收益率的概率分布或决策者的效用函数做一些专门的假定。因此，APT 比 CAPM 更有说服力，更容易做实证分析和检验。

复习思考题

1. 简述马克维兹证券组合理论。
2. 简述资本资产定价模型。
3. 简述套利定价模型。

第十四章

远期合同与期货合同的定价

本章摘要

远期合同和期货合同是两种基本的衍生金融工具，衍生金融工具价值的波动依赖于其标的资产价值的变动。本章主要介绍远期合同和期货合同的定价方法，并简要地介绍了远期合同与期货合同的定义、特点及其交易机制。

关 键 词

远期合同　期货合同　基差风险　套期保值

第一节　金融远期与期货市场概述

一、金融远期市场概述

（一）远期合同的含义

一般地，远期（Forward）合约指的是买卖双方约定在未来的某一约定时刻、以约定的价格交易约定数量、约定品质的某种商品或金融资产的合约。

而金融远期合约（Forward Contracts）则是指合同双方约定在未来的某一确定的时间，按某一确定的价格买卖一定数量的某种金融资产的合约。

在远期合约中，规定要买入标的物的一方称为多头方（Long Position），而在未来要依合约卖出标的物的一方称为空头方（Short Position）。那个合约中规定的买卖标的物的价格，称为交割价格（Delivery Price）。

金融远期交易市场，亦即金融远期合约的买卖行为或场所。

远期交易是人们最早使用的一种套期保值的工具。实际上，规避现货交易的风险正是远期合约产生的主要原因。

（二）金融远期合约的种类

金融远期合约主要有远期利率协议、远期外汇合约、远期股票合约等。

1. 远期利率协议

远期利率协议的买卖双方同意，在从未来某一商定的时刻开始的特定时期内，按协议利率借贷一笔数额确定的某种货币。

远期利率协议的买方是名义借款人，其订立远期利率协议的目的主要是为了规避市场利率上升的风险或投机。远期利率协议的卖方则是名义贷款人，其订立远期利率协议的目的主要是为了规避市场利率下降的风险或投机。

之所以称为“名义”，是因为借贷双方不必交换本金，只是在结算日根据协议利率和参考利率之间的差额以及名义本金额，由交易一方付给另一方结算金。

2. 远期外汇合约

远期外汇合约的签约双方约定在将来某一时间按约定的汇率买卖一定金额的某种外汇。

当然，在交割时，合约本金并未交割，而只交割合同中规定的远期汇率与当时的即期汇率之间的差额。

按照远期的开始时期划分，远期外汇合约又分为直接远期外汇合约和远期外汇综合协议。前者的远期期限是直接从现在开始算起的；后者的远期期限是从未来的某个时点开始算起的，因此实际上是远期的远期外汇合约。

3. 远期股票合约

远期股票合约（Equity Forwards）是指在将来某一特定日期按特定价格支付一定数量单个股票或一揽子股票的协议。

远期股票合约在世界上出现的时间不长，总交易规模也不大。

（三）远期市场的特征

远期合约有两大特征：非标准化合约和场外交易。

远期合约双方可以就交割地点、交割时间、交割价格、合约规模、标的物的品质等细节进行谈判，以便尽量满足双方的需要。因此，灵活性是远期合约的主要优点。

但是，远期合约没有固定的、集中的交易场所，不利于信息交流和传递，不利于形成统一的市场价格，市场效率较低。

而且由于远期合约由最初的签约双方量身订做，因此转让困难，流动性较差。

远期合约还存在较大的信用风险，履约没有保证。

二、金融期货市场概述

实际上，远期合约的上述缺点正是期货交易产生的原因。

（一）期货合同的含义

期货合约（Futures Contract）指的是由期货交易所统一制定的、规定在将来某一特定的时间和地点交割一定数量标的物的标准化合约。

期货合约中的标的物，又叫基础资产，是期货合约所对应的现货。这种现货可以是某种商品，如铜或原油；也可以是某个金融工具，如外汇、债券；还可以是某个金融指标，如三个月同业拆借利率或股票指数等。

纯理论地说，期货合同与远合同并没有什么本质性的差别。简单地理解，期货合约就是远期合约的标准化。

按照期货合约所对应的标的物不同，期货可以分为商品期货和金融期货。

商品期货的标的物是实物商品，如农产品期货、金属期货、能源期货等。金融期货的标的物是金融指标，如外汇类期货、利率类期货、股票类期货等。在本书中，我们主要研究金融期货。

金融期货（Financial Futures Contracts）的签订双方同意在约定的将来某个日期，按约定的条件（包括价格、交割地点、交割方式）买入或卖出一定标准数量的某种金融工具。

期货在合约中，未来约定将买入标的物的一方称为多方，而在未来卖出标的物的一方称为空方。

所谓金融期货交易市场即是买卖金融期货合约的交易市场。

（二）金融期货合约的种类

按标的物的不同，金融期货可以划分为利率期货、外汇期货和股价指数期货等几种类型。

利率期货的标的资产价格高度依赖于市场利率，如长期国债期货、短期国债期货和欧洲美元期货等。

股价指数期货的标的物是股价指数。股价指数没有具体的实物形式，因此双方在结算时要把股价指数的点数根据交易所的规定换算成货币单位，进行现金的交割。这是股价指数期货的最大特点。例如，芝加哥商品交易所（CME）S&500 指数期货的单位合同价值规定为指数点数乘以 500 美元。

外汇期货的标的物是外汇，如美元、欧元、英镑、日元、澳元、加元等。

（三）期货市场的特征

期货合约有四大特征：标准化合约、场内交易、保证金制度、每日结算制度。

（1）期货合约均在交易所进行，属场内交易。交易双方不直接接触，而是各自通过经纪人在交易所及其清算部或专设的清算公司交易结算。

清算公司充当所有期货买者的卖者和所有卖者的买者，因此期货交易双方无需担心对方违约。由于所有买者和卖者都集中在交易所交易，因此就克服了远期交易所存在的信息不对称和违约风险高的缺陷。

（2）期货合约除了交割价格之外的其他诸如合约规模、交割日期、交割地点等合同要素都由交易所统一规定，且只有交易所有权解释，从而实现了合同的标准化。

亦即期货合约的合同要素除交割价格以外均由交易所事先在合约上有明确的规定，无需交易双方再商定。交易双方所要做的唯一工作是选择适合自己的期货合约，并通过交易所竞价确定成交价格。交割价格是期货合约的唯一变量。

因此，期货交易克服了远期交易流动性差的缺点。

（3）每日结算与保证金制度

期货交易是每天进行结算的，而不是到期一次性进行结算。且买卖双方在交易之前都必须在经纪公司开立专门的保证金账户。经纪公司通常要求交易者在交易之前存入一定数量的保证金，这个保证金叫初始保证金（Initial Margin）。在每天交易结束时，保证金账户都要根据期货价格的升跌而进行调整，以反映交易者的盈亏变化，这就是所谓的盯市（Marking to Market）。

保证金账户每日的盈亏变化是根据结算价格（Settlement Price）计算的。结算价格的确定由交易所决定，它可能是当天的加权平均价，也可能是收盘价，还可能是最后几秒钟的平均价。

当天结算价格高于昨天的结算价格（或当天的开仓价）时，高出部分就是多头的盈利和空头的亏损。这些盈利和亏损就在当天分别加入多头的保证金账户，同时从空头的保证金账户中扣除。反之则反向操作。

当保证金账户的余额低于交易所规定的维持保证金（Maintenance Margin）水平时，经纪公司就会通知交易者限期把保证金水平补足到初始保证金水平，否则就会被强制平仓。维持保证金水平通常是初始保证金水平的75%。

到了交割日，交割的价格通常为合约最后盯市日的期货结算价格。

（4）期货合约的交割有现金交割和实物交割两种方式，也可以提前对冲平仓。

期货合约的买者或卖者可在交割日之前采取对冲交易以结束其期货头寸，即平仓，而无需进行最后的实物交割。这相当于买者把原来买进的期货卖掉，卖者把原来卖出的期货买回，这就克服了远期合同必须履约的问题。

由于通过平仓结束期货头寸比起实物交割既省事又灵活，因此目前大多数期货交易都是通过平仓来结清头寸的。据统计，最终进行实物交割的期货合约不到2%。

第二节　远期合同和期货合同的定价①

衍生金融工具的理论价格是市场参与者进行投机、套期保值和套利的基本依据，也是银行对场外交易的衍生金融工具提供报价的依据。在这一节里，我们将介绍远期与期货的定价方法。

一、基本的假设和符号

（一）基本的假设

为简便起见，本节的分析将在如下几个假设前提之下进行：

（1）没有交易费用和税收。

（2）市场参与者能以相同的无风险利率借入和贷出资金。

（3）远期合约没有违约风险。

（4）允许现货卖空行为。

（5）期货合约的保证金账户可以获得相当于无风险利率的利息收益。这意味着任何人均可无成本地取得远期和期货的多头和空头地位。

（二）符号的设定

本节将要用到的符号主要有：

T：远期或期货合约的到期时间，单位为年。

t：现在的时间，单位为年。变量 T 和 t 均是从合约生效之前的某个日期（该日期设定为0）开始计算的。$T-t$ 代表远期或期货合约的剩余有效时间（以年为单位表示）。

S：标的资产在时间 t 时的价格。

S_T：标的资产在时间 T 时的价格（在 t 时该值是个未知量）。

K：远期或期货合约的交割价格。

f：远期或期货合约多头在 t 时刻的价格。

F：t 时刻的远期或期货合约标的资产的远期理论价格或期货理论价格，在本书中如无特别注明，我们将分别简称为远期价格和期货价格。

r：T 时刻到期的以连续复利计算的（t 时刻）无风险即期利率（年利率）。在本书以后的章节中，如无特别说明，利率均为连续复利。

---

① 刘红忠、朱叶：《金融市场学》，高等教育出版社、上海社会科学院出版社，2000。

二、远期价格和期货价格的关系

假若一份即将签署的新远期合同的价值为零，则其合同交割价格就是标的资产相应期限的远期价格。

同理，假若一份即将签署的新期货合同的价值为零，则其合同交割价格就是标的资产相应期限的期货价格。

根据罗斯等人的证明，假定无风险利率恒定，则当相关市场实现套利均衡的时候，交割日相同的远期价格和期货价格必定相等。

例如，假设一个剩余期限为 n 天的期货合约，F_i 为第 i 天该种期货的收盘价格。δ 为每天的无风险利率。根据假定，该利率为常数。

则投资者在第 0 天收盘的时候以收盘价格买入期货合约 e^{δ}；在第 1 天收盘的时候以收盘价格增加多头头寸至 $e^{2\delta}$；在第 2 天收盘的时候以收盘价格增加多头头寸至 $e^{3\delta}$；依次类推，在第 i 天，投资者将拥有多头头寸 $e^{\delta(i+1)}$。

该投资者在第 i 天的利润（可能为负）为：

$$(F_i - F_{i-1})e^{\delta i}$$

假设投资利润以无风险利率计算复利直至第 n 天末，那么第 i 天的利润在第 n 天收盘时候的价值为：

$$(F_i - F_{i-1})e^{\delta i}e^{(n-i)\delta} = (F_i - F_{i-1})e^{n\delta}$$

而整个投资策略在第 n 天收盘时候的价值为：

$$\sum_{i=1}^{n}(F_i - F_{i-1})e^{n\delta}$$

即：

$$[(F_n - F_{n-1}) + (F_{n-1} - F_{n-2}) + \cdots + (F_1 - F_0)]e^{n\delta} = (F_n - F_0)e^{n\delta}$$

F_n 与当日的标的资产价格 S_T 相等，所以整个投资策略的最终价值等于：

$$(S_T - F_0)e^{n\delta}$$

上述投资策略没有成本。假定该投资者在期初有 F_0 数量的资本额，并将 F_0 投资于无风险资产，则将这项投资与上述策略混合可得到在时刻 T 的总收益等于：

$$F_0e^{n\delta} + (S_T - F_0)e^{n\delta} = S_Te^{n\delta}$$

由于建立上述所有的期货多头头寸并不需要任何资金，所以，$S_Te^{n\delta}$在 t 时刻的价值等于投资 F_0。

下面我们再考虑远期合同的交易策略。

假设第 0 天的远期合同收盘价格为 G_0。该投资者购买 $e^{n\delta}$个远期合约。则在时刻 T，该远期合约多头部位的价值为$(S_Te^{n\delta} - G_0e^{n\delta})$。

再假定在第0天该投资者有数量 G_0 的资本金并将其投资于无风险资产。则在时刻 T 的价值为 $G_0e^{n\delta}$。

因此在时刻 T，$e^{n\delta}$个远期合约多头部位加 G_0 数量无风险资产的总价值仍为 $S_Te^{n\delta}$。由于建立上述远期合同多头头寸并不需要任何资金，所以，$S_Te^{n\delta}$在 t 时刻的价值等于投资 G_0。

显然，在套利机会的情况下，远期价格应该等于期货价格，即：

$$F_0 = G_0$$

上述结论是在假定无风险利率为常数的情况下得出的。因此当利率变化无法预测时，远期价格和期货价格就不会相等。

当标的资产价格与利率正相关时，期货价格会高于远期价格。这是因为当标的资产价格上升时，期货价格通常也会随之升高，期货合约的多头将因每日结算的制度而立即获利，并可按不断趋高的利率将所获利润进行再投资。而当标的资产价格下跌时，期货合约的多头将因每日结算的制度而立即亏损，不过他可按不断趋低的利率从市场上融资以补充保证金。相比之下，远期合约的多头将不会因利率的变动而受到上述影响。因此，在此情况下，期货多头比远期多头更具吸引力，期货价格自然就大于远期价格。

相反，当标的资产价格与利率呈负相关性时，远期价格就会高于期货价格。

远期价格和期货价格的差异幅度还取决于合约有效期的长短。当有效期只有几个月时，两者的差距通常很小。因为在较短的时期内，期货合同与远期合同的上述差异很难体现出来。

此外，税收、交易费用、保证金的处理方式、违约风险、流动性以及交割方式等方面的差异都会导致远期价格和期货价格出现不同。

尽管如此，在大多数情况下，我们仍可以合理地假定远期价格与期货价格相等，并都用 F 来表示。因此在以下的分析中，我们一般不再区分远期合约和期货合约。远期合约的定价同样适用于期货合约。

三、无收益资产远期合约的定价

无收益资产是指在合约到期日前，其标的资产不会产生现金流。例如，以贴现债券为标的资产的远期合约等。

（一）无收益资产远期合约的套利均衡定价方法

根据套利均衡定价方法的基本思想，我们首先需要构建两个在未来每期的现金流量均完全相同的投资组合，则当相关市场实现套利均衡的时候，这两个等价资产组合的当前价值一定相等。这样，我们就可根据这两个组合当前价值的等价关系求出套利均衡的远期价格来。

假若这两个等价资产组合的当前价值不相等，则说明市场未实现均衡，仍存在套利的机会。我们可卖出现值较高的投资组合，买入现值较低的投资组合，并持有到期末，套利者就可赚取无风险收益。

套利者这样做的结果，将使较高现值的投资组合价格下降，而较低现值的投资组合价格上升，直至套利机会消失，此时两种组合的现值一定相等。

具体地，我们将构建如下两个组合：

组合 A：一份远期合约多头加上一笔数额为 $Ke^{-r(T-t)}$ 的无风险资产。

组合 B：一单位的标的资产。

则到 T 时刻，组合 A 当中无风险资产的价值将达到 $Ke^{-r(T-t)}e^{r(T-t)}=K$。在远期合约到期时，将无风险资产售出，所获得的现金刚好可用来交割远期合同，从而换来一单位的标的资产。

而组合 B 到期的时候也就是一单位的标的资产。

这样，在 T 时刻，两个组合都等于一单位标的资产。这是两个等价的组合。由此，当相关市场实现套利均衡的时候，这两个组合在 t 时刻的价值应该相等。即：

$$f+Ke^{-r(T-t)}=S$$

$$f=S-Ke^{-r(T-t)} \tag{1}$$

公式（1）表明，无收益资产远期合约多头的价值等于标的资产现货价格与交割价格现值的差额。

由于远期价格（F）就是使合约价值（f）为零的交割价格（K），据此令（1）式中的 $f=0$，则有：

$$F=Se^{r(T-t)} \tag{2}$$

式（2）表明，对于无收益资产而言，其远期价格等于其现货价格以无风险理论换算出来的终值。

假如 $F>Se^{r(T-t)}$，即交割价格大于现货价格的终值。在这种情况下，套利者可以按无风险利率 r 借入 S 数量的现金，期限为 $T-t$。然后用 S 购买一单位标的资产；同时卖出一份该资产的远期合约，交割价格为 F。在 T 时刻，该套利者将一单位标的资产用于交割远期合同，换来 F 数量的现金，并归还借款本息 $e^{r(T-t)}$，这就实现了 $F-Se^{r(T-t)}$ 的无风险利润。

若 $F<Se^{r(T-t)}$，即交割价值小于现货价格的终值。套利者就可进行反向操作。即卖空标的资产，将所得收入以无风险利率进行投资，期限为 $T-t$，同时买进一份该标的资产的远期合约，交割价为 F。在 T 时刻，套利者收到投资本息 $Se^{r(T-t)}$，并以 F 数量的现金购买一单位标的资产，用于归还卖空时借入的标的资产，从而实现 $Se^{r(T-t)}-F$ 的利润。

（二）无收益资产远期合约的净现值均衡定价方法

根据净现值均衡定价方法的基本原理，为求得一份无收益资产远期合约的价值，我们首先得确定出该资产未来每期的净现金流量。

该无收益资产远期合约多头方每期的净现金流量如图 14.1 所示。

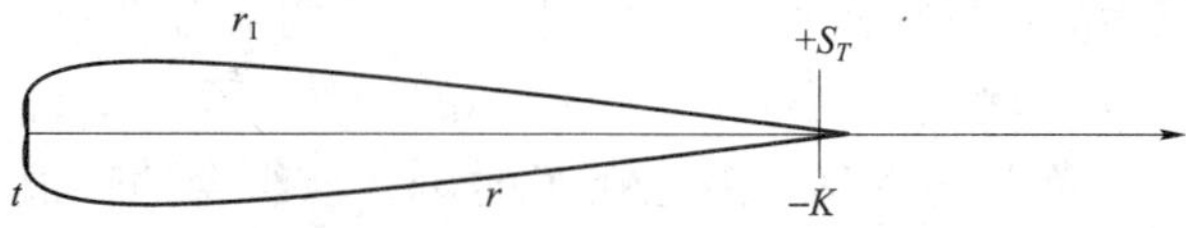

图 14.1　无收益资产远期合约多头方每期的净现金流量

然后，我们需要确定出适用的折现率来。

假若该无收益资产的远期合约不存在违约的可能，则其多头方相当于持有一份无风险资产。这个时候，K 的折现率就应该是一种无风险利率，例如假定为 r。

但若假定该远期合约的标的资产属于风险资产，则其到期价值 S_T 的折现率就应该是一个包含风险报酬的折现率，例如假定为 r_1，$r_1>r$。因此有：

$$NPV=S_Te^{-r_1(T-t)}-Ke^{-r(T-t)}=S-Ke^{-r(T-t)}。$$

这就是该无收益资产远期合约在当前的均衡转让价值。

由于远期（期货）合同的权利义务关系严格对称，所以在签署合同的时候，其均衡价值应该为零。因此，假若这是一份即将签署的新合同，则令上式为零，我们有：

$$S-Ke^{-r(T-t)}=0\Rightarrow F=Se^{r(T-t)}。$$

例 14.1　假设有一份标的证券为一年期贴现债券、剩余期限为 6 个月的远期合约多头。其交割价格为 \$ 960，6 个月期的无风险年利率（连续复利）为 6%，该债券的现价为 \$ 940。则根据公式（1），我们可以算出该远期合约多头的价值为：

$$f=940-960e^{-0.5\times0.06}=8.48\text{（美元）}$$

例 14.2　假设一年期的贴现债券价格为 \$ 960，3 个月期无风险年利率为 5%，则根据公式（2），3 个月期的该债券远期合约的交割价格应为：

$$F=960e^{0.05\times0.25}=972\text{（美元）}$$

或者说，该债券 3 个月期的远期价格为 972 美元。

四、拥有已知现金收益资产的远期合约的定价

所谓拥有已知现金收益的资产，是指在远期合同到期前，标的资产会产生完全可确定的现金流。例如，以附息债券或支付已知现金红利的股票为标的资产的远期合同。

我们假定已知现金收益以无风险利率折现的现值为 I。

黄金、白银等贵金属本身不产生收益，但需要花费一定的存储成本。存储成本可看

成是负收益。因此对黄金、白银来说，I 为负值。

（一）使用套利均衡定价方法给拥有已知现金收益资产的远期合约定价

我们构建如下两个组合：

组合 A：一份远期合约多头加上一笔数额为 $Ke^{-r(T-t)}$ 的无风险资产。

组合 B：一单位标的证券加上利率为无风险利率、期限为 $T-t$、本金为 I 的负债。

显然，组合 A 在 T 时刻的价值等于一单位标的证券。而在组合 B 中，标的证券的收益刚好可以用来偿还负债的本息。因此在 T 时刻，该组合的价值也等于一单位标的证券。

因此，在 t 时刻，这两个组合的价值应相等，即：

$$f + Ke^{-r(T-t)} = S - I$$

$$f = S - I - Ke^{-r(T-t)} \tag{3}$$

这就是已知现金收益资产的远期合约的转让价值计算式。

令上式等于零，则该标的资产相应期限的远期价格为：

$$F = (S - I)e^{r(T-t)} \tag{4}$$

该式也可以用来确定新合同的交割价格。

如果 $F > (S-I)e^{r(T-t)}$，即交割价格高于远期理论价格，则套利者可以借入 S 数量的现金，买入标的资产，并卖出一份交割价为 F 的远期合约。同时他将在 $T-t$ 期间从标的资产获得的现金收益以无风险利率贷出。这样在 T 时刻，他需要还本付息 $Se^{r(T-t)}$，同时得到 $Ie^{r(T-t)}$ 的本利收入，并在将标的资产用于交割的同时，得到现金收入 F。这样，他在 T 时刻可实现无风险利润 $F-(S-I)e^{r(T-t)}$。

如果 $F < (S-I)e^{r(T-t)}$，即交割价格低于远期理论价格，则套利者可以卖空标的资产，并将得到的现金收入以无风险利率贷出，同时买入一份交割价为 F 的远期合约。在 T 时刻，套利者可得到贷款本息收入 $Se^{r(T-t)}$，同时付出现金 F 换得一单位标的证券，用于了结卖空交易，并把该标的证券在 $T-t$ 期间的现金收益的终值 $Ie^{r(T-t)}$ 归还原所有者（卖空的对应方）。这样，该套利者在 T 时刻可实现无风险利润$(S-I)e^{r(T-t)}-F$。

因此，当公式（4）不成立时，市场就会出现套利机会。而套利者的套利行为将最终促成公式（4）的成立。

（二）使用净现值均衡定价方法给拥有已知现金收益资产的远期合约定价

根据净现值均衡定价方法的基本原理，为求得该远期合约的价值，我们首先得确定出该资产未来每期的净现金流量。

该远期合约多头方每期的净现金流量如图 14.2 所示。

然后，我们需要确定出适用的折现率来。

假若该无收益资产的远期合约不存在违约的可能，则其多头方相当于持有一份无风

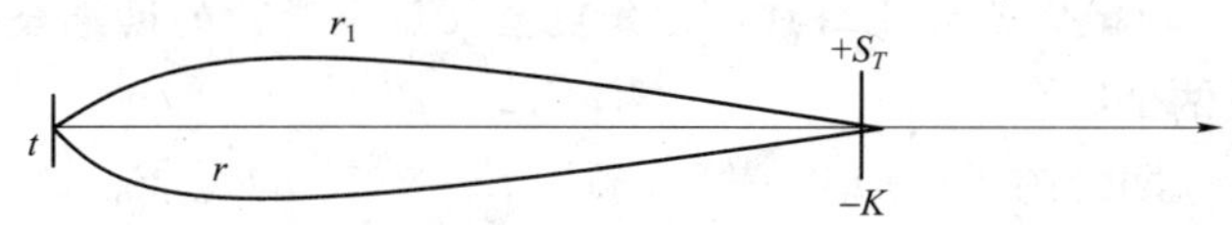

图 14.2 有已知现金收益资产远期合约多头方每期的净现金流量

险资产。这个时候，K 的折现率就应该是一种无风险利率，例如假定为 r。

但若假定该远期合约的标的资产属于风险资产，则其到期价值 S_T 的折现率就应该是一个包含风险报酬的折现率，例如假定为 r_1，$r_1>r$。因此有：

$$NPV=S_Te^{-r_1(T-t)}-Ke^{-r(T-t)}=(S-I)-Ke^{-r(T-t)}$$

这就是该远期合约在当前的均衡转让价值。

由于远期（期货）合同的权利义务关系严格对称，所以在签署合同的时候，其均衡价值应该为零。因此，假若这是一份即将签署的新合同，则令上式为零，我们有：

$$(S-I)-Ke^{-r(T-t)}=0\Rightarrow F=(S-I)e^{r(T-t)}$$

例 14.3 假设 6 个月期和 12 个月期的无风险利率分别为 9% 和 10%。再假定某十年期债券的现货价格为 $ 990。而该证券一年期远期合约的交割价格为 $ 1 001。假定该债券在 6 个月和 12 个月后将收到 $ 60 的利息，且第二次付息日在远期合约的交割日之前。

则根据式（3），该远期合约多头的转让价值为：

$$f=990-(60e^{-0.09\times0.5}+60e^{-0.10\times1})-1\,001e^{-0.1\times1}=-27.39\text{（美元）}$$

相应地，该合约空头的转让价值为 27.39 元。

例 14.4 假设黄金的现货价格为每盎司 $ 450，其存储成本为每年每盎司 $ 2，假定该费用在年底支付，无风险利率为 7%。

则根据式（4），一年期黄金的远期价格为：

$$F=(450-I)e^{0.07\times1}$$
$$=[450-(-2e^{-0.07\times1})]\times e^{0.07}=484.6\text{（美元/盎司）}$$

或者说，黄金一年期远期合同的交割价格应为 484.6（美元/盎司）。

五、拥有已知收益率资产的远期合约的定价

所谓拥有已知收益率的资产，是指在远期合同到期前将产生与该资产现货价格成一定比率的已知收益的标的资产。

外汇是这类资产的典型代表，其收益率就是外汇发行国的无风险利率。股价指数也可近似地看作是支付已知收益率的资产。远期利率协议和远期外汇综合协议也是拥有已知收益率资产的远期合约。

(一) 使用套利均衡定价方法给拥有已知现金收益率资产的远期合约定价

我们构建如下两个组合:

组合 A:一份远期合约多头加上一笔数额为 $Ke^{-r(T-t)}$ 的现金。

组合 B:$e^{-q(T-t)}$ 个证券并且所有的期间收入都再投资于该证券,其中 q 为该资产按连续复利计算的已知收益率。

显然,组合 A 在 T 时刻的价值等于一单位标的证券。而组合 B 拥有的证券数量则随着所获得红利的增加而增加,到了时刻 T,正好也能拥有一单位标的证券。可见,这是两个等价的组合。

因此,当相关市场实现套利均衡的时候,两个组合的当前价值(t 时刻)也应相等。即有:

$$f + Ke^{-r(T-t)} = Se^{-q(T-t)}$$

$$f = Se^{-q(T-t)} - Ke^{-r(T-t)} \tag{5}$$

公式(5)即是拥有已知收益率资产的远期合约的转让价值。而相应已知收益率资产的远期价格为:

$$F = Se^{(r-q)(T-t)} \tag{6}$$

公式(6)表明,拥有已知收益率资产的远期价格等于按无风险利率与已知收益率之差计算的现货价格在 T 时刻的终值。

假若该标的资产当前的远期市场价格 $F > Se^{(r-q)(T-t)}$,即其远期合同的交割价格高于远期均衡价格应有的水平,则投资者可以卖空无风险资产,融入 $Se^{-q(T-t)}$ 的现金。将其用于购买 $e^{-q(T-t)}$ 单位的标的资产,并且将资产持有期间的收入再投资于该资产。则在到期日,该投资者就可持有 1 单位的现货资产。

同时在期初,该投资者还要卖出以一个单位的该资产作为标的物的远期合同,交割价格为 F。

在到期日,该投资者为了结卖空交易需花费的资金量为 $Se^{-q(T-t)}e^{r(T-t)} = Se^{(r-q)(T-t)}$。而交割远期合同可以获得的金额为 F。所以,该投资者在 T 时刻可实现的无风险利润为 $F - Se^{(r-q)(T-t)} > 0$。

同理,假若该标的资产当前的远期市场价格 $F < Se^{(r-q)(T-t)}$,即其远期合同的交割价格低于远期均衡价格应有的水平,则套利者可以卖空 $e^{-q(T-t)}$ 个单位的标的资产,并将所融入的现金 $Se^{-q(T-t)}$ 投资于无风险资产;同时再买入 1 份一个单位的该种标的资产的远期合约,交割价格为 F。

由于该标的资产在卖空期间有利息或红利的分配,这在该套利者来说是成本。考虑到这部分成本,该投资者在到期日了结卖空交易的时候,其总支出相当于 S_T。

在到期日,支出金额 F 以交割远期合同。然后将交割远期合同所获得的价值为 S_T

的标的资产用于了结卖空交易。再考虑到无风险资产的到期价值为 $Se^{(r-q)(T-t)}$。所以该投资者在 T 时刻可实现的无风险利润为 $Se^{(r-q)(T-t)}-F>0$。

上述套利的结果，当相关市场实现套利均衡的时候，式（6）必定成立。

（二）使用净现值均衡定价方法给拥有已知现金收益率资产的远期合约定价

根据净现值均衡定价方法的基本原理，为求得该远期合约的价值，我们首先得确定出该资产未来每期的净现金流量。

该远期合约多头方每期的净现金流量如图 14.3 所示。

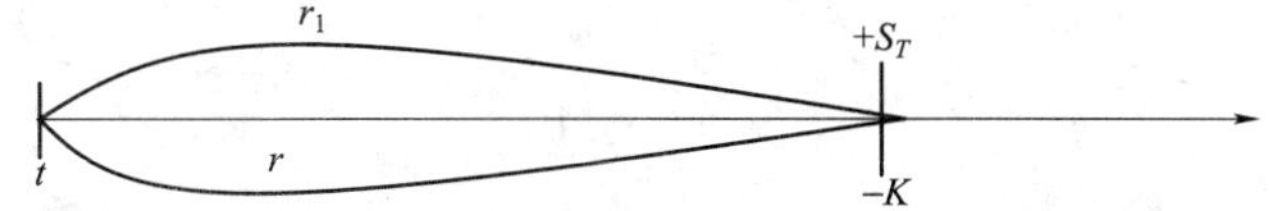

图 14.3　有已知现金收益率资产远期合约多头方每期的净现金流量

然后，我们需要确定出适用的折现率来。

假若该无收益资产的远期合约不存在违约的可能，则其多头方相当于持有一份无风险资产。这个时候，K 的折现率就应该是一种无风险利率，例如假定为 r。

但若假定该远期合约的标的资产属于风险资产，则其到期价值 S_T 的折现率就应该是一个包含风险报酬的折现率，例如假定为 r_1，$r_1>r$。因此有：

$$NPV=S_Te^{-r_1(T-t)}-Ke^{-r(T-t)}=Se^{-q(T-t)}-Ke^{-r(T-t)}$$

这就是该远期合约在当前的均衡转让价值。

由于远期（期货）合同的权利义务关系严格对称，所以在签署合同的时候，其均衡价值应该为零。因此，假若这是一份即将签署的新合同，则令上式为零，我们有：

$$Se^{-q(T-t)}-Ke^{-r(T-t)}=0\Rightarrow F=Se^{(r-q)(T-t)}$$

复习思考题

1. 简述远期交易与期货交易的异同。
2. 简述无现金收益资产远期价格的确定方法。
3. 简述有已知现金收益资产远期价格的确定方法。
4. 什么叫远期价格？

第十五章

期权定价理论

本章摘要

本章引入随机过程的概念，说明证券价格的变化服从普通布朗运动，进而给出了布莱克—斯科尔斯期权定价模型，并简单介绍了期权定价方法在实业投资领域的应用。

关 键 词

期权　普通布朗运动　布莱克—斯科尔斯期权定价模型　实物期权定价方法

第一节　金融期权合约

一、期权合约的定义

期权（Option）又称选择权，是指赋予其购买者在规定期限内按双方约定的价格（简称协议价格（Striking Price）或执行价格（Exercise Price）购买或出售一定数量某种金融资产（称为潜含金融资产 Underlying Financial Assets，或标的资产）的权利的合约。根据期权购买者的权力的不同、执行时限不同和标的资产不同，期权有多种不同的分类。

二、期权合约的种类

期权合约包括商品期权合约和金融期权合约，本章主要介绍金融期权合约。

（一）按期权买者的权利划分

按期权买者的权利划分，期权可分为看涨期权（Call Option）和看跌期权（Put Option）。凡是赋予期权买者购买标的资产权利的合约，就是看涨期权；而赋予期权买者出售标的资产权利的合约就是看跌期权。

看涨期权赋予了多头方为了按约定价格买入某种资产的权利。未来如果价格上涨，多头方将执行这个权利；如果价格下跌，多头方有权放弃这个权利。期权费就是购买这个权利所付出的费用。正是由于多头方对标的资产未来看涨，才愿意付出期权费买入该期权，所以此类期权被称为看涨期权。

看跌期权赋予了多头方为了按约定价格买入某种资产的权利。未来如果价格下跌，多头方将执行这个权利；如果价格上涨，多头方有权放弃这个权利。期权费就是购买这个权利所付出的费用。正是由于多头方对标的资产未来看跌，才愿意付出期权费买入该期权，所以此类期权被称为看跌期权。

对于期权的买者来说，期权合约赋予他的只有权利，而没有任何义务。他可以在规定期限以内的任何时间（美式期权）或期满日（欧式期权）行使其购买或出售标的资产的权利，也可以不行使这个权利。对期权的出售者来说，他只有履行合约的义务，而没有任何权利。当期权买者按合约规定行使其买进或卖出标的资产的权利时，期权卖者必须依约相应地卖出或买进该标的资产。作为给期权卖者承担义务的报酬，期权买者要支付给期权卖者一定的费用，称为期权费（Premium）或期权价格（Ortion Price）。期权费视期权种类、期限、标的资产价格的易变程度不同而不同。

（二）按期权买者执行期权的时限划分

按期权买者执行期权的时限划分，期权可分为欧式期权和美式期权。欧式期权的买者只能在期权到期日才能执行期权（即行使买进或卖出标的资产的权利）。而美式期权允许买者在期权到期前的任何时间执行期权。

显然，在其他条件相同的情况下，由于美式期权多拥有了一个在到期前随时执行期权的权利，其价值应小于对应的欧式期权的价值。

此外，还有一些期权的执行时限是在到期日前的某一段时间内，这样的期权称为百慕大期权。

（三）按照期权合约的标的资产划分

按照期权合约的标的资产划分，金融期权合约可分为利率期权、货币期权（或称外汇期权）、股价指数期权、股票期权等现货期权以及金融期货期权。

三、期权价格

（一）期权价格的含义

期权价格，又叫期权权利金，即购买或出售期权合同的价格。在场内交易中，期权价格是期权合约中唯一可由签约双方讨价还价的合约要素。其他的合约要素都已事先被交易所标准化了。

权利金是由买方负担的。对于期权的买方来说，权利金是其为了换取期权而必须支付给卖方的费用。权利金也是买方所面临着的最大损失，所以又称为保险金。买方的风险有限而且可预知，因而不必在经纪公司设立保证金帐户。

对于期权的卖方来说，他因售出期权而收取权利金，同时承担必须履行期权合约的义务。期权价格是卖方所能获得的最大收益，而其损失的多少则要取决于现货市场行情的变化。由于卖方的风险很大，所以必须存入一笔保证金以表明其具有履行潜在履约义务的能力。

（二）期权价格的构成

期权价格主要由内涵值和时间值两部分组成。即：

期权权利金 = 内涵值 + 时间值

1. 内涵值

内涵值是指立即履行期权合约买方可获取的总利润。这是由期权履约价格与相关现货市场价格之间的关系决定的。看涨期权在其履约价格低于相关现货价格时，看跌期权在其履约价格高于相关现货价格时，具有内涵值。其内涵值的大小等于履约价格与现货价格的差额。具体来说，可以分为以下几种情况：

（1）当看涨期权的履约价格低于当时的现货价格时，该看涨期权具有正的内函值，为实值期权。

例如，某种以玉米期货合约为标的资产的玉米看涨期权合约，其履约价格为 3.40 美元/蒲式耳。而玉米期货合约价格为 3.60 美元/蒲式耳。此时，看涨期权的购买者便有权利（并非义务）以 3.40 美元/蒲式耳的履约价格买入玉米期货合约。此看涨期权买入者若履行期权合约，将实现（3.60 − 3.40 = 0.20 美元/蒲式耳）的盈利。因此，这一看涨期权为实值期权。

（2）当看涨期权的履约价格高于当时的相关现货价格时，该看涨期权不具有实值，或者称作具有负的内涵值，为虚值期权。

例如，若玉米期货合约价格为 3.60 美元/蒲式耳，而某交易者拥有一个履约价格为 3.80 美元/蒲式耳的该玉米期货合约的看涨期权。此时，行使期权只能带来损失，损失额为每蒲式耳 0.20 美元(3.80 − 3.60)。在这种情况下，该交易者就会放弃这一权利，损失一笔权利金。若继续想买，就可转而按 3.60 美元/蒲式耳的较低价格买入玉米期货合约。

（3）当看跌期权的履约价格高于当时的相关现货价格时，该看跌期权具有正的内涵值，为实值期权。

例如，某交易者拥有履约价格为 14.60 美元/桶的原油期货看跌期权，而纽约商业交易所的原油期货价格为 14.50 美元/桶。看跌期权赋予购买者以履约价格卖出相关商品期货合约的权利（并非义务）。权衡之后，假定行使期权，以 14.60 美元/桶的价格卖出原油期货合约，从而获得每桶 0.10 美元（14.60 − 14.50）的盈利。

（4）当看跌期权的履约价格低于当时的相关现货价格时，该看跌期权具有负的内涵值，为虚值期权。

例如，若该交易者拥有的原油看跌期权的履约价格为14.30美元/桶，而原油期货合约价格为14.50美元/桶。此时的看跌期权为虚值，即-0.20美元（14.30-14.50）。看跌期权赋予购买者的是按履约价格卖出原油期货合约的权利而不是义务。所以，购买者会放弃这一权利，任其到期作废而不必履行合约，转而在期货市场上以14.50美元/桶的价格卖出原油期货合约。

（5）当看涨期权的履约价格与当时的相关现货价格相等或极为相近时，该看涨期权为两平期权。

如玉米期货合约价格为3.40美元/蒲式耳，相应玉米期货合约看涨期权的履约价格也是3.40美元/蒲式耳。

（6）当看跌期权的履约价格与当时的相关现货价格相等或极为相近时，该看跌期权为两平期权。

2. 时间值

期权权利金的另一个主要构成部分为时间值。所谓时间值就是当期权买方认为在期权有效期内，相关现货价格的变动有可能使期权增值时，为购买这一期权所愿意付出的金钱。时间值的决定因素主要有以下几个方面：

（1）期权合约的有效期。即距离期权合约到期日剩余时间的长短。

在其他因素不变的情况下，期权剩余期限越长，其时间价值也就越大。因为对于期权的买方来说，有效期越长，选择的余地越大，现货价格向买方所期望的方向变动的可能性越高，买方行使期权的机会也就越多，获利的可能性就越大，买方愿意支付的权利金就越多。反之，有效期越短，期权的时间值就越低。因为时间越短，现货价格出现大的波动，尤其是价格变动发生逆转的可能性越小，买方愿意支付的权利金就越少。

对于期权的卖方来说，有效期越长，卖方所必须承担的风险就越多，其希望收取的期权价格就越高。反之，有效期越短，卖方所必须承担的风险也就越小，其希望收取的期权价格就越低。

不论是看涨期权还是看跌期权，随着到期日的临近，它们的时间价值均呈递减的趋势。在到期时，期权就失去了任何时间值。

（2）现货市场价格变动的趋势。当现货价格趋于上升时，买入看涨期权的时间值就增加；当现货价格趋于下跌时，买入看跌期权的时间值就增加。

（3）相关现货价格的波动性。所谓波动指的是某一既定时间内的价格变动，通常以按年率计算的每日价格波动幅度百分比来表示。一方面，如前所述，当期权临近到期日时，如其他条件不变，其时间值衰减速度加快，这是因为可以导致期权转向实值的时间减少所致。到期日时，期权不再具有时间值，只有内涵值。另一方面，若其他因素不变，相关现货价格的波动增加了期权向实值方向转化的可能性，因而权利金也会相应增加。而且波幅越大，期权权利金就越高。因为现货价格波动越大，风险也越大，购买期权保险的需求就越大。况且现货价格反复波动时，价格趋势出现逆转的可能性增大，期权变得有行使价值的机会也越多，期权买方就更乐于接受期权卖方所提出的更高的期权价格。而期权卖方因市场风险增大（他绝不希望期权被行使），除非能得到满意的较高价格，否则卖方就不肯出售期权来承担市场风险。

（三）影响期权价格的因素

如前所述，期权的内在价值越大，期权的价格越高。因此，任何因素的变动，如果可以促进内在价值增大，必然会带来期权价格上升；反之，如果导致内在价值减少，则会带来期权价格的下降。我们以 S 代表期权标的物当前的市场价格；以 X 代表期权的履约价格。我们已经知道，多头买权和多头卖权目前的内在价值分别为：

$$V_c = \text{Max}(0, S - X)$$

$$V_p = \text{Max}(0, X - S)$$

另一方面，我们也知道，期权的价格包括其内在价值和时间价值两部分。因此，任何因素，如果可以影响期权的时间价值，也必然会影响期权的价格。

因此，影响期权价格的因素包括影响期权内在价值的因素和影响期权时间价值的因素两个方面。以股票期权为例，概括起来，有6种因素影响股票期权的价格：

（1）期权合同标的物（股票）当前的市场价格，以 S 表示；

（2）期权合同的履约价格，以 X 表示；

（3）期权合同的到期期限，以 T 表示（以现在时间为0）；

（4）期权合同标的物（股票）价格的波动，以 V 表示；

（5）无风险利率，以 r 表示；

（6）期权有效期内标的物（股票）预计发放的红利，以 D 表示。

第二节　作为随机过程的金融资产价格波动

在现实的金融市场中，风险资产的价格波动经常具有连续性。在这种情况下，采用连续模型来模拟这些风险资产的价格变化应该更为恰当。布莱克—斯科尔斯（Black-Scholes）期权定价模型即是一种被广泛使用的连续型期权定价模型。在正式介绍这个模型之前，我们先进行一些必要的理论准备。

一、随机过程

随机过程指的是某变量的值以不确定的方式随着时间而变化的过程。因此，可以将随机过程看作通常的随机变量关于时间的函数。

根据时间是否连续，随机过程可以划分为离散时间随机过程和连续时间随机过程两种类型。前者指的是随机变量只能在某些分离的时间点上随机变化，后者指的是随机变量可以在某个连续的时间段内随机变化。

根据随机变量取值是否连续，随机过程可分为离散变量随机过程和连续变量随机过程两种类型。前者指的是随机变量只能取某些离散的随机值；后者指的是随机变量可以在某一取值范围内连续地随机取值。

严格地说，在现实的证券市场中，证券资产价格的变化过程应该属于离散时间离散变量的随机过程。但在理论上，为分析的方便，我们仍把它近似地看作连续时间连续变量的随机过程。

二、马尔可夫过程（Markov Stochastic Process）

马尔可夫过程是一种特殊类型的随机过程。在马尔可夫过程中，只有随机变量的当前值才与该随机变量未来的取值大小有关，随机变量过去的值以及该随机变量从过去到现在的演变方式与其未来的变动无关。

平坦广场上一个醉汉的随机行走便可看作马尔可夫过程。因为他下一步的方向及步幅仅取决于他目前的位置及状态，而与其前几步的位置、运动方向或状态无关。

如果假定风险资产的价格变动遵循马尔可夫过程，这就意味着其未来价格的概率分布只取决于该风险资产价格现在的值。有效市场中资产价格的变动应该符合马尔可夫过程。因为有效市场的当前价格已经充分地消化了历史信息，能够影响未来价格变化的只能是当前的价格和未来的信息。

三、布朗运动（Brownian Motion）

布朗运动最初用于描述完全浸没于液体或气体中的花粉小粒子的随机运动，以发现这种现象的英国植物学家罗伯特·布朗（Robert Brown）命名。后来，维纳（Wiener）给出了布朗运动的数学定义形式，因此布朗运动又称维纳过程。

1. 标准布朗运动

我们用 Δt 代表一个很小的时间间隔的长度；用 Δz 代表随机变量 z 在 Δt 时间间隔内的随机变动量。则称具有下列两个性质的 Δz 遵循标准布朗运动：

（1）Δz 和 Δt 的关系满足：

$$\Delta z = e\sqrt{\Delta t} \tag{1}$$

其中，e 代表从标准正态分布（即均值为 0、标准差为 1.0 的正态分布）中任意取得的一个随机值。

（2）对于任何两个不同的时间间隔 Δt，Δz 的值相互独立。

当 $\Delta t \to 0$ 时，我们就可以得到极限形式的标准布朗运动表达式：

$$dz = e\sqrt{dt} \tag{2}$$

我们以后将不区分（经常混用）随机变量的离散形式（例如 Δz）和它的极限形式（例如 dz）。

显然，根据第一个性质，标准布朗运动 Δz 也满足正态分布。它的均值为 0，方差为 Δt，标准差为 $\sqrt{\Delta t}$。

而且，根据第二个性质，标准布朗运动也满足马尔可夫过程的特征。因此可以将标准布朗运动看作马尔可夫过程的一种特殊形式。

现在我们来考察其微小变动量 Δz 遵循标准布朗运动的随机变量 z 在一段较长时间 $[0,T]$ 中的变化。

我们用 $z(T)-z(0)$ 表示随机变量 z 在 $[0,T]$ 时间段中的变动量。可以将 $z(T)-z(0)$ 看作在 N 个长度为 Δt 的小时间间隔中 z 的变化总量，其中 $N=T/\Delta t$。因此有：

$$z(T)-z(0) = \sum_{i=1}^{N} e_i\sqrt{\Delta t} \tag{3}$$

其中，$e_i(i=1,2,\cdots,N)$ 是第 i 个满足标准正态分布的随机抽样值。从标准布朗运动的第二个性质可知，$e_i(i=1,2,\cdots,N)$ 是相互独立的，因此 $z(T)-z(0)$ 也满足正态分布。其均值为 0，方差为 $N\Delta t = T$，标准差为 $\sqrt{T}$。

由此，我们可以就随机变量 z 在一段较长时间 T 中的变化得出两个结论：

（1）在任意长度的时间段 $[0,T]$ 中，遵循标准布朗运动的随机变量的变动值将满足均值为 0，标准差为 $\sqrt{T}$ 的正态分布。

（2）对于相互独立的正态分布，方差具有可加性，而标准差不具有可加性。

2. 普通布朗运动

称满足下式的 Δx 服从普通布朗运动：

$$\Delta x = a\Delta t + b\Delta z \tag{4}$$

其中，a 和 b 均为常数，Δz 遵循标准布朗运动。

根据标准布朗运动的表达式有：

$$\Delta x = a\Delta t + be\sqrt{\Delta t}$$

不难看出，Δx 也具有正态分布的特征。其均值为 $a\Delta t$，方差为 $b^2\Delta t$，标准差为 $b\sqrt{\Delta t}$。

同样，与遵循标准布朗运动的随机变量 z 在一段较长时间 $[0,T]$ 中的变化相似，在任意时间长度 $[0,T]$ 后，服从普通布朗运动的随机过程 x 的变化也具有正态分布的特征，其均值为 aT，方差为 b^2T，标准差为 $b\sqrt{T}$。

显然，可以将标准布朗运动看作普通布朗运动的特例，即标准布朗运动的 $a=0$，$b=1.0$。

$a=0$ 意味着，在未来任意时刻，z 的均值都等于它的当前值。$b=1.0$ 意味着，在一段长度为 $[0,T]$ 的时间后，z 的方差为 $1.0\times T$。因此，a 的大小体现了随机变量取值重心的位移幅度，由此经常称 a 为随机变量的漂移率；而 b 的大小体现了随机变量的波动幅度，由此经常称其为随机变量的方差率。

四、伊托过程（Ito Process）

普通布朗运动假定 a 和 b 为常数，若把 a 和 b 当作随机变量 x 和时间 t 的函数，则称满足普通布朗运动的随机变量 x 服从伊托过程。其极限形式为：

$$dx = a(x,t)dt + b(x,t)dz \tag{6}$$

其中，dz 服从标准布朗运动，a、b 分别是随机变量 x 和 t 的函数。

因此，可以将伊托过程看作普通布朗运动的推广或一般化。

若随机变量 x 的变动遵循伊托过程，则可以证明随机变量 x 和时间 t 的函数 G（当然也是随机变量）将遵循如下的变动方式：

$$dG = \left(\frac{\partial G}{\partial x}a + \frac{\partial G}{\partial t} + \frac{1}{2}\frac{\partial^2 G}{\partial x^2}b^2\right)dt + \frac{\partial G}{\partial x}bdz \tag{7}$$

其中，dz 服从标准布朗运动。不难看出，函数 G 也遵循伊托过程，它的漂移率和方差率分别为：$\frac{\partial G}{\partial x}a + \frac{\partial G}{\partial t} + \frac{1}{2}\frac{\partial^2 G}{\partial x^2}b^2$ 和 $\frac{\partial G}{\partial x}b$，且都是随机变量 x 和 t 的函数。

证明：函数 $G=G(x,t)$ 的 Tailor 展开式为：

$$\Delta G = \frac{\partial G}{\partial X}\Delta X + \frac{\partial G}{\partial t}\Delta t + \frac{1}{2}\frac{\partial^2 G}{\partial X^2}\Delta X^2 + \frac{\partial^2 G}{\partial X\partial t}\Delta X\Delta t + \frac{1}{2}\frac{\partial^2 G}{\partial t^2}\Delta t^2 + \cdots$$

将 X 所满足的伊藤过程写成差分的形式：

$$\Delta X = a(x,t)\Delta t + b(x,t)\Delta z = a(x,t)\Delta t + b(x,t)e\sqrt{\Delta t}$$

从而有：

$\Delta X^2 = b(x,t)^2e^2\Delta t + 0(\Delta t)$。其中，$0(\Delta t)$ 为高阶无穷小量。

我们对 $e^2\Delta t$ 求方差，有：

$$Var(e^2\Delta t) = (\Delta t)^2E(e^2 - E(e^2))^2$$

因为 e 服从标准正态分布，$E(e)=0$ 和 $Var(e)=1$，所以，我们有：$E(e^2)=1$。

可见，当 $\Delta t \to 0$ 的时候，$e^2\Delta t$ 的方差是一个高阶无穷小量。这就意味着，当 $\Delta t \to 0$ 的时候，$e^2\Delta t$ 将不再是随机变量，即 $e^2\Delta t \to dt$，所以有：$dX^2 = b(x,t)^2 dt$。

将这个结果代入函数 $G = G(x,t)$ 的 Tailor 展开式，并省略二阶以上的高阶无穷小量，我们就有：

$$dG = \frac{\partial G}{\partial X}dX + \frac{\partial G}{\partial t}dt + \frac{1}{2}\frac{\partial^2 G}{\partial X^2}b(x,t)^2 dt + \cdots$$

再将 $dX = a(x,t)dt + b(x,t)dz$ 代入上式，我们有：

$$dG = \left(\frac{\partial G}{\partial X}a(x,t) + \frac{\partial G}{\partial t} + \frac{1}{2}\frac{\partial^2 G}{\partial X^2}b(x,t)^2\right)dt + \frac{\partial G}{\partial X}b(x,t)dz$$

如果 $G = G(X)$，则上式可以写为：

$$dG = \left(\frac{\partial G}{\partial X}a(x,t) + \frac{1}{2}\frac{\partial^2 G}{\partial X^2}b(x,t)^2\right)dt + \frac{\partial G}{\partial X}b(x,t)dz$$

衍生资产价格的变化取决于相应基础资产的价格变化，因此衍生资产的价格就可以看作基础资产价格的函数。由上述结论可以看出，在有效市场中，衍生资产的价格变动与基础资产的价格变动应该服从相同的分布，它们都满足伊托过程。这一结论是利用衍生资产为基础资产套期保值的理论依据。

五、证券价格的变化服从普通布朗运动

证券价格的变化过程可以用普通布朗运动来描述：

$\frac{dS}{S} = \mu dt + \sigma dz$，其中：$S$ 表示证券价格。

也称上式所描述的随机过程为几何布朗运动。$\frac{\Delta S}{S}$ 相当于收益率的含义，与上一小节中关于 r 的含义是相同的。不难看出，$\frac{\Delta S}{S}$ 满足正态分布的特征，其均值为 $\mu\Delta t$，方差为 $\sigma^2\Delta t$，标准差为 $\sigma\sqrt{\Delta t}$，这与上一小节中关于 r 的结论一致。

上式也可以改写为：

$$dS = \mu S dt + \sigma S dz$$

衍生证券的价格是标的证券价格 S 和时间 t 的函数。因此，根据上述有关伊托过程的论述，衍生证券的价格 G 应遵循如下过程：

$$dG = \left(\frac{\partial G}{\partial S}\mu S + \frac{\partial G}{\partial t} + \frac{1}{2}\frac{\partial^2 G}{\partial S^2}\sigma^2 S^2\right)dt + \frac{\partial G}{\partial S}\sigma S dz$$

比较这两个式子可以看出，衍生证券价格 G 和标的证券价格 S 都受同一个基本的不确定性来源 dz 的影响，这一结论很重要。

实际上，不仅是衍生证券的价格满足上式，S 的任意函数均满足上式。因此，如果令 $G=\ln S$，由于：

$$\frac{\partial G}{\partial S}=\frac{1}{S},\ \frac{\partial^2 G}{\partial S^2}=-\frac{1}{S^2},\ \frac{\partial G}{\partial t}=0$$

代入上式，可以得出：

$$dG=\left(\mu-\frac{\sigma^2}{2}\right)dt+\sigma dz$$

由于 μ 和 σ 是常数，所以由上式也可以看出，证券价格的对数 G（即 r 或 $\Delta S/S$）遵循普通布朗运动，它的漂移率为 $[\mu-(\sigma^2/2)]$，方差率为 σ^2，且均为常数。

而根据前面关于普通布朗运动的分析，在当前时刻 t 和将来某一时刻 T 之间 G 的变化 ΔG 应当满足正态分布，其均值应当为 $(\mu-\sigma^2/2)(T-t)$，方差应当为 $\sigma^2(T-t)$。

令 t 时刻 G 的值为 $\ln S$，T 时刻 G 的值为 $\ln S_T$，其中 S 表示 t 时刻（当前时刻）的证券价格，S_T 表示 T 时刻（将来时刻）的证券价格，则在 $T-t$ 期间 G 的变化为：$\ln S_T-\ln S$。

因此，$\ln S_T-\ln S$ 服从正态分布，其均值为 $(\mu-\sigma^2/2)(T-t)$，方差为 $\sigma^2(T-t)$。也就是说，证券价格对数的变化呈正态分布：

$$\ln S_T\sim N\left[\ln S+\left(\mu-\frac{\sigma^2}{2}\right)(T-t),\ \sigma\sqrt{T-t}\right]$$

其中，$N[\cdot]$ 为正态分布的符号。

显然，这一结论与第三章中关于证券价格的变动满足对数正态分布的结论是一致的。由此可以看出，证券价格的变化服从普通布朗运动的假定是合理的。

第三节 布莱克—斯科尔斯期权定价模型

由于衍生证券和基础标的证券的价格受同一种随机因素（dz）的影响，因此，在由衍生证券与基础标的证券构成的组合中，将衍生证券与基础证券反向操作，如果比例适当，这种不确定性（dz）就可以相互抵消，组合就会变得毫无风险。而在实现套利均衡的情况下，该无风险投资组合的收益率一定等于市场的无风险利率。由此我们可以得到一个描述这种等价关系的方程式，从中便可确定出衍生证券的价值。这就是布莱克—斯科尔斯（Black-Scholes）期权定价模型的基本思想。

布莱克—斯科尔斯期权定价模型需要用到如下几个假设：

（1）基础标的证券的价格遵循几何布朗过程，μ 和 σ 为常数；

（2）允许卖空标的证券；

（3）没有交易费用和税收，且所有证券都是完全可分的；

（4）在衍生证券有效期内标的证券没有现金收益支付；

（5）不存在无风险套利的机会；

（6）证券交易是连续的，价格变动也是连续的；

（7）在衍生证券的有效期内，无风险利率 r_f 为常数。

实际上，有些假设条件我们可以放松，如 μ、σ 和 r_f 可以是时间 t 的函数等。而且，上述假设其实我们一致都在使用着，并不是布莱克—斯科尔斯模型所独有的假设。

一、布莱克—斯科尔斯微分方程的推导

由于我们假设基础标的证券的价格 S 遵循几何布朗运动，因此有：$dS=\mu Sdt+\sigma Sdz$。

假设 f 是衍生证券的价格，则 f 一定是 S 和 t 的函数，从而有：

$$df=\left(\frac{\partial f}{\partial S}\mu S+\frac{\partial f}{\partial t}+\frac{1}{2}\frac{\partial^2 f}{\partial S^2}\sigma^2 S^2\right)dt+\frac{\partial f}{\partial S}\sigma Sdz$$

联想到二项树模型的有关论述，为消除 dz 的影响，我们可以这样来构建组合：包括一单位衍生证券的空头和 $\frac{\partial f}{\partial S}$ 单位标的证券的多头。其中，这里的 $\frac{\partial f}{\partial S}$ 相当于二项树模型中的 Δ。

令 F 为衍生证券的到期价值，则该组合在到期日的价值为：

$$\frac{\partial f}{\partial S}S(T)-F$$

从而，令 Π 代表该投资组合的期初价值，有：

$$\Pi=\frac{\partial f}{\partial S}S-f$$

在经过了相当于 $\Delta t\to 0$ 的一段时间后，该投资组合的价值变化量 $\Delta \Pi$ 为：

$$\Delta \Pi=\frac{\partial f}{\partial S}\Delta S-\Delta f$$

从而有：

$$\Delta \Pi=\left(-\frac{\partial f}{\partial t}-\frac{1}{2}\frac{\partial^2 f}{\partial S^2}\sigma^2 S^2\right)\Delta t$$

上式中不含有 Δz，说明该组合的价值在经过一个小时间间隔 Δt 后必定没有风险（即不存在不确定性）。由此，该组合在 Δt 中的收益率一定等于 Δt 期间内的无风险利率。否则，套利者就可以通过套利获得无风险的收益。因此，在没有套利机会（即市场实现套利均衡）的条件下，必定有：

$$\Delta \Pi = r_f \Pi \Delta t$$

综合最后这三个式子，可得：

$$\left(\frac{\partial f}{\partial t} + \frac{1}{2}\frac{\partial^2 f}{\partial S^2}\sigma^2 S^2\right)\Delta t = r_f\left(f - \frac{\partial f}{\partial S}S\right)\Delta t$$

化简为：

$$\frac{\partial f}{\partial t} + r_f S\frac{\partial f}{\partial S} + \frac{1}{2}\sigma^2 S^2\frac{\partial^2 f}{\partial S^2} = r_f f$$

这就是所谓的布莱克—斯科尔斯微分分程。它反映了瞬间当中衍生证券与其标的资产之间的价格对应关系。

需要指出的是，当 S 和 t 有较大变化时，$\frac{\partial f}{\partial S}$的值也会变化。因此，上述投资组合的价值并不是永远无风险的，它只是在一个很短的时间间隔 Δt 中才是无风险的。在一个较长的时间中，若要保持该投资组合无风险，就必须根据$\frac{\partial f}{\partial S}$的变化随时调整标的证券的数量。

二、布莱克—斯科尔斯期权定价公式

欧式看涨期权到期时（T 时刻）的期望价值为：

$E[\max(S_T - X, 0)]$，其中：E 为求期望值的数学符号。

在已经实现了套利均衡的假定下，存在风险中性概率测度。由此，在由一单位衍生证券的空头和$\frac{\partial f}{\partial S}$单位标的证券的多头构成的组合中，衍生证券的期望价值可以用非真实的风险中性概率计算出来。例如，在单期二项树模型下，标的证券价格上升的假概率为：

$$P = \frac{e^{r_f T} - d}{u - d}$$

在计算出衍生证券非真实的（风险中性概率测度下的）期望价值以后，再用无风险利率折现即可得到该衍生证券在目前的价值。

就欧式看涨期权来说，其目前的价格 c 为：

$$c = e^{-r_f(T-t)}E^*[\text{Max.}(S_T - X, 0)]$$

其中，$E^*[\cdot]$为风险中性概率测度下的期望算子，X 为该欧式看涨期权的履约价格。

因此，上述计算过程的关键在于怎样在连续的假定下计算欧式看涨期权到期时（T 时刻）的期望价值。

为了理解的方便，我们再回顾一下二项树模型。实际上，利用假概率 $P=(e^{rT}-d)/(u-d)$，我们也可以计算出标的资产在 T 时刻的假期望价值：

$$E^*[S_T]=pS_u+(1-p)S_d$$

即

$$E^*[S_T]=pS(u-d)+S_d$$

代入假概率 p 的计算公式，化简得：

$$E^*[S_T]=Se^{r_fT}$$

对照上式与真实概率测度下的式 $E(\hat{S}_T)=S_te^{\mu(T-t)}$ 可以看出，标的证券真实的期望增长率为 μ，但在上式中却变成了 r_f。因此，应该假定：

$$\ln S_T\sim N\left[\ln S+\left(r_f-\frac{\sigma^2}{2}\right)(T-t),\sigma\sqrt{T-t}\right]$$

利用上式形式的概率分布对式 $c=e^{-r_f(T-t)}E^*[\text{Max.}(S_T-X,0)]$ 求积分，结果为：

$$c=S\Phi(d_1)-Xe^{-r_f(T-t)}\Phi(d_2)$$

其中，

$$d_1=\frac{\ln(S/X)+(r_f+\sigma^2/2)(T-t)}{\sigma\sqrt{T-t}}$$

$$d_2=\frac{\ln(S/X)+(r_f-\sigma^2/2)(T-t)}{\sigma\sqrt{T-t}}=d_1-\sigma\sqrt{T-t}$$

$\Phi[\cdot]$ 为标准正态分布变量的累计概率分布函数。

这就是无收益标的资产的欧式看涨期权的定价公式。

证明：

令 $y=\begin{cases}S_T-X, & S_T>X\\ 0, & S_T\leqslant X\end{cases}$，$f(S_T)$ 是 S_T 的密度函数，则有：

$$\begin{aligned}c&=e^{-r_f(T-t)}E^*[\text{Max.}(S_T-X,0)]\\&=e^{-r_f(T-t)}\int_{-\infty}^{+\infty}yf(S_T)dS_T\\&=e^{-r_f(T-t)}\left[\int_{-\infty}^{X}0f(S_T)dS_T+\int_{X}^{+\infty}(S_T-X)f(S_T)dS_T\right]\\&=e^{-r_f(T-t)}\int_{X}^{+\infty}(S_T-X)f(S_T)dS_T\end{aligned}$$

为简便起见，我们将 $\ln S_T$ 所满足的概率分布公式写为：

$$\ln S_T\sim N[m,v]$$

其中，$m=\ln S+\left(r_f-\dfrac{\sigma^2}{2}\right)(T-t)$，$v=\sigma\sqrt{T-t}$。从而有：

$$c = e^{-r_f(T-t)}\int_X^{+\infty}(S_T - X)f(S_T)dS_T$$

$$= e^{-r_f(T-t)}\int_{LnX}^{+\infty}(S_T - X)\frac{1}{\sqrt{2\pi}v}e^{\frac{(LnS_T-m)^2}{2v^2}}d\text{Ln}S_T$$

令 $W = \text{Ln}(S_T)$，从而有：

$$c = e^{-r_f(T-t)}\int_{LnX}^{+\infty}(S_T - X)\frac{1}{\sqrt{2\pi}v}e^{-\frac{(LnS_T-m)^2}{2v^2}}d\text{Ln}S_T$$

$$= \left[\int_{\text{Ln}X}^{+\infty}e^W\frac{1}{\sqrt{2\pi}v}e^{-\frac{(W-m)^2}{2v^2}}dW - \int_{\text{Ln}X}^{+\infty}X\frac{1}{\sqrt{2\pi}v}e^{-\frac{(W-m)^2}{2v^2}}dW\right]e^{-r_f(T-t)}$$

而 $\int_{\text{Ln}X}^{+\infty}e^w\frac{1}{\sqrt{2\pi}v}e^{-\frac{(W-m)^2}{2v^2}}dW = \int_{\text{Ln}X}^{+\infty}\frac{1}{\sqrt{2\pi}v}e^{-\frac{[W-(m+v^2)]^2}{2v^2}+(m+\frac{1}{2}v^2)}dW$

令 $u = [W-(m+v^2)]/v$, $-d_1 = [\text{Ln}X-(m+v^2)]/v, k = -u$，则上式可以进一步地化简为：

$$\int_{\text{Ln}X}^{+\infty}\frac{1}{\sqrt{2\pi}v}e^{-\frac{[W-(m+v^2)]^2}{2v^2}+(m+\frac{1}{2}v^2)}dW$$

$$= \int_{-d_1}^{+\infty}\frac{1}{\sqrt{2\pi}}e^{-\frac{u^2}{2}}du \cdot e^{m+\frac{1}{2}v^2}$$

$$= e^{m+\frac{1}{2}v^2}\int_{-\infty}^{+d_1}\frac{1}{\sqrt{2\pi}}e^{-\frac{k^2}{2}}dk$$

$$= Se^{r_f(T-t)}\Phi(d_1)$$

同理，令 $g = \frac{W-m}{v}$，则有：

$$\int_{\text{Ln}X}^{+\infty}X\frac{1}{\sqrt{2\pi}v}e^{-\frac{(W-m)^2}{2v^2}}dW = X\Phi(d_2)$$

其中，$d_1 = \frac{\text{Ln}(S/X)+\left(r_f+\frac{1}{2}\sigma^2\right)(T-t)}{\sigma\sqrt{T-t}}$

$$d_2 = \frac{m-\text{Ln}X}{v} = \frac{\text{Ln}(S/X)+\left(r_f-\frac{1}{2}\sigma^2\right)(T-t)}{\sigma\sqrt{(T-t)}} = d_1 - \sigma\sqrt{(T-t)}$$

因此，我们有：$c = S\Phi(d_1) - Xe^{-r_f(T-t)}\Phi(d_2)$。

在标的资产无收益情况下，由于 $C = c$，因此上式也是无收益资产美式看涨期权的定价公式。

根据欧式看涨期权和看跌期权之间的平价关系式：

$$c + Xe^{-r_f(T-t)} = p + S$$

可以得到无收益资产欧式看跌期权的定价公式：

$$\begin{aligned} p &= c + Xe^{-r_f(T-t)} - S \\ &= S\Phi(d_1) - Xe^{-r_f(T-t)}\Phi(d_2) + Xe^{-r_f(T-t)} - S \\ &= S[\Phi(d_1) - 1] + Xe^{-r_f(T-t)}[1 - \Phi(d_2)] \\ &= -S\Phi(-d_1) + Xe^{-r_f(T-t)}\Phi(-d_2) \end{aligned}$$

由于美式看跌期权与看涨期权之间不存在严格的平价关系，因此美式看跌期权没有一个精确的解析性定价公式，但可以用蒙特卡罗模拟、二项树和有限差分三种数值方法以及解析近似方法求出。

记 $\tau = T - t$，根据 Black-Scholes 欧式看涨期权定价公式，我们有：

$$\frac{\partial c}{\partial S} = \Phi(d_1) + S\Phi'(d_1)\frac{\partial d_1}{\partial S} - Xe^{-r_f\tau}\Phi'(d_2)\frac{\partial d_2}{\partial S}$$

因为 $d_2 = d_1 - \sigma\sqrt{\tau}$，所以$\frac{\partial d_2}{\partial S} = \frac{\partial d_1}{\partial S} = \frac{1}{S\sigma\sqrt{\tau}}$

又由于

$$\begin{aligned} Xe^{-r_f\tau}\Phi'(d_2) &= X\frac{1}{\sqrt{2\pi}}\exp\left(-\frac{1}{2}d_2^2 - r_f\tau\right) \\ &= \frac{X}{\sqrt{2\pi}}\exp\left[-\frac{1}{2}(d_1 - \sigma\sqrt{\tau})^2 - r_f\tau\right] \\ &= \frac{X}{\sqrt{2\pi}}\exp\left[-\frac{1}{2}(d_1^2 - 2d_1\sigma\sqrt{\tau} + \sigma^2\tau)^2 - r_f\tau\right] \end{aligned}$$

代入 d_1 的定义式，则有：

$$\begin{aligned} Xe^{-r_f\tau}\Phi'(d_2) &= \frac{X}{\sqrt{2\pi}}\exp\left[-\frac{1}{2}d_1^2 + \ln\frac{S}{X}\right] \\ &= \frac{X}{\sqrt{2\pi}}\frac{S}{X}\exp\left[-\frac{1}{2}d_1^2\right] = S\Phi'(d_1) \end{aligned}$$

可见，$\frac{\partial c}{\partial S} = \Phi(d_1) > 0$。

相似地，也可以获得下面几个结果：

$$\frac{\partial c}{\partial X} = -e^{-r_f\tau}\Phi(d_2) < 0$$

$$\frac{\partial c}{\partial \sigma} = S\sqrt{\tau}\Phi'(d_1) > 0$$

$$\frac{\partial c}{\partial r_f}=X\tau e^{-r_f\tau}\Phi(d_2)>0$$

$$\frac{\partial p}{\partial S}=-\Phi(-d_1)<0$$

由 $\ln S_T\sim N\left[\ln S+\left(\mu-\frac{\sigma^2}{2}\right)(T-t),\ \sigma\sqrt{T-t}\right]$，作变量替换：

$$z=\frac{\lg\left(\frac{S(T)}{S(t)}\right)-\left(\mu-\frac{\sigma^2}{2}\right)(T-t)}{\sigma\sqrt{T-t}}$$

显然，$z\sim N(0,1)$。

取 $\mu=r_f$，则在欧式期权到期日，标的资产价格 S（T）高于履约价格 X 的风险中性概率为：

$$\begin{aligned}\pi(S(T)>X)&=\pi\left(z>\frac{\lg\left(\frac{X}{S(t)}\right)-\left(r_f-\frac{\sigma^2}{2}\right)(T-t)}{\sigma\sqrt{T-t}}\right)\\&=\pi\left(z>-\frac{\lg\left(\frac{S(t)}{X}\right)+\left(r_f-\frac{\sigma^2}{2}\right)(T-t)}{\sigma\sqrt{T-t}}\right)\\&=\pi\left(z<\frac{\lg\left(\frac{S(t)}{X}\right)+\left(r_f-\frac{\sigma^2}{2}\right)(T-t)}{\sigma\sqrt{T-t}}\right)\\&=\Phi\left(\frac{\lg\left(\frac{S(t)}{X}\right)+\left(r_f-\frac{\sigma^2}{2}\right)(T-t)}{\sigma\sqrt{T-t}}\right)=\Phi(d_2)\end{aligned}$$

三、有收益资产的期权定价公式

1. 有收益资产欧式期权的定价公式

在标的证券的收益已知的情况下，令收益的现值为 I，则有欧式看涨期权的定价公式：

$$c=(S-I)\Phi(d_1)-Xe^{-r_f(T-t)}\Phi(d_2)$$

当标的证券的收益为按连续复利计算的固定收益率 q（单位为年）时，欧式看涨期权的定价公式为：

$$c=Se^{-q(T-t)}\Phi(d_1)-Xe^{-r_f(T-t)}\Phi(d_2)$$

2. 有收益资产美式期权的定价

如前所述，当标的资产有收益时，美式看涨期权有提前执行的可能。因此，有收益资产美式期权的定价较为复杂。

我们可以先确定提前执行美式看涨期权是否合理，若不合理，则按欧式期权处理；若在 t_n 时刻提前执行有可能是合理的，则要分别计算在 T 时刻和 t_n 时刻到期的欧式看涨期权的价格，然后将二者之中的较大者作为美式期权的价格。在大多数情况下，这种近似效果都不错。

收益虽然使美式看跌期权提前执行的可能性减小，但仍不排除提前执行的可能性，因此有收益美式看跌期权的价值仍不同于欧式看跌期权，它也只能通过较复杂的数值方法来求出。

第四节　实物期权评估方法

如前所述，作为一种特定的选择权，期权的所有者拥有在未来做出某种选择的机会，但没有必须作出特定选择的义务。作为给期权卖方承担义务的报酬，期权买方要支付给期权卖方一定数量的费用，称为期权费或期权价格。期权费的高低取决于期权种类、期限、标的资产价格的易变程度等因素。

实物期权（Real Option）是相对于金融期权的一个概念；是金融期权投资理念在实业投资领域的应用。如果一个投资项目的实施赋予了它的投资者一个潜在的有利可图的选择机会，那么，我们就说，这个投资项目含有实物期权。

一个能够提供潜在机会的投资项目的价值来自于两个方面：一个是项目本身所产生的现金流；另一个是对潜在机会的选择权的价值。即考虑了实物期权价值后的项目总价值（The Option Adjusted，NPV）等于项目本身的净现值 NPV 再加上项目的期权价值（The Value of Option）。

投资决策中所包含的选择权一般都具有美式期权的特征。该实物期权的“标的资产”就是未来那个或有项目（即所谓的潜在机会）；该实物期权的“执行价格”就是那个或有项目一旦实施的投资成本。该实物期权“标的资产的市场价格”由投资项目未来所能产生的净现金流决定；该实物期权的“到期时间”由最后决策是否要实施那个潜在项目的时间点决定。

例 15.1　假定某投资项目 A 的有关资料如表 15.1 所示（单位：万元）：

表 15.1　　**某投资项目 A 的有关资料 1**

	0	1	2	3	4	5
税后现金收入	0	400	560	460	5 700	570
期初投资	-1 000					

续表

	0	1	2	3	4	5
经营成本	0	-100	-160	-120	-190	-190
净现金流量	-1 000	+300	+400	+340	+380	+380

假定基准利率为20%（即同类风险投资机会的一般收益率），根据净现值法，由于该项目的净现值为-15.85万元，所以该项目不可行。

现在假定该项目的实施能带来三年后上马 *B* 项目的机会。*B* 项目的有关资料如表15.2所示。

表15.2 某投资项目A的有关资料2

年序	4	5	6	7	8	9
税后现金收入		800	1 600	1 000	1 400	900
期初投资	-2 400					
经营成本		-300	-400	-200	-450	-450
净现金流量	-2 400	+500	+1 200	+800	+950	+450

仍然假设基准利率为20%，则 *B* 项目在第一年初的净现值为-27.808万元，其中，每年净收益的现值和为1 361.082万元。由于净现值小于零，所以 *B* 项目也是不可行的。而且，经计算，即使考虑到三年后可能有 *B* 项目的投资机会，*A* 项目也不可行。

不过，净现值乃每期净现金流量期望值的现值和，它只是反应了项目未来的平均状态。因此，如果假定 *B* 项目的价值在目前还有很大的不确定性，例如假定随市场的变化其波动率（即年标准差）为35%，则其净现值仍有大于零的可能。这时候，在传统的净现值法下，不难求出 *B* 项目的净现值大于零的概率。而且也可以通过求出 *B* 项目的净现值不低于15.85万元的概率，进而求出考虑到 *B* 项目实施的可能性以后的 *A* 项目可行的概率。最后，根据 *A* 项目可行的概率大小，我们可以就是否选择该项目作出一个全面的判断。

现在我们换一个角度，即从期权的角度来重新考虑这个问题。

根据期权定价的原理，现在实施 *A* 项目，除了会连续发生五年的现金流量以外，还有一个四年后实施 *B* 项目的机会。这个机会等同于一个期限为四年，履约价格为2 400万元，标的资产当前价值为1 361.082万元的欧式看涨期权。因此，可以利用Black-Scholes的期权定价公式，算出这个机会的价值为144.486万元。

于是，投资于 *A* 项目的净现值为：-15.850万元+144.486万元=128.636万元。

净现值大于零，说明应投资于 A 项目。

可见，能够计算出可选择投资机会的价格是期权方法的突出优点，这也是传统的净现值方法所不可比拟的。

复习思考题

1. 什么叫期权？怎样理解期权价格？
2. 为什么说证券价格的变化服从普通布朗运动？
3. 简述布莱克—斯科尔斯期权定价模型。
4. 简述实物期权定价原理。

第十六章

不对称信息下的决策

本章摘要

博弈理论是用于研究微观行为主体互动关系的重要理论。本章给出了信息不对称、逆向选择、道德风险的含义，引入了纳什均衡的概念，并阐述了博弈理论的基本原理和方法。

关 键 词

信息不对称　道德风险　逆向选择　博弈

第一节　信息不对称对最优决策的影响

一、信息不完备与信息不对称

在前面我们所阐述的风险理论中，行为参与主体不能确知未来将要发生的所有信息。这就是所谓的信息不完备。但这种信息不完备对所有行为主体的影响都是等同的。亦即在信息不完备的背景下，谁也不会拥有较他人更多的信息。

不过在许多场合，有些行为参与主体却掌握着某些其他人所不知晓的独到信息，我们把这种情景叫做信息的不对称。信息不对称的情景很常见。例如就金融机构来说，雇主与雇员之间就存在着信息的不对称：雇主难以准确判断雇员的工作能力，但雇员对自己的工作能力却心知肚明。

在经济分析的过程中，尽管信息不对称，但我们总是假定行为主体仍能理性地应对。换句话说，信息的不对称会在参与主体的行为当中理性地反映出来。

现在我们就考虑金融机构提供某种金融产品（服务）的情况。我们假定该产品（规范化以后）的市场价格为1，x 为它的产出数量，w 为雇主支付给雇员的报酬额，则该金融机构（即雇主）的利润（π）函数为：$\pi = x - w$。

我们假定关于“雇员努力工作的程度”的货币度量为 y，$y \geqslant 0$；雇员由在该金融机构供职所获得的效用水平为 u。则金融机构雇员的效用函数为：$u(w,y) = w - y$。

我们假定雇员的产出数量仅与其工作能力(θ)及其努力工作的程度有关，亦即假定 $x = x(\theta, y)$。该式满足：

$$x_y > 0, x_{yy} < 0, x_\theta > 0, x_{\theta y} > 0, x(\theta, 0) = 0$$

这说明，虽然雇员越努力，产出越多，但随着雇员努力工作程度的提高，其产出的增量呈递减的趋势；而且雇员的工作能力越强，其产出量越多；但无论雇员有多高的工作能力，不付出则无产出。

在这里，我们以工作能力作为对雇员分类的依据。并简单地将雇员划分为“工作能力较低(θ_1)”与“工作能力较高(θ_2)”两种类型($\theta_1 < \theta_2$)。

我们假定允许雇员离岗跳槽到其他单位工作，并假定这两类雇员在其他单位工作的效用都既定为$\overline{u}$。这相当于雇员在该金融机构工作的机会成本。

由于预先假定 $x_y > 0$，所以我们可以写出生产函数 $x = x(\theta, y)$ 的反函数：$y = \bar{\omega}(x, \theta)$。它实际上就是雇员工作的成本函数（当然，这里忽略了$\overline{u}$）。根据我们先前关于生产函数的约定，显然函数$\bar{\omega}(x,\theta)$满足：

$$\bar{\omega}_x > 0, \bar{\omega}_\theta < 0, \bar{\omega}_{xx} > 0, \bar{\omega}_{x\theta} < 0$$

其中：由$\bar{\omega}_{x\theta} < 0$，我们有：$\bar{\omega}_x(x, \theta_1) > \bar{\omega}_x(x, \theta_2)$，亦即工作能力较低雇员的边际成本要高于工作能力较高雇员的边际成本。

二、信息完备、对称情况下的决策

现在我们先考虑信息完备、对称的情况。由于在信息完备、对称的假定下，雇主可以准确判定雇员的工作能力，则雇主设法确定雇员的产量定额及其报酬支付制度的过程就会简化为求解下列模型最优值的过程：

$$\max_{x_i, w_i} [x_i - w_i]$$

$$\text{s.t. } w_i - y_i \geqslant \overline{u}$$

$$y_i = \bar{\omega}(x_i, \theta_i)$$

$$i = 1,\ 2$$

在上述模型中，其中的不等式约束是保证雇员不离职的条件。由于该模型的目标函数是 w_i 的减函数，所以在最优解处，该不等式约束一定是束紧的，亦即其中的等号必定成立。

显然，若假设该模型有内点解，则其最优产量定额的一阶条件为：

$$\bar{\omega}_x(x_i^*, \theta_i) = 1, i = 1, 2$$

亦即在最优产量定额处，雇主的边际成本应该等于边际收益，如图 16.1 所示。

由条件 $\bar{\omega}_{x\theta}<0,\theta_1<\theta_2$，有 $\bar{\omega}_x(x_1^*,\theta_1)>\bar{\omega}_x(x_2^*,\theta_2)$。进而必定有 $x_1^*<x_2^*$。

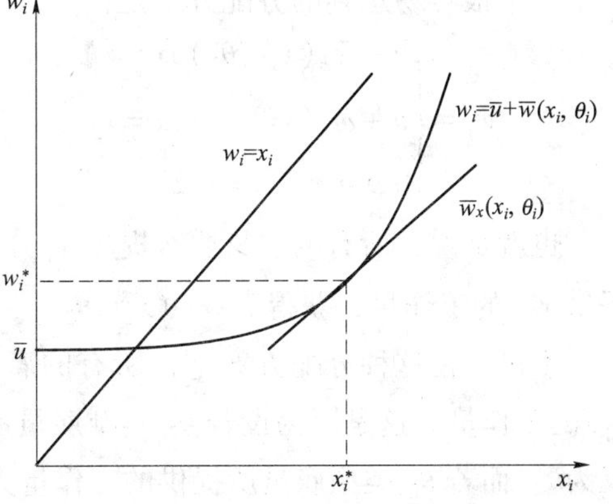

图 16.1　信息完备、对称情景下的最优决策

因此，由于雇主可以准确判定雇员的工作能力，所以雇主的最优生产定额及其分配制度为：

$$w_i=\begin{cases}\bar{u}+\bar{\omega}_x(x_i^*,\theta_i),x_i=x_i^*,i=1,2\\0,x_i\neq x_i^*,i=1,2\end{cases}$$

也就是，每一类型的雇员都必须提供其相应的最优产量，否则不能获得任何报酬。

例如，对于 θ_1 类型的雇员来说，其所提供的产量应为 x_1^*，如图 16.2 所示。这时，雇主的总收益相当于 $A+C+D$ 的面积，而其利润则相当于 $D-\bar{u}$。θ_1 类型雇员所获得报酬为 $A+C$ 的面积与机会成本 $\bar{u}$ 之和。若考虑到雇员所付出的努力($A+C$)，则 θ_1 类型雇员受雇于该金融机构的效用仍为 $\bar{u}$。

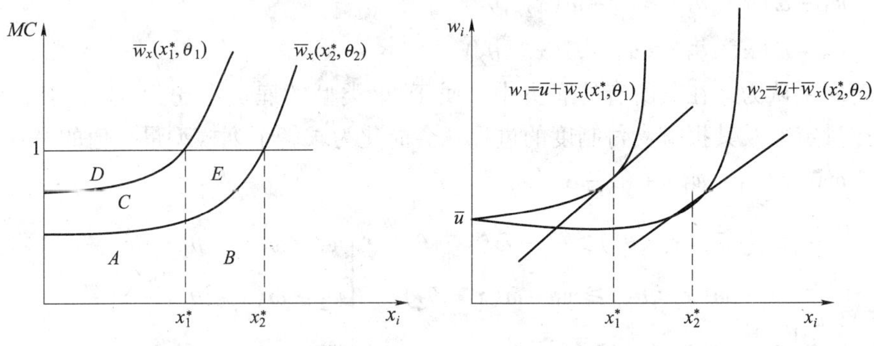

图 16.2　在信息完备、对称情景下最优决策的福利分配

同理，对于 θ_2 类型的雇员来说，其所提供的产量应为 x_2^*，如图 16.2 所示。这时，雇主的总收益相当于 $A+B+C+D+E$ 的面积，而其利润则相当于 $D+C+E-\bar{u}$。θ_2 类型雇员所获得报酬为 $A+B$ 的面积与机会成本 $\bar{u}$ 之和。若考虑到雇员所付出的努力($A+B$)，则 θ_2 类型雇员受雇于该金融机构的效用也仍为 $\bar{u}$。

三、信息不对称下的决策

现在我们转而考虑信息不对称的情况。在信息不对称的背景下，雇主无法判定雇员的工作能力，只能根据工作量来确定分配方案。

一个很容易想到的分配方案是：

$$w_i=\begin{cases}\bar{u}+\bar{\omega}_x(x_1^*,\theta_1),x=x_1^*\\ \bar{u}+\bar{\omega}_x(x_2^*,\theta_2),x=x_2^*\\ 0,x\neq x_i^*,i=1,2\end{cases}$$

也就是说，所有的雇员要么提供 x_1^* 的工作量，获得$\bar{u}+\bar{\omega}_x(x_1^*,\theta_1)$的报酬；要么提供 x_2^* 的工作量，获得$\bar{u}+\bar{\omega}_x(x_2^*,\theta_2)$；除此之外不存在第三种选择。

不过，在这种分配方案下，所有的雇员将只提供 x_1^* 的工作量，不可能有人提供 x_2^* 的工作量。这是因为设若 θ_2 类型雇员所提供的工作量为 x_2^*，则其所获得的净效用仅为$\bar{u}$。而若 θ_2 类型雇员所提供的工作量为 x_1^*，则如图 16.2 所示，其所获得的净效用为$\bar{u}+C$。两相比较，θ_2 类型的雇员势必会冒充 θ_1 类型的雇员。而与信息对称的情况相比较，雇主的利润也要相应减少相当于 $C+E$ 的面积。显然，这不是一个最优的分配方案。

为得到最优的分配方案，我们必须设计出某种激励机制，以便使得雇员愿意显示自己真实的工作能力，亦即下式（自选择约束）必须成立：

$$w_1-\bar{\omega}(x_1^*,\theta_1)\geqslant w_2-\bar{\omega}(x_2^*,\theta_1)$$

$$w_2-\bar{\omega}(x_2^*,\theta_2)\geqslant w_1-\bar{\omega}(x_1^*,\theta_2)$$

假若雇主认为，在其所有的雇员中，属于 θ_1 类型的雇员占比为 α，则其设法确定雇员的产量定额及其报酬支付制度的过程就会简化为求解下列模型最优值的过程：

$$\max_{x_1,x_2}.\ \alpha(x_1-w_1)+(1-\alpha)(x_2-w_2)$$

$$s.t.\begin{cases}w_1-\bar{\omega}_x(x_1^*,\theta_1)\geqslant w_2-\bar{\omega}(x_2^*,\theta_1)\\ w_2-\bar{\omega}(x_2^*,\theta_2)\geqslant w_1-\bar{\omega}(x_1^*,\theta_2)\\ w_1-\bar{\omega}(x_1,\theta_1)\geqslant\bar{u}\\ w_2-\bar{\omega}(x_2,\theta_2)\geqslant\bar{u}\end{cases}\Rightarrow\begin{cases}w_1\geqslant\bar{\omega}(x_1^*,\theta_1)+w_2-\bar{\omega}_x(x_2^*,\theta_1)\\ w_2\geqslant\bar{\omega}(x_2^*,\theta_2)+w_1-\bar{\omega}_x(x_1^*,\theta_2)\\ w_1-\bar{\omega}(x_1,\theta_1)\geqslant\bar{u}\\ w_2-\bar{\omega}(x_2,\theta_2)\geqslant\bar{u}\end{cases}$$

显然，在最优解处，在每一种类型雇员的参与约束和自选择约束中，都应该有一个不等式是束紧的。

就 θ_1 类型的雇员来说，他们不可能冒充 θ_2 类型的雇员，亦即 θ_1 类型雇员的自选择约束严格不等式成立。由此，θ_1 类型雇员的参与约束就是束紧的，亦即 $w_1=\bar{\omega}(x_1,\ \theta_1)+\bar{u}$。

就 θ_2 类型的雇员来说，如前所述，如果只让他们获得$\bar{u}$水平的净效用，他们就会伪装成 θ_1 类型的雇员。所以为了让这种类型的雇员真实显示自己的工作能力，支付给他们的报酬就应该多于$\bar{u}$所表达的水平，亦即他们的参与约束不应该是束紧的。由此，θ_2

基本目的。

（三）博弈模型的基本分类

1. 完全信息博弈与非完全信息博弈

局中人、行为规则、策略空间、盈利函数以及与博弈相关的其他知识构成博弈的信息。从信息的掌握程度的角度，可以将博弈划分为完全信息（Complete Information）博弈与非完全信息（Incomplete Information）博弈两大类。所谓完全信息博弈指的是每一个局中人对于所有局中人的策略空间、盈利函数以及与博弈相关的其他知识都有完全的了解。否则就是所谓的非完全信息博弈。

2. 静态博弈与动态博弈

如果直到博弈结束之前局中人都彼此不知道博弈对方正在采取的具体行动策略到底是什么，则称这种博弈为静态博弈。静态博弈通常具有各局中人同时（或视同同时）选择行动策略、并且一次选择定胜负的特点。倘若局中人的行动有明显的先后顺序，我们就把这种博弈称为动态博弈。动态博弈具有明显的时间延续性，局中人需要经过多轮决策方能确定出最终的胜负。

上述两种博弈类型的划分方法可以进一步地两两组合，从而形成完全信息静态博弈、完全信息动态博弈、不完全信息静态博弈以及不完全信息动态博弈四种具体的博弈形式。

在动态博弈中，局中人的行动有先后顺序，则后行动的局中人可能观察到此前行动者的行动策略，然后再采取对自己最有利的行动策略。假如一个局中人在轮到他行动的时候总是知道其他局中人此前究竟怎样行动的，我们就称这个局中人具有完美信息（Perfect Information）。所有局中人均具有完美信息的博弈就叫做完美信息博弈。倘若至少一个局中人具有不完美信息，则称该博弈为不完美信息博弈（Imperfect Information）。下棋就是一个完美信息的动态博弈。

完全信息与完美信息不能混淆，完全信息是指局中人的效用函数和纯策略空间均为博弈各方的共同知识。完全信息可以是完美的也可以是不完美的，轮到行动的局中人不知道先前行动（或同时行动）的其他局中人究竟采取了什么策略，此时他拥有的信息集就是不完美的。例如，由于局中人同时行动，每个局中人都不知道其他局中人采取什么行动，因此，静态博弈具有不完美信息。

3. 其他类型的博弈

根据具体的需要，博弈还存在其他的划分方法。例如，可以从博弈结局是否确定的角度将博弈划分为结局确定型的博弈和结局不确定型的博弈两种类型。又例如，如果在博弈结束的时候各局中人的盈亏正好相抵（或为一个固定的常数），我们就将这种博弈称为零和博弈，否则就称为非零和博弈。

博弈论假定每一个局中人都是理性的。每一个局中人的行为始终都是以实现自身利益的最大化为唯一的目标，并能为此做到斤斤计较、科学决策。因此，在一局博弈中，每一个局中人都希望尽可能地增加自己的利益，从而导致局中人之间利益的相互消长。这就是局中人之间的竞争性。不过，局中人之间也可能存在某些共同的利益。当需要同时考虑怎样把蛋糕做大与怎样分配蛋糕这样两个问题的时候，合作与竞争经常是难分难解的。显然，这个时候的博弈问题具有了前面几种博弈类型所不具备的新特征。我们通常将这种参与各方同时将合作的利益纳入视野的博弈称为合作博弈，否则称为非合作博弈。在非合作博弈下不存在串通或共谋的可能。

（四）博弈论的产生和发展

古诺（Cournot，1838）的寡头产量决定模型和伯特兰德（Bertrand，1883）的寡头产品价格决定模型是较早的博弈模型。20 世纪 20 年代，法国数学家波雷尔（Borel）试图用最优策略的概念研究下棋以及与之相关的决策问题。1944 年，诺依曼（Neumann）和摩根斯坦（Morgensten）的《博弈论和经济行为》标志着博弈论体系的初步形成。1994 年，纳什（Nash）、海萨尼（Harsanyi）和塞尔顿（Selten）由于博弈论领域的贡献获得诺贝尔经济学奖。

二、纯策略（Pure Strategy）及纯策略空间

例 16.1 我们考虑这样一个游戏：甲和乙两个人分别同时选择 1 或 2 两个数字；如果两个人所选择的数字相同，则甲赢得一元，乙输掉一元；否则，乙赢得一元，甲输掉一元。

显然，这是一个由甲和乙两个局中人构成的零和博弈。在这个博弈中，每个局中人都拥有“选择 1”或“选择 2”两个策略，我们又称为纯策略，分别用 1 和 2 表示。因此，甲乙两个局中人的纯策略空间为：

$$S_{甲} = S_{乙} = \{1,2\}$$

从而，该博弈共有四种可能的结局：

$$\{(甲的选择,乙的选择)\} = \{(1,1),(1,2),(2,1),(2,2)\}$$

假定局中人的效用完全取决于盈亏的大小，则甲乙两个局中人在各个结局下的效用值分别为：

$$U_{甲}(1,1) = 1;U_{甲}(1,2) = -1;U_{甲}(2,1) = -1;U_{甲}(2,2) = 1$$

$$U_{乙}(1,1) = -1;U_{乙}(1,2) = 1;U_{乙}(2,1) = 1;U_{乙}(2,2) = -1$$

用下列表 16.1 的矩阵形式表示各个局中人的效用值会更加简明。

表 16.1　　各个局中人的效用值矩阵

		局中人乙	
		1	2
局中人甲	1	1, −1	−1, 1
	2	−1, 1	1, −1

我们把这种矩阵叫做效用（盈利）矩阵（Payoff Matrices）。矩阵外侧的数字1和2分别表示局中人甲和乙的两个策略。矩阵的每一个格对应于局中人的一组选择。格中的数字分别为甲和乙在相应策略选择下的效用值。习惯上规定左边的数字为矩阵左侧局中人的效用值；右边的数字为矩阵上方局中人的效用值。显然，这里我们假设局中人的效用完全取决于所获得收益的大小，而不取决于如收益的波动性等其他因素。今后，如果不特别说明，我们总是沿用这个简化的假定。

我们通常把博弈的这种表示型式叫做博弈的策略型或正则型表示。

显然，根据我们在博弈分类问题中已经给出的定义，这个游戏属于完全信息的静态博弈。因为每个局中人都完全掌握所有局中人的纯策略空间和效用函数，并且所有局中人都同时选择策略，从而彼此不掌握对方所采取的策略。

三、混合策略（Mixed Strategy）及混合策略空间

如果在局中人的纯策略空间中存在一个最优的策略，即无论对手采取什么样的行动，该局中人的这个策略总是最好的选择，我们就说该局中人在该博弈问题中存在纯策略最优解。否则，便称该博弈在纯策略空间内不存在最优解。

一般的博弈问题都不存在纯策略最优解。例如在上面这个博弈例子中，无论甲或乙采取哪一个纯策略，他都既有可能盈利，也有可能赔钱，因此就不存在纯策略最优解。

既然不存在纯策略最优解，在那些不能回避的博弈过程中，我们只能退而求其次，设法寻求次优解。

仍以上面的游戏为例。不难理解，在博弈的过程中，若要盈利，局中人绝对不能暴露自己的选择，也不能让对方掌握自己选择纯策略的规律。换句话说，局中人必须以一定的概率随机地从纯策略空间中选取纯策略。例如，假定甲选择1的概率为p，选择2的概率就是$1-p$，则p的任意一个赋值就是甲在博弈中所采用的策略。由于策略p实际上是把两个纯策略“混合”在一起考虑的缘故，我们就称p的任意一个赋值为甲的一个混合策略。

一般地，任意局中人的一个混合策略就是该局中人纯策略空间上的一个概率分布。

混合策略的引入使得局中人拥有了无数个策略（因为p的赋值是任意的）。而且原来甲所拥有的两个纯策略也可以理解为退化的混合策略，即相当于概率分布分别为（1，0）和（0，1）的两个混合策略，因此，混合策略概念相当于纯策略概念的推广。

我们把任意局中人混合策略的全体称为该局中人的混合策略空间。所有的局中人各取一个混合策略构成一个组合，我们称这个组合为混合策略剖面（Profile），它相当于博弈的一种可能的结局。

在充分考虑对手各种可能反应的前提下，我们把那个能够给局中人带来最大的期望

效用的概率分布称为该局中人的最优混合策略。并以这个最优的混合策略作为相应博弈问题的次优解。

需要特别强调“充分考虑对手的可能反应”这个前提。例如，在上面这个游戏中，就甲来说，如果不考虑对手的反应，譬如假定对手别无选择，只有一种策略（例如策略1）可用，则甲的思路应该是：选择一个能够让自己的效用达到最高的策略（即策略1）。但在“充分考虑对手的可能反应”这个前提下，一个理性局中人的决策目标明显地降低了。即其最优的混合策略 p 必须满足这样的条件：必须能够确保对手无论采取什么纯策略，至少不能让其（即对手）盈利。也就是说，在上面这个游戏中，若乙选择1，则甲应设法让乙的期望盈利满足下式：

$$-p+(1-p)=1-2p\leqslant 0$$

若乙选择2，则甲应设法让乙的期望盈利满足下式：

$$p-(1-p)=2p-1\leqslant 0$$

由于无法预知乙的选择，因此，为保险起见，甲必须设法让这两个式子同时成立。这个时候，p 必须等于1/2。因此，甲的最优混合策略为（1/2，1/2）。这就意味着，在上面这个游戏中，甲应该等可能地从两个纯策略中选择一个。这个结论与我们的经验是一致的。

同理，乙的最优混合策略也为（1/2，1/2）。

例 16.2 假定一个二人博弈的效用矩阵如下：

表 16.2 **各个局中人的效用值矩阵**

		局中人乙		
		A	*B*	*C*
局中人甲	*E*	4，3	5，1	6，2
	F	2，1	8，4	3，6
	G	3，0	9，6	2，8

其中，A、B 和 C 是局中人乙的三个纯策略；E、F 和 G 为局中人甲的三个纯策略。三组数据列中的数据是这两个局中人任意一个策略组合的效用，其中每一组数据列中的前一列数据为局中人甲在相应策略组合下的效用，后一列为局中人乙在相应策略组合下的效用。

如果假定局中人甲的混合策略为 $\left(\frac{1}{3},\frac{1}{3},\frac{1}{3}\right)$，局中人乙的混合策略为 $\left(0,\frac{1}{2},\frac{1}{2}\right)$，则在该混合策略剖面下，局中人甲采取纯策略 E 的期望效用为：

$$4\times 0+5\times 1/2+6\times 1/2=11/2$$

局中人甲采取纯策略 F 的期望效用为：

$$2\times0+8\times1/2+3\times1/2=11/2$$

局中人甲采取纯策略 G 的期望效用为：

$$3\times0+9\times1/2+2\times1/2=11/2$$

而局中人甲采取混合策略 $\left(\frac{1}{3},\ \frac{1}{3},\ \frac{1}{3}\right)$ 的期望效用为：

$$1/3\times(0+5\times1/2+6\times1/2)+1/3\times(2\times0+8\times1/2+3\times1/2)$$
$$+1/3\times(0+9\times1/2+2\times1/2)=11/2$$

同理，局中人乙采取混合策略 $\left(0,\ \frac{1}{2},\ \frac{1}{2}\right)$ 的期望效用为：

$$0\times(1/3+1\times1/3+0\times1/3)+1/2\times(1\times1/3+4\times1/3+6\times1/3)$$
$$+1/2\times(2\times1/3+6\times1/3+8\times1/3)=27/6$$

当然，该组混合策略不一定就是最优解，因为最优混合策略剖面的获得必须经过所有混合策略剖面下局中人期望效用的横向比较之后才能确定。

四、劣纯策略

在博弈过程中，局中人采取某个纯策略的效果到底如何取决于博弈对方所选择的策略。我们可以将该策略在博弈对方不同策略下的效用值用一个向量的形式来表示。例如，在例 2 中，局中人甲采取纯策略 E 的效用向量为（4，5，6）。

对于某局中人策略空间中的一个特定的纯策略，如果至少存在一个纯策略，其效用向量当中的每一个元素都要优于该特定策略效用向量的相应元素，则称该特定策略为劣纯策略。例如，例 2 中局中人乙的策略 B，其效用向量$(1,\ 4,\ 6)^T$ 要劣于策略 C 的效用向量$(2,\ 6,\ 8)^T$，因此，策略 B 就是局中人乙的劣策略。

显然，在局中人的效用完全取决于收益（或收益率）绝对大小的既定假设下，理性的局中人不会选择劣的纯策略。这就意味着，在完全信息条件下，其他局中人在考虑对方可能选择的策略的时候，可以完全排除掉对方采取劣策略的可能。这样，就例 2 而言，局中人甲的信息矩阵就可以精简为：

表 16.3　　各个局中人的效用值矩阵

		局中人乙	
		A	C
局中人甲	E	4，3	6，2
	F	2，1	3，6
	G	3，0	2，8

这个时候，我们发现，与策略 E 相比，策略 F 和 G 成为局中人甲的劣策略。或者说，策略 E 是局中人甲的占优策略（Dominant Strategy）。不过，与局中人乙的劣策略 B 相比，局中人甲的劣策略 F 和 G 是在假定局中人乙肯定会放弃劣策略 B 的前提下确定出来的。因此，我们称 F 和 G 为条件劣策略。

这样一来，对于局中人乙来说，其信息矩阵可以进一步精简为：

表 16.4　　各个局中人的效用值矩阵

		局中人乙	
		A	C
局中人甲	E	4，3	6，2

显然，局中人乙最终应该选择策略 A，即局中人乙的占优策略为 A。因此，纯策略组合（或称纯策略剖面）（E，A）是该博弈的纯策略最优解，又叫做占优策略均衡（Dominant Strategy Equilibrium）解。

可见，在存在劣纯策略的情况下，我们可以通过逐步剔除劣纯策略的方法找到相应博弈问题的纯策略均衡解，我们称这个过程为递推取优（Iterated Strict Dominance）。

五、混合策略空间下的劣纯策略

许多博弈问题的纯策略空间当中并不存在劣的纯策略，这个时候，上述递推取优（Iterated Dominance）的逻辑推理过程也就无从展开。很自然地，我们会想，既然局中人经常以概率的方式选择策略，那么，在混合策略空间里是否存在劣的纯策略呢？下面，我们引入混合劣策略的概念，从而将上述递推取优的逻辑推理方法从纯策略空间推广到混合策略空间。

不难理解，只要存在劣的纯策略，则任意赋予该劣策略以正概率的混合策略一定也是劣策略，因为只需降低该劣纯策略的概率赋值就可以提高决策者的效用。因此，我们将只考虑不存在劣纯策略的情况。我们要说明，对一些博弈问题来说，尽管不存在纯策略空间下的劣策略，但在混合策略空间下仍然可能存在劣的纯策略。

例 16.3　假定一个二人博弈的效用矩阵如下：

表 16.5　　各个局中人的效用值矩阵

		局中人乙	
		A	B
局中人甲	C	2，0	-1，0
	D	0，0	0，0
	E	-1，0	2，0

这个二人博弈问题不存在纯策略空间下的劣纯策略。不过，如果我们给定局中人甲的一个混合策略$\left(\frac{1}{2},\ 0,\ \frac{1}{2}\right)$，则甲相应的期望效用向量为：

当乙选择策略A时，甲的期望效用为：$2\times1/2+0\times0+(-1)\times1/2=1/2$

当乙选择策略B时，甲的期望效用为：$(-1)\times1/2+0\times0+2\times1/2=1/2$

显然，对于局中人甲来说，这个混合策略要优于纯策略D，因此，纯策略D就是局中人甲在混合策略空间下的一个劣纯策略。

为简便起见，假定在一个二人博弈问题中，局中人1和2均仅拥有两个纯策略可以选择。例如，假定局中人1的纯策略空间为$S_1=(s_{11},s_{12})$，相应的混合策略空间记为$\{\sigma_1\}=\{(p,1-p)\}$，其中，p为局中人1选择纯策略s_{21}的概率；再假定局中人2的纯策略空间为$S_2=(s_{21},s_{22})$，相应的混合策略空间记为$\{\sigma_2\}=\{(q,1-q)\}$，则局中人1采取混合策略σ_1的期望效用为：

$$u_1(\sigma_1,\sigma_2)=qu_1(\sigma_1,s_{21})+(1-q)u_1(\sigma_1,s_{22})$$

例如，就例15.3而言，假定局中人乙的混合策略为（q，$1-q$），则局中人甲采取混合策略$\left(\frac{1}{2},\ 0,\ \frac{1}{2}\right)$的期望效用为：

$$\begin{aligned}u_{甲}(\sigma_1,\sigma_2)&=qu_{甲}(\sigma_1,s_{21})+(1-q)u_{甲}(\sigma_1,s_{22})\\&=q\times[2\times1/2+0\times0+(-1)\times1/2]+(1-q)\\&\quad[(-1)\times1/2+0\times0+2\times1/2]\\&=q\left(2\times\frac{1}{2}+0\times0-1\times\frac{1}{2}\right)+(1-q)\left(-1\times\frac{1}{2}+0\times0+2\times\frac{1}{2}\right)\\&=\frac{1}{2}q+\frac{1}{2}(1-q)=\frac{1}{2}\end{aligned}$$

显然，如果s_{11}是局中人1在混合策略σ_1下的劣纯策略，则应有：

$$u_1(\sigma_1,s_{21})>u_1(s_{11},s_{21}),\text{且}\ u_1(\sigma_1,s_{22})>u_1(s_{11},s_{22})$$

进而有

$$\begin{aligned}u_1(\sigma_1,\sigma_2)&=qu_1(\sigma_1,s_{21})+(1-q)u_1(\sigma_1,s_{22})\\&>qu_1(s_{11},s_{21})+(1-q)u_1(s_{11},s_{22})=u_1(s_{11},\sigma_2)\end{aligned}$$

可见，任意局中人（例如局中人1）在某个混合策略剖面（例如局中人1和2的混合策略剖面（σ_1，σ_2））下的效用（盈利）函数是其对手取纯策略时该局中人效用（盈利）的凸组合，其中的权重向量就是其对手的相应混合策略。

在任意一个博弈问题中，对于任意一个局中人i混合策略空间中的某个纯策略s_i，如果存在一个混合策略σ_i^*，使得

$$u_i(\sigma_i^*, s_{-i}) \geqslant u_i(s_i, s_{-i})$$

其中，s_{-i}为除 i 之外的其他局中人所采取的任意纯策略。并且上式至少在其他局中人所采取的一种纯策略组合下严格不等式成立。则称纯策略 s_i 为局中人 i 在混合策略空间下的弱劣纯策略。

倘若上式在其他局中人所采取的任意纯策略组合下都严格不等式成立，则称纯策略 s_i 为局中人 i 在混合策略空间下的严劣纯策略。

第三节　纳什（Nash）均衡策略

一、纳什均衡

严劣纯策略的定义过于严格。它要求在给定其他局中人的每一可能策略剖面时，该局中人的策略空间中至少存在一个策略（可能为混合策略）的效用要高于它。但在许多博弈问题中，局中人的任意两个纯策略（比如策略 A 和 B）的优劣并不具有恒定性，而是取决于其他局中人所采取的策略。可能在其他局中人的某些策略组合下，某局中人的 A 策略优于 B 策略；但在另外一些策略组合下，该局中人的 A 策略却又劣于 B 策略。显然，无论是策略 A 还是策略 B 都不满足劣策略的定义。实际上，在这种情况下，每一个局中人只能针对其他局中人所采取的具体行动，相应地实施最有利于自己的策略。而不可能预先地找到一个能够以不变应万变的好策略。

每一个局中人所应该采取的策略只能是针对其他局中人特定行动的最佳反应，纳什均衡便是在这样一个背景下引入的概念。

纳什均衡指的是这样一种状态：在对手当前所采取的策略下，各个局中人所采取的策略都达到了最优，从而每一个局中人都不再改变自己目前的策略选择。这个时候各个局中人所选择的策略组合就叫做纳什均衡解。

可见，在完全信息静态博弈中，就任意一个局中人 i 而言，其（混合）纳什均衡解就是满足下式的混合策略 σ_i^*：

$$u_i(\sigma_i^*, \sigma_{-i}^*) \geqslant u_i(s_{k_i}, \sigma_{-i}^*), \forall s_{k_i} \in S_i, \forall_i$$

其中，σ_{-i}^*为除 i 之外的其他局中人所采取的策略组合。而由所有局中人的纳什均衡解构成的混合策略剖面就是相应博弈的（混合）纳什均衡解。

如果每一个局中人对于其他局中人的策略具有唯一的最佳反应，这样的纳什均衡就是严格的。

纳什均衡解可以理解为占优策略均衡解的推广。因为占优策略均衡解是递次剔除严劣策略以后幸存下来的唯一的策略组合，它必定满足纳什均衡解的性质。纳什均衡使得每一个局中人在给定对手策略时作出最佳的反应。如果存在严劣策略的话，这个最佳的反应策略必定不包含它。也就是说，混合策略的纳什均衡解赋予严劣策略的概率必定为零。但是，纳什均衡解中仍然可能包含弱劣策略。

如果纳什均衡解$(\sigma_i^*,\sigma_{-i}^*)$是退化的混合策略，也就是说，所有局中人在纯策略空间上的概率分布都是退化分布，我们就称该纳什均衡解为纯策略纳什均衡解。

到目前为止，我们一直假定博弈局中人的策略空间是离散有限的。但在许多博弈问题中，局中人的策略空间具有连续性，相当于一个连续的区域。例如，在一个二人博弈问题中，假定局中人 1 的纯策略空间为 $x\geqslant 0$，局中人 2 的纯策略空间为 $y\geqslant 0$，则整个直角坐标系第一象限里的每一个点都是该博弈问题的可能结局。站在局中人 1 的角度，针对局中人 2 的任意一个选择 y，他都应当选择最优的策略 x。连接直角坐标系中的这些点(x,y)形成一条曲线，我们把这条曲线叫做局中人 1 的（最优）反应曲线，相应的反应函数记做 $x=x(y)$。同理，站在局中人 2 的角度，针对局中人 1 的任意一个选择 x，他都应当选择最优的策略 y，我们把连接直角坐标系中的这些点(x,y)所形成的那条曲线称做局中人 2 的（最优）反应曲线，相应的反应函数记做 $y=y(x)$。显然，这两个函数所组成的方程组的解，也即这两条曲线的交点就是该博弈问题的纳什均衡解。因为只有这两条曲线的交点才满足纳什均衡的定义：每一个局中人都针对其他局中人的策略作出了最为恰当的反应，从而所有的局中人同时达到了最优的状态。

二、纳什（Nash）均衡策略的求解

在一个简单的博弈问题中，可以用划线法找到纳什均衡解。我们举例说明其基本的思路。

例 16.4　假定一个二人博弈的效用矩阵如下：

表 16.6　　**各个局中人的效用值矩阵**

		局中人 2	
		A	B
局中人 1	C	$\underline{3}$，0	$\underline{2}$，$\underline{2}$
	D	$\underline{3}$，$\underline{2}$	0，1

根据定义，在二人博弈中纳什均衡解必须满足两个条件：（1）站在任意一个局中人（例如局中人 i）的角度，其纳什均衡解（用 s_i^* 表示）应该是其他局中人（用 $-i$ 表示）一个特定行动（用 s_{-i}^*表示）下的最优反应；（2）第一个条件中的所谓其他局中人（$-i$）的特定行动（s_{-i}^*）应该是局中人 i 在最优行动（s_i^*）下的最优反应。

因此，寻找纳什均衡解的过程可以分解为两步：首先找到每一个局中人在所有可能情况下的最优策略；然后再在这些最优策略中寻找互以对方的最优策略为背景的最优策略，此即纳什均衡解。

在本例中，第一步，为找到满足纳什均衡第一个条件的解，我们从任意一个局中人开始依次考虑博弈对手每一个行动下的最优对策。并在这些最优策略下划横线。

例如，我们先从局中人1开始：如果假定局中人2选定A策略，则局中人1的最优选择为C或D，在其相应的效用值3下划横线；而在局中人2选定B策略的时候，局中人1的最优选择为C，在其相应的效用值2下划横线；然后，再站在局中人2的角度重复上述过程：如果局中人1选定C策略，则局中人2的最优选择为B，在其相应的效用值2下划横线；如果局中人1选定D策略，则局中人2的最优选择为A，在其相应的效用值2下划横线。

在根据纳什均衡解的第一个条件找到每一个局中人（在本例中就是局中人1和2）所有可能背景下的最优策略之后，第二步，再在这些最优策略中寻找满足纳什均衡第二个条件的解。如前所述，这个解应该是在其他局中人最优行动下的最优策略。也就是说，那个互以其他局中人的最优解为背景的最优解就是纳什均衡解。

在划线法下，不难看出，当且仅当效用值都被划线的策略剖面才是纯策略纳什均衡解。如果不存在效用值下都被划线的策略剖面，则说明该博弈问题不存在纯策略纳什均衡解。显然，尽管存在纳什均衡解的博弈问题未必存在劣的纯策略，但如果不存在纯策略的纳什均衡解，则该博弈问题必定不存在劣的纯策略。

在本例的四个策略组合中，所有效用值都被划线的策略组合有两个。因此，该博弈问题的纳什均衡解为（D，A）和（C，B）。

需要指出的是，不存在纯策略纳什均衡解并不排除存在混合策略纳什均衡解的可能性。实际上，在混合策略空间下，有限博弈（即有限的局中人和有限的策略空间）必定存在纳什均衡（其证明参见附录）。

另外，在例5中，对于局中人1来说，策略D实际上是一个弱劣策略，因为在局中人2选择策略A的情况下，局中人1选择C或D其实是无所谓的。这显然会影响到以纳什均衡解（D，A）和（C，B）作为局中人理性决策这个思路的可靠性。

划线法不适用于博弈的局中人多于三个或存在无限多种可选策略，以至于无法用效用矩阵表示策略选择过程的情况。

三、案例分析

（一）囚徒的困境（Prisoner's Dilemma）

假定有两个同案嫌疑人正被隔离审查。他们被告知了相关的法律政策：如果自首并揭发同案人，将被免于起诉，而被揭发人将获重判 8 年；如果没有自首情节但同时坦白了，根据作案情节，可获刑 5 年；如果都否认一些作案情节，则可获刑 1 年。

显然，这是一个完全信息静态博弈，其效用矩阵如表 16.7 所示。

在这个博弈问题中，“抗拒”是局中人 1 和 2 的严劣纯策略，可以剔除。因此，该博弈问题的纳什均衡解为（坦白，坦白）。当然，这个解也可以通过划线法求得。

表 16.7　　各个局中人的效用值矩阵

		囚徒 2	
		坦白	抗拒
囚徒 1	坦白	$\underline{-5}$，$\underline{-5}$	$\underline{0}$，-8
	抗拒	-8，$\underline{0}$	-1，-1

不过，（坦白，坦白）这个纳什均衡解并不是帕累托（Pareto）最优解。因为与策略剖面（坦白，坦白）相比，（抗拒，抗拒）这个策略剖面能够做到在不侵害任何局中人效用的条件下，至少提高一个局中人的效用。因此，若由策略剖面（坦白，坦白）调整到策略剖面（抗拒，抗拒），这将是一个帕累托效率的提高。实际上，策略剖面（坦白，坦白）就是一个帕累托最优解。可见，纳什均衡解不一定就是有效（Efficient）的。也就是说，在一个相互依存、相互制约的关系中，行为人理性决策的结局实际上可能是无效的。

囚徒困境博弈模型告诉我们，在完全信息静态博弈环境下，当一个社会中的每一个个体都只为自身利益打算的时候，即使大家都遵守公认且人人皆知的社会规则，个体的最优行为也不一定符合集体的或社会的利益，也不一定能够真正实现个体利益的最大化。这就意味着，将以追求个体利益为动机的理性行为做为实现社会最大利益的手段，这个自由竞争市场机制的信条并不总是有效的。这就说明，政府在社会经济生活中的组织协调是必要的，放任自流并不一定就是导致社会福利最大化的最佳选择，因为政府的疏导可以在相当程度上消除由“信息静态”所造成的无效。

我们可以用相似的逻辑来理解厂商之间的价格战以及建立价格或产量垄断同盟的合理性；理解国家之间互设贸易壁垒的合理性；理解两个超级大国之间军备竞赛的必然性以及国际联盟（包括联合国）存在的合理性，等等。

（二）小孩的智慧（智猪博弈）

假定有一项工作必须由一个成年人和一个小孩以共同合作的名义完成。如果他们都各尽所能，积极工作，则成年人可获得 15 个单位的收益，小孩可以获得 5 个单位的收益；如果他们都不工作，则不仅一无所获，且要受到一定程度的惩罚；如果仅仅由成年人完成这项工作，则成年人的收益为 10 个单位，而由于体力的节省等原因，小孩的收益为 7 个单位；如果仅仅由小孩完成这项工作，则由于体力消耗巨大等原因，小孩将得不偿失，相当于损失了 8 个单位的收益，而成年人的收益为 21 个单位。

表 16.8　　各个局中人的效用值矩阵

		成年人	
		工作	不工作
小孩	工作	5，15	-8，21
	不工作	7，10	-1，-4

这也是一个完全信息静态博弈，其效用矩阵如表 16.8 所示。许多教科书将这个问题阐述成童话的形式，并称之为智猪博弈。

运用划线法不难看出，这个问题的最优解为：小孩不工作，由成年人完全承担这项任务。也即策略剖面（不工作，工作）是这个博弈问题的纳什均衡解。

与囚徒的困境博弈问题相比，智猪博弈有两个明显的差异。首先，在智猪博弈中，仅仅小孩的纯策略空间中存在劣的纯策略，大人的纯策略空间中并不存在劣的纯策略。可见，在智猪博弈中，成年人比小孩要更为看重这种合作关系。其次，智猪博弈的纳什均衡解也是帕累托最优解，因为对于小孩来说，除非以于心何忍之类的责问来触动他的良心，使得其将不工作的效用调低到 -1 以下，实在是不存在比纳什均衡解（即不工作）更好的选择了。

为了控制国际市场原油的价格，国际石油输出国组织（OPEC）成员国之间总是定期协商达成限制石油产量的协议。但是，由于像沙特阿拉伯这样的石油生产大国占全球石油产量的份额要远远大于其他国家，因此，与石油生产的中小国家相比，石油生产大国要更为看重 OPEC 组织的作用。根据我们对智猪博弈问题的分析，OPEC 组织中的中小国家破坏协议，偷偷增加石油产量将是一个不可避免的现象。对 OPEC 组织中的石油生产大国来说，只要由 OPEC 组织垄断所带来的利益大于国际石油市场供给方自由竞争的好处，石油大国就会对中小国家的违约抱着宽容的态度，甚至可能会大度地缩减自己的产量以维持国际市场原油的供给总量不变。实际上，为预防违约的尴尬，OPEC 组织成员国之间原油产量的不匀称分派，即由石油大国承担更多的限制产量的义务应该是 OPEC 组织成员国更为体面的政策选择。

（三）雇主与雇工之间的博弈（委托人针对代理人的监察博弈）

雇工为雇主干活，有两个策略可以选择：工作或怠工。雇工工作的收入是 w，但与怠工相比多付出的代价为 g，$w>g$。雇主也有两个策略可供选择：监察或不监察。监察

的成本为 h，并假定 $g>h$。一旦发现雇工怠工，雇主将扣发雇工的全部收入 w。与怠工相比，雇工工作可为雇主多创造 v 数量的收入。我们假定这是一个完全信息静态博弈问题，则相应的盈利矩阵及划线求解的过程如表 16.9 所示。

表 16.9　　各个局中人的效用值矩阵

		雇主：监察	雇主：不监察
雇工	工作	$w-g,\ v-w-h$	$w-g,\ v-w$
	怠工	$0,\ -h$	$w,\ -w$

怠工

显然，这个博弈问题不存在纯策略纳什均衡解，我们只能退而求解混合策略的纳什均衡解。

假定雇工怠工的概率为 x，工作的概率为 $1-x$，雇主监察的概率为 y，不监察的概率为 $1-y$，则有雇工的期望效用函数为：

$$U_1(s_1,s_2)=x\times[0\times y+w(1-y)]+(1-x)\times[(w-g)y+(w-g)(1-y)]$$
$$=xw(1-y)+(1-x)(w-g)$$

雇主的期望效用函数为：

$$U_2(s_1,s_2)=y[x\times(-h)+(1-x)(v-w-h)]+(1-y)[x\times(-w)+$$
$$(1-x)(v-w)]=y(xw-h)+v(1-x)-w$$

根据纳什均衡解的定义，在给定雇主策略 $\sigma_2=(y,1-y)$ 的前提下，雇工的最优策略 $\sigma_1=(x,1-x)$ 应该使得 $U_1(\sigma_1,\sigma_2)$ 的值达到最大。为此，我们对雇工的期望效用函数 $U_1(\sigma_1,\sigma_2)$ 关于 x 求一次导数，并令之为零，有：

$$w(1-y)=w-g$$

上式等号左边的表达式相当于雇工怠工的期望效用，右端的表达式相当于雇工工作的期望效用。可见，在最优状态下，雇工应该对工作或怠工抱着无所谓的态度。

理性的雇主应该预见到这一点，因此，雇主应该将其混合策略预先设定为 $y=\frac{g}{w}$，即其应该采取的混合策略为 $\left(\frac{g}{w},1-\frac{g}{w}\right)$。

同理，根据纳什均衡解的定义，在给定雇工策略 $\sigma_1=(x,1-x)$ 的前提下，雇主的最优策略 $\sigma_2=(y,1-y)$ 应该使得 $U_2(\sigma_1,\sigma_2)$ 的值达到最大。为此，我们对雇主的期望效用函数 $U_2(\sigma_1,\sigma_2)$ 关于 y 求一次导数，并令之为零，有：

$$xw-h=0=(x-h/w)\times w$$

因此，理性的雇工应该预先将其怠工的概率设定为$\frac{h}{w}$。这个时候，雇主监察的期望效用为：

$$x\times(-h)+(1-x)(v-w-h)=v-w-h-xv+xw=v-w-xv$$
$$=x\times(-h)+(1-x)\ (v-w-h)$$

雇主不监察的期望效用为：

$$x\times(-w)+(1-x)(v-w)=v-w-xv=x+(-w)+(1-x)(v-w)$$

可见，在最优状态下，雇主应该对监察或不监察抱着无所谓的态度。

综上所述，这个博弈问题的混合策略纳什均衡解为$\left\{\left(\frac{h}{w},\ 1-\frac{h}{w}\right),\ \left(\frac{g}{w},\ 1-\frac{g}{w}\right)\right\}$。在这个最优解下，雇主的期望效用为：

$$v-w-xv=v-w-\frac{h}{w}\times v=v\left(1-\frac{h}{w}\right)-w=v-w-h/w\times v+v(1-h/w)$$

对上式关于 w 求导数，我们可以求得雇主应该支付给雇工的工资水平为 $w=\sqrt{hv}$。

（四）Cournot 寡头垄断竞争模型

假定某产品市场由两家企业完全垄断，并假定产量水平 $q_i\in[0,\infty)$，$(i=1,2)$的选择构成这两家企业的策略空间。再假定该产品的市场需求函数为 $p=p(q_1+q_2)$，两家企业的成本函数为 $c_i(q_i)$，$(i=1,2)$，则这两家企业的利润函数为

$$u_i(q_1,q_2)=q_ip(q_1+q_2)-c_i(q_i),(i=1,2)$$

在假定厂商 2 的产量水平 q_2 既定的前提下，我们就厂商 1 的利润函数 $u_1(q_1,q_2)$对产量水平 q_1 求一次导数，并令该导数为零，就可以得到一个 q_1 关于 q_2 的函数，这个函数就是厂商 1 的反应函数 $q_1=q_1(q_2)$。

同理，在假定厂商 1 的产量水平 q_1 既定的前提下，我们针对厂商 2 的利润函数 $u_2(q_1,q_2)$关于 q_2 求一次导数，并令之为零，就可以得到厂商 2 的反应函数 $q_2=q_2(q_1)$。

然后，我们求解由 $q_1=q_1(q_2)$和 $q_2=q_2(q_1)$构成的方程组，这个方程组的解就是该博弈问题的纯策略纳什均衡解。

例如，为说明问题的方便，我们假定这两个垄断厂商的产品市场需求函数为

$$p(q_1+q_2)=\begin{cases}0,\text{当 } q_1+q_2>15\\15-(q_1+q_2),\text{当 } q_1+q_2\leqslant 15\end{cases}$$

再假定这两个厂商生产单位产品的边际成本都是常数零，则有这两家企业的利润函数为：

$$u_i(q_1,q_2)=\begin{cases}0,\text{当 } q_1+q_2>15\\q_i(15-(q_1+q_2)),\text{当 } q_1+q_2\leqslant 15\end{cases}$$

首先假定厂商 2 的产量水平 q_2 既定，我们就厂商 1 的利润函数

$$u_1(q_1,q_2)=q_1(15-(q_1+q_2))$$

对产量水平 q_1 求一次导数，并令该导数为零，就可以得到厂商 1 的反应函数为

$$q_1=(15-q_2)/2$$

同理，可以得到厂商 2 的反应函数为

$$q_2=(15-q_1)/2$$

解由这两个方程构成的方程组，我们就可以得到该博弈问题的纯策略纳什均衡解为

$$q_1=q_2=5$$

在纳什均衡解下，两个厂商的利润均为 25 个单位。

但是，与囚徒困境博弈模型相似，Cournot 寡头垄断竞争模型的纳什均衡解也不是 Pareto 最优的。例如，如果这两个企业通过协商将自己的产量都缩减为 4 个单位，则二者的利润都可以增加 3 个单位。可见，Cournot 寡头垄断竞争模型也存在个体理性与集体理性的非一致性。

在 Cournot 寡头垄断竞争模型中，我们隐含地假定两个垄断厂商所产生的产品毫无差异，因此这两个厂商只能决定自己的产量。如果我们假定这两个厂商所产生的产品相似，但有明显的差异，则这两个垄断厂商就可以决定自己所生产产品的价格了。我们将探讨如何决定垄断产品价格的模型称为 Bertrand 寡头垄断竞争模型。

为说明问题的方便，我们假定这两个垄断厂商的产品市场需求函数为

$$q_i(p_i,p_j)=a-p_i+bp_j,b>0,\forall i=1,2,\forall j\neq i=1,2$$

显然，垄断厂商 1 和厂商 2 的价格策略空间 $p_i\in[0,\infty),\forall i=1,2$。

再假定这两个厂商生产单位产品的边际成本也都是常数零，则有这两家企业的利润函数为：

$$u_i(p_i,p_j)=q_i(p_i,p_j)p_i=[a-p_i+bp_j]p_i,\forall i=1,2,\forall j\neq i=1,2$$

对上式关于 p_i 求一次导数，我们有：

$$a-2p_i+bp_j=0$$

进而有：

$$p_i=\frac{a+bp_j}{2},\quad \forall i=1,\ 2$$

解联立方程组

$$\begin{cases} p_1=\dfrac{a+bp_2}{2} \\ p_2=\dfrac{a+bp_1}{2} \end{cases} \Rightarrow p_1=p_2=\frac{a}{2-b}$$

可见，Bertrand 寡头垄断竞争模型的纯策略纳什均衡解为$\left(\frac{a}{2-b},\frac{a}{2-b}\right)$。

四、纳什（Nash）均衡策略多解问题的解决

我们分析博弈问题的主要目的就是帮助局中人选择最优的策略。如前所述，我们认为，纳什均衡解就是具有理性的博弈局中人所应该选取的最优策略。不过，博弈问题可能存在多个纯策略纳什均衡解，这就给局中人带来了新的困惑：到底应该选择哪一个纯策略纳什均衡解？

在拥有多个纯策略纳什均衡解的博弈问题中，我们必须设法剔除一些纳什均衡解，最终仅保留其中的一个解作为博弈局中人应该选取的最优策略。显然，这必须通过追加额外信息的方式才能实现。

例 16.5 过桥博弈（懦夫博弈，Chicken Game）

设想河两岸分别有一辆车正急着过桥。如果假定这座桥只有一个单行道，则这两辆车的司机将同时面临着两个选择：要么自己抢先过桥，要么让对方先过。我们假定，如果两辆车互不相让，则谁也过不去，两人的损失分别为 -1；如果两人溺于相让，则谁也过不去，但两人没有损失；如果一人退让，另一个人先过，则先过的人获益为 2，后过的人获益为 1。最后假定这是一个完全信息静态博弈。相应的盈利矩阵及划线求解的过程如表 16.10 所示。

表 16.10 **各个局中人的效用值矩阵**

		司机 2	
		抢路	让路
司机 1	抢路	-1，-1	2，1
	让路	1，2	0，0

利用划线法不难看出，（抢路，让路）和（让路，抢路）都是该博弈问题的纯策略纳什均衡解。这就是告诉司机：若对方让路，你就通过；若对方抢路，你就忍让。但在静态博弈的假定下，司机会说："我不可能知道对方要干什么！"因此，在静态博弈的假定下，对司机来说，这两个纯策略纳什均衡解实际上什么也没说。

再看该博弈问题的混合策略纳什均衡解$\left[\left(\frac{1}{2},\frac{1}{2}\right),\left(\frac{1}{2},\frac{1}{2}\right)\right]$，与纯策略纳什均衡解相比，这个混合策略纳什均衡解提供了一点新的建议。它实际上是告诉这两个司机：你可以抛硬币选策略。

这三个纳什均衡解对这两个司机的指导意义都是有限的，其原因就在于我们给司机圈定的最优策略太多。能够找到唯一的最优策略实在是我们有资格在司机面前喋喋不休的基本条件。而要做到这一点，我们就必须设法搜集到诸如双方的性格与处世习惯之类的新信息。

另外，在某些场合下，像潜意识、思维惯性之类的因素也可能有助于我们选择出唯一的纳什均衡解。

例 16.6　设想两个人同时独立地从$(-1,1)$中随机地选取一个数字，并规定：若两个人选取的数字相同，则都能获得收益 10；若两个人选取的数字不相同，则都发生损失 -10。显然，这两个局中人的策略空间都为$(-1,1)$。且对于局中人 2 的任意一个选择 $y\in(-1,1)$，局中人 1 的最优选择为 $x=y$。同理，对于局中人 1 的任意一个选择 $x\in(-1,1)$，局中人 2 的最优选择为 $y=x$。根据定义，该博弈问题有无数个纳什均衡解 $(z,\ z)$，$z\in(-1,1)$。

表面上看，似乎盈利的机会相当多，但实际上，两个人同时从区间$(-1,1)$随机地取数字，$x\neq y$ 的概率趋于 1；$x=y$ 的概率趋于 0。因此，对于任意一个局中人来说，随机取数盈利的可能性几乎是不存在的。也就是说，若想盈利，必须有规律地取数。

假定两个局中人都意识到了这个问题，并假定不存在关于如何取数的预先约定，则什么数字会在两个局中人之间构成一种潜意识的约定呢？0 这个数字很可能就具有“聚焦”两个局中人注意力的功效。若果真如此，则$(0,0)$就是我们所选定的唯一纳什均衡解。

相似的例子还有很多。例如设想两个人分享一个完整的蛋糕。两个人必须同时独立地提出自己希望获得的份额。如果两个人所提出的份额之和正好等于 1，则就按照两个人的要求分配蛋糕；如果两个人所提出的份额之和不等于 1，则两个人什么也得不到。依据上述逻辑$\left(\frac{1}{2},\ \frac{1}{2}\right)$就是一个纳什均衡解的“聚焦”点。

在拥有多个纯策略纳什均衡解的博弈问题中，局中人也可以根据风险大小来剔除一些纳什均衡解，最终仅保留一个较为平稳的解作为自己应该选取的最优策略。

例 16.7　设想有两个猎人捕猎。两个人若能合作，且都能遵循约定，则可以逮到一头鹿，从而各自获得 10 个单位的效用；若没有合作的约定，各自为战，则都可以逮到一只兔，从而各自获得 3 个单位的效用；若本来订有合作的约定，但其中一个人违背了协议，实际上没有执行合作的承诺，则毁约的一方可以逮到一只兔，从而获得 3 个单位的效用，但另一方将毫无收获，从而效用为 0。假定这是一个完全信息静态博弈。相应的盈利矩阵及划线求解的过程如表 16.11 所示。

表 16.11 各个局中人的效用值矩阵

		猎人 2	
		合作	毁约
猎人 1	合作	10，10	0，3
	毁约	3，0	3，3

利用划线法不难看出，（合作，合作）和（毁约，毁约）都是该博弈问题的纯策略纳什均衡解。

从效用的绝对量来看，（合作，合作）这个策略剖面要明显优于（毁约，毁约）策略剖面，而且是该博弈问题的 Pareto 最优解。

不过，如果考虑到所获得效用的不确定性，即策略选择的风险性问题，则对于某些较为在意风险的猎人来说，（毁约，毁约）策略剖面可能要明显优于（合作，合作）策略剖面。因为当猎人选择合作策略的时候，如果对方也选择合作，当然效用很高了；但如果对方毁约，则该猎人将一无所获。而在猎人选择毁约策略的时候，无论对方如何选择，其效用总是一个常数。

退一步说，在两人博弈中，假定博弈双方都具有“若（合作，合作）策略剖面发生的概率不低于$\frac{1}{2}$，则这个策略剖面仍然要优于（毁约，毁约）策略剖面”的信念，则还需要两人独立选择合作策略的概率平均不应低于 $\sqrt{1/2}=0.71$ 的前提条件。

实际上，假定局中人 2 选择合作的概率为 x，则局中人 1 选择合作的期望效用为：

$$10x+0\times(1-x)=10x$$

局中人 1 选择毁约的期望效用为：

$$3x+3(1-x)=3$$

则由不等式 $10x>3$ 可以得到 $x>30\%$。可见，如果局中人 2 选择合作的概率大于 30%，则局中人 1 的最优选择就会仍然是合作。

现在假定有 $n>2$ 个博弈参与者，则若要所有猎人同时选择合作的概率不低于$\frac{1}{2}$，平均地说，每一个猎人独立选择合作的概率就不应该低于 $\sqrt[n]{1/2}$。显然，当 n 超过 20 的时候，这实际上需要每一个猎人都以趋向于 1 的概率选择合作策略才能实现。因此，当 n 较大的时候，选择（合作，合作）策略剖面要冒很大的风险。

需要说明的是，风险性不仅仅存在于拥有多个纯策略纳什均衡解的博弈问题中。许多仅拥有一个纯策略纳什均衡解的博弈问题也需要考虑风险因素。

第四节　逆向选择与道德风险

如前所述，所谓信息的不对称指的是相关各方所掌握的信息不均等。信息不对称可能发生在当事人的交易达成（或正式签约）之前；也可能发生在交易达成（或正式签约）之后。我们将前者称为事前的信息不对称；将后者称为事后的信息不对称。事前信息的不对称（亦称隐藏信息）可能造成逆向选择的后果；而事后信息的不对称（亦称隐藏行动）则可能造成道德风险的问题。无论是逆向选择还是道德风险，都将使得相关市场的资源配置丧失帕累托最优的特性。

一、逆向选择

所谓逆向选择，指的是由于交易双方信息不对称而产生的劣质品驱逐优质品，市场所成交商品的质量总是低于某一方交易者（亦即相对缺乏信息的那一方）的期望的现象。由于逆向选择，相应市场的资源配置发生了效率扭曲。

例如，在一个商品质量良莠不齐的市场上，卖方比买方更为了解所销售商品的质量，买方只能根据商品的平均质量报价，这就使得相对优质的商品因为价格被低估而相继退出市场，结果在这个市场上只会剩下劣质品待售。这就是产品市场的逆向选择现象。

美国经济学家阿克洛夫（G. Akerlof，1970）首先提出旧车市场模型，从而开创了逆向选择理论的先河。不难理解，在旧车市场上，买方和卖方对汽车质量信息的掌握是不对称的。卖方通常知道所售汽车的真实质量。而买方只能通过外观、介绍及简单的现场试验等有限的几种途径来获取有关汽车质量的信息。仅凭这些信息很难准确地判断车子的质量。实际上，买方只能大致地判断出旧车市场上所有待售汽车的平均质量。在这种情况下，买方将只愿意根据汽车的平均质量来支付价格。但这样一来，所售汽车的质量高于平均水平的卖方就会将他们的汽车撤出旧车市场，市场上将只留下质量低于平均水平的汽车。

不过，汽车平均质量的降低将进一步地压低买方所愿意支付的价格，从而迫使那些在新标准下变得高于平均质量的汽车也退出了市场。依此类推，在旧车市场上，只有那些质量不高于平均水平的汽车成交，且待售汽车的质量越来越低。在极端情况下，旧车市场甚至根本就不可能发生交易，市场由此消失。

可见，在旧车市场上，由于信息的不对称，高质量的汽车在竞争中失败，市场选择了低质量的汽车。这就违背了优胜劣汰的市场选择法则，因此叫做逆向选择。

我们再举一个信贷市场逆向选择的例子。由于金融机构无法准确判定贷款客户的资信条件，所以它只能根据其潜在贷款客户的平均信用风险程度来确定贷款的利率水平。这一贷款利率水平自然要高于那些信用风险程度较低的借款人所能接受的水平，使得这些优良客户不愿意借贷，从而退出信贷市场。而金融机构所设定的这一贷款利率水平一定会低于那些信用风险程度较高的借款人所能接受的水平，使得这些劣质客户产生追加申请贷款冲动。其结果是，真正拿到贷款或者更多地获得贷款的恰恰是金融机构本来并不愿意贷出的那些劣质借款人。这就是信贷市场的逆向选择问题。

在逆向选择严重的情况下，由于信贷市场上只剩下那些信用风险相对较高的贷款客户，从而导致金融机构的呆帐增加，净现金流入减少，所适用的基准折现利率提高，金融机构的企业价值由此减少。

二、道德风险

所谓道德风险，指的是已签约的一方为最大限度地增进自身效用而做出对签约对方不利的行动的可能性。或者说，所谓道德风险，是指已签订合同的一方所面临着的签约对方可能采取损害本方利益的行为的风险。一般地说，道德风险是由于已签订合同的一方难以观察或监督到签约对方的行为（亦即信息不对称）而引起的。

需要注意的是，道德风险并不等同于道德败坏。在道德风险的定义里，施加损害的一方只是基于自身的利益而理性地选择自己行为，它并没有施加损害的主观意愿。而且道德风险强调的是一种可能性；道德败坏强调的则是一种事实。

2001 年度诺贝尔经济学奖的获得者斯蒂格里茨曾给出一个经典的道德风险例子。他说，在美国的一所大学里，自行车的被盗率大约为 10% 。有几个头脑灵活的学生于是决定开展保险业务，向自己的同学提供自行车保险服务。保险合同约定保费为保险标的的 15% 。按常理，作为保险人，这几个学生应可获得 5% 左右的利润。但该保险运作一段时间后，这几个学生便发现校园里自行车的被盗比率迅速提高，很快就突破 15% ，保险人因此亏损了。这几个保险人经调查才发现，原来参加投保的那些同学对自行车的安全防范意识和措施都明显地较前减少了。

在这个例子中，参加投保的学生由于不完全承担自行车被盗的风险后果，因而“理性地”采取了对自行车安全防范的不作为行为。而保险人则由于无法控制这种不作为的行为，从而面临着产生损失的可能性，这就是道德风险。也就是说，这几个保险人尽管头脑灵活，发现了商机，但却忽略了其中的道德风险，从而对自己的保险经营的前景过分乐观了。

我们再举一个信贷市场也存在道德风险的例子。由于金融机构无法完全跟踪监控那些已经获得贷款的客户的资金使用效率及其风险管理决策，这就使得贷款客户有机会采取理性、但不利于金融机构顺利收回其贷款本息的行为，徒增信贷风险。这就是金融机构的信贷业务所面临着的道德风险。

在道德风险严重的情景下，金融机构的信贷风险上升，呆帐增加，净现金流入也会减少。同时，在逆向选择和道德风险严重的情况下，由于金融机构的风险增加，其所适用的均衡市场期望收益率也将相应提高。这样一来，伴随着净现金流量的萎缩以及所适用基准折现利率的提高，金融机构的企业价值势必减少。

说到逆向选择与道德风险这两个概念，人们最喜欢举医疗保险市场的例子。

在现实生活中，身体状况越差的人，其对医保越感兴趣。但身体状况差的人却不是保险公司所钟情的目标客户。由于无法准确判断投保人的身体状况及其患病的可能性，保险公司只能根据其潜在参保客户身体状况的概率分布来统算出保费标准，设计出格式化的保险合同。这种格式化保险合同下的保费价格肯定要高于身体状况很好的那些潜在客户的期望水平。这些身体健壮的客户就会放弃投保，退出医保市场。于是医保市场只剩下那些身体状况不属于最好之列的客户。这种状况反而促使保险公司进一步地提高保费的收取标准，进而再逼退一部分身体状况较好的客户。依此类推，优质客户进一步流失的结果促使保险公司再一次提高保费的收取标准。如此恶性循环的结果，保险公司客户的质量逐步降低，保险市场趋于萎缩。这就是医保市场的逆向选择问题。

另一方面，参加医保后，被保险人有可能因而降低保健的急迫感。诸如戒烟的意愿、注意饮食的意识、锻炼身体的意愿都会降低，或者更疏于体检等等。被保险人减少健康预防的措施势必会提高其患病的概率，从而损害到保险人的利益。这就是医保市场的道德风险问题。可见，如何应对逆向选择以及道德风险，是保险机构实现有效经营的关键。

另外，在医保实践中，被保险人无法对医生的处方做出科学的鉴定，所以经常喜欢医生开“大处方”和对自己实施“过度的治疗”。同样也是由于专业的局限性，保险人对于被保险人拿到的是否就是“大处方”、是否正在接受“过度治疗”也难以做出判断。所以我们也可以说，保险机构面临着“大处方”或“过度治疗”的道德风险。但在这个过程中，医院拥有完备的专业知识，医生应该最明白什么是“大处方”、什么是“过度治疗”。因此，开“大处方”、做“过度治疗”的医院就涉嫌道德败坏了。

三、逆向选择与道德风险的克服

只有尽量地完备信息、克服信息的不对称性，才能够避免出现逆向选择，并有效地规避道德风险。

例如，在贷款实践中，金融机构特别乐于向信用历史记录良好的借款人贷款。这就可以理解为金融机构基于弥补信息不对称而采取的对策。再例如，对贷款设置担保也是一种克服信息不对称，解决逆向选择和道德风险问题的有效手段。但其最大的问题是，假若金融机构的担保条件过于苛刻，则也有可能进一步地加剧逆向选择的程度。而且，担保的另外一个缺点是，金融机构并不能因为担保的设置而减轻对贷款客户资金使用情况的监管力度，因为担保的质量同样会由于不当的决策而发生变化。这就属于道德风险的范畴了。因此，担保的效能在很大的程度上取决于银行和企业间的亲近程度。在这方面，与大型金融机构相比，具有草根特性的地方中小金融机构很可能相对更有优势。可见，在克服信息不对称所造成的危害方面，建立“关系贷款客户”的模式要明显地优于设置贷款担保的模式。

金融机构也可以主动地向新客户表达建立长期资金合作关系的愿望，并在其第一次贷款合同中就主动地提供优惠的贷款条件。然后再根据第一期合同完成的情况来修正对该新客户的风险判断，从而确定其第二期贷款合同的信贷条件。具体地说，如果企业的第一期贷款能够按时还本付息，则在第二期贷款合同中就允许该新客户继续享受较低的贷款利率和抵押要求；反之，则将承担较高的贷款利率和贷款抵押，甚或排除继续合作的可能性。由于第一期贷款合同的执行情况将要决定以后各期的信贷条件，所以贷款企业就很有可能不会采取损害其资信条件的行为，从而有效地克服逆向选择和道德风险的问题。

在金融机构资金充裕的前提下，假若金融机构通过某种形式的制度创新有效地解决了逆向选择以及道德风险的问题，则可吸引优良客户重新返回信贷市场，从而明显增加信贷资金的投放规模，增加金融机构的贷款利息收入，并相应降低加权均衡期望收益率的水平，最终提高其企业价值。

复习思考题

1. 什么叫做信息的不对称？什么叫做逆向选择？什么叫做道德风险？
2. 什么叫做纳什均衡？
3. 简述囚徒困境的基本原理及其借鉴意义。
4. 举例说明逆向选择与道德风险。

主要参考文献

[1] 雍炯敏等．数学金融学．上海人民出版社，2003.

[2] 邵宇．微观金融学及其数学基础．清华大学出版社，2003.

[3] 蒋殿春．高级微观经济学．经济管理出版社，2000.

[4] 岳超源．决策理论与方法．科学出版社，2003.

[5] 王一鸣．数理金融经济学．北京大学出版社，2000.

[6] 姜青舫等．风险度量原理．同济大学出版社，2000.

[7] 王春峰．金融市场风险管理．天津大学出版社，2001.

[8] [英] 斯迪芬·鲁比．投资评价与相关决策．中国石油出版社，1990.

[9] 郑振龙．金融工程．高等教育出版社，2003.

[10] 陈宝华．证券投资原理（第二版）．上海财经大学出版社，2003.

[11] 杜金富等．金融市场学．东北财经大学出版社，2001.

[12] 叶永刚．金融工程学．东北财经大学出版社，2002.

[13] 陈信华．金融衍生工具．上海财经大学出版社，2004.

[14] [美] 约翰·赫尔．期权、期货和衍生证券．华夏出版社，1997.

[15] 刘红忠、朱叶．金融市场学．高等教育出版社、上海社会科学院出版社，2000.

[16] [美] 弗兰克·J·法博齐、弗朗哥·莫迪利亚尼．资本市场：机构与工具．经济科学出版社，1998.

[17] [美] 苏埃德·B·托马斯．货币、银行与金融市场．机械工业出版社，1999.

[18] 谭跃等．金融互换．广东经济出版社，1999.

[19] 张亦春．现代金融市场学．中国金融出版社，2002.

[20] 曹凤歧等．证券投资学．北京大学出版社，2000.

[21] 叶中行等．数理金融．科学出版社，2000.

[22] [美] 兹维·博迪、罗伯特·C·莫顿．金融学．中国人民大学出版社，2000.

[23] Angel de la Fuente. 经济数学方法与模型．上海财经大学出版社，2003.

[24] 扬云红．高级金融理论．武汉大学出版社，2001.

[25] 潘介人．决策分析中的效用理论．上海交大出版社，2000.

[26] 武康平．高级微观经济学．清华大学出版社，2001.

[27] Eugene silberberg. 经济学的结构．清华大学出版社，2003.
[28] 证券业从业人员资格考试用书．中国财政经济出版社，1999.
[29] 张志强．期权理论与公司理财．华夏出版社，1998.
[30] James M. Henderson. 中级微观理论数学方法．北大出版社，1988.
[31] S. G. Kellison. 利息理论．上海科学技术出版社，1995.
[32] Anthony Saunders. 信用风险度量．机械工业出版社，2001.
[33] H. M. Markowitz. 资产组合选择和资本市场的均值方差分析．上海三联书店，1999.
[34] Jean-Philippe Bouchaud. 金融风险理论．经济科学出版社，2002.
[35] 夏安邦等．定量预测引论．东南大学出版社，2001.
[36] 孔爱国．现代投资学．上海人民出版社，2002.
[37] 张尧庭．信息与决策．科学出版社，2000.
[38] Stanley R. Pliska. 数理金融学引论．经济科学出版社，2002.
[39] 范龙振等．金融工程学．上海人民出版社，2002.
[40] 蒋殿春．现代金融理论．上海人民出版社，2001.
[41] 傅家骥．工业技术经济学．清华大学出版社，1991.
[42] 任淮秀．证券投资与管理．中国人民大学出版社，2001.
[43] 宋逢明．金融工程原理．清华大学出版社，1999.
[44] 黄渝祥．费用—效益分析．同济大学出版社，1987.
[45] 唐纳德 G·纽南．工程经济分析．张德旺译．水利电力出版社，1987.
[46] 傅家骥等．工业技术经济学．清华大学出版社，1991.
[47] 傅家骥等．工业企业技术改造项目经济评价方法教程．机械工业出版社，1989.
[48] 宋倩茹．工程经济分析与评估．中国经济出版社，1991.
[49] 斯蒂夫·拉姆拜等．投资评估基础．高原等译．北京大学出版社，2004.
[50] 周惠珍．投资项目评估．东北财经大学出版社，1993.
[51]《商业运筹学》编写组．中国商业出版社，1986.
[52] 汤姆·科普兰．价值评估．电子工业出版社，2000.
[53] 王立国等．可行性研究项目评估．东北财经大学出版社，2001.
[54] 詹姆斯·R·埃文斯等．模拟与风险分析．上海人民出版社，2001.
[55] 全国会计专业技术资格考试领导小组办公室．财务管理．中国财经出版社，2002.
[56] 张远超 韩庆华．微观经济学．经济出版社，2005.
[57] 张亦春、郑振龙．金融市场学（第二版）．高等教育出版社，2003.

[58] 刘红忠. 金融市场学. 高等教育出版社、上海社会科学院出版社，2000.
[59] 张志强. 期权理论与公司理财. 华夏出版社，1998.
[60] 施锡铨. 博弈论. 上海人民出版社，2000.
[61] 张金水. 数理经济学：理论与应用. 清华大学出版社，1998.